改正衆議院議員選擧法正解

柳川勝二校閲

小中公毅
潮道佐 共著

法令審議會

昭和二年改訂増補第四版

改正 衆議院議員選擧法正解

日本立法資料全集 別巻 1185

信山社

大審院部長法學士　柳川勝二先生校閲
東京地方裁判所判事法學士　小中公毅君
東京地方裁判所判事法學士　潮道佐君　共著

改正

衆議院議員選擧法正解

法令審議會

序言

一、本書ハ改正衆議院議員選擧法ノ規定ヲ極メテ平易ニ且通俗的ニ逐條解說シタモノテアル淺學ノ致ス所素ヨリ正鵠ヲ失シタル見解、又ハ難澁ノ辭句ノ尠クナイコトヲ虞ルヽノテアルカ唯所謂普通選擧法ノ布カレタルニ該リ一人テモ多クノ國民ヲ導キテ尊イ選擧法ノ行使カラ目醒メシムルニ足ルモノアラハ望外ノ幸テアル

一、本書ノ解說ニ該リ其ノ改正理由ノ說明ニ付テハ專ラ衆議院議員選擧法改正理由書ニ據ツタノテアル各本條中ニ一々之ヲ斷ルノ繁ヲ避ケテ茲ニ此ノ旨ヲ明言シテ置ク又本書中ノ判例ハ何レモ大審院判例テアル

一、選擧法改正後之ニ伴フテ間モナク地方制度ノ改正公布

アリタルヲ以テ府縣制、市制、町村制等ノ條文中苟モ選擧ニ關スル部分ハ漏ラサス本書中ニ引用參照セリ加フルニ選擧法施行令選擧法施行規則等ヲ附錄トシテ添付シタルニ依リ本書ハ獨リ衆議員議員選擧ノミナラス府縣會議員、市町村會議員選擧ニモ資スルコトヲ得ルモノト信ス。

昭和二年一月

著者共識

緒言

選舉ハ政治界ニ於ケル民衆ノ生命ナリ、政權運用ノ起點實ニ茲ニ存ス、而カモ選舉法ヲ熟知セスンハ、爭テ適法ニ選舉ヲ行フヲ得ンヤ、況ンヤ我國政界ノ一新紀元ヲ劃スヘキ普通選舉ハ實施サレ、一千二百萬ノ選舉民カ一齊ニ選舉場裏ニ殺到スルニ至リタルニ於テヲヤ。

本會創立茲ニ二十有餘年、常ニ法律ノ普及ヲ圖リテ孜々懈ラザルハ、法ノ解釋ト適用トヲ愆ラス、國民ヲシテ自ラ守ル所アラシメンカ爲ニ外ナラサルナリ、今ヤ改正衆議院議員選舉法ノ公布アルニ際シ、東京地方裁判所判事法學士小中公毅、同潮道佐兩氏ノ共著ニ成リ、大審院部長柳川勝二氏ノ嚴正校閲セル選舉法註釋ヲ刊行シ、之ヲ改正衆議院議員選舉法正解ト題シ大正十四年十二月第壹版ヲ發行シ爾來同十五年第三版ヲ發行スルニ至ルマテ其間各省、警視廳、警察署、憲兵練習所、郵便局、府縣廳、市役所、區役所、町村役場、師範、中學、高女、農、商、工業及ビ小學ノ各學校、實業補習學校、青年訓練所等ニ廣ク之ヲ頒チタリシガ大正十五年郡役所廢止ニ因ル本文一部ノ改訂ト府縣制、市町村制ノ改正ニ因ル參照條文ノ變更ヲ要スルアリ又府縣制、市町村制施行令、同施行規則ノ發布アリタルニヨリ今回第四版ヲ發刊スルニ際シ夫々改訂若クハ追加ヲ施シテ一點ノ遺漏ナキヲ期シ一面府縣會議員及ヒ市町村會議員ノ選擧ニモ併用シ得ルコトヽ爲シタリ。

選擧民並ニ選擧關係者諸君本書ニ依リテ法ノ精神ヲ明ニシ、疑義ヲ糺シテ、以テ選擧ノ事ニ當ラバ萬一ノ過誤ニ陷ヰルノ虞ナク、選擧ヲ行フニ於テ綽々トシテ餘裕アルヲ得ン乎讀者幸ニ本會カ本書發刊ノ微趣ヲ諒察セラレンコトヲ希フ。

昭和二年一月

法令審議會幹事　福井　馨　識

改正 衆議院議員選擧法正解

目次

附錄

目次終

改正
衆議院議員選擧法正解

法學士　小中公毅
法學士　潮道佐
共著

緒論

第一章　選擧法存在ノ理由

衆議院議員選擧法ト名ツクル法律ハ何故存在スルノカ、二方面カラ說明スルコトカ出來ル、一ツハ形式的法律的ナ說明テ他ハ實質的寧ロ政治的說明テアル

先ツ法律的ナ說明トハソレハ帝國憲法第三十五條ヲ母體トシテ生レテ來ル事ヲ謂フノテアル、卽チ同條ニ「衆議院ハ選擧法ノ定ムル所ニ依リ公選セラレタル議員ヲ以テ組織ス」ト規定セラルルカ故ニ衆議院ノ議員ハ法律（選擧法ト名ツケラルル）ノ定ムル方法ニヨリテ一般的ニ選擧セラレタル人々ナルコトヲ憲法カ要求シテ居ルカラテアル、コノ憲法ノ要求自體ニ就キテハココニ詳論スルコトヲ避ケルカ

要スルニ憲法ハ議員ノ公選ニ付キテハ時代ノ要求ニ鑑ミ法律ニ依リテ自由ニ定メ得ルコトヲ豫期シテ居ルモノト解シテ宜イノデアル　選擧法ノ内容ハ其法律ノ改正ニ依リ時代ニ伴ヒ同シカラサルモ苟モ憲法第三十五條ノ存在スル限リ選擧法ハ必ス存在セサルヲ得ナイ、選擧法ヵ憲法附屬ノ大典ナリト稱セラルルモノ蓋シココニ出ツルノデアル、選擧法ノ研究ハ先ツ此憲法ノ條規カラ出發シナケレハナラナイ

次ニ少シク實質的ナ説明ヲ試ミヨウ、國民カ共同生活ノ福利ヲ增進スル爲ニ自ラ其政治ニ參與シ得ル法治國ニ於テハ人々ハ如何ナル方法ニ基キ政治ニ參與スヘキデアロウカト云フ事カ必然的ニ考ヘラレル、國民全部カ一人殘ラス直接ニ政治ニ携ハルト云フコトモ考ヘ得ラルル事デアロウ然シ現代ノ如キ複雜ナル生活ヲ營ム國民ヨリ成ル國家組織ノモトニ於テハ斯ノ如キハ非常ニ困難ナル事デアルカ故ニトウシテモ茲ニ直接ニ政治ニ携ハル人々ヲ選ミ此人々ヲ自己ノ延長ト同一視シテ以テ間接ニ政治ニ携ハルノ外ハナイ、ソコテ當然起ツテ來ル問題ハ即チ如何ナル人ヲ如何ナル方法テ選ミ出スカノ問題テアル、コレヲ制度トシテ一般的ニ定ムルノ必要ニ迫マラレココニ選擧法ト名ツクル一ノ規則カ生レルノデアル、

コレ選擧法存在ノ實質的理由テアル
一體共同生活ノ安固ヲ保持スル爲ニ種々規則ヲ定メ設備ヲ爲スニ付キ其共同生活ノ範圍ニ屬スル國民自ラ之レカ内容ヲ定メ、其自ラ定メタル所ニ從フヲ以テ合理的ナリト解スルニ至ルハ立憲國民ノ自然的文化ノ要求ニ出スル所テアル、コノ要求即チ國民カ自己ノ意見ヲ政治ニ加ヘントスル要求ハ種々理論化サレタル考ヘ方ヲ以テ表現セラレテ居ル、或ハ國家ノ爲ニ或ル種ノ負擔ヲ負フ者ハ其反對ニ國家ノ政治ニ參與セシメラレネハナラヌト云フ考ヤ、或ハ其負擔ヲ負フ者ハ其負擔ヲ自ラ定メナケレハナラヌト云フ考ヤ、又ハ國家ヨリ種々ナ生活條件ニ關シテ制限ヲ附セラレルニハ其制限ノ内容ハ之ヲ自ラ定メネハナラヌト云フカ如キ考カアリ得ルノテアルカ即チコレテアル、國民カ國家ニ對シテ斯樣ナ考ヘ方ノモトニ表現セラルル要求ヲ爲シ國家カ其要求ニ應シテ之ヲ容ルルコトカ國家ノ利益トナルトコロニ國民ヲシテ選擧ヲ行ハシムル理由ノ重ナル一ツノ要素カ潜ンテ居ルト思フ、而テ單ニ國民カ斯ル考ヘ方ノモトニ之ヲ要求スルカラトテ國家カ何等ノ國家的立場ヨリノ考察ナク無制限ニ之ヲ與フヘキモノテハアルマイ國民カ自己ノ意見ヲ政治ニ加ヘントノ要求アリトテスヘテノ國民ニ各個ニ悉ク其要求ヲ貫徹セシムヘキ方法ヲ授ケテモヨイノテアロウカ、ソコニ國家トシテハ國家的立場ヨリ見テ或ル者ノ政治ニ參與スルコトカ國家ノ不利益トナルト考ヘラレタ場合ニハ其者ニ對シコレヲ與ヘサルコトカ全體トシテ國家的福利ノ増進トナルノテアロウト云フコトヲ考ヘナクテハナラナイ

人々ノアル事物現象ニ對スル判斷ヲ名ツケテ假ニ價値判斷ト云ハウカ、自己ノ意見ヲ政治ニ加ヘルト云フコトモ亦此意味ニ於テ一ノ價値判斷テアラロウ、國民ノアル者ノ價値判斷ニハ其判斷自體不當ナモノト、判斷自體ハ不當ニアラストスルモ其判斷カ自己ノ眞意ニ出テス他ノ支配ニヨリテ自己ノモノトシテ表示セラルルモノトアル左樣ナ判斷ハ一般的ニ之ヲ排斥シナケレハナルマイ、即チ國家ハ如何ナル價値判斷ヲ政治ニ參與シ又ハ參與セシメサルカヲ國家的立場ヨリ冷靜ニ考慮シテ引テ選擧權ヲ與フヘキ範圍其行使ノ方法ヲ其時代ニ應シテ最モ妥當ニ定メナケレハナラナイノテアル

選擧法ノ生レル理由ト其選擧法ノ內容トハ右ノ說明ヲ以テシテモ明カニ區別シテ考ヘラレナケレハナラナイ、一ツハ何故ニ選擧法ナル法律カ必要ナルカノ問題テアリ一ツハ選擧法ナル法律ハ如何ナル事項ヲ制定スヘキカノ問題テアル、

立憲國民ハ原則トシテ何人モ政治ニ參與シ得ルヲ理想トスルモ悉クノ國民カ直接ニ政治ニ携ハルコトノ不可能ナルコトハ前ニモ述ヘタル所テ、其國民ノ全部又ハ一部ニ少數者ヲ選ハシメテ其選ハレタル人々ヲシテ直接ニ政治ニ携ハラシムルノテアルカラ、選擧法ナル法律ハ立憲國ニハ常ニソレカ選擧法ト名ツクル單獨ナル法律トシテ存スルカ又ハ他ノ法典中ニ併セテ規定セラルルカハ別トシテ必ス存在スヘキモノ、ナルカ、其内容ニ至リテハ必スシモ同一テナイノハ云フヲ俟タナイ所テアル、如何ナル範圍ノ國民カ如何ナル範圍ノ國民ヲ如何ナル方法ニ從ヒテ選出スルカノ問題ハ、其定ムル所ニ從テ選出スルノカ最モ其當時ノ國民全體ノ福利ヲ增進スルニ與ッテ力アリト一般ニ思考セラルル方法ニ出スルノ外ハナイノテアッテ、其方法ハ其當時ノ文化ノ程度ニ從フハモトヨリ其國家ノ道德、敎育、風俗、習慣ニ左右セラルルハ論スル迄モアルマイ

第二章　普通選擧ノ意味

現代ノ國民ハ普通選擧ト云フ言葉ニヨリ大體如何ナル事項カ意味セラルルカヲソレハ甚タ漠然タル了解テアルカモシレヌカ兎ニ角了解シテ居ルト思フ、其漠然

タル了解ソレ自體丈テモ普通選擧ト云フ事ノ了解トシテハ充分テアロウ　以下佐々木博士ノ見解ヲ骨子トシテ述ヘテ見ヨウ

一體普通選擧ト云フ事ノ意義ヲ明確ニスル事ハ相當困難ナ問題テアル、ソノ言葉自體ヨリスレハ選擧權者ノ範圍ニ付テ何等ノ限界ヲモ加ヘサル事ヲ云フカ如ク解セラルルモ、實際ト學說ノ理解スルトコロテハ或ル種ノ限界ヲ設ケルコトハコレヲ當然ノ前提トシテ解セラレテ居ル次第テアル、當然ノ前提トナッテ居ル制限トシテ一般的ニ考ヘ得ラルルモノハ先ツ性ト年令トテアロウ即チ一定ノ年令ニ達シタル男子ニ對シテ選擧權ヲ附與スルヲ以テ普通選擧ト解シテ宜イト思フ、畢竟コノ制限ハ國民カ生來一樣ニ有スル一身專屬ノ事情ニ依ル事由ニシテ沿革的ニ合理視セラレタル制限ナルヲ以テ斯ル當然ノ制限ヲ附スル事ハ普通選擧カ主張セラレ採用セラレタル當初ヨリ殆ト爭ナク認メラレテ來タノテアル

然ラハ前述ノ當然ノ制限ハ別トシテサテ其以外ニ何等カノ標準ヲ以テ制限ヲ附スヘキヤ否ヤノ問題カアル、之ヲ設ケストスルヲ普通選擧トシ之ヲ設ケルトスルヲ制限選擧トスルノテアル、然シ此制限カ設ケラレタル爲ニ制限選擧ナリト稱セラルルニ至ルニハ此制限ハ一般的ノ標準ニ依ルモノナルコトヲ注意セネハナラ

ヌ例ヘハ納稅資格、智識ノ程度、經濟ノ獨立ナト云フコトヲ標準トスル類テアル此等ノモノハ各人一般ニ附着スルモノト考ヘラルル事情テアルカ故ニコレヲ附セサルヲ普通選擧ト云フノテアル、然シ特殊ナ標準即チ特殊ナ事情ノ下ニ生スヘキ事項ニ關シテ制限ヲ附スルトスルモコレカ爲ニ普通選擧タルコトヲ妨ケナイ例ヘハ禁治產者テアルトカ犯罪者テアルトカ特別ノ職務ヲ有スル者テアルトカト云フカ如キヲ標準トシテ制限ヲ設クルトスルモコレラハ一般的ノ標準ニヨル制限テナイカラ普通選擧ナリト云ヒ得ルノテアル、我國ノ選擧法モ次第ニ納稅資格ニヨル納稅ノ額ヲ低減シテ來テ遂ニ今日ノ改正法ニ於テコレヲ撤廢シテ所謂普通選擧法トシテノ新法カ制定セラレタ譯テアル、一言ニシテ云ヘハ普通選擧トハ納稅資格ノ撤廢ヲ云フノテアル、即チ無產階級ニ對スル政治的解放ヲ意味スルノテアル

右ノ如ク普通選擧ト云フ事ハ即チ選擧權ノ範圍ノ問題トモ考ヘラレルノテアツテ一定ノ年令ニ達シタル男子ニ對シ一般ニ選擧權ヲ與フル制度カ普通選擧テアルト解シテ差支ヘナイノテアル　然ルニ選擧法ハ選擧實行ニ必要ナル種々ノ規定ヲ設クルノテアルカ此等ノ規定ハ選擧權其モノヨリ見ルトキハ全ク附屬的ノ

モノテアリ、本質的ナモノテハナイノテアル、故ニ各個人カ本來選擧權ヲ有スルモ此附屬的ナ制度ノ爲ニ其行使ヲ妨ケラルルコトアリトスルモソハ全然普通選擧タル選擧權ノ範圍ノ問題トハ別箇ノ觀念ニ出ツルモノナレハコレヲ混同シテハナラヌ、例ヘハ住居ノ問題テアルトカ、選擧區ノ問題テアルトカ、選擧取締ノ問題トカカソレテアル、此等ノ制度ハ選擧ヲ行フニ該リコレヲ嚴守シナケレハ公正ニ又適確ニ行ヒ難シトスルモノテアリ選擧實行ノ手續上ノ方面ヨリ見タル便宜的規定ナレハ其適用ノ結果カ如何ナル影響ヲ及スカ否カヲ論セス本質的ナル選擧權ノ範圍ノ問題トハ嚴ニ區別シテ考ヘラレナケレハナラナイ

國民ノ意見ヲ政治ニ加ヘシムル爲ニ設ケラレタル代議政體ニ於テ極度ニ其制度ノ運用ヲ發揮スルモノハ普通選擧テアラウ、勿論コレハ制度ヲ理論的ニノミ考察シテ云フ事テアッテ如何ナル時代如何ナル國民ニ於テモ制限選擧ヨリ普通選擧ノ方カ具體的ニヨリヨク國民ノ福利ヲ進ムルモノナリヤ否ヤハ全クコノ制度ヲ運用スル國民ノ態度一ツニアル外ハナイ、コレハ當時ノ社會道德、政治敎育ノ方面ニ與カルコト大ナルモノカアルノテアル、故ニ從來述ヘ來タリタル如ク普通選擧ノ制度ヲ定ムルヤ否ヤハ國家的見地ヨリ其時代ノ文化ノ程度ニ於テ己ニ普通選

擧ヲ施行スルモ國家公益上支障ナシト觀察セラレタルトキ制定ヲ見ルノテアル、コノ意味ヨリ云フモ選擧權ヲ以テ所謂天賦人權ナルモノノ如ク解シテ人類ハ當然ニ必ス選擧權ヲ有スヘキモノテアルト云フカ如キ學說ハ殆ト一顧タニモ値シナイノテアル

最後ニ女子參政權ニ付テ一言シヨウ、女子參政權ト云フモ何等ココニ女子參政權其モノノ當否等ニ付テ論スルノテハナイ、前ニモ述ヘタ樣ニ普通選擧ト云フ言葉丈カラ云フナラ何モコレヲ男子ニ限リ女子ヲ除ク理由カナイ樣テアルカラ此點ニ付若シ誤解アリトスレハ單ニ其誤解ヲ明ニスルニ過キナイ

前述ノ如ク現代普通選擧ト謂ハレテ居ル範圍內ニハ始メカラ女子ヲ除イテ考ヘラレテ來タノテアツテコノ歷史的沿革的理由ニ基クコトヨリ外ニ何モノモナイ、國民カ普通選擧ヲ謳歌スルトキ女子參政ハ如何ニスヘキヤト云フ事ハ全ク別箇ノ問題テアツテ決シテ普通選擧ヲ謳歌スル限リハ女子參政ハ之ヲ排斥スルモノト解シテハナラナイ、普通選擧ト云フニ拘ラス女子ヲ除クハ眞ノ普通選擧ニアラストト說クカ如キハ普通選擧ナル言葉ト其言葉ノ下ニ盛ラレタル思想トノ沿革的發達ヲ度外視シタル全ク理論一點張リノ考ヘ方ニ過キナイ、必スシモソレカ當ラ

ヌ考ヘ方タトモ云ハレヌカ兎ニ角普通選擧ナル言葉カ女子ヲ除イテ居ルト云フ事ハ理論ノ問題テナクテ普通選擧ナル言葉ヲ以テ呼ハレタル制度ヲ如何樣ニ解シテ來タカト云フ問題ニ過キナイ、斯樣ニ解シテ來タコトカ宜イトカ惡イトカ云フ問題ハ又全ク別箇ノ問題テアツテ普通選擧ト呼ハルル所ノモノソレ自體ノ關セサル所テアル

將來近ク女子參政ハ實現セラルルテアラウソノ時女子參政ハ普通選擧ト如何ナル交涉ヲ持チヤカテ普通選擧ト云ハレル中ニ女子ヲ包含スルカ又ハ女子參政ハソノ發達ノ經過ニ由ル歷史的背景ニ力ヲ以テ別ニ女子參政トシテノ一制度カ制定セラルルカハ未來ノ問題テアツテ將來普通選擧ニ女子ヲ包含セラルルト否トニ論ナク目下ノ普通選擧ナル制度ハ女子參政トハ毫モ關係ナイ事ハ叙上ノ說明ニヨリ稍明カテアラウト思フ

第三章　改正選擧法ノ特質

改正選擧法ノ特質ハ前章ニ所謂普通選擧ニ該當スルモノナルコト即チ之テアル

我國ニ始メテ選擧法ノ制定ヲ見タルハ明治二十二年テアツテ其後幾多ノ改正ヲ

見テ遂ニ茲ニ及ンタノテアル而テ其改正ハ納稅資格ヲ以テ制限セラレタル制限選擧ヲ漸次其納稅額ヲ低減シテ、遂ニ之ヲ撤廢シテ、ココニ普通選擧トナッタ次第テアル、明治二十二年制定當時ハ選擧權者、被選擧權者共ニ直接國稅金十五圓以上納付ノ者タルヲ要シタルカ、明治三十三年ニ至リ被選擧權納稅資格ヲ撤廢シテ選擧資格ヲ納稅十圓以上ノ者トシ、大正八年ニ至リ之ヲ更ニ三圓以上ニ低減シテ、遂ニ大正十四年三月二十九日成立シ同年五月五日公布セラレタル改正法ニ於テハ此納稅資格ヲ撤廢シタノテアル

此改正ノ結果選擧權者カ如何ニ增加シタカノ點ニ付政府ノ發表スルトコロニヨレハ現行法ノモトニ於ケル有權者ハ大正十二年十月一日現在調査ニテ三百三十四萬三千七百十八人テアルノカ、一躍シテ四倍强ノ增加ヲ來タスト云フノテアル

斯クノ如ク納稅資格ヲ撤廢シタ理由トシテ政府ノ發表スルトコロハ要スルニ立憲政治ノ運用ヲ完ウスルニハ勉メテ國民ノ多數ヲシテ選擧ニ參與セシメ衆議院ヲシテ益公選ノ意義ヲ明ニセシメ、兩院制度ノ效果ヲ擧ケンカ爲メニハ一層多數ノ國民ニ選擧權ヲ行使セシムル必要カアッテ、現時ニ於テハ敎育モ普及シ政治的訓練モ相當ニ出來テ國民ノ政治的能力發達シタカ爲メ成ルヘク廣ク之ニ選擧權

ヲ與ヘ、而テ國運ノ發展ヲ助ケシムルニ在ルノテ、選擧資格ニ制限ヲ附スルニ現行法ノ如ク其標準ヲ財產的要件ニ求メ納税ノ有無又ハ其金額ニ依リテ國民ノ參政能力ヲ判定スルノハ適當テナク、今日ニ於テハ諸外國ニ於テモ制限選擧ヲ維持セル國ハ殆トナイト謂フニ在ッテ、畢竟代議政體ノ本來ノ理想トスル普通選擧ヲ茲ニ時代ノ要求ニ鑑ミ現代ノ國民ノ文化ノ程度ヲ以テセハ已ニ之カ制定ヲ見ルモ公益上支障ナシトノ國家的見地ニ出テタモノト謂フヘキテアル

改正選擧法ニ於テハ時代ノ趨勢ニ從ヒ普通選擧ヲ採用スルニ該リテ可成的徹底ヲ期シ獨リ納税資格ノミナラス、或ハ經濟ノ獨立、智識ノ程度等ヲ以テ一般的ニ制限スヘキ所謂制限選擧ハ總テ悉クコレヲ排シタノテアル

經濟ノ獨立ヲ條件トシテ考ヘラレテ居タコトハカノ獨立ノ生計ヲ營ムモノ、世帶主タルコト等テ、一體此等ハ其用語ノ現ハス觀念自體カ必スシモ明確テナイノミナラス政治ニ對シ廣ク國民ノ意見ヲ加フヘシトノ制度ノモトニ於テ單ニ此等ノ條件ヲ附シテ一般的ニ其國民ヲ排斥スルノハ本質的理由ニ甚タ乏シイ、要ハ政治ニ對シ正當ナル價値判斷ヲ爲シ得ル者ナレハ何人モ排斥スヘキ理由カナイ

經濟ノ獨立ト云フ觀念トハ多少異ナルカ右ノ條件等ト共ニ戶主ト云フ條件モ考

ヘラレテ居タノテアル、コレトテ甚タ理由ニ乏シイ戸主ト然ラサル者トノ間ニ參政能力ヲ區別スヘキ理由カナイ

右ノ如キ條件ヲ附スルコトハ我國ノ家族制度ニ一致シ然ラサレハコレヲ破壞スルト云フカ如キ說ヲ爲シタル者アレトモ家族ノ數名カ選擧權ヲ有シタリトテ決シテ家族制度ヲ破壞スルトハ考ヘラレナイ、共ニ國民ノ一員トシテ自己ノ意見ヲ政治ニ加フヘキコトニ一致協力シテ國運ノ發展ヲ期スヘキ國民的理性ノ下ニ於テハ決シテ家族制度ト相反撥スルモノト考フル餘地カナイ

智識ノ程度ヲ條件トシテ考ヘラレタル事ハ或ハ一定ノ學校敎育ヲ受ケタルコト、又ハ兵役義務ヲ經ヘタルコト等カソレテアル、勿論政治ニ對スル價値判斷ノ能力者トシテハ相當ノ智力ヲ有スルヲ要スト雖モ之ヲ學校敎育ヲ經タル者ニ限ル理由カナイ、抑モ政治ニ對スル獨立シタル價値判斷トシテハ多クヲ望マナイノテアツテ、モトヨリ專門的智識ニアラスシテ社會的常識アルヲ以テ足ルノテアル。又兵役義務ヲ經ヘタルコトト限ルノモ甚タ當ヲ得ナイ、選擧權カ兵役義務ノ對價トシテ與ヘラルルモノニアラスシテ國民ノ一員トシテ自己ノ價値判斷ヲ政治ニ加ヘントスル要求ヲ貫徹セシメ得ル爲ニ附與セラルルモノテアルカラテアル

前章ニ女子參政カ沿革的ニ普通選擧カラ除外サレテ居ル事ヲ述ヘタカ、政府ハ此改正法ヲ制定スルニ際シテ女子ニ對シテ選擧權ヲ與ヘサリシ理由ヲ次ノ如ク云フテ居ル、現行法ハ男子ノ選擧權ニ關シテモ尙納稅要件ノ制限ヲ加ヘテ居リ選擧資格ニ關シテハ此點ノ改正ヲ以テ急務トスルノテ、選擧法ノ如キ重要法典ハ漸ヲ以テ之ヲ改正スルヲ宜ヘナリトシテ今日直ニ女子ニ對シテ選擧權ヲ與フルカ如キハ早急ノ變化ニテ穩當テナク女子ノ政治能力ハ概シテ未タ男子ノ域ニ達セス女子ノ選擧權ニ關スル輿論未タ一定シナイ假令女子ニ對シ選擧權ヲ與フルノ主義ヲ可ナリトスルモ之ヲ何レノ程度迄擴張スヘキヤハ仍十分ノ考慮ヲ要スル所テ近時實施セラレタル外國ニ於ケル女子ノ選擧權ニ付テ其ノ行使ノ狀況ト結果トヲ十分硏究シテ之ヲ我國ノ實情ニ照シテ相當ノ決定ヲ爲スモ決シテ後シトシナイト云フノテアル

改正法ノ特質トシテハ前述ノ如ク納稅資格撤廢ノ一事テアルカ尙改正法ニ於テ新ニ認メラレタルモノ又ハ改正セラレタルモノト見ルヘキモノノ內重ナル事項ヲ、勿論詳細ハ本論各條ノ下ニ述ヘルモ、一應左ニ列記シテ見ヨウ

一　納稅資格ハ之ヲ撤廢シタルコト(第五條)

一　住所ノ要件ハ住居ト修正シテ選擧人名簿ノ登錄要件ニ改メタルコト
選擧資格調査期日迄引續一年以上其ノ市町村內ニ住居ヲ有スルコトヲ選擧人名簿ノ登錄要件ト爲シタルコト（第五條第十二條）
一　官立公立私立學校ノ學生、生徒（兵籍ニ編入セラレタル陸海軍所屬ノ學生生徒ヲ除ク）及現役中ノ陸海軍軍人ニシテ未タ入營セサル者及歸休下士官兵ニ關スル選擧權及被選擧權ノ制限ヲ撤廢シタルコト（第七條）
一　神官、神職、僧侶、其他諸宗敎師、小學校敎員ニ關スル被選擧權ノ制限ヲ撤廢シタルコト
一　政府ニ對シ請負ヲ爲ス者ニ對スル被選擧權ノ制限ヲ撤廢シタルコト
一　官吏ハ特ニ列擧セラレタル特殊ノモノヲ除クノ外在職中議員トノ兼職ヲ禁シタルコト
一　待遇官吏ヲ加ヘタルコト（第十條）
一　選擧ノ期間ハ大體三十日ヲ標準トシテ其ノ短縮ヲ圖リタルコト（第十八條）
一　投票用紙ニ自ラ議員候補者一人ノ氏名ヲ記載スルコトニ改メタルコト
議員候補者氏名ヲ書スルコト能ハサル者ハ投票ヲ爲スコトヲ得サル旨ニ

改メタルコト（第二十七條第三十條）

一　投票ニ關スル記載ニ付テハ勅令ニ依リ定メラレタル點字ハ之ヲ文字ト看做シタルコト（第二十八條）

一　特別ノ事由ニ因リ選擧ノ當日自ラ投票所ニ到リ投票ヲ爲シ能ハサル者ノ投票ニ關シ特別ノ規定ヲ設ケタルコト（第三十三條）

一　郡市ノ區域ヲ以テ投票區トシ特別ノ事情アル郡市ニ於テハ數開票區ヲ設クルコトヲ得ル旨ノ規定ヲ設ケタルコト

開票及開票所ノ規定ヲ設ケタルコト

開票事務ト選擧會ノ事務トヲ區別シタルコト（第三條第五章第六章）

一　議員候補者ニ關スル屆出ノ規定ヲ設ケタルコト

議員候補者ノ屆出ニ關シ二千圓ヲ供託セシムルノ規定ヲ設ケタルコト（第六十七條第六十八條）

一　當選人ヲ定ムル場合ノ法定得票數ヲ其ノ選擧區內ノ議員ノ定數ヲ以テ有效投票ノ總數ヲ除シテ得タル數ノ四分ノ一以上ト爲シタルコト（第六十九條）

一　無競爭當選ニ關スル規定ヲ設ケタルコト（第七十一條）

一 再選擧及補闕選擧ニ關シ改正アリタルコト（第七十五條第七十九條）

一 選擧訴訟ハ第一審ニシテ終審トシ大審院ノ管轄ニ屬セシメタルコト

當選訴訟ハ第一審ニシテ終審トシ大審院ノ管轄ニ屬セシメタルコト

選擧運動費用ノ制限超過ニ關スル訴訟ヲ認メタルコト（第八十一條第八十三條第八十四條）

一 選擧事務長、選擧委員、選擧事務員ニ關スル規定ヲ設ケタルコト

選擧事務所ニ關スル規定ヲ設ケタルコト殊ニ其數ヲ劃一的ニ制限シタルコト（第八十八條第八十九條第九十條第九十一條）（第九十九條）

一 選擧運動者ノ數ヲ劃一的ニ制限シタルコト（第九十三條）

一 所謂第三者ハ演說又ハ推薦狀ニ依ルノ外總テ選擧運動ヲ爲スコトヲ禁止スル旨ノ規定ヲ設ケタルコト（第九十六條）

一 戸別訪問又ハ連續シテ個々ノ選擧人ニ對シ面接シ若ハ電話ニ依リテ爲ス選擧運動ヲ一般的ニ禁止シタルコト（第九十八條）

一 選擧事務ニ關係アル官吏及吏員ニ限リ其關係區域內ニ於ケル選擧運動ヲ禁シタルコト（第九十九條）

一 議員候補者一人ニ付費消セラルヘキ選擧運動費用ノ總額ヲ限定シタルコト

選擧運動費用中本法ノ制限ニ依ラシメサルモノヲ規定シタルコト
議員候補者ノ爲支出セラレタル選擧運動費用カ制限額ヲ超過シタル場合其議員候補者ノ當選ヲ無效ト爲スヘキ規定ヲ設ケタルコト（第百二條第百四條第百十條）

一 罰則ノ規定ニ付テハ新ニ定メラレタル選擧運動ニ關シ其費用ニ關スル違反行爲ニ對スル制裁規定ヲ設ケタルコト
一般ニ現行法所定刑罰ヨリ重ク爲シタルコト
投票僞造及投票數增減ノ罪ノ時效期間ヲ特ニ一年ト爲シタルコト其他ノ本章ニ揭クル罪ノ時效ハ犯人逃亡シタル場合ニ於テハ其ノ期間ヲ一年ニ伸長シタルコト（第十二章）

一 議員候補者又ハ推薦屆出者ハ選擧運動ノ爲ニスル通常郵便物ヲ其ノ選擧區內ニ在ル選擧人一人ニ付一通ヲ限リ無料ニテ差出スコトヲ得ルノ規定ヲ設ケタルコト
公立學校其他勅令ノ定ムル營造物ノ設備ハ演述ニ依ル選擧運動ノ爲之ヲ使用シ得ルノ規定ヲ設ケタルコト（第百四十條）

一 中選擧區トシ議員數ヲ四百六十六人トセルコト（別表）

本論

第一章　選擧ニ關スル區域

選擧ニ關スル區域トハ選擧區、投票區、開票區ノ事ヲ指ス、本章ハ右ノ各區カ如何ナル範圍ノ區域ヲ以テ定メラルルカヲ規定シテ居ル

第一條　衆議院議員ハ各選擧區ニ於テ之ヲ選擧ス
選擧區及各選擧區ニ於テ選擧スヘキ議員ノ數ハ別表ヲ以テ之ヲ定ム

第一項ハ衆議院議員ハ選擧區毎ニ選擧セラルル事ヲ規定シ、第二項ハ(イ)選擧區域ヲ如何樣ニ定ムルカ(ロ)其選擧區ニ於テ選擧スヘキ議員ノ數ハ幾名ト爲スヘキカハ共ニ之ヲ別表ニ於テ定ムルコトヲ明ニシテ居ル
選擧區トハ各選擧ノ結果ヲ決定スヘク分割セラレ獨立シタル一定ノ區域ヲ云フ、而テ此選擧區ヲ如何ニ分割スヘキカハ政治的ニハ重大ナル意味ヲ有スルモノニシテ從來小選擧區大選擧區ト稱セラレタル分割方法カアリ即チ明治二十二年ノ

法律ニテハ小選擧區制ヲ採用シ、明治三十三年ノ法律ヲ以テ之ヲ改メテ府縣ヲ單位トセル大選擧區制ヲ採用シ、大正八年ニ至リ別表ヲ改正シテ再ヒ小選擧區制ニ復歸シタノテアルカ此兩區制各一長一短アリ輕々ニ其利害得失ヲ論シ去ル事ハ出來ナイ、茲ニ新ニ別表ヲ改正シテ從來ノ小選擧區、大選擧區ノ中間ニ位スル所謂中選擧區(定員三人乃至五人)制ノ制定ヲ見タノテアル、詳細ハ別表ヲ見ルカヨイ

（參　照）

現行法　第一條　衆議院議員ハ各選擧區ニ於テ之ヲ選擧ス

選擧區及各選擧區ニ於テ選擧スヘキ議員ノ數ハ別表ヲ以テ之ヲ定ム

府縣制　第四條　府縣會議員ハ各選擧區ニ於テ之ヲ選擧ス

選擧區ハ市ノ區域又ハ從前郡長若ハ島司ノ管轄シタル區域ニ依ル但シ東京市京都市大阪市其ノ他勅令ヲ以テ指定シタル市ニ於テハ區ノ區域ニ依ル

第五條　府縣會議員ハ府縣ノ人口七十萬未滿ハ議員三十人ヲ以テ定員トシ七十萬以上百萬未滿ハ五萬ヲ加フル每ニ一人ヲ增シ百萬以上ハ七萬ヲ加フル每ニ一人ヲ增ス

各選擧區ニ於テ選擧スヘキ府縣會議員ノ數ハ府縣會ノ議決ヲ經テ府縣知事之ヲ定ム

議員ノ配當ニ關シ必要ナル事項ハ內務大臣之ヲ定ム

議員ノ定數ハ總選擧ヲ行フ場合ニ非サレハ之ヲ增減セス

市制　第十三條　市會議員ハ其ノ被選擧權アル者ニ就キ選擧人之ヲ選擧ス

議員ノ定數左ノ如シ

一　人口五萬未滿ノ市　三十人

二　人口五萬以上十五萬未滿ノ市　三十六人

三　人口十五萬以上二十萬未滿ノ市　四十人

四　人口二十萬以上三十萬未滿ノ市　四十四人
五　人口三十萬以上ノ市　四十八人
人口三十萬ヲ超ユル市ニ於テハ人口十萬人口五十萬ヲ超ユル市ニ於テハ人口二十萬ヲ加フル每ニ議員四人ヲ增加ス
議員ノ定數ハ市條例ヲ以テ特ニ之ヲ增減スルコトヲ得
町村制　第十一條　町村會議員ハ其ノ被選擧權アル者ニ就キ選擧人之ヲ選擧ス
議員ノ定數左ノ如シ
一　削　除
二　人口五千未滿ノ町村　十二人

第二條　投票區ハ市町村ノ區域ニ依ル
地方長官特別ノ事情アリト認ムルトキハ市町村ノ區域ヲ分チテ數投票區ヲ設ケ又ハ數町村ノ區域ヲ合セテ一投票區ヲ設クルコトヲ得
前項ノ規定ニ依リ投票區ヲ設ケタルトキハ地方長官ハ直ニ之ヲ告示スヘシ
第二項ノ規定ニ依リ設クル投票區ノ投票ニ關シ本法ノ規定ヲ適用シ難キ事項ニ付テハ勅令ヲ以テ特別ノ規定ヲ設クルコトヲ得

本條ハ投票區ニ付テノ規定テアル、投票區トハ選擧ノ基本タルヘキ投票ヲ如何ナル地點ニ於テ爲スヘキカヲ定ムル個々ノ地域ヲ云フ

原則トシテ投票區ハ市町村ノ區域ニ依ルココニ市町村ト云フハモトヨリ行政區劃上ノ市町村ヲ指ス、東京市ノ各區ノ如キハ本法第百四十五條ニ依リ市ニ當ルノテアル。若シ地方長官カ特別ノ事情アリト認メタル場合ハ市町村ノ區域ヲ分チテ數投票區ヲ設ケタリ又ハ數町村ノ區域ヲ合セテ一投票區ヲ設ケ得ル。特別ノ事情トハモトヨリ具體的ノ問題テアルカ、或ハ人口ノ疎密、或ハ交通ノ難易等ノ事項ニシテ、地方長官ハ便宜ニ從テカヽル事情ノモトニ右ノ如ク分區又ハ合區出來ル。ソシテ左樣ニ分區又ハ合區シタ場合ニハ地方長官ハ直ニコノ事ヲ一般ニ告示即チ公告シナケレハナラヌ、尙此分區又ハ合區ニ依リテ設ケラレタル投票區ノ投票ニ關シテ本法ノ規定ヲ適用シ難キ事項ニ付テハ勅令ヲ以テ特別ノ規定ヲ設ケ得ルノテアル

（參　照）

現行法　第二條　投票區ハ市町村ノ區域ニ依ル

特別ノ事情アル市町村ニ於テハ勅令ノ定ムル所ニ依リ二箇以上ノ投票區ヲ設ケ又ハ數町村ノ區域ニ依リ一投票區ヲ設クルコトヲ得

前項ノ場合ニ於テ投票ニ關シ本法ノ規定ヲ適用シ難キトキハ勅令ヲ以テ特別ノ規定ヲ設クルコトヲ得

府縣制

第十五條　投票區ハ市町村ノ區域ニ依ル

投票所ハ市役所町村役場又ハ投票管理者ノ指定シタル場所ニ之ヲ設ク

投票管理者ハ選擧ノ期日前五日目マテニ投票所ヲ告示スヘシ

府縣知事特別ノ事情アリト認ムルトキハ市町村ノ區域ヲ分チテ數投票區ヲ設ケ又ハ數町村ノ區域ヲ合セテ一投票區ヲ設クルコトヲ得

前項ノ規定ニ依リ投票區ヲ設クル場合ニ於テ必要ナル事項ハ命令ヲ以テ之ヲ定ム

第三條　開票區ハ郡市ノ區域ニ依ル

地方長官特別ノ事情アリト認ムルトキハ郡市ノ區域ヲ分チテ數開票區ヲ設クルコトヲ得

前項ノ規定ニ依リ開票區ヲ設ケタルトキハ地方長官ハ直ニ之ヲ告示スヘシ

第二項ノ規定ニ依リ設クル開票區ノ開票ニ關シ本法ノ規定ヲ適用シ難キ事項ニ付テハ勅令ヲ以テ特別ノ規定ヲ設クルコトヲ得

本條ハ開票區ニ關スル規定テアル開票區トハ投票ノ點檢ヲ爲ス爲ニ如何ナル範圍ノ投票ヲ取纒メテコレヲ開披スヘキカヲ定ムル區域ヲ云フ、此制定ハ改正法ニ於テ新ニ認メラレタル制度テアル、コレカ制定ヲ見タル理由ハ普通選擧ニ伴フテ有權者ノ數著シク增加セルト且中選擧區主義ヲ採用セル結果トノ爲ニ一選擧區內ノ投票ヲ總テ一選擧會場ニ蒐メ其點檢ヲ爲ス事ハ時間ト經費トヲ多大ニ費スノミナラス紛亂ヲ來タス虞カアルカラテアル

開票區ハ原則トシテ郡市ノ區域ニ依ルノテアル、ココニ郡市トハ行政區劃上ノ郡市ヲ謂フハ論ヲ俟タナイ、本條ニ於テモ前條ト稍同樣ナ規定カ設ケラレテ居ル即チ地方長官ハ特別ノ事情アリト認定シタル場合ハ郡市ノ區域ヲ分チテ數開票區

ヲ設クルコトカ出來ルシ之ヲ設ケタ場合ニハ地方長官ハ直ニ是カ告示ヲ為スヲ要スル所テアリ又此分區ニヨリ設ケラレタル開票區ノ開票ニ關シテ本法ノ規定ヲ適用シ難キ事項ニ付テハコレ亦勅令ヲ以テ特別ノ規定ヲ設クルコトカ出來ルノテアル。開票區ニ付テハ分區ノミ認メラレテ前條ノ如キ合區ハ認メラレナカツタ、手續ヲ簡易ニ為スヘキ為メ設ケラレタル開票區ノ制度ヨリ見テ合區ヲ為ス事カ開票區ヲ認メタル趣旨ニ背馳スルコトハ說明スル迄モナイ。ココニ特別ノ事情ト云フノハ一郡一市ニ於ケル一開票區ニ於テ開票ヲ為スコトカ甚タ敷不便不都合ヲ來タスカ如キ事情アル場合ヲ云フノテアツテ或ハ有權者ノ數カ多數テ其總テノ投票ヲ一開票所ニ處理スルコトカ不便ナル場合トカ或ハ一郡內ノ總テノ投票函ヲ一箇所ニ取纏ムル事ヲ非常ニ不便トスル場合トカノ如キカソレテアル

（參照）

現行法ニハ開票區ニ關スル規定ナシ。

舊選擧法第五條　開票區ハ郡市ノ區域ニ依ル

郡市長ハ開票管理者トナリ開票ニ關スル事務ヲ擔任ス

第四條　行政區劃ノ變更ニ因リ選擧區ニ異動ヲ生スルモ現

任議員ハ其ノ職ヲ失フコトナシ

本條ハ行政區劃ノ變更ニ因リ選擧區ニ異動ヲ生スルコトアルモ現ニ議員タル者ニハ何等ノ效ナク從テ其職ヲ失ハシムルカ如キコトナキヲ明定シテ居ル、本條ハ事理ノ當然ヨリ出タル規定ニシテ所謂旣得權ヲ認メタルモノテアル、其當時合法的ニ選擧セラレテ現ニ議員ノ職ニ在ル者カ後ニ生シタル國家行政ノ都合上行政區劃カ變更セラレ其結果選擧區ニ異動ヲ生セル事由ニヨリ其職ヲ失ハシムルハ當ヲ得サルモノト考ヘラルルカ故ニ此規定ヲ見タ次第テアル

（參照）

現行法　第七條　行政區畫ノ變更ニ因リ選擧區ニ異動ヲ生スルモ現在議員ハ其ノ職ヲ失フコトナシ

第二章　選擧權及被選擧權

本章ハ選擧權及被選擧權ニ關シテ規定セラル卽チ如何ナル資格ヲ具有スルトキ選擧權、被選擧權ヲ有シ如何ナル條件アルトキハ此等ヲ有セサルカヲ規定シテ居ル、ソコテ之ヲ具フルコトヲ要スル資格ヲ假ニ積極資格トテモ云フナラ之ヲ具ヘサルコトヲ要スル條件ヲ消極條件トテモ名ツケ得ル、尙本章ニハコレニ附隨シテ議員トノ兼職禁止事項ヲモ規定セラレテ居ル（本法第十節第十一條）

一體選舉權ハ法律上公權ナリヤ公ノ職務ナリヤハ學者間ニ爭アル所テアルカコレヲ法律的ニ嚴密ニ謂フトキハ投票權ソノモノテアルカ故ニ即チ選擧法タル公法上個人カ國家ニ對シテ一定ノ行爲ヲ爲スコトヲ內容トスル法律上與ヘラレタル利益ナルカ故ニ公權ナリト解スヘキテアラウト思フカ被選擧權ハ一ノ資格ト解スヘキモノテアッテ正シキ意味ニ於ケル法律上權利ノ性質ヲ有スルヤ否ヤ疑ハシイ然シカヽル議論ノ詳細ハココニ論スルヲ避ケヲ一般國法學ノ研究ニ讓ルコトトシヨウ

第五條　帝國臣民タル男子ニシテ年齡二十五年以上ノ者ハ選擧權ヲ有ス

帝國臣民タル男子ニシテ年齡三十年以上ノ者ハ被選擧權ヲ有ス

本條ハ選擧權被選擧權共ニ其積極資格ヲ規定スルトコロテ第一項ハ選擧資格ニ關シ第二項ハ被選擧資格ニ關シテ居ル、第一項規定ノ選擧資格ハ(イ)帝國臣民タルコト(ロ)男子タルコト(ハ)年齡二十五年以上タルコトテアリ第二項被選擧資格ハ帝國臣民タルコトテアル　帝國臣民トハ日本ノ國籍ヲ有スル自然人ヲ云フ、然シ其國籍取得ノ原因如何ハ之ヲ問ハナイ例ヘハ領土ノ併合割讓等ニヨリテ日本ノ國籍ヲ取得シタル朝鮮人、臺灣人ト雖モ選擧法施行區域内ニ住居スル限リ選擧權ヲ享有シ得ルモノト解シ得ヘク、歸化ニヨリテ日本人トナリタル者ヲモ含ムト解スヘキテアル、只歸化人ハ國籍法ノ規定テ被選擧權ニ付或制限ヲ受ケテ居ル（國籍法第十六條第十七條）、要スルニ選擧權、被選擧權ノ積極資格トシテ其異ナル點ハ年齡ノ差アルノミ、カク年齡ノ差ヲ認メタ立法上ノ理由ハ選擧權者カ二十五年以上タルヲ要ストセル以上一層政治的能力ヲ必要トスル議員タル被選擧權者ノ年齡ハ之ヲ三十年以上トスルモ不當ナリトスルノ理ニ乏シク且地方制度ニ於テハ被選擧權者ノ年齡ハ總テ二十五歲以上ナルモ國政ニ參與スル者ハ地方自治ニ參與スル者ニ比シテ一層政治的ニ識見ノ程度大ナルヲ要ストセラルル故年齡ヲ高ムヘキモノト考ヘルコトカ國民ノ常識的判斷ニ合致スルト解セラルルカラテアル

選擧權ノ要件中納稅資格ヲ撤廢シタル本法カココニ普通選擧ト稱セラルル所以ノモノハ既ニ緖論ニ於テ述ヘタトコロテアリコノ改正カ本法ノ主要ナル點テア

ル、現行法ハ選擧權ノ資格トシテ尙選擧人名簿調製ノ期日迄引續キ滿六箇月以上同一選擧區內ニ住所ヲ有スル者(現行法第八條第二號)ナル要件ノ規定アリタルモ、改正法ハ斯ノ如キ制限ハ單ニ選擧權行使ノ一要件ト解シタノテアッテ普通選擧タル本質的ノ規定卽チ選擧權享有ノ要件ト解スルハ合理的ナラスト考ヘラレタノテアル(參照改正法第十二條)

(參照)

現行法 第八條 左ノ要件ヲ具備スル者ハ選擧權ヲ有ス
一 帝國臣民タル男子ニシテ年齡滿二十五年以上ノ者
二 選擧人名簿調製ノ期日迄引續キ滿六箇月以上同一選擧區內ニ住所ヲ有スル者
三 選擧人名簿調製ノ期日迄引續キ滿一年以上直接國稅三圓以上ヲ納ムル者
家督相續ニ依リ財產ヲ取得シタル者ニ付テハ其ノ財產ニ付被相續人ノ爲シタル納稅ヲ以テ其ノ者ノ爲シタル納稅ト看做ス

第十條 帝國臣民タル男子ニシテ年齡滿三十年以上ノ者ハ被選擧權ヲ有ス

舊法 第八條 左ノ要件ヲ具備スル者ハ選擧權ヲ有ス
一 帝國臣民タル男子ニシテ年齡滿二十五年以上ノ者
二 選擧人名簿調製ノ期日前滿一年以上其ノ選擧區內ニ住所ヲ有シ仍引續キ有スル者
三 選擧人名簿調製ノ期日前滿一年以上地租十圓以上又ハ滿二年以上地租以外ノ直接國稅十圓以上若クハ地租ト其ノ他ノ直接國稅トヲ通シテ十圓以上ヲ納メ仍引續キ納ムル者
家督相續ニ依リ財產ヲ取得シタル者ハ其ノ財產ニ付被相續人ノ爲シタル納稅ヲ以テ其ノ者ノ納稅シタルモノト看做ス

第十條 帝國臣民タル男子ニシテ年齡滿三十年以上ノ者ハ被選擧權ヲ有ス

府縣制　第六條第一項　府縣內ノ市町村公民ハ府縣會議員ノ選擧權及被選擧權ヲ有ス

市　制　第九條第一項　帝國臣民タル年齡二十五年以上ノ男子ニシテ二年以來市住民タル者其市公民トス但シ左ノ各號ニ該當スル者ハ此ノ限ニアラス（中略、第六條參照欄掲載）

第二項　市ハ前項二年ノ制限ヲ特免スルコトヲ得

第三項　第一項二年ノ期間ハ市町村ノ廢置分合又ハ境界變更ノ爲中斷セラルルコトナシ

第十四條　市公民ハ總テ選擧權ヲ有ス但シ公民權停止中ノ者又ハ第十一條ノ規定ニ該當スル者ハ此ノ限ニ在ラス

第十八條第一項　選擧權ヲ有スル市公民ハ被選擧權ヲ有ス

町村制　第七條第一項　帝國臣民タル年齡二十五年以上ノ男子ニシテ二年以來町村住民タル者ハ其町村公民トス但シ左ノ各號ノ一ニ該當スル者ハ此ノ限ニ在ラス（中略第六條參照欄掲載）

第二項　町村ハ前項ノ制限ヲ特免スルコトヲ得

第三項　第一項二年ノ期間ハ市町村ノ廢置分合又ハ境界變更ノ爲中斷セラルルコトナシ

第十二條　町村公民ハ總テ選擧權ヲ有ス但シ公民權停止中ノ者又ハ第九條ノ規定ニ該當スル者ハ此ノ限ニ在ラス

第十五條第一項　選擧權ヲ有スル町村公民ハ被選擧權ヲ有ス

貴族院令　第三條第一項　公侯爵ヲ有スル者滿三十歲ニ達シタルトキハ議員タルヘシ

第四條第一項　伯子男爵ヲ有スル者ニシテ滿三十歲ニ達シ各々其ノ同爵ノ選ニ當リタル者ハ七箇年ノ任期ヲ以テ議員タルヘシ其ノ選擧ニ關ル規則ハ別ニ勅令ヲ以テ之ヲ定ム

第五條第一項　國家ニ勳勞アリ又ハ學識アル滿三十歲以上ノ男子ニシテ勅任セラレタル者ハ終身議員タルヘシ

第五條ノ二　滿三十歲以上ノ男子ニシテ帝國學士院會員タル者ノ中ヨリ四人ヲ互選シ其ノ選ニ當リ勅任セラレタル者ハ其ノ會員タルノ間七箇年ノ任期ヲ以テ議員タルヘシ其ノ選擧ニ關ル規則ハ別ニ勅令ヲ以テ之ヲ定ム

第六條　滿三十歲以上ノ男子ニシテ「北海道各府縣ニ於テ」土地或ハ工業商業ニ付多額ノ直接國税ヲ納ムル者百人ノ中ヨリ一人又ハ二百人ノ中ヨリ二人ヲ互選シ其ノ選ニ當リ勅任セラレタル者ハ七箇年ノ任期ヲ以テ議員タルヘシ其ノ選擧ニ關ル規則ハ別ニ勅令ヲ以テ之ヲ定ム

第六條　左ニ掲クル者ハ選擧權及被選擧權ヲ有セス

一　禁治產者及準禁治產者

二　破產者ニシテ復權ヲ得サル者

三　貧困ニ因リ生活ノ爲公私ノ救助ヲ受ケ又ハ扶助ヲ受クル者

四　一定ノ住居ヲ有セサル者

五　六年ノ懲役又ハ禁錮以上ノ刑ニ處セラレタル者

六　刑法第二編第一章、第三章、第九章、第十六章乃至第二十一章、第二十五章又ハ第三十六章乃至第三十九章ニ掲クル罪ヲ犯シ六年未滿ノ懲役ノ刑ニ處セラレ其ノ執行ヲ終リ又ハ執行ヲ受クルコトナキニ至リタル後其刑期ノ二倍ニ相當スル期間ヲ經過スルニ至ル迄ノ者、但シ其ノ期間五年ヨリ短カキトキハ五年トス

七　六年未滿ノ禁錮ノ刑ニ處セラレ又ハ前號ニ揭クル罪以外ノ罪ヲ犯シ六年未滿ノ懲役ノ刑ニ處セラレ其執行ヲ終リ又ハ執行ヲ受クルコトナキニ至ル迄ノ者

本條ハ選擧權被選擧權ニ付一般的消極條件カ規定セラレテ居ル、既ニ緖論ニ於テ說明シタル如ク本條ニ規定セラルルカ如キ特殊ノ事情ヨリ生スル事項ヲ以テ一般的ニ缺格者ト定ムルモ毫モ普通選擧タルヲ妨ケナイ本條規定ノ如キ者ハ或ハ精神的能力ニ缺陷アルカ或ハ其ノ性格カ共同生活ヲ爲スニ適セサルカ或ハ自活能力ニ缺陷アルカテアツテ孰レモ政治的價値判斷ノ獨立性ヲ缺キ參政能力者ト看做サレ難キ者ナレハ斯ル者ヲシテ政治ニ其ノ自己ノ意見ヲ加ヘシムルコト卽チ投票ヲ行ハシムルカ如キハ却テ國家公益上支障アリト解スルハ正當テアラ

ウ

第一號ハ裁判所ニ於テ心神喪失ノ常況ニ在ル者トシテ禁治產又ハ心神耗弱者、聾者、啞者、盲者、及ヒ浪費者トシテ準禁治產ノ各宣告ヲ受ケ之カ確定シタル者（參照民法第七條第十一條第十三條人事訴訟法手續法第三章）此等ノ者ヲ缺格者トスルハ何レモ精神能力ニ缺陷アリト認メラルルカ爲メナリ

（參照）

民　法　第七條　心神喪失ノ常況ニ在ル者ニ付テハ裁判所ハ本人、配偶者、四親等内ノ親族、戶主、後見人、保佐人又ハ檢事ノ請求ニ因リ禁治產ノ宣告ヲ爲スコトヲ得

第十一條　心神耗弱者、聾者、啞者、盲者及ヒ浪費者ハ準禁治產者トシテ保佐人ヲ附スルコトヲ得

第十三條　第七條及ヒ第十條ノ規定ハ準禁治產ニ之ヲ準用ス

人事訴訟手續法　第三章　禁治產及準禁治產ニ關スル手續

第二號ハ破產法ノ規定ニヨリ債務者カ支拂ヲ爲スコト能ハサルトキ申立ニヨリ裁判所ニ於テ其債務者ヲ破產者トストノ決定ヲ受ケ其確定シタルトキヨリ復權ノ決定確定スルニ至ル迄ノ者（參照破產法第百二十六條第三百六十七條）現行法ハ第十一條第二號ニ「身代限ノ處分ヲ受ケ債務ノ辨濟ヲ終ヘサル者及家資分散若ハ破產ノ宣告ヲ受ケ其確定シタルトキヨリ復雜ノ決定確定スルニ至ル迄ノ者」ト規定セルカ、破產法施行

ノ結果同法第三百八十六條第二項ノ規定ニ依リ「身代限ノ處分ヲ受ケ債務ヲ完濟セサル者及家資分散ノ宣告ヲ受ケタル者ハ他ノ法令ノ適用ニ付テハ之ヲ破産者ト看做ス」ト定メラルルカ故ニ改正法ニ於テハ現行法ノ右字句ヲ斯樣ニ改メタルニ過キスシテ其趣旨ハ同一ニシテ、法律カ此要件ヲ消極條件ノ一トシテ數フル所以ハ斯ル者ハ經濟取引ノ通念ニ照ラシテ一般ニ社會生活ニ於ケル信義ノ原則ヲ充足スルコト能ハサル者ナレハ從テ政治的價値判斷モ眞正ナル獨立性ヲ缺クト認メラルルカラテアル

（參照）

破産法　第百二十六條　債務者カ支拂ヲ爲スコト能ハサルトキハ裁判所ハ申立ニ因リ決定ヲ以テ破産ヲ宣告ス

債務者カ支拂ヲ停止シタルトキハ支拂ヲ爲スコト能ハサルモノト推定ス

第三百六十七條　破産者カ辨濟其ノ他ノ方法ニ因リ破産債權者ニ對スル債務ノ全部ノ免責ヲ得タルトキハ破産裁判所ハ破産者ノ申立ニ因リ復權ノ決定ヲ爲スコトヲ要ス

申立人ハ免責ヲ證スル書面ヲ提出スルコトヲ要ス

第三號ハ現行法ニ其ノ規定ナク改正法ノ新ニ設ケタルトコロテ貧困ナルカ爲メ生活上公的ニ又ハ私的ニ其孰レヲ問ハス救助又ハ扶助ヲ受クル者テアル即チ貧困ノ爲メ公私ノ施設ニ依リ生活上ノ扶助ヲ受クル者、乞丐ヲ爲スモノ、（警察犯處罰令第二條第二號參照）慈善家ノ特志ニ依リ生活上ノ救助ヲ受クル者、貧困ノ爲メ縁者、故舊等ヨリ生

活上ノ扶助ヲ受クル者ノ如キハ此第三號ニ謂フ所ノ者テアル、此等ノ者ハ社會生活ノ落伍者ト認メラルルカ爲メ缺格者トナサレタノテアル、本號ハ解釋上多少異論ノ出ツヘキ規定テアル樣タカ、右ニ説明スル如キヲ以テ從テ左ノ如キ場合ハ缺格者トナラナイモノト解セラレテ居ル樣テアル軍事救護法又ハ廢兵病院法ニ依ル救護ヲ受クル者ハ特別ノ勤務ニ對シ國家カ特典ヲ與フルモノテ貧困ニ因リ救助ヲ受クル者テナイカラ缺格者トハ爲ラナイ、罹災救助ヲ受クル者ハ罹災ナル特別ノ事情ニ因ルモノニシテ貧困ニ因リ生活ノ爲ニ救助ヲ受クル者テナク、又恩給法ニ依ル恩給、又ハ遺族扶助料ヲ受クル者、鑛業法、工場法、傭人扶助令ニ依ル扶助ヲ受クル者ノ類モ貧困ノ爲ニ扶助ヲ受クル者テナク、又學資ノ補給、施藥、施療ヲ受クル者ハ生活ノ爲ニ救助扶助ヲ受クル者テナイ、故ニ以上列記ノ者ノ如キハ孰レモ缺格者ト爲ラナイノテアル

（參　照）

警察犯處罰令　第二條第二號　乞丐ヲ爲シ又ハ爲サシメタル者

第四號ハ定マリタル「すまゐ」ヲ有セサル者、此條件モ改正法ノ新ニ定メタ所テアル。住居トハ各個人ノ生活ノ中心タル具體的住所ヲ謂フ法律上ノ用語トシテ住所又

ハ居所ナル用語カアルカ其意味多ク抽象的ニシテ多岐ニ亘ル虞アルカ故ニ選擧法ハ吾人ノ社會通念ニ照シテ一般ニ「すまゐ」ト觀念シ得ルアル有形的設備ヲ伴フ具體的住所ヲ指シテ住居ト解スルノテアル、右ノ如ク解セラルルカ故ニ一定ノ住居ヲ有セサル者ト云ヘハ即チ社寺、堂宇、公園等ニ露宿スルヲ常トシ或ハ所々ヲ彷徨徘徊スル乞丐、浮浪人ノ如キ者テアル（參照警察犯處罰令第一條第三號）此等ノ者モ亦社會ノ落伍者ト認ムヘキ者テアルカラコレヲ缺格者トスルコトハ正當ナコトテアラウ

（參　照）

警察犯處罰令　第一條第三號　一定ノ住居又ハ生業ナクシテ諸方ニ徘徊スル者

第五號、第六號、第七號、ハ共ニ犯罪者トシテ處罰セラレタル者ヲ選擧權、被選擧權ノ消極條件トシテ定メラレタルモノナルカ孰レモ其ノ性格ヨリ觀察シテ社會生活ニ伍スルニ斯ノ如ク反社會性アル者ハ反面ニ於テ吾人ノ共同ノ福利ヲ增進スルニ與ルヘキ參政能力ヲ欠クモノト認定スルモ社會觀念上妥當ナ事テアル、六年以上ノ處刑ヲ受ケタル者ハ其ノ反社會的性格著シキモノト認メラルヘク、六年未滿ノ處刑ヲ受ケタル者ハ其ノ性格ノ反社會性六年以上ノ處刑ヲ受ケタル者ノ如ク著シクナイトシテモ現ニ其ノ處刑中ナル場合ニ於テハ犯罪ノ爲メ社會ヨリ隔離

セラレツツアル者テアルカラ之ニ參政權ヲ與フヘキテナイ、刑ノ執行猶豫中ノ者又ハ刑ノ執行ヲ免ルルカ爲メ逃亡中ノ者亦之ヲ同一ニ取扱フコトモ當然ナコトテ且六年未滿ノ懲役ノ刑ニ處セラタル者テモ其罪質特ニ宜シクナイモノト認メラルル者ニ對シテハ其刑ノ執行ヲ終リタル後尚一定ノ期間選擧權被選擧權ヲ有セシメナイコトカ適當テアル、第五號ハ懲役刑ニテモ禁錮刑ニテモ六年以上ヲ以テ處罰セラレタル者ハ缺格者テアルトノ規定テアル、六年未滿ノ懲役刑又ハ禁錮刑ニ處セラレタル者ハトウナルノテアルカ、現行法ハ其ノ第十一條第四號ニコレニ關シテ規定シテ居ルカ改正法ハ本條第六號ニ於テコノ場合ニ關シ特別ナル罪ヲ犯シタル者ニ對シ特別ナル規定ヲ設ケタノテアツテコノ點カ改正法ノ現行法ト異ナル點テアル、第六號ハ刑法第二編第一章皇室ニ對スル罪（刑法第七十三條乃至第七十六條）第三章外患ニ關スル罪（刑法第八十一條乃至第八十九條）第九章放火及ヒ失火ノ罪（刑法第百八條乃至第百十八條）第十六章通貨僞造ノ罪（刑法第百四十八條乃至第百五十三條）第十七章文書僞造ノ罪（刑法第百五十四條乃至第百六十一條）第十八章有價證券僞造ノ罪（刑法第百六十二條第百六十三條）第十九章印章僞造ノ罪（刑法第百六十四條乃至第百六十八條）第二十章僞證ノ罪（刑法第百六十九條乃至第百七十一條）第二十一章誣告ノ罪（刑法第百七十二條第百七十三條）第二十五章瀆職ノ罪（刑法第百九十三條乃至第百九十八條）第三十六章竊盜及ヒ强盜ノ罪（刑法第二百三十五條乃至第二百四十五條）第三十七章詐欺及ヒ恐喝ノ罪（刑法第二百四十六條乃至第二百五十一條）第三十八章横領ノ罪（刑法第二百五十二條乃至第二百五十五條）第三十九章贓物ニ關スル罪（刑法第二百五十六條第二百五十七條）以上ノ罪ヲ犯シ因テ六年未滿ノ（尙懲役ノ刑ニ處セラレタル者ハ其ノ執行ヲ終ツタカ、又ハ執行ヲ受クルコトナキニ至ツタ後迄ノミナラス、尙其ノ處刑セラレタ刑期ノ二倍ニ相當スル期間ヲ經過スル迄、若シ二倍ニ相當スル期間カ五年ヨリ短イ時ニハ五年トシテ、其ノ期間ハ選擧權、被選擧權ヲ享有スルコトカ出來ナイトノ規定テアル、第七號ハ六年未滿ノ禁錮ノ刑ニ處セラレ又ハ前記第六號ニ掲ケタ罪以外ノ罪ヲ犯シテ六年未滿ノ懲役刑ニ處セラレテ其執行ヲ終ルカ、又ハ執行ヲ受クルコトナキニ至ル迄カ缺格者ナノテアル

刑ニ處セラレルト云フ事ト、其處セラレタル刑ノ執行ヲ受ケ、又受ケナイト云フ事トハ其ノ區別ヲ明ニシテ置カナケレハナラナイ、第五號ニ於テハ處セラレタルコト自體カ既ニ缺格者ナノテアル、處セラレルト云フノハ裁判ノ言渡ヲ受ケ其確定シタルコトヲ云フノテアル、裁判ノ言渡ヲ受ケ之レカ確定スレハ其執行ヲ受クルノテアッテ、刑ノ執行ヲ終ルトハ現實ニ刑務所ニ於テ其執行ヲ受ケテ之ヲ終ルノ意テアル、執行ヲ受クルコトナキニ至ルトハ、或ハ執行猶豫期間ノ滿了（刑法第二十七條）ト

カ、或ハ刑ノ言渡ヲ受ケタル者カ執行前ニ時效ニヨリ其執行免除ヲ得ルトカ、（刑法第三十一條）又ハ恩赦ニ依リテ刑ノ言渡ノ效力ヲ失ハシメ、或ハ刑ノ執行ヲ免除セラルル如キ場合ヲ云フ（恩赦令第三條第一號第五條）

尙本條ニ附加シテ本法第百三十七條ニ規定スル選擧犯罪者モ亦或期間選擧權ヲ享有シ得ラレナイコトヲ一言シテオカウ然シ其詳細ハ同條ヲ說明スル場合ニ讓ル

（參照）

現行法 第十一條 左ニ揭クル者ハ選擧權及被選擧權ヲ有セス

一 禁治產者及準禁治產者

二 身代限ノ處分ヲ受ケ債務ノ辨償ヲ終ヘサル者及家資分散者ハ破產ノ宣告ヲ受ケ其ノ確定シタルトキヨリ復權ノ決定確定スルニ至ル迄ノ者

三 六年ノ懲役又ハ禁錮以上ノ刑ニ處セラレタル者

四 六年未滿ノ懲役又ハ禁錮ノ刑ニ處セラレ其ノ執行ヲ終リ又ハ執行ヲ受クルコトナキニ至ル迄ノ者

府縣制 第六條第一項 府縣內ノ市町村公民ハ府縣會議員ノ選擧權及被選擧權ヲ有ス

第六條第三項 市町村公民權停止中ノ者ハ選擧權及被選擧權ヲ有セス

市制 第九條第一項 帝國臣民タル年齡二十五年以上ノ男子ニシテ二年以來市住民タル者ハ其ノ市公民トス但シ左ノ各號ノ一ニ該當スル者ハ此ノ限ニ在ラス

一 禁治產者及準禁治產者

二 破產者ニシテ復權ヲ得サル者

三 貧困ニ因リ生活ノ爲公私ノ救助ヲ受ケ又ハ扶助ヲ受クル者

四　一定ノ住居ヲ有セサル者

五　六年ノ懲役又ハ禁錮以上ノ刑ニ處セラレタル者

六　刑法第二編第一章、第三章、第九章、第十六章、乃至第二十一章、第二十五章、又ハ第三十六章、乃至第三十九章ニ掲クル罪ヲ犯シ六年未滿ノ懲役ノ刑ニ處セラレ其ノ執行ヲ終リ又ハ執行ヲ受クルコトナキニ至リタル後其ノ刑期ノ二倍ニ相當スル期間ヲ經過スルニ至ル迄ノ者但シ其期間五年ヨリ短キトキハ五年トス

七　六年未滿ノ禁錮ノ刑ニ處セラレ又ハ前號ニ掲クル罪以外ノ罪ヲ犯シ六年未滿ノ懲役ノ刑ニ處セラレ其執行ヲ終リ又ハ執行ヲ受クルコトナキニ至ル迄ノ者

町村制　第七條第一項　帝國臣民タル年齡二十五年以上ノ男子ニシテ二年以來町村住民タル者ハ其ノ町村公民トス但シ左ノ各號ノ一ニ該當スル者ハ此ノ限ニ在ラス

一　禁治產者及準禁治產者

二　破產者ニシテ復權ヲ得サル者

三　貧困ニ因リ生活ノ爲公私ノ救助ヲ受ケ又ハ扶助ヲ受クル者

四　一定ノ住居ヲ有セサル者

五　六年ノ懲役又ハ禁錮以上ノ刑ニ處セラレタル者

六　刑法第二編第一章、第三章、第九章、第十六章、乃至第二十一章、第二十五章、又ハ第三十六章、乃至第三十九章ニ掲クル罪ヲ犯シ六年未滿ノ懲役ノ刑ニ處セラレ其ノ執行ヲ終リ又ハ執行ヲ受クルコトナキニ至リタル後其ノ刑期ノ二倍ニ相當スル期間ヲ經過スルニ至ル迄ノ者但シ其期間五年ヨリ短キトキハ五年トス

七　六年未滿ノ禁錮ノ刑ニ處セラレ又ハ前號ニ掲クル罪以外ノ罪ヲ犯シ六年未滿ノ懲役ノ刑ニ處セラレ其ノ執行ヲ終リ又ハ執行ヲ受クルコトナキニ至ル迄ノ者

第七條　華族ノ戶主ハ選擧權及被選擧權ヲ有セス

陸海軍軍人ニシテ現役中ノ者（未タ入營セサル者及歸休下士官兵ヲ除ク）及戰時若ハ事變ニ際シ召集中ノ者ハ選擧權

及被選擧權ヲ有セス、兵籍ニ編入セラレタル學生生徒(勅令ヲ以テ定ムル者ヲ除ク)及志願ニ依リ國民軍ニ編入セラレタル者亦同シ

本條以下第八條、第九條ニ於テ選擧權又ハ被選擧權ノ與ヘラレサル理由ハ第六條ニ規定セラレタル如キ一般的ニ人ノ能力、性格等ニ基因シテ參政能力ナシト認メラレタル場合トハ全然異ナリ唯其身分、地位、職務上之レニ與ヘサルコトカヨリ以上ニ公益上適當ナリト認メラルル事カラ出タノテアル、第六條ヲ原則的消極條件ト云ヒ得ルナラ第七條以下ノ規定ハ例外的消極條件ト云フテヨカラウ

第一項ハ華族ノ戸主ヲ缺格者トシテ居ル、華族トハ凡ソ有爵者及有爵者ノ家族ヲ謂フ而テ爵ニハ公侯伯子男ノ五等カアル(華族令第二條)此ニ選擧權、被選擧權ヲ有セスト爲スハ有爵者タル戸主其人ヲ云フノテアル、コレ衆議院ハ一般國民ノ代表者ヲ以テ組織スルニ對シテ貴族院ハ特別ノ社會的地位、能力、財產ヲ有スル者ヲ以テ構成シテ居リ華族ノ戸主ハ一定ノ年令ニ達スルトキハ當然貴族院議員トナリ又ハ互選ニ依リテ貴族院ニ列スルカラ(貴族院令第一條第二、三號參照)カクノ如キ權能ヲ有スル者

ニハ寧ロ其權能ニ基キ與ヘラルヘキ資格ニノミ其途ヲ開キ專ラ貴族院ノ構成ニ關與セシムルノカ兩院ノ特質ヲ充分ニ發揮シコレヲ維持シテユクニ適當ナル方法テアルトセラルルカ爲テアル

(參　照)

貴族院令　第一條第二號　公侯爵

第三號　伯子男爵各々其ノ同爵中ヨリ選擧セラレタル者

第二項ハ軍紀軍律ヲ保持スルノ必要カラ生レタ規定テアル、(一)陸海軍軍人ニシテ現役中ノ者ハ缺格者テアル、然シ徵兵令及服役令ノ規定ニ依リ現役ニ服スル者テ入營期日ニ達セサル爲メ未タ入營セサル者、及歸休ノ下士官、兵ハ家ニ在リ常業ニ從フコト豫備、後備役ノ軍人ニ異ナラナイカラ是等ノ者ノ選擧權及被選擧權ヲ制限スル理由カナイカラ、未タ入營セサル者、及歸休下士官、兵ハ缺格者テアル現役中ノ陸海軍軍人中カラ除カレテ居ル、(二)戰時若クハ事變ニ際シ召集中ノ者(三)兵籍ニ編入セラレタル學生生徒モ亦選擧權被選擧權ヲ有セナイ、兵籍ニ編入セラレタル學生生徒ハ陸海軍軍人トノ權衡上軍紀上ノ必要ヨリ一般ノ學生生徒ト同一視スルコトハ出來ナイカ陸軍衛生部、獸醫部ノ依託學生、海軍軍醫學生、藥劑學生、主計學生・造船學生、造機學生、造兵學生及海軍豫備生徒、海軍豫備練習生ノ如キハ左樣ナ虞ナキヲ以テ勅令ヲ以テ除外例ヲ認ムルコトトナツテ居ル、即チ勅令ヲ以テ定ムル者ヲ除クト規定シタ其勅令ニ因テ前記ノ如キ學生生徒ハ例外トセラレタノテアル、選擧法自體カ一一カクノ如キヲ列擧的ニ規定シナイテコレヲ勅令ニ委任シタノハ是等ノ學生ハ制度ノ變更ニ伴ヒ或ハ名稱ヲ變シ其ノ種類ヲ増減スルコトカアルテアラウカラ其都度選擧法ヲ改正スルノハ煩ニ失スルカ故テアル

(四)志願ニ依テ國民軍ニ編入セラレタル者亦缺格者テアル、此ノ如キ者戰時若クハ事變ニ際シ編成セラレタル軍隊内ニ在リテ軍務ニ服スルコト召集セラレタル者ト毫モ異ナル所ノナイ者テアルカラ同樣選擧權、被選擧權ヲ與フルハ適當テナイトセラレタ次第テアル

現行法第十二條ノ規定ハ改正法ノ此第七條ト同趣旨ノ規定テアルカ、更ニ官立公立私立學校ノ學生、生徒ヲモ缺格者ト規定シテ居ルカ改正法ハ之ヲ削除シテ居ルノハ稍注意スヘキ事項テアル、其ノ理由ハ從來學生、生徒ニ參政權ヲ與ヘサリシハ學生、生徒ハ其本分トシテ勉學ニ專心シ未タ修養時代ニ在ル者ナレハコレニ參政權ヲ與フルハ弊害アリト思惟セラレルカ為ナルモ、既ニ改正法カ參政ト云フ事ヲ國民ノ生活ニ織込マシメテ共ニ國家ノ福利ヲ増進セシメントノ見地ノ下ニ廣ク

一般ニ參政權ヲ與フルニ該リテ既ニ年齡二十五年以上ニ達セルニ唯學生、生徒ナリトノ一點ノミニ於テ之レニ與フルコトヲ拒ムヘキ何等ノ理由カナイ、學生生徒ハ其本分ヲ守リツツ側ラ國家ノ一員トシテ參政權ノ行使ヲ何等ノ弊害ヲ惹起シ得ルコトナク爲シ得ラルル、サレトモ其本分ヲ逸脫シテ狂奔スルカ如キハ選擧法ノ精神ニ悖ル所ニシテ現ニ治安警察法ハ學生生徒ノ政治上ノ政社ニ加入スルヲ禁シテ居ルノヲ見テモ解シ得ラルルテアラウ（參照治安警察法第五條）

此ニ序ニ一言シテ置キ度イノハ改正法ハ現行法第十三條（神官、神職、僧侶、其ノ他諸宗敎師、小學校敎員ハ被選擧權ヲ有セス其ノ之ヲ罷メタル後三箇月ヲ經過セサル者亦同シ政府ニ對シ請負ヲ爲ス者及其ノ支配人又ハ主トシテ同一ノ行爲ヲ爲ス法人ノ無限責任社員、役員及支配人ハ被選擧權ヲ有セス前項ノ役員トハ取締役、監査役及之レニ準スヘキ者竝淸算人ヲ謂フ）ヲ全然削除シタ事テアル、改正法カ廣ク一般ニ之ヲ與フル制度ニ出テタル際ニ此等ノ者ヲ特ニ除外スル理由ノ乏シキニ基クノテアル、只神官、神職ニシテ官吏又ハ待遇官吏タルノ身分ヲ有スルモノ又ハ公立小學校ノ敎員ニシテ待遇官吏タルノ身分ヲ有スル者ハ改正法第十條ノ規定ニヨリ在職ノ儘議員トノ兼職ハ禁止セラルルコトトナル

五　女子
六　未成年者
七　公權剝奪及停止中ノ者
女子及未成年者ハ公衆ヲ會同スル政談集會ニ會同シ若ハ其ノ發起人タルコトヲ得ス
公權剝奪及停止中ノ者ハ公衆ヲ會同スル政談集會ノ發起人タルコトヲ得ス

第八條　選擧事務ニ關係アル官吏及吏員ハ其關係區域内ニ於テハ被選擧權ヲ有セス

選擧事務ニ關係アル官吏及吏員トハ當該選擧事務ニ直接ニ携ハル官吏又ハ公吏ヲ謂フ、斯ノ如キ官吏又ハ公吏ハ其關係區域内ニ於テハ被選擧權ヲ有シナイ、現行法ハ「關係郡市内」ト規定シタルモ改正法ハ直接ニ當該選擧事務ニ關係スル範圍ヲ以テ選擧ノ公正ヲ期スル本條規定ノ趣旨ヲ達スルニ充分ト認メタルヲ以テ郡市

（參　照）

現行法　第十二條　華族ノ戶主ハ選擧權及被選擧權ヲ有セス

陸海軍軍人ニシテ現役中ノ者及戰時若ハ事變ニ際シ召集中ノ者又ハ官立公立私立學校ノ學生、生徒亦前項ニ同シ

第十三條　神官、神職、僧侶其ノ他諸宗敎師、小學校敎員ハ被選擧權ヲ有セス其ノ之ヲ罷メタル後三箇月ヲ經過セサル者亦同シ

政府ニ對シ請負ヲ爲ス者及其ノ支配人又ハ主トシテ同一ノ行爲ヲ爲ス法人ノ無限責任社員、役員及支配人ハ被選擧權ヲ有セス

前項ノ役員トハ取締役監査役及之ニ準スヘキ者並淸算人ヲ謂フ

府縣制　第六條第二項　陸海軍軍人ニシテ現役中ノ者（未タ入營セザル者及歸休下士官兵ヲ除ク）及戰時若ハ事變ニ際シ召集中ノ者ハ選擧權及被選擧權ヲ有セス兵籍ニ編入セラレタル學生生徒（勅令ヲ以テ定ムルモノヲ除ク）及志願ニ依リ國民軍ニ編入セラレタル者亦同シ

市　制　第十一條　陸海軍軍人ニシテ現役中ノ者（未タ入營セザル者及歸休下士官兵ヲ除ク）及戰時若ハ事變ニ際シ召集中ノ者ハ市ノ公務ニ參與スルコトヲ得ス兵籍ニ編入セラレタル學生生徒（勅令ヲ以テ定ムル者ヲ除ク）及志願ニ依リ國民軍ニ編入セラレタル者亦同シ

町村制　第九條　陸海軍軍人ニシテ現役中ノ者（未タ入營セサル者及歸休下士官兵ヲ除ク）及戰時若ハ事變ニ際シ召集中ノ者ハ町村ノ公務ニ參與スルコトヲ得ス兵籍ニ編入セラレタル學生生徒（勅令ヲ以テ定ムル者ヲ除ク）及志願ニ依リ國民軍ニ編入セラレタル者亦同シ

治安警察法　第五條　左ニ揭クル者ハ政治上ノ結社ニ加入スルコトヲ得ス

一　現役及召集中ノ豫備後備ノ陸海軍軍人

二　警察官

三　神宮、神職、僧侶其ノ他諸宗敎師

四　官立、公立、私立學校ノ敎員學生生徒

ヨリ小ナル範圍ニハコレヲ郡市内迄ニ及ス必要カナイカラ「其關係區域内」ト云フ事ニ改メタノテアル、例ヘハ改正法ニ於テ必要アルトキハ郡市ヲ分チテ開票區ヲ設クルコトヲ認メ且投票區別ニ投票ヲ點檢スルコトトナシタルヲ以テ其分チタル開票事務又ハ投票區ノ事務ノミニ關係アル官吏及吏員ノ如キハ其ノ關係區域内ニ於テ被選擧權ヲ有シナイニ過キナイノテアル、尚又現行法ハ斯ル官吏吏員ハ之ヲ罷メタル後尚三ケ月經過セサル間ハ被選擧權ヲ有セナイト規定シテ居ルカ、改正法ハ一面ニ於テ選擧事務ニ關係アル官吏及吏員ノ在職ノ儘關係區域内ニ於テ選擧運動ヲ爲スコトハ之ヲ禁止シテ居ルカラ(改正法第九十九條第二項參照)右ノ現行法規定ノ三ケ月間ノ制限ハ之ヲ削除シテ其ノ之ヲ罷メタル後直ニ被選擧權ヲ有セシムルモ弊害ナシト認メタノテアル

(參　照)

現行法　第十四條　選擧事務ニ關係アル官吏、吏員ハ其ノ關係郡市內ニ於テ被選擧權ヲ有セス其ノ之ヲ罷メタル後三箇月ヲ經過セサル者亦同シ

府縣制　第六條第五項　選擧事務ニ關係アル官吏及吏員ハ其ノ關係區域內ニ於テ被選擧權ヲ有セス

大審院判例　(十四、一、二八第三民事部)衆議院議員選擧法第十四條ニ所謂選擧ニ關係アル官吏、吏員トハ各般ノ選擧事務ニ付其ノ當局者トシテ同法ニ規定セラレアルモノヲ指シ市ノ名譽區長ノ如キ市長指揮命令ノ下ニ當該事務ヲ執ル者ハ之ヲ包含セサルモノトス

第九條　在職ノ宮內官、判事、朝鮮總督府判事、臺灣總督府法院判官、關東廳法院判官、南洋廳判事、檢事、朝鮮總督府檢事、臺灣總督府法院檢察官、關東廳法院檢察官南洋廳檢事、陸軍法務官、海軍法務官、行政裁判所長官行政裁判所評定官、會計檢査官、收稅官吏及警察官吏ハ被選擧權ヲ有セス

本條ハ特殊ノ職務ニ携ハル官吏即チ立法事務又ハ政爭ヲ外ニシテ專ラニ其職務ヲ行フヘキヲ期スル爲メノ規定テアル

宮內官ニ被選擧權ヲ與ヘサルハ宮中ト府中トノ別ヲ明ニシテ累ヲ皇室ニ及スノ虞ナカラシムル爲メ、其ノ他ノ官吏ハ職務上政爭ヲ外ニシテ嚴正公平ナル地位ヲ維持セシムルノ必要アル爲メテアル

而テ以上ノ官吏ハ孰レモ在職中ノ者ニ限ルノテアル、ココニ在職トハ現實ニ具體的ニ或職務ニ携ハリツツ在ル者ヲ謂フ、從テ休職中ノ者ハ此限リテナイト思フ、現行法ニハ此在職ナル規定ナカリシモ明治二十二年閣令第十八號ヲ以テ之ヲ在職

者ニ限リ然ラサル者ハ本屬長官ノ許可ヲ受クルコトトシテ居ツタカ改正法ハ玆ニ明文ヲ設ケテ疑ヲサケタノテアル、尚改正法ハ新ニ殖民地ノ司法官ト一般判事檢事ト同樣ノ性質ヲ有スル陸海軍ノ法務官ヲ加ヘタノテアル

（參照）

現行法 第十五條 宮内官、判事、檢事、行政裁判所長官、行政裁判所評定官、會計檢査官、收税官吏及警察官吏ハ被選擧權ヲ有セス

舊法 第十五條 宮内官、判事、檢事、行政裁判所長官、行政裁判所評定官、會計檢査官、收税官吏及警察官吏ハ被選擧權ヲ有セス

府縣制 第六條第四項 在職ノ檢事、警察官吏及收税官吏ハ被選擧權ヲ有セス

市制 第十八條第二項 在職ノ檢事、警察官吏及收税官吏ハ被選擧權ヲ有セス

町村制 第十五條第二項 在職ノ檢事、警察官吏及收税官吏ハ被選擧權ヲ有セス

明治二十二年閣令第十八號 （府縣會規則第十三條）市制町村制（第十五條）衆議院議員選擧法（第九條、第十條）ニ記載シタル官吏ハ在職者ノミニ限ルモノトス（非職者）休職者ニシテ議員又ハ市町村ノ吏員タラントスルトキハ本屬長官ノ許可ヲ受クヘシ

第十條 官吏及待遇官吏ハ左ニ掲クル者ヲ除クノ外在職中議員ト相兼ヌルコトヲ得ス

一 國務大臣

二 内閣書記官長

三　法制局長官

四　各省政務次官

五　各省參與官

六、內閣總理大臣秘書官

七　各省秘書官

本條ハ前條以外ノ一般ノ官吏又ハ待遇官吏ハ本條第一號乃至第七號列記ノ者ヲ除キ被選擧權ハ之ヲ有スルモ在職中議員トノ兼職ヲ禁止スルノ規定テアツテ、若シ議員ニ當選シタル場合ニ於テハ其一ヲ選擇シナケレハナラナイ、若シ在職ノ儘テ選擧セラレタ場合ニ法律上有效ナル當選人トナリ得ルモ當選承諾屆出ヲ爲シテ有效ニ議員タルノ資格ヲ得ルニハ承諾屆出期間內ニ（改正法第七十三條第七十四條）官職ヲ辭サナケレハナラヌ然ラサレハ其ノ承諾ハ無效トナルモノト解スヘキテアル

官、吏、トハ我國法カ定メタル一定ノ種類ニ屬スル官吏ヲ云フ我國法カ官吏ナル言葉ヲ用ヒテ居ルモノニ高等官及判任官カアリ高等官ニ更ニ勅任官及奏任官アリ勅任官ニ更ニ親任官及普通勅任官カアル、親任官、普通勅任官、奏任官又ハ判任官ノ

何レカニ屬スルモノノミヲ我國法上官吏ト云フテ居ル

待遇官吏トハ俸給ヲ得テ公務ヲ奉スル者テアツテ判任官待遇以上ノ待遇ヲ受クル者ヲ謂フ　官吏服務規律第十七條ヲ見ルニ「本規律ハ高等官判任官及俸給ヲ得テ公務ヲ奉スル者ニ適用ス」ト規定シテ居ルソウスルト形式的ニ高等官判任官ト呼ハルル者以外ノ者ニ對シテコレト同樣ニ實質上服務規律ヲ適用セラルル者カアルノテアツテ斯ノ如キ者即チ俸給ヲ得テ公務ヲ奉スル者ハ一般用例ニ於ケル形式上ノ官吏テハナイケレトモ然カモ形式上官吏ノ待遇ヲ與ヘラルル事カアルノテアル、コレ即チ待遇官吏テアル、ソシテ高等官判任官カ官吏テアルナラハ待遇官吏モ亦判任官待遇以上テアルコトハ云フヲ俟タナイ所テアラウ

一體一般ニ官吏ニ被選擧權ヲ與フヘキヤ否ヤハ多少議論ノ餘地カナイテモナイカ、コレ亦改正法カ可成的制限ヲ撤廢シテ廣ク之ヲ享有セシメントスルノ根本精神ニ照ストキハ官吏ヲ除外スヘキ理由カ甚タ力弱イモノトナツテ來ルノテアル法律カ之ヲ與ヘタリトスルモ個々ノ場合ニ於テ個々ノ官吏カ如何ニ行動スヘキカハモトヨリ其ノ官吏其ノ人ノ個人的思慮ニ待ツヘク一面ニハ又官吏服務規律等ノ規定モアルカラ官吏ニ之ヲ享有セシムルモ其職務ノ曠廢ヲ來タス虞アリト

考フヘキテナイ、現行法サヘモ夙ニ之ヲ認メテ享有セシメテ居ル次第アル（現行法第十六條）トコロテ現行法ハソレノミナラス「其職務ニ妨ナキ限ハ議員ト相兼ヌルコトヲ得」ト為シテ居ル、改正法ハ妨アルト妨ナキトヲ問ハス全然兼職ヲ禁止シタノテアル、凡ソ官吏ハ其職務ニ忠實テナケレハナラヌカラ一面自己ノ官吏トシテノ職務ヲ盡シナカラ一面議員トシテ遺憾ナク立法事務ニ携ハルコトハ單ニ能率ノ上ヨリ見テ相當困難ナリト思惟セラルルノミナラス、時ニ議員トシテノ立法上ノ主義方針ト官吏トシテノ忠勤義務トノ間ニ立チテ孰レノ職務ヲモ充分ニ行ヒ難キコトモアルヘク其他種々ノ點ヨリ見テ公益上不適當ナリト考ヘラルルカ故ニ改正法ハ之ヲ改メタ、或ハ現行法ノ如ク實際其職務ニ妨ケナイ限リハ相兼ヌルコトヲ許シテモ一應差支ヘナイ樣ニモ解セラルルカ如何ナル職務ナレハ妨ナイカハ異論ノアルトコロテ結局妨ケナイカ否カハ其ノ本屬長官ノ認定ヲ待ツヨリ外ナイノテアツテ其ノ長官ノ認定次第ニヨリテ必スシモ一定セサル不都合モ時ニ生スルカ改正法ハ斯樣ナ曖昧ナ點ヲ除キテ之ヲ明ニシタノテアル、尙現行法ニハナカツタノテアルカ改正法ハ待遇官吏ヲ加ヘタノテアル、待遇官吏ノ意味ニシテ前述ノ如クテアルナラハ職務上ノ必要ヨリ兼務禁止ヲ為ス以上待遇官吏ト雖モ一般官吏

ト同一視シナケレハナラナイカラテアル

兼務禁止ノ除外例トシテ本條第一號乃至第七號ニ掲ケラレテ居ル官吏ハ時ノ内閣ノ施政ノ主義方針ト極メテ重要ナル關係ヲ有スル職務ニ在ル者ニシテ所謂政務、官、ト稱セラルル者ニシテカクノ如キハ時ノ内閣ト進退ヲ共ニスルノ慣例ヲ有シ又ソウスルコトカ公益上妥當ナリトセラレテ居ル特殊ナル官吏ナレハコレハ又右述フル如キ特別ナル理由ニヨリテ官吏ト議員トノ兼職ヲ許シタノテアル

(參照)

現行法 第十六條 前條ノ外ノ官吏ハ其ノ職務ニ妨ナキ限ハ議員ト相兼ヌルコトヲ得

府縣制 第六條第六項 府縣ノ官吏及有給ノ吏員其他ノ職員ニシテ在職中ノ者ハ其府縣ノ府縣會議員ト相兼ヌルコトヲ得ス

市制 第十八條第四項 市ノ有給ノ吏員教員其他ノ職員ニシテ在職中ノ者ハ其ノ市ノ市會議員ト相兼ヌルコトヲ得ス

町村制 第十五條第四項 町村ノ有給ノ吏員教員其ノ他ノ職員ニシテ在職中ノ者ハ其ノ町村ノ町村會議員ト相兼ヌルコトヲ得ス

第十一條 北海道會議員及府縣會議員ハ衆議院議員ト相兼ヌルコトヲ得ス

地方自治團體トシテ最モ國ニ直近セル北海道及府縣ノ道府縣會議員ト衆議院議員トヲ相兼ヌルコトヲ禁シタル規定ニシテ中央ノ政爭直ニ累ヲ地方自治ニ及ホ

スコトヲ虞レタカラコノ規定ヲ見タノテアル、改正法ニ於テ北海道會議員ヲ新ニ加ヘタノハ從來北海道會法(同法第七條第六項)ニ於テ其規定アリタルヲ選擧法中ニコニ規定シテコレヲ明瞭ニシタニ過キナイ

(參照)

現行法　第十七條　府縣會議員ハ衆議院議員ト相兼ヌルコトヲ得ス

北海道會法　第七條第六項　北海道會議員ハ衆議院議員ト相兼ヌルコトヲ得ス

府縣制　第六條第七項　衆議院議員ハ府縣會議員ト相兼ヌルコトヲ得ス

第三章　選擧人名簿

選擧人名簿トハ選擧人トシテ投票ヲ爲シ得ル各人ノ氏名、住居、及生年月日等ヲ記載シタル名簿テアル、無數ノ有權者ニ付キ相違ナク各人ニ付テ之ヲ認メ得ル爲ニハ豫メ之ヲ列記シ以テ整理シテ居ナケレハ果シテ選擧資格アリヤ否ヤ判明スル道理カナイ、コノ必要ヨリ生レ出テタルモノ即チ選擧人名簿テアル、本章ニハ此選擧人名簿ニ關スル種々ノ規定カ爲サレテ居ル

第十二條　市町村長ハ毎年九月十五日ノ現在ニ依リ其ノ日迄引續キ一年以上其ノ市町村內ニ住居ヲ有スル者ノ選擧資格ヲ調査シ十月三十一日迄ニ選擧人名簿ヲ調製スヘシ
前項ノ住居ニ關スル要件ヲ具備セサル選擧人ハ選擧人名簿ニ登錄セラルルコトヲ得ス
選擧人名簿ニハ選擧人ノ氏名、住居及生年月日等ヲ記載スヘシ
第一項ノ住居ニ關スル期間ハ行政區劃變更ノ爲中斷セラルルコトナシ

第一項ハ選擧人名簿ノ調製及其調製ノ時期ニ關スル規定テアツテ市町村長ハ(イ)每年九月十五日ノ現在ニ依リ其日迄引續キ一年以上其市町村內ニ住居ヲ有スル者ノ選擧資格ヲ調査スルコト(ロ)其ノ調査ニ基イテ十月三十一日迄ニ選擧人名簿ヲ調製スルノテアル

其日迄引續キ一年以上其町村内又ハ市内ニ住居ヲ有スル者トアルハ九月十五日迄引續キ同一市町村内ニ所謂「すまゐ」ヲ有スル者ノ意テアル(住居ノ意味ハ前ニ第六條第四號ニ於テ爲シタル說明ヲ參照セラレタイ)引續キ一年以上トアルカ故ニ如何ニ一時的テアッテモ他ノ市町村内ニ住居ヲ定メテ居タ爲メニ引續キ一年以上トナラナイ以上ハ名簿ニ登錄セラルルコトヲ得ナイノテアル、然シ旅行テアルトカ出張シテ居タトカ云フノハ何等住居ノ變動ニ關係ナク、從テ又同一市町村内ニ於テナラハ住居ニ變動アッテモ差支ヘナイ譯テアル、只前ニモ一言シタ如ク東京市ノ各區ノ如キハ本法第百四十五條ニヨリテ市ト看做サルルニ至ルノテアル

ココニ選擧資格ト云フノハ第五條乃至第七條ニ規定スル所ノ資格ヲ指スノテアル、改正法ハ選擧資格ノ規定ヨリ住所ニ關スル規定ヲ撤廢シテ住所ヲ住居ト改メ本條ニ於テ選擧人名簿登錄要件トシテ之ヲ規定スルニ至リタルハ、一定ノ區域ニ一定期間住居ヲ有スルカ如キ條件ハ選擧權享有ニ關スル實體的ノ事項ニアラスシテ單ニ之ヲ行使スルノ手續上ノ要件ト解スルヲ合理的ナリトシテカク規定シタノタト云フ事ハ既ニ前ニ說明シタトコロテアッテ、即チ現行法ハ選擧資格ニ關スル住所ノ要件トシテ「同一選擧區內ニ於テ六ケ月以上住所ヲ有スルコト」(現行

法第八條第二號)ヲ必要トセルモ、改正法ニ於テハ名簿登錄要件トシテ「同一市町村內ニ一年以上住居ヲ有スルコト」ヲ必要トスルニ至ツタノテアル、之ハ中選擧區制ヲ採用セル結果トシテ或ル者カ同一選擧區內ニ果シテ一年間住居ヲ有セリヤ否ヤノ調査頗ル困難トナツタ爲メ其ノ調査ニ伴フ誤謬ヲ防止スル爲メノ趣旨ヲ以テ同一市町村內ニ住居ヲ有スルト云フコトニ改メラレタ譯テアル

第二項ハ名簿登錄資格ニ付テノ規定テアル即チ選擧資格調査期日迄引續キ一年以上其ノ市町村內ニ住居ヲ有セサル者ハタトヘ第五條乃至第七條ノ要件ヲ充タス所ノ選擧人タル有資格者テアツテモ選擧人名簿ニ登錄セラルルコトカ出來ナイノテアル、登錄セラレナケレハ投票ノ場合ニ於テ具體的ニ其人ヲ名簿ヲ離レテ有權者ナリト認メ得ヘキ方法カナイカラ原則トシテ投票ヲ爲スコトカ出來ナイ譯テアル(本法第十九條二)

第三項ハ選擧人名簿ノ記載事項ノ規定テアル即チ名簿ニハ選擧人ノ氏名、住居及生年月日等ヲ記載スルノテアル、現行法ニ於テハ選擧人名簿ニハ選擧人ノ氏名、官位、職業、身分、住所、生年月日、納稅額及納稅地等ヲ記載スルコトトナツテ居ルモ改正法ニ於テハ選擧資格中納稅ノ要件ヲ削除シタルヲ以テ納稅額及納稅地ハ其ノ記

載ノ必要ナク又一面ニ於テ官位、職業、身分等モ亦必スシモ之ヲ名簿ニ記載セナケレハナラヌ所ノ必要ヲ認メナイカラ之等不必要ト認メラルルモノヲ凡テ削除シテ、名簿ノ記載事項ヲ簡明ニシテ以テ名簿調製ノ手數ヲ省略シ名簿ノ精確ヲ期セントスルノテアル

第四項ハ住居ニ關スル期間ハ行政區劃變更ノ爲メ中斷セラルルコトノナイコトヲ明定シタモノテ一種ノ既得權ヲ認メタモノテアル、即チ行政上ノ便宜ニヨリテ行政區劃カ變更セラレタ場合ニ若シコレナクハ引續キ一年以上同一市町村內ニ住居ヲ有スル者ト爲シ得ヘキヲコレアリタル爲メニ斯ク爲シ得サルコトトスルハ甚タ其ノ者ニ對シテ苛酷ニ失スルト云ハナケレハナライ、ソレカ爲メニコノ規定ヲ見タ次第テアル

（參照）

現行法　第十八條　町村長ハ毎年十月一日ノ現在ニ依リ其ノ町村內ニ住所ヲ有スル者ノ選擧資格ヲ調査シ選擧人名簿正副二本ヲ調製シ十月十五日迄ニ郡長ニ送付スヘシ

郡長ハ町村長ヨリ送付シタル名簿ヲ調査シ其ノ修正スヘキモノハ修正ヲ加ヘ副本ハ十月三十一日迄ニ之ヲ町村長ニ送付スヘシ

市長ハ毎年十月一日ノ現在ニ依リ其ノ市內ニ住所ヲ有スル者ノ選擧資格ヲ調査シ十月三十一日迄ニ選擧人名簿ヲ調製スヘシ

選擧人名簿ニハ選擧人ノ氏名、官位、職業、身分、住所、生年月日納税額及納税地等ヲ記載スヘシ

府縣制　第九條　府縣會議員ノ選擧ハ其ノ府縣內ニ於ケル市町村會議員選擧人名簿ニ依リ之ヲ行フ

町村制第三十八條ノ町村ニ於テ同法第十八條乃至第十八條ノ五ノ規定ニ準シ選擧人名簿ヲ調製スヘシ

前項ノ選擧人名簿ハ之ヲ町村會議員選擧人名簿ト看做シ第一項ノ規定ヲ適用ス

市　制　第二十一條　市長ハ毎年九月十五日ノ現在ニ依リ選擧人名簿ヲ調製スヘシ但シ選擧區アルトキハ選擧區毎ニ之ヲ調製スヘシ

第六條ノ市ニ於テハ市長ハ區長ヲシテ前項ノ例ニ依リ選擧人名簿ヲ調製セシムヘシ

選擧人名簿ニハ選擧人ノ氏名住所及生年月日等ヲ記載スヘシ

第二十一條ノ二　市長ハ十一月五日ヨリ十五日間毎日市役所第六條ノ市ニ於テハ區役所又ハ其指定シタル場所ニ於テ選擧人名簿ヲ關係者ノ縱覽ニ供スヘシ

市長ハ縱覽開始ノ日前三日目迄ニ縱覽ノ場所ヲ告示スヘシ

第二十一條ノ三　選擧人名簿ニ關シ關係者ニ於テ異議アルトキハ縱覽期間內ニ之ヲ市長（第六條ノ市ニ於テハ區長ヲ經テ）ニ申立ツルコトヲ得此ノ場合ニ於テハ市長ハ縱覽期間滿了後三日以內ニ之ヲ市會ノ決定ニ付スヘシ市會ハ其送付ヲ受ケタル日ヨリ十日以內ニ之ヲ決定スヘシ

前項ノ決定ニ不服アル者ハ府縣參事會ニ訴願シ其裁決又ハ第三項ノ裁決ニ不服アル者ハ行政裁判所ニ出訴スルコトヲ得

第一項ノ決定及前項ノ裁決ニ付テハ市長ヨリモ訴願又ハ訴訟ヲ提起スルコトヲ得

前二項ノ裁決ニ付テハ府縣知事ヨリモ訴訟ヲ提起スルコトヲ得

第二十一條ノ四　選擧人名簿ハ十二月二十五日ヲ以テ確定ス

選擧人名簿ハ次年ノ十二月二十四日迄之ヲ据置クヘシ

前條ノ場合ニ於テ決定若ハ裁決確定シ又ハ判決アリタルニ依リ名簿ノ修正ヲ要スルトキハ市長ハ直ニ之ヲ修正シ第六條ノ市ニ於テハ區長ヲシテ之ヲ修正セシムヘシ

選擧人名簿ヲ修正シタルトキハ市長ハ直ニ其ノ要領ヲ告示シ第六條ノ市ニ於テハ區長ヲシテ之ヲ告示セシムヘシ

投票分會ヲ設クルトキハ市長ハ確定名簿ニ依リ分會ノ區劃毎ニ名簿ノ抄本ヲ調製スヘシ第六條ノ市ニ於テハ區長ヲシテ之ヲ調製セシムヘシ

第二十一條ノ五　第二十一條ノ三ノ場合ニ於テ決定若ハ裁決確定シ又ハ判決アリタルニ依リ選擧人名簿無効ト爲リタルトキハ更ニ名簿ヲ調製スヘシ天災事變等ノ爲必要アルトキハ更ニ名簿ヲ調製スヘシ

前二項ノ規定ニ依ル名簿ノ調製、縱覽、確定及異議申立ニ對スル市會ノ決定ニ關スル期日及期間ハ府縣知事ノ定ムル所ニ依ル

市ノ廢置分合又ハ境界變更アリタル場合ニ於テ名簿ニ關シ其ノ分合其ノ他必要ナル事項ハ命令ヲ以テ之ヲ定ム

町村制　第十八條　町村長ハ每年九月十五日ノ現在ニ依リ選擧人名簿ヲ調製スヘシ

選擧人名簿ニハ選擧人ノ氏名、住所及生年月日等ヲ記載スヘシ

第十八條ノ二　町村長ハ十一月五日ヨリ十五日間町村役場又ハ其指定シタル場所ニ於テ選擧人名簿ヲ關係者ノ縱覽ニ供スヘシ

町村長ハ縱覽開始ノ日前三日目迄ニ縱覽ノ場所ヲ告示スヘシ

第十八條ノ三　選擧人名簿ニ關シ關係者ニ於テ異議アルトキハ縱覽期間内ニ之ヲ町村長ニ申立ツルコトヲ得此ノ場合ニ於テハ町村長ハ縱覽期間滿了後三日以内ニ之ヲ町村會ノ決定ニ付スヘシ

町村會ハ其ノ送付ヲ受ケタル日ヨリ十日以内ニ之ヲ決定スヘシ

前項ノ決定ニ不服アル者ハ府縣參事會ニ訴願シ其裁決又ハ第三項ノ裁決ニ不服アル者ハ行政裁判所ニ出訴スルコトヲ得

第一項ノ決定及前項ノ裁決ニ付テハ町村長ヨリモ訴願又ハ訴訟ヲ提起スルコトヲ得

前二項ノ裁決ニ付テハ府縣知事ヨリモ訴訟ヲ提起スルコトヲ得

第十八條ノ四　選擧人名簿ハ十二月二十五日ヲ以テ確定ス

選擧人名簿ハ次年ノ十二月二十四日迄之ヲ据置クヘシ

前條ノ場合ニ於テ決定若ハ裁決確定シ又ハ判決アリタルニ依リ名簿ノ修正ヲ要スルトキハ町村長ハ直ニ之ヲ修正スヘシ

選擧人名簿ヲ修正シタルトキハ町村長ハ直ニ其ノ要領ヲ告示スヘシ

投票分會ヲ設クルトキハ町村長ハ確定名簿ニ依リ分會ノ區劃每ニ名簿ノ抄本ヲ調製スヘシ

第十八條ノ五　第十八條ノ三ノ場合ニ於テ決定若ハ裁決確定シ又ハ判決アリタルニ依リ選擧人名簿無效ト爲リタルトキハ更ニ名簿ヲ調製スヘシ

前二項ノ決定ニ依ル名簿ノ調製、縱覽、確定及異議申立ニ對スル町村會ノ決定ニ關スル期日及期間ハ府縣知事ノ定ムル所ニ依ル天災事變ノ爲必要アルトキハ更ニ名簿ヲ調製スヘシ
町村ノ廢置分合又ハ境界變更アリタル場合ニ於テ名簿ニ關シ其ノ分合其他必要ナル事項ハ命令ヲ以テ之ヲ定ム

第十三條　市町村長ハ十一月五日ヨリ十五日間市役所、町村役場又ハ其ノ指定シタル場所ニ於テ選擧人名簿ヲ縱覽ニ供スヘシ
市町村長ハ縱覽開始ノ日ヨリ少クトモ三日前ニ縱覽ノ場所ヲ告示スヘシ

本條ハ選擧人名簿ノ縱覽及縱覽ノ期日場所ニ關スル規定テアル　畢竟名簿ノ脫漏誤載等アラハコレヲ修正セシムルノ機會ヲ與フルノカ法ノ目的トスル所テアル
市町村長ハ十一月五日ヨリ十五日間市役所、町村役場又ハ其ノ指定シタル場所ヲ以テ名簿ヲ縱覽ニ供シナケレハナラナイ
縱覽ニ供スルトハ一般公衆ノ自由ナル閱覽ヲ得シムルコトヲ云フ、縱覽ニ供スル場所ハ普通市役所又ハ町村役場テアラウカ場合ニヨリテハ或場所ヲ指定シ其處

テ縦覽セシメテモ法ノ許ス所テアル。ソシテ市役所、町村役場以外ニコノ縦覽場所ヲ設クル場合ニ於テモ地方長官ノ許可ヲ要セナイノテアル（參照現行法第二十條）次ニ市町村長ハ縦覽開始ノ日ヨリ少クトモ三日前ニ縦覽ノ場所ヲ一般ニ知ラセナケレハナラナイ、市役所、町村役場ナラ其旨、別ニ場所ヲ指定シタノナラ其指定シタ場所ヲ告示スルヲ要スルノテアル

（參照）

現行法　第二十條　郡長、市町村長ハ十一月五日ヨリ十五日間其ノ廳又ハ地方長官ノ許可ヲ得タル場所ニ於テ選擧人名簿ヲ縦覽ニ供スヘシ

市制　第二十一條ノ二、（前條參照欄掲載）

町村制　第十八條ノ二、（前條參照欄掲載）

第十四條　選擧人名簿ニ脱漏又ハ誤載アリト認ムルトキハ選擧人ハ理由書及證憑ヲ具ヘ其ノ修正ヲ市町村長ニ申立ツルコトヲ得

縦覽期限ヲ經過シタルトキハ前項ノ申立ヲ爲スコトヲ得ス

本條ハ名簿ノ修正申立ニ關スル規定テアル

（イ）申立ノ主體ハ誰テアルカ選擧人テアル其ノ以外ノ者ハ申立資格カナイ即チ

既ニ登錄セラレテ居ル選擧人カ又ハ登錄セラレテ居ラナイ時テモ第十二條資格ニヨリテ登錄セラルルコトヲ要スル選擧人ヲ云フノテアル

(ロ) 如何ナル場合ニ申立カ出來ルカソレハ選擧人名簿ニ脫漏又ハ誤載アリト認ムルトキ即チ名簿記載要件タル氏名、住居、生年月日等(第十二條第五項)ニ於テ記載ヲ落シ記載ヲ誤リタル即チ一言テ云ヘハ誤謬カアルト認メタル場合ニ申立カ出來ルノテアル

(ハ) 申立ノ要式ハ理由書及證憑ヲ具ヘルコトテアル、理由書トハ何故ニ修正ヲ申立ツルカノ理由ヲ記載シタル書面即チ如何ナル點ニ脫漏又ハ誤載アルカヲ指摘シテコレカ如何樣ニ脫漏又ハ誤載ナルカノ次第ヲ記載シタル書面テアル、證憑トハ其理由書ニ記載シタル事由ヲ立證スヘキ一切ノ證據方法ヲ云フ、即チ或ハ戶籍謄本トカ或ハ種々ノ證明書ノ類ノ如キモノテアル

(ニ) 申立ノ相手方ハ市町村長テアル、町村ノ選擧人ハ町村長ニ市內ノ選擧人ハ市長ニ申立ツルノテアル申立ツルトハ市町村長ニ宛テ右ノ理由書ニ證憑ヲ具ヘテ申告スルノテアル

(ホ) 申立ノ期間、コレ第二項ニ規定スル所テ十一月五日ヨリ十五日間ノ縱覽期限

ヲ經過シタルトキハ此ノ修正申立ヲ爲スコトハ出來ナイ期限後ニ於テ市町村長ニ到達シタル申立ハ無效テアル

（參　照）

現行法　第二十一條　選擧人名簿ニ脱漏又ハ誤載アルコトヲ發見シタルトキハ其ノ理由書及證憑ヲ具ヘテ之ヲ郡市長ニ申立ツルコトヲ得

第二十三條　縦覽期限ヲ經過シタルトキハ前二條ノ申立ヲ爲スコトヲ得ス

市制　第二十一條ノ三
町村制　第十八條ノ三　（第十二條參照欄揭載）

第十五條　市町村長ニ於テ前條ノ申立ヲ受ケタルトキハ其ノ理由及證憑ヲ審査シ申立ヲ受ケタル日ヨリ二十日以內ニ之ヲ決定スヘシ其ノ申立ヲ正當ナリト決定シタルトキハ直ニ選擧人名簿ヲ修正シ其ノ旨ヲ申立人及關係人ニ通知シ併セテ之ヲ告示スヘシ其ノ申立ヲ正當ナラスト決定シタルトキハ其ノ旨ヲ申立人ニ通知スヘシ

本條ハ前條ノ申立アル時ハ市町村長ハ孰レカニ決定スヘキコト及ヒ其ノ決定ノ通知、告示等ニ付テノ規定テアル

市町村長ニ於テ前條ニ所謂修正ノ申立ヲ受ケタルトキハ如何ニスヘキカ

第一　其理由及證憑ヲ審査スルコト、即チ其ノ理由ハ何テアルカ及證憑ノ內容、證明力ハ如何、更ニ其證憑ニヨリテ其理由ヲ立證シ得テ居ルカ否カヲ審理査定スルヲ要スルノテアル

第二　申立ヲ受ケタル日ヨリ二十日以內ニ之ヲ決定スルコト　サテ其決定ニハ二通リアル即チ(一)ハ其ノ申立ヲ正當ナリトスルノ決定テ(二)ハ之ヲ正當ナラストスルノ決定テアル

(一)正當ナリト決定シタル場合ハ(イ)直ニ選擧人名簿ヲ修正スルコト(ロ)申立カ正當ナリシヲ以テ修正シタトノ旨ヲ申立人及關係人ニ通知スルコト

關係人トハ其修正ニ利害關係ヲ有スル者ヲ云フ(ハ)ソノ通知ト同時ニ之ヲ周知セシムル必要上告示スルコト

(二)次ニ申立ヲ正當ナラスト決定シタ場合ニハ其旨ヲ申立人ニ通知スルノミヲ以テ足ル、此場合ニハ何等修正等ノ問題ヲ生ズルコトナケレハ從テ關係人ト云フ如キ者ヲ生スルノ餘地カナイ

(參　照)

現行法　第二十四條　郡市長ニ於テ第二十一條第二十二條ノ申立ヲ受ケタルトキハ其ノ理由及證憑ヲ審査シ申立ヲ受ケタル

時ヨリ二十日以内ニ之ヲ決定スヘシ其ノ申立ヲ正當ナリト決定シタルトキハ選擧人名簿ヲ修正シ其ノ由ヲ申立人及關係人ニ通知シ併セテ其ノ要領ヲ告示スヘシ其ノ申立ヲ正當ナラスト決定シタルトキハ之ヲ申立人ニ通知スヘシ
前項ニ依リ名簿ヲ修正シタルトキハ郡長ハ其ノ由ヲ本人住所地ノ町村長ニ通知スヘシ

市制　第二十一條ノ三
町村制　第十八條ノ三
（第十二條參照欄揭載）

第十六條　前條市町村長ノ決定ニ不服アル申立人又ハ關係人ハ市町村長ヲ被告トシ決定ノ通知ヲ受ケタル日ヨリ七日以内ニ地方裁判所ニ出訴スルコトヲ得
前項裁判所ノ判決ニ對シテハ控訴スルコトヲ得ス但シ大審院ニ上告スルコトヲ得

本條ハ前條ノ決定ニ對スル不服ノ救濟手段トシテ裁判所ニ出訴シ得ルコトヲ認メタ規定テアル、ココニ出訴トハ訴ノ提起ヲ意味スルモノニシテ裁判所ニ訴狀ヲ差出シテ民事訴訟ノ形式ニ於テ訴訟ヲ爲スコトヲ云フノテアル（民事訴訟法第百九十條）
（一）訴訟ノ原告ハ前條ノ市町村長ノ決定ニ不服アル申立人又ハ關係人テアル即チ申立ヲ正當ナリトシテ決定修正シタル場合ニ於テ之ニ不服アリト爲ス關係人又ハ申立ヲ正當ナラスト決定シタル場合ニ於テ之ニ不服アリト爲ス申立人等之

テアル、ココニ關係人ト云フハ前條ニ所謂關係人ト其範圍ハ同一ナルコトヲ要スルノテアル、何等關係ナイ者カ關係人ナリトシテ訴ヲ提起シテモ原告ハ正當ナル當事者ニアラストシテ或ハ訴ノ却下又ハ請求ノ棄却ヲ見ルハカリテアル

(二) 訴訟ノ被告ハ市町村長テアル

(三) 出訴期間ハ決定ノ通知ヲ受ケタル日ヨリ七日以內テアル

(四) 管轄裁判所ハ當該市町村ヲ管轄スル地方裁判所タルヲ要スルノテアル

カクノ如クニシテ地方裁判所ノ爲シタル裁判ニ對シテハ直ニ大審院ニ上告スルコトハ之ヲ許シタルモ控訴院ニ對シ控訴スルコトハ之ヲ許サナイノテアル(第二項) 即チ一般民事訴訟ノ如キ三審制度ハ之ヲ認メナイノテアルカコレ畢竟斯ノ如キ訴訟ハ其訴訟物ハ行政事項ニシテ只便宜的ニ法律カ普通裁判所ニ於テ爭フコトヲ許シタル迄ノ事テアツテ、一般民事事項ノ爭ノ如キモノトハ大ニ其ノ趣ヲ異ニスルカ故ニ何モ三審制度ニ據ラナケレハナラヌト云フノ根據ハナイ、寧ロ其ノ結果ノ迅速ニ確立セラルルコトヲ最モ尊フニ外ナラナイ

(參照)

現行法 第二十五條 前條郡市長ノ決定ニ不服アル申立人及關係人ハ郡市長ヲ被告トシ決定ノ通知ヲ受ケタル日ヨリ七日以

內ニ地方裁判所ニ出訴スルコトヲ得

前項地方裁判所ノ判決ニ對シテハ控訴スルコトヲ許サス但シ大審院ニ上告スルコトヲ得

市制 第二十一條ノ三第二項　前項ノ決定ニ不服アル者ハ府縣參事會ニ訴願シ其ノ裁決又ハ第三項ノ裁決ニ不服アル者ハ行政裁判所ニ出訴スルコトヲ得

第一項ノ決定及前項ノ裁決ニ付テハ市長ヨリモ訴願又ハ訴訟ヲ提起スルコトヲ得

前二項ノ裁決ニ付テハ府縣知事ヨリモ訴訟ヲ提起スルコトヲ得

町村制 第十八條ノ三第二項　前項ノ決定ニ不服アル者ハ府縣參事會ニ訴願シ其ノ裁決又ハ第三項ノ裁決ニ不服アル者ハ行政裁判所ニ出訴スルコトヲ得

第一項ノ決定及前項ノ裁決ニ付テハ町村長ヨリモ訴願又ハ訴訟ヲ提起スルコトヲ得

前二項ノ裁決ニ付テハ府縣知事ヨリモ訴訟ヲ提起スルコトヲ得

第十七條　選舉人名簿ハ十二月二十日ヲ以テ確定ス

選舉人名簿ハ次年ノ十二月十九日迄之ヲ据置クヘシ但シ確定判決ニ依リ修正スヘキモノハ市町村長ニ於テ直ニ之ヲ修正シ其旨ヲ告示スヘシ

天災事變其ノ他ノ事故ニ因リ必要アルトキハ更ニ選舉人名簿ヲ調製スヘシ

前項選擧人名簿ノ調製及其ノ期日縱覽確定ニ關スル期日期間ハ命令ノ定ムル所ニ依ル

本條ハ選擧人名簿カ確定不動ノモノトナル時、及其確定不動ノ名簿ノ据置期間ヲ規定メ、其間ニ在リテモ特別ナル場合ニハ修正ヲ爲シ又ハ更ニ調製スヘキコトヲ規定シテ居ル

選擧人名簿ハ十二月二十日ヲ以テ確定スルコトヲ定メラレテ居ル(第一項)即チ前ニ述ヘ來リタル如ク名簿ヲ調製シテ之ヲ縱覽ニ供シ修正ノ申立ヲ受ケ、修正ヲ爲シテ愈々十二月二十日ヲ以テ不動的ニ確定スルノテアル、コレ以後ハ原則トシテ絕對ニ更正等ヲ爲スコトヲ得ナイノテアル　確定名簿ハ現存スル選擧資格ヲ公認スルニ過キナイモノテアルノタカラ假令確定名簿ニ登錄セラレタル者ト雖モ事實選擧權ヲ有セナイ者テアル時ハ投票スルコトハ出來ナイ(本法第三十條)ソシテ其名簿ハ次ノ年ノ十二月十九日迄之ヲ据置クノテアル(第二項本文)コレ次ノ年ニハ又新名簿カ既ニ第十二條以降ニ説明シタ如キ手續ヲ以テ調製セラレテ十二月二十日ニハ確定スルカラ十二月十九日迄据置ケハヨイ次第テアル、換言スレハ名簿ノ有効期間ハ前年ノ十二月二十日ヨリ翌年十二月十九日迄ト云フコト

ニナルノテアル、現行法ニ於テハ確定名簿ハ次年ノ名簿確定ノ日迄之ヲ据置クヘシ（現行法第二十七條第二項）ト規定シテ居ルノテ名簿確定ノ日ハ或ハ新舊二ノ確定名簿ヲ存スルカノ如キ觀ヲ呈シテ果シテ何レノ名簿ニ依ルヘキヤ疑義ヲ生スル虞カアルノテ改正法ハ次年ノ名簿確定ノ前日即チ十二月十九日迄据置クコトトシテ確定ノ日ヨリ新名簿ニ依ラシムルノ趣旨ヲ明ニシタノテアル、据置クト云フハ其年度ノ用ニ供スル目的ヲ以テ常備的ニ設置保持セラルルコトテアル

トコロカ其年度内此確定的ノ名簿ニ對シテ例外的ニ修正ヲ許シ又ハ全然新ニ名簿ノ調製ヲ爲サシムル場合カアル

修正ヲ爲ス場合トハ確定判決アル場合テアル、前條説明ノ如ク決定ニ不服アル者カ出訴ノ結果勝訴ノ確定判決ヲ得ルニ至ルトキハ名簿ノ確定後タル十二月二十日以後ニ於テモ修正スヘキテアル、此確定判決ニ依リ修正スヘキ場合ハ市町村長ニ於テ直ニ之ヲ修正シテ其ノ旨ヲ周知セシムル爲ニ告示シナケレハナラナイ（第二項但書）

新ニ更ニ選擧人名簿ヲ調製スル場合トハ天災事變其ノ他ノ事故ニ因リ必要アルトキテアル（第三項）例ヘハ火災ニヨリテ燒失シ水害ニヨリテ汚損シ不明トナリタ

ル等ノ場合ヲ云フノテアル、カヽル場合ニ於ケル選擧人名簿ノ調製及其ノ期日、縱覽、確定ニ關スル期日、期間等ハ臨時ニ生シタルコトテアルカラモトヨリ一般原則トシテ定メラレタ本章ノ規定ニ據ラシムルコト能ハサルハ言フヲ俟タナイ所テアルカ故ニコレハ其ノ場合ニ應シテ命令ヲ以テ定メタ所ニ依ラシムルコトト爲シタノテアル

現行法　第二十七條　選擧人名簿ハ十二月二十日チ以テ確定ス

選擧人名簿ハ次年ノ選擧人名簿確定ノ日迄之ヲ据置クヘシ但シ確定判決ニ依リ修正スヘキモノハ郡市長ニ於テ直ニ之チ修正シ其ノ要領チ告示スヘシ

前項ニ依リ名簿ヲ修正シタルトキハ郡長ハ其ノ由ヲ本人住所地ノ町村長ニ通知シ副本チ修正セシムヘシ

天災事變其ノ他ノ事故ニ因リ必要アルトキハ更ニ選擧人名簿ヲ調製スヘシ

前項選擧人名簿ノ調製及其ノ期日、縱覽確定ニ關スル期日期間等ハ命令ノ定ムル所ニ依ル

市制　第二十一條ノ四、五
町村制　第十八條ノ四、五（第十二條參照欄揭載）

第四章　選擧投票及投票所

本章ハ選擧ノ期日、方法ニ關シ其方法タル投票行爲ニ關スル詳細ナル手續投票ヲ

爲スヘキ場所タル投票所ノ設置取締等ニ關スル規定テアッテ選擧ニ於ケル手續中第一階段ヲ爲スヘキ事項ニ關スル規定テアル

第十八條　總選擧ハ議員ノ任期終リタル日ノ翌日之ヲ行フヲ例トス但シ特別ノ事情アル場合ニ於テハ議員ノ任期終リタル日ヨリ五日以内ニ之ヲ行フコトヲ妨ケス

議會開會中又ハ議會閉會ノ日ヨリ二十五日以内ニ議員ノ任期終ル場合ニ於テハ總選擧ハ議會閉會ノ日ヨリ二十六日以後三十日以内ニ之ヲ行フ

衆議院解散ヲ命セラレタル場合ニ於テハ總選擧ハ解散ノ日ヨリ三十日以内ニ之ヲ行フ

總選擧ノ期日ハ勅命ヲ以テ之ヲ定メ少クトモ二十五日前ニ之ヲ公布ス

本條ハ總選擧ヲ行フ期間期日ニ關シ規定シタモノテアル　總選擧トハ衆議院議員ノ全部ヲ選擧スル場合ニシテ之レニ對シテ再選擧（本法第七十五條）補闕選擧（第七十九條）

ノ如キハ部分的選擧ノ場合テアル

サテ總選擧ハ何時行フカニ付イテ(一)通常ニ議員ノ任期カ終ル場合　(二)議會開會中又ハ議會閉會ノ日ヨリ二十五日以內ニ議員ノ任期終ル場合　(三)衆議院解散ヲ命セラレタル場合ノ三場合ニ區別シテ規定セラル　現行法ニ於テハ總選擧ノ期日ハ勅命ヲ以テ定メ少クトモ三十日前ニ之ヲ公布ス(現行法第二十八條)トノ規定ヲ設クルノミテアルカ、一體議員ノ任期終了後或ハ議會解散後總選擧ノ期日ニ至ル迄ノ期日長キニ亘ルトキハ選擧運動ノ期間徒ラニ長キニ失シテ其ノ間ニ自ラ各種ノ弊害ノ發生ヲ想像シ得ルノミテナク延イテハ選擧運動費用ノ增加ヲ來スニ至ルカラ改正法ニ於テハ大體總選擧ハ三十日ヲ標準トシテ場合ニヨリテ其短縮ヲ圖リテ其期間內ニ之ヲ行フヘキ旨ノ規定カ設ケラレタノテアル

(一)通常ニ議員ノ任期カ終ル場合(第一項)　コレニ付テモ亦二ノ場合カアル、(イ)其一ハ原則ノ場合ニシテ(第一項本文)議員ノ任期終リタル日ノ翌日之ヲ行フノテアル、(ロ)其二ハ例外ノ場合テアツテ(第一項但書)特別ノ事情アル場合ニシテ此場合ハ任期終リタル日ヨリ五日以內ニ之ヲ行フノテアル、特別ノ事情トハ翌日全國的ニ總選擧ヲ執行スルノカ不便タト認メ得ラルルカ如キ何等カノ特別ノ事情ノア

ル場合ヲ云フ

(二)議會開會中任期ノ終ル場合又ハ議會閉會ノ日ヨリ二十五日以內ニ任期ノ終ル場合(第二項)　コノ場合ニ於テハ總選擧ハ議會閉會ノ日ヨリ二十六日以後三十日以內ニ之ヲ行フノテアル、議會開會中ニ議員ノ任期カ終ッテモ閉會ニ至ル迄ハ在任スルノテアルカ(本法第七十八條)此ノ場合ニ於テ其ノ議會閉會後直ニ又ハ「議會閉會ノ日ヨリ二十五日以內ニ議員ノ任期終ル場合ニ於テ」其ノ任期終了後直ニ本條第一項ノ通常ニ任期カ終ル場合ノ規定ニ據ラシメテ任期終リタル日ノ翌日カ又ハ任期終リタル日ヨリ五日以內ニ總選擧ヲ行ハシムルモノトスルナラハ現任議員ハ甚タシク立候補ノ準備ヲ妨ケラレ到底之カ準備ヲ爲シ選擧運動ヲ爲ス餘裕ハナイコトニナルノテ斯樣ニ議會閉會ノ日ヨリ二十六日以後三十日以內ニ之ヲ行フコトト爲サレタ次第テアル、議會ノ開會トハ帝國議會ヲ開クノ意味ニシテ議會ヲシテ議事ヲ開始シ得ヘキ狀態ニアラシムルコトヲ謂ヒ閉會トハ會期ヲ閉ツルヲ云フ即チ議會ヲシテ議事ヲナス能ハサル地位ニ置クヲ謂ヒ、開會ヨリ閉會又ハ衆議院ノ解散迄ノ間即チ會期ニ在ル議會ヲ指シテ議會開會中ト云フノテアル

(三)衆議院解散ヲ命セラレタル場合(第三項) コノ場合ハ總選擧ハ解散ノ日ヨリ三十日以內ニ之ヲ行フコトト爲サレタノテアル 長キニ失スルモ選擧運動、費用等ニ種々弊害ヲ生スヘク短キニ失スルモ準備ヲ爲シ難ク三十日以內ノ期間ヲ以テ一面準備等ヲ爲スニモ必要ノ程度ニ充分テアリト認メラレ一面期間短縮ノ法意ニモ合スルモノト爲サレタノテアル 解散トハ衆議院議員ノ任期ヲ其期間滿了前ニ消滅セシムルヲ謂フノテアル

以上(一)乃至(三)ニ述ヘタル如何ナル場合タルヲ問ハス總選擧ノ期日換言スレハ其各定メラレタ場合ニ於ケル期間中具體的ニ何月何日ニ於テ之ヲ行フカヲ勅命ヲ以テ之ヲ定メテ少クトモ其期日ノ二十五日前ニ之ヲ一般ニ周知セシムル爲メ公布スルコトカ規定セラレテ居ル(第四項) 總選擧カ第一項乃至第三項ノ期間中ニ行ハルルコトハ豫メ之ヲ知リ得ル所ナリトスルモ當該選擧カ具體的ニ何月何日ニ行ハルヘキカヲ少クトモ二十五日前ニ之ヲ知ルコトハ如何ナル方面ヨリ觀察スルモ必要ナル事テアラウト思フ 特ニ改正法ニ於テハ議員候補者ニ對スル屆出ノ制度(本法第六十七條)ヲ規定シタノテアルカラ總選擧ノ期日ノ豫告ハ選擧ノ執行上缺クヘカラサル必要ナル事ト云ハネハナラナイ

再選擧ノ期間期日（本法第七十五條第一項）補闕選擧ノ期間期日（本法第七十九條第五、六項）ニ付テハ各本條ノ説明ニ讓ル、ソコテ見ラレタイ

（參　照）

憲　法　第七條　天皇ハ帝國議會ヲ召集シ其ノ開會閉會停會及衆議院ノ解散ヲ命ス

第四十五條　衆議院解散ヲ命セラレタルトキハ勅命ヲ以テ新ニ議員ヲ選擧セシメ解散ノ日ヨリ五箇月以内ニ之ヲ召集スヘシ

現行法　第二十八條　總選擧ノ期日ハ勅令ヲ以テ之ヲ定メ少クトモ三十日前ニ之ヲ公布ス

府縣制　第十三條　府縣會議員ノ選擧ハ府縣知事ノ告示ニ依リ之ヲ行フ其ノ告示ニハ選擧ヲ行フヘキ選擧區投票ヲ行フヘキ日時及選擧スヘキ議員ノ員數ヲ記載シ選擧ノ期日前二十日目マテニ之ヲ發スヘシ

天災事變等ノ爲投票ヲ行フコトヲ得サルトキ又ハ更ニ投票ヲ行フノ必要アルトキハ府縣知事ハ當該選擧區又ハ投票區ニ付投票ヲ行フヘキ日時ヲ定メ投票ノ期日前七日目マテニ之ヲ告示スヘシ

市　制　第二十二條　市長ハ選擧ノ期日前七日目（第三十九條ノ二ノ市ニ於テハ二十日目）迄ニ選擧會場（投票分會場ヲ含ム以下之ニ同シ）投票ノ日時及選擧スヘキ議員數（選擧區アル場合ニ於テハ各選擧區ニ於テ選擧スヘキ議員數）ヲ告示スヘシ投票分會ヲ設クル場合ニ於テハ併セテ其ノ區劃ヲ告示スヘシ

總選擧ニ於ケル各選擧區ノ投票ハ同日時ニ之ヲ行フ

投票分會ノ選擧ハ選擧會ト同日ニ之ヲ行フ

天災事變等ノ爲投票ヲ行フコト能ハサルトキ又ハ更ニ投票ヲ行フ必要アルトキハ市長ハ其ノ投票ヲ行フヘキ選擧會又ハ投票分會ノミニ付更ニ期日ヲ定メ投票ヲ行ハシムシ此ノ場合ニ於テ選擧會場及投票ノ日時ハ選擧ノ期日前五日目迄ニ之ヲ告示スヘシ

町村制　第十九條　町村長ハ選擧期日前七日目迄ニ選擧會場（投票分會場ヲ含ム以下之ニ同シ）投票ノ日時及選擧スヘキ議員數ヲ告示スヘシ投票分會ヲ設クル場合ニ於テハ併セテ其ノ區劃ヲ告示スヘシ

投票分會ノ選擧ハ選擧會ト同日時ニ之ヲ行フ

天災事變ノ爲投票ヲ行フコト能ハサルトキ又ハ更ニ投票ヲ行フノ必要アルトキハ町村長ハ其ノ投票ヲ行フヘキ選擧會又ハ投票分會ノミニ付更ニ期日ヲ定メ投票ヲ行ハシムヘシ此ノ場合ニ於テ選擧會場及投票ノ日時ハ選擧ノ期日前五日目迄ニ之ヲ告示スヘシ

第十九條　選擧ハ投票ニ依リ之ヲ行フ
投票ハ一人一票ニ限ル

本條ハ選擧ハ投票ニ依リテ之ヲ行ヒ改正法ノ主義モ亦直接選擧ニシテ投票ハ一人一票ニ限ルコトヲ明定シタノテアル

投票トハ議員候補者中ノ一名ヲ議員ニ選擧セントスル選擧人ノ意思ヲ實行セシムル爲メ法律ノ定メタル所ニ從ヒ投票用紙ヲ投票凾ニ投凾スル事實行爲ヲ云フ投票ハ一人一票ニ限ルトハ說明スルヲ要スル迄モナク一人ニ付只一個ノ投票ヲ爲シ得ルトノ意味テアルコト云フ迄モナイ

（參照）

現行法　第二十九條　選擧ハ投票ニ依リ之ヲ行フ

選擧ハ一人一票ニ限ル

府縣制　第十八條　選擧ハ投票ニ依リ之ヲ行フ

投票ハ一人一票ニ限ル

選擧人ハ選擧ノ當日投票時間內ニ自ラ投票所ニ到リ選擧人名簿ノ對照ヲ經又ハ確定裁決書若ハ判決書ヲ提示シテ投票ヲ爲スヘシ

投票時間内ニ投票所ニ入リタル選擧人ハ其ノ時間ヲ過クルモ投票ヲ爲スコトヲ得
選擧人ハ投票所ニ於テ投票用紙ニ自ラ議員候補者一名ノ氏名ヲ記載シテ投函スヘシ
投票用紙ニハ選擧人ノ氏名ヲ記載スルコトヲ得ス
投票ニ關スル記載ニ付テハ勅令ヲ以テ定ムル點字ハ之ヲ文字ト看做ス
自ラ被選擧人ノ氏名ヲ書スルコト能ハサル者ハ投票ヲ爲スコトヲ得ス
投票用紙ハ府縣知事ノ定ムル所ニ依リ一定ノ式ヲ用ウヘシ
選擧人名簿調製ノ後選擧人其ノ投票區域外ニ住所ヲ移シタル場合ニ於テ仍選擧權ヲ有スルトキハ前住所地ノ投票所ニ於テ投票ヲ爲スヘシ
第三十二條第一項若ハ第三十六條ノ選擧又ハ補闕選擧ヲ同時ニ行フ場合ニ於テハ一ノ選擧ヲ以テ合併シテ之ヲ行フ

町村制　第二十二條　選擧ハ無記名投票ヲ以テ之ヲ行フ
投票ハ一人一票ニ限ル選擧人ハ選擧ノ當日投票時間内ニ自ラ選擧會場ニ到リ選擧人名簿又ハ其ノ抄本ノ對照ヲ經テ投票ヲ爲スヘシ
投票時間内ニ選擧會場ニ入リタル選擧人ハ其ノ時間ヲ過クルモ投票ヲ爲スコトヲ得
選擧人ハ選擧會場ニ於テ投票用紙ニ自ラ被選擧人一人ノ氏名ヲ記載シテ投函スヘシ
自ラ選擧人ノ氏名ヲ書スルコト能ハサル者ハ投票ヲ爲スコトヲ得ス
投票ニ關スル記載ニ付テハ勅令ヲ以テ定ムル點字ハ之ヲ文字ト看做ス
投票用紙ハ町村長ノ定ムル所ニ依リ一定ノ式ヲ用ウヘシ
選擧分會ニ於テ爲シタル投票ハ分會長少クトモ一人ノ選擧立會人ト共ニ投票函ノ儘之ヲ本會ニ送致スヘシ

第二十條　市町村長ハ投票管理者ト爲リ投票ニ關スル事務ヲ擔任ス

投票管理者トハ投票ニ關スル事務カ完全ニ施行セラルル爲メニ之カ管掌整理ノ任ニ携ル者テアッテ本條ニ於テ市町村長カ投票管理者ト爲ルコトヲ定メ同時ニ

投票ニ關スル事務ヲ擔任スヘキコトヲ明ニシテ居ル、投票ニ關スル事務トハ投票所ノ指定、告示、投票立會人ノ數不足ヲ來タシタル場合ノ其ノ選任、選擧人ノ本人ナリヤ否ヤノ確認、投票ノ拒否決定、投票錄作成、送致、投票所取締其他テアル

（參照）

現行法　第四條　市町村長ハ投票管理者トナリ投票ニ關スル事務ヲ擔任ス

府縣制　第十四條　市町村長ハ投票管理者ト爲リ投票ニ關スル事務ヲ擔任ス

第二十一條　投票所ハ市役所、町村役場又ハ投票管理者ノ指定シタル場所ニ之ヲ設ク

本條ハ投票所設置ニ關スル規定テアッテ、投票所、即チ投票ヲ爲スヘキ設備ヲ施サレタル場所ハ（一）市役所（二）町村役場（三）又ハ投票管理者ノ指定シタル場所ニ之ヲ設クルコトヲ定メテ居ル、現行法ハ市役所、町村役場以外ノ場所ニ投票所ヲ設クル場合ニ於テハ地方長官ノ許可ヲ得ルコトヲ要シタレトモ（現行法第三十條）改正法ハ事務簡捷ノ趣旨ヨリ之ヲ廢シテ投票管理者タル市町村長ノ一存ニヨリ其指定ノ場所ニ之ヲ設クルコトヲ得シメタノテアル、指定シタ場所ニ之ヲ設クルコトヲ得セシメタノハ場合ニ依リテ市、町村役場ニノミ限定スルヲ不便トスルコトカアル

カラテアル

（參照）

現行法　第三十條　投票所ハ市役所、町村役場又ハ地方長官ノ許可ヲ得テ投票管理者ノ指定シタル場所ニ之ヲ設ク

府縣制　第十五條第二項　投票所ハ市役所、町村役場又ハ投票管理者ノ指定シタル場所ニ之ヲ設ク（前條參照欄掲載）

第二十二條　投票管理者ハ選擧ノ期日ヨリ少クトモ五日前ニ投票所ヲ告示スヘシ

投票所ノ告示ニ關スル規定テアル、前條ニヨリテ「投票管理者」タル市町村長カ設ケタル投票所ハ選擧ノ期日ヨリ少クトモ五日前ニ何處ニコレヲ設ケタカヲ告示シナケレハナラナイ

（參照）

現行法　第三十一條　投票管理者ハ選擧ノ期日ヨリ少クトモ五日前ニ投票所ヲ其ノ投票區內ニ告示スヘシ

府縣制　第十五條第三項　投票管理者ハ選擧ノ期日前五日目マテニ投票所ヲ告示スヘシ

第二十三條　投票所ハ午前七時ニ開キ午後六時ニ閉ツ

投票所ノ開閉時ヲ明ニスヘキ必要アルヲ以テ本條之ヲ規定スル所テ即チ午前七時ニ開キ午後六時ニ閉ツト定メラル、コノ時間ヲ投票時間トモ云ハハ云ヒ得ヘク其ノ前其ノ後ニ於テハ選擧人ハ投票所ニ入ルコトヲ得サルモノニシテ只投票所

ヲ閉ツヘキ時刻ニ投票所内ニ在リタル選擧人ニ對シテノミ其ノ投票ヲ許シテ居ルノテアル（本法第三十二條）

（參照）

現行法　第三十三條　投票所ハ午前七時ニ開キ午後六時ニ閉ツ

府縣制　第十三條　（第十八條參照欄掲載）

第二十四條　議員候補者ハ各投票區ニ於ケル選擧人名簿ニ記載セラレタル者ノ中ヨリ本人ノ承諾ヲ得テ投票立會人一人ヲ定メ選擧ノ期日ノ前日迄ニ投票管理者ニ屆出ツルコトヲ得但シ議員候補者死亡シ又ハ議員候補者タルコトヲ辭シタルトキハ其ノ屆出テタル投票立會人ハ其ノ職ヲ失フ

前項ノ規定ニ依ル投票立會人三人ニ達セサルトキ若ハ三人ニ達セサルニ至リタルトキ又ハ投票立會人ニシテ參會スル者投票所ヲ開クヘキ時刻ニ至リ三人ニ達セサルトキ若ハ其ノ後三人ニ達セサルニ至リタルトキハ投票管理者

ハ其ノ投票區ニ於ケル選擧人名簿ニ記載セラレタル者ノ中ヨリ三人ニ達スル迄ノ投票立會人ヲ選任シ直ニ之ヲ本人ニ通知シ投票ニ立會ハシムベシ

投票立會人ハ正當ノ事故ナクシテ其ノ職ヲ辭スルコトヲ得ス

本條ハ投票立會人ノ選任其ノ選任ノ時期等ニ關スル規定テアル　投票立會人トハ投票所ニ在リテ各選擧人ノ投票ニ立會ヲ爲ス者ヲ云フ、之ヲ立會ハシムル趣旨ハ投票ノ眞正ヲ期センカ爲メテアル、第一項ノ規定ハ投票立會人ノ選任ニ關スル、原則的ノ規定ニシテ第二項ハ補充的ノ規定テアル

先ツ原則トシテ議員候補者ニ立會人ノ選任ヲ許シテ居ル、コヽニ議員候補者ト云フハモトヨリ本法ノ手續ニ因リ屆出ヲ爲シタル議員候補者タルコト云フヲ俟タナイ、議員候補者ニカヽル權利ヲ認メタノハ改正法ノ新ニ定メタ所テアツテ、現行法ニ於テハ投票立會人ノ選任ハ郡市長ノ權限ニ屬シタルカ（現行法第三十二條）動モスレハ其ノ選任公平ヲ缺キ一ノ政黨政派ニ偏スル樣ナ疑ヲ生セシメ爲メニ議員候補者

ヲシテ非常ニ不安ノ念ヲ懷カシメルカ如キ虞アリトシ批難カアツタノテコノ弊ヲ矯ムルニハ議員候補者ヲシテ自ラ投票立會人ヲ定ムルコトヲ得セシムルノカ最モ良策テアル而テ投票ニ直接最モ重大ナル利害關係ヲ有スルモノ亦議員候補者テアルカラ之ヲシテ投票立會人ヲ定ムルコトヲ得セシムルノハ最モ適當ナ措置テアル且又相異ナッタ利害關係ニ立ツ數人カ投票立會人カ共ニ投票ニ立會フモノナルカ故ニ結局公平ナル職務ノ執行ヲ期シ得ルト共ニ議員候補者カ投票ニ對シテ懷抱スル危惧ノ念ヲ一掃セシムルコトカ出來ルノテアル

何人ノ中ヨリ選任スヘキカ、各投票區ニ於ケル選擧人名簿ニ記載セラレタル者ノ中ヨリ選任スルノテアル　現行法ニ於テハ投票立會人ハ選擧人中ヨリ之ヲ選任セシムルモノト爲シタルモ議員候補者ヲシテ之ヲ定メシムル場合ニ於テ選擧權ノ有無ヲ調査セシムルハ議員候補者ニ過重ナル義務ヲ負ハシムルノミナラス且動モスレハ其ノ認定ニ過誤ヲ生シ若ハ投票管理者ノ認定トノ間ニ齟齬ヲ生スルニ至ルノ虞カアルカラ、選擧人名簿ニ記載セラレタル者ノ中ヨリト爲シテ其ノ認定ヲ容易ニ且精確ナラシメタノテアル

此ノ場合選任ニ付テハ本人ノ承諾ヲ要スル、本人ノ承諾ヲ得セシムルコトト爲シ

タルハ投票立會人ハ投票ノ拒否ニ關シ意見ヲ述フル等重大ナル責任カアル且正當ノ事故ナクシテ之ヲ辭スルコトヲ得ナイモノテアルカラ其ノ選定ノ手續ヲ愼重ナラシメントスルノ趣旨テアル

幾人選定出來ルカト云フニ、法文ニ投票立會人一人ヲ定メテトアル通リ各議員候補者ハ一人シカ選定出來ナイノテアル

選任方法ハトウスルカト云フニ、選擧ノ期日ノ前日迄ニ投票管理者ニ其ノ定メタル人ヲ屆出ツルコトヲ以テ足ルノテアル、法律ハ屆出ツルコトヲ得ト規定シ居ルカ故ニコレヲ屆出ツルト否トハ即チ換言スレハ選定スルトセサルトハ議員候補者ノ自由テアルト云ハナケレハナラナイ

ソレカラ右ノ如クニシテ選任セラレタ投票立會人ハ、議員候補者カ死亡スルカ又ハ議員候補者カ其ノ候補者タルコトヲ辭シタルトキニハ立會人タルノ職ヲ失フコトト定メラレテ居ル(第一項但書)コレハ極メテ當然ノ事テ候補者ノ屆出ニヨリテ立會人トナリタル者ハ法律カ候補者ニ其選定ヲ許シタル法ノ精神ニ鑑ミテ其ノ候補者ノ存在ヲ前提トシテ始メテ意味アルモノニシテ候補者カ死亡シ辭任シタルトキハ其選任シタル投票立會人ハ其目的ヲ喪失スルヲ以テ之ヲシテ投票ニ

立會ハシムルノ必要カナイカラテアル

次ニ投票管理者カ補充的ニ立會人ヲ選任スル場合カアル

(一)ハ前項ノ規定ニ依ル投票立會人三人ニ達セサルトキ若ハ三人ニ達セサルニ至リタルトキ、即チ或ハ或ル候補者カ立會人ヲ選定セサル爲メニ三人ニ達セサルカ又ハ候補者自體カ三人ニ達セサル爲メ立會人カ三人ニ達セサルカ又ハ候補者カ死亡シ辭任シタル爲メニ三人ニ達セサルニ至リタルトキ等ノ如キ場合テアル

(二)ハ投票立會人ニシテ參會スル者投票所ヲ開クヘキ時刻ニ至リ三人ニ達セサルトキ若ハ其ノ後三人ニ達セサルニ至リタルトキ、即チ投票立會人ハ必ス投票所ヲ開クヘキ時刻ニハ參會スヘキモノテアルノニ之ヲ開クヘキ時刻ニナツテモ參會シタル立會人カ三人ニ達セナイトキカ又ハ投票所ヲ開ク時ニハ既ニ三人ニ達シテ居タノニ拘ラス其後ニ至ツテ或ハ立會人自身ニ故障ヲ生シタル爲メカ候補者ノ死亡又ハ辭任等ニ由來シテ立會人其職ヲ失フニ至リテ立會人カ三人ニ達セサルニ至ツタ場合等テアル

右ノ場合ニ於テ投票管理者ハ其ノ投票區ニ於ケル選擧人名簿ニ記載セラレタル者ノ中ヨリ三人ニ達スル迄ノ投票立會人ヲ選任シ直ニ之ヲ本人ニ通知シ投票ニ

立會ハシムルコトトスルノテアル、コノ場合ニハ豫メ本人ノ承諾ヲ要セナイ本人ハ正當ノ事由カナケレハコレヲ拒ムコトカ出來ナイト云ハナケレハナラヌ畢竟コノ投票管理者ノ爲スヘキ補充的選任ハ投票所ノ事務執行ニ支障ナカラシムル爲メニ設ケラレタル規定テアル

サテ現行法ハ三名以上五名以下ト立會人ノ數ニ制限ヲ置キタルモ改正法ハ議員候補者ニ之ヲ選任セシムルコトトナシタルニ於テハ各選擧區ニ於ケル議員候補者ノ數ハ到底之ヲ豫定シ難イカラ各議員候補者ヲシテ一人宛ヲ定メ得ルコトニシテ總數ニ對スル制限ハ之ヲ設ケナカツタノテアル、只其數著シク少キ場合ニ於テハ選擧ノ公正ヲ期シ難イ虞カアルカラ前述ノ如ク三人ニ達セサルトキ又ハ三人ニ達セサルニ至リタルトキハ投票管理者ニ臨機ノ處置トシテ補充的ニ選任セシムルコトトシテ以テ投票ノ眞正ニ對スル疑念ナカラシムルコトトシタノテアル原則的ニ議員候補者カ選任シタルト補充的ニ投票管理者カ選任シタルトヲ問ハス苟モ投票立會人ハ何等正當ノ事故ナクンハ其職ヲ辭スルコトヲ得ナイノテアル(第二項)國民ノ責務トシテハ斯ノ如キハモトヨリ之ヲ甘ンスヘキモノニシテ只一身ノ氣儘ナル都合ニヨリテ其ノ職ヲ辭スルコトヲ許スニ至ツテハ重要ナル

國務ノ一ツタル投票ノ完全ナル施行ヲ保シ難イ

(參照)

現行法　第三十二條　郡市長ハ各投票區內ニ於ケル選擧人中ヨリ三名以上五名以下ノ投票立會人ヲ選任シ選擧ノ期日ヨリ少クトモ三日前ニ之ヲ本人ニ通知シ選擧ノ當日投票所ニ參會セシムヘシ

投票立會人ハ正當ノ事故ナクシテ其ノ職ヲ辭スルコトヲ得ス

第百七條　立會人指定ノ時刻ニ至リ參會セサルトキ又ハ參會シタルモ中途ヨリ定數ヲ缺キタルトキハ投票管理者選擧長ハ臨時ニ選擧人ノ中ヨリ立會人ヲ選任スヘシ

府縣制　第十六條　議員候補者ハ各投票區ニ於ケル選擧人名簿ニ登錄セラレタル者ノ中ヨリ本人ノ承諾ヲ得テ投票立會人一人ヲ定メ選擧ノ期日ノ前日マテニ投票管理者ニ屆出ツルコトヲ得但シ議員候補者死亡シ又ハ議員候補者ヲ辭シタルトキハ其ノ屆出テタル投票立會人ハ其ノ職ヲ失フ

前項ノ規定ニ於ル投票立會人三人ニ達セサルトキ若ハ三人ニ達セサルニ至タルトキ又ハ投票立會人ニシテ參會スル者投票所ヲ開クヘキ時刻ニ至リ三人ニ達セサルトキ若ハ其ノ後三人ニ達セサルニ至リタルトキハ投票管理者ハ其ノ投票區ニ於ケル選擧人名簿ニ登錄セラレタル者ノ中ヨリ三人ニ達スルマテノ投票立會人ヲ選任シ直ニ之ヲ本人ニ通知シ投票ニ立會ハシムヘシ投票立會人ハ名譽職トス

投票立會人ハ正當ノ事故ナクシテ其ノ職ヲ辭スルコトヲ得ス

判例(大正十一年二月二日大審院第二民事部判決、投票管理者又ハ投票立會人カ自ラ投票記載所內ニ於ケル選擧人ノ行動ヲ直接ニ監視スルコトナクトモ監視官席竝ニ取締係員席ヲ適當ニ配置シ此等ノ者ト相呼應シテ選擧ノ適法ニ行ハルヤ否ヤヲ監視シタル以上ハ投票所ニ投票管理者又ハ投票立會人ノ立會ヲ缺キタルモノト爲スニ足ラス)

第二十五條　選擧人ハ選擧ノ當日自ラ投票所ニ到リ選擧人名簿ノ對照ヲ經テ投票ヲ爲スヘシ

投票管理者ハ投票ヲ爲サムトスル選擧人ノ本人ナリヤ否

ヤヲ確認スルコト能ハサルトキハ其ノ本人ナル旨ヲ宣言セシムヘシ其宣言ヲ爲ササル者ハ投票ヲ爲スコトヲ得ス

本條ハ投票ハ選擧人タル本人自ラ之ヲ爲スコトヲ定メテ居ル

選擧人ハ　(イ)選擧ノ當日　(ロ)自ラ投票所ニ到リ　(ハ)選擧人名簿ノ對照ヲ經テ投票ヲ爲スノテアル(第一項)　選擧人名簿ノ對照ヲ經ルトハ選擧人タル本人トシテ投票所ニ到リタル其人ヲ選擧人トシテ選擧人名簿ニ記載シテアルカトウカヲ査定スルコトテアル

投票管理者カ、投票ヲ爲サントスル選擧人カ果シテ其ノ本人ナリヤ否ヤヲ明確ニ認定スルコトカ出來ナイトキニハ、其ノ選擧人ニ對シテ其ノ本人ナル旨ヲ宣言サセルノテアル　宣言トハ本人自ラ自己ノ良心ニ誓ヒテ本人ナルコトヲ明確ニ表示スルコトヲ云フノテアル、若シ其ノ宣言ヲ爲ササル者ハ投票ヲ爲スコトカ出來ナイノテアル(第二項)　本人カ本人タルコトノ宣言ノ出來ナイ筈ハナイノテアルカラ若シ出來ナイトシタナラハコレ本人ニアラサルヘシトノ理由カラ斯ノ如ク投票ヲ爲スコトヲ許サナイ譯テアル、ソレテアルカラ本人ナリトノ宣言ハ良心ニ從ヒテ之ヲ誓フヘキ筋合ナレハ若シ虚僞ノ宣言ヲ爲シタル者アラハ刑事上ノ責任ヲ負ハネハナラナイ(本法第百十一條參照)

（參　照）

現行法　第三十四條　選擧人ハ選擧ノ當日自ラ投票所ニ到リ選擧人名簿ノ對照ヲ經テ投票スヘシ

投票管理者ハ投票ヲ爲サムトスル選擧人ノ本人ナルヤ否ヲ確認スルコト能ハサルトキハ其ノ本人ナル旨ヲ宣言セシムヘシ其ノ宣言ヲ爲ササル者ハ投票ヲ爲スコトヲ得ス

舊法　第三十四條　選擧人ハ選擧ノ當日自ラ投票所ニ至リ選擧人名簿ノ對照ヲ經テ投票簿ニ捺印シ投票スヘシ

投票管理者ハ投票ヲ爲サムトスル選擧人ノ本人ナルヤ否ヲ確認スルコト能ハサルトキハ其ノ本人ナル旨ヲ宣言セシムヘシ其ノ宣言ヲ爲ササル者ハ投票ヲ爲スコトヲ得ス

府縣制　第十八條第三項　選擧人ハ選擧ノ當日投票時間內ニ自ラ投票所ニ到リ選擧人ノ名簿ノ對照ヲ經テ又ハ確定裁決書若ハ判決書ヲ提示シテ投票ヲ爲スヘシ

市制　第二十五條第三項　選擧人ハ選擧ノ當日投票時間內ニ自ラ選擧會場ニ到リ選擧人名簿又ハ其ノ抄本ノ對照ヲ經テ投票ヲ爲スヘシ

町村制　第二十二條第三項　選擧人ハ選擧ノ當日投票時間內ニ自ラ選擧會場ニ到リ選擧人名簿又ハ其ノ抄本ノ對照ヲ經テ投票ヲ爲スヘシ

判例（大正六年大審院判決。選擧法第三十四條第一項（舊法）ノ規定ニ反シ法定ノ投票所以外ニ於テ投票シ又ハ代理人ヲシテ投票ヲ爲サシムル場合ノ如キハ孰レモ選擧ノ自由公正ヲ害スルモノナルヲ以テ其投票ハ無效ナルモノトス）

第二十六條　投票用紙ハ選擧ノ當日投票所ニ於テ之ヲ選擧人ニ交付スヘシ

投票用紙ハ何時何處テ誰ニ交付スヘキモノテアルカ、ソレハ（イ）選擧ノ當日（ロ）投票所ニ於テ（ニ）之ヲ選擧人ニ交付スルノテアル　然ラサル投票用紙ヲ用ヒタル場合ハ假令ソレカ成規ノ投票用紙テアツテモ無效テアル、成規ノ投票用紙カ何ンテアルカハ第五十二條ノ第一號ノ説明ヲ見ラレタイ

(參照)

現行法　第三十五條　投票用紙ハ選擧ノ當日投票所ニ於テ之ヲ選擧人ニ交付スヘシ

府縣制　第十八條第八項　投票用紙ハ府縣知事ノ定ムル所ニ依リ一定ノ式ヲ用ウヘシ

市　制　第二十五條第七項　投票用紙ハ市長ノ定ムル所ニ依リ一定ノ式ヲ用ウヘシ

町村制　第二十二條第七項　投票用紙ハ町村長ノ定ムル所ニ依リ一定ノ式ヲ用ウヘシ

第二十七條　選擧人ハ投票所ニ於テ投票用紙ニ自ラ議員候補者一人ノ氏名ヲ記載シテ投函スヘシ

投票用紙ニハ選擧人ノ氏名ヲ記載スルコトヲ得ス

本條ハ投票用紙ニハ何ヲ記載シテカラ投函スヘキカノ規定テアル、即チ選擧人ハ(イ)投票所ニ於テ　(ロ)投票用紙ニ　(ハ)自ラ議員候補者一人ノ氏名ヲ記載シテ　(ニ)自ラ投函スルノテアル(第一項)　現行法ニ於テハ選擧人ハ投票用紙ニ自ラ被選擧人一名ノ氏名ヲ記載スヘキモノト規定シテ居ル(現行法第三十六條)然レトモ改正法ニ於テハ新ニ議員候補者屆出ノ制度ヲ認メタル結果トシテ選擧人ハ投票用紙ニ議員候補者一人ノ氏名ヲ記載スヘキモノト爲シタノテアル

一人トアルカ故ニ一人以上ノ氏名ヲ記載シタ場合ハ無效テアル(本法第五十二條第一項第三號)

投函スルトハ云フ迄モナク定メラレタル投票函ニ投スルヲ云フ

ココニ氏名トアルカ故ニ氏及名ヲ記載スヘキテアルモ若シ氏又ハ名ノミヲ記載

シタトキハ有效テアラウカ、抑モ投票用紙ニハ議員候補者一名ノ氏名以外ニハ之ヲ記載スルコトヲ禁シテ居ルト議員候補者ノ何人ヲ記載シタルカヲ確認シ難キモノハ其ノ投票ヲ無效トスルトノ規定（本法第五十二條第一項第七號）ノ趣旨ヨリ見テ氏又ハ名ノミノ記載ヲ以テ議員候補者中ノ何人ヲ指スモノナルカヲ判定シ得ル以上ハ敢テ之ヲ無效トスル必要ハアルマイト思フ、從來大審院判例ハ舊法第三十六條現行法第三十六條ノ規定ニ關シテ氏名トアルカ故ニ氏ト名トヲ併記セサルモノハコレヲ無效トナシタルトコロ最近ノ判例ニ於テ之ヲ有效トシタノテアル（大正十四年六月十七日大審院民事聯合部判決）（判例（一）參照）

次ニ此氏名ヲ表示スルニ本邦固有ノ文字ニ制限シナケレハナラナイカトウカ、即チ羅馬字ニ依ル投票ハ有効ナリヤ、コレモ本邦固有ノ文字ニ制限シナケレハナラヌ理由ハアルマイ、今日ノ文化ニ於テ羅馬字ハ殆ト本邦固有ノ文字ト同樣ニ普及セラレテ殊ニ自他ノ氏名ヲ記載スルニ羅馬字ヲ用ヒル者寡クナイカラ之ヲ有効トシテ毫モ差支ヘナイ判例モ夙ニ之ヲ有效ト認メテ居ル（大正九年十一月十一日大審院判決）（判例（三）參照）

第二項ニ於テハ所謂無記名投票ノ趣旨ヲ明定シタルモノニシテ投票用紙ニハ選

擧人ノ氏名ヲ記載スルコトヲ得ナイノテアル、之ヲ記載シタナラハ投票ハ無效タルコト論ヲ俟タナイ（本法第五十二條第一項第五號）

（參照）

現行法　第三十六條　選擧人ハ投票所ニ於テ投票用紙ニ自ラ被選擧人ノ氏名ヲ記載シテ投函スヘシ

投票用紙ニハ選擧人ノ氏名ヲ記載スルコトヲ得ス

舊法　第三十六條　選擧人ハ投票所ニ於テ投票用紙ニ自ラ被選擧人一名ノ氏名ヲ記載シテ投函スヘシ

投票用紙ニハ選擧人ノ氏名ヲ記載スルコトヲ得ス

府縣制　第十八條第五項　選擧人ハ投票所ニ於テ投票用紙ニ自ラ議員候補者一名ノ氏名ヲ記載シテ投函スヘシ

投票用紙ニハ選擧人ノ氏名ヲ記載スルコトヲ得ス

市制　第二十五條第一項　選擧ハ無記名投票ヲ以テ之ヲ行フ

第五項　選擧人ハ選擧會場ニ於テ投票用紙ニ自ラ被選擧人一名ノ氏名ヲ記載シテ投函スヘシ

町村制　第二十二條第一項　選擧ハ無記名投票ヲ以テ之ヲ行フ

第五項　選擧人ハ選擧會場ニ於テ投票用紙ニ自ラ被選擧人一人ノ氏名ヲ記載シテ投函スヘシ

判例（一）大正十四年六月十七日大審院民事聯合部判決　衆議院議員選擧法第三十六條第一項ニハ選擧人ハ投票所ニ於テ投票用紙ニ自ラ被選擧人一名ノ氏名ヲ記載シテ投函スヘシト規定シアルト雖モ投票ノ無效タル場合ヲ列擧セル同法第五十八條ニハ被選擧人ノ氏名ヲ併記セサルモノヲ以テ無效トナス旨ノ規定ナク單ニ被選擧人ノ何人タルヲ確認シ難キモノヲ以テ無效トスル旨明記シアルニ徴スレハ前掲第三十六條ハ一般普通ノ事例ニ省ミテ被選擧人表示ノ方法ヲ規定シタルニ止マリ假令氏名ノ併記ナキモ其ノ被選擧人ノ何人タルヤヲ確認シ得ル限リ之ヲ無效トスル法意ニ非サルコトヲ明白ナリト云ハサルヘカラス蓋議員選擧ノ事ノ如キ其ノ嚴正公平ニ行ハルルヲ期スヘキハ論無キト共ニ能フ限リ選擧人ノ意見ヲ尊重シ其ノ所期ヲ達セシムヘキハ是亦言ヲ俟タサルヲ以テ已ニ其ノ選擧シタル者ノ何人ナルヤカ確認シ得ラルル以上唯其氏名ノ併記無キ一事ヲ以テ當然之ヲ無效トスヘキ理由ハ竟ニ之ヲ發見スルニ由ナケレハナリ若シ夫レ氏名ノ併記ナキ

被選擧人ノ何人ナルカヲ確認シ得ルヤ否ヤハ事實ノ問題ナリ例ヘハ投票用紙ニ氏若クハ名ノミヲ記載シアルモノト雖モ其ノ氏若ハ名カ立候補ヲ宣言セル者ノソレニ該當スルカ如キ場合ニ於テハ被選擧人ノ何人タルヤハ必スシモ之ヲ確認スルヲ得スト云フヘカラス然ラハ則原判決カ衆議院議員選擧法第三十六條ニ氏名トアルニ捉ハレ氏又ハ名ノミヲ記載シアル投票ハ他ノ事情ヲ參酌シテ其ノ何人ニ投票シタルカヲ判定スルコトヲ許サレサルモノト解シ斯ル投票ヲ絶對ニ無效ト判示シタルハ違法ト云ハサルカラス）

（二）（大正九年十一月十一日大審院判決。衆議院議員選擧法第三十六條第一項ハ選擧人ヲシテ自己ノ自由ナル手跡ニ依リ獨力ヲ以テ被選擧人ノ氏名ヲ投票用紙ニ記載セシムルノ趣旨ニシテ此規定ニ依ラサル投票ハ同法第五十八條第一項第六號ニ依リ無效ナリトス。型ニ塗墨シ又ハ型ニ筆ヲ托シテ被選擧人ノ氏名ヲ表現セシメタル投票ハ衆議院議員選擧法第三十六條第一項ノ規定ニ適合セサルモノニシテ無效タルヲ免レス。）

（三）（大正九年十一月十一日大審院判決。衆議院議員選擧法並ニ其ノ附屬法令中被選擧人氏名ヲ表示スル文字ノ種類ニ付キ何等制限シタル規定ナキヲ以テ選擧人カ投票用紙ニ被選擧人ノ氏名ヲ表示スルニ必スシモ本邦固有ノ文字ニ制限セサルヘカラサルモノト解スルコトヲ得ス而テ輓近羅馬字ヲ用ヒテ自他ノ氏名ヲ記載スル者寡カラサルコトハ顯著ナル事實ニ屬スルヲ以テ衆議院議員ヲ選擧投票スルニ當リテモ羅馬字ヲ用ヒテ被選擧人ノ氏名ヲ記載スルヲ得サルモノニ非ス從テ羅馬字ヲ以テ記載シタル投票ハ衆議院議員選擧法第五十八條第一項第六號ニ該當セスシテ有效ナリトス）

（四）（大正九年十二月二十三日大審院判決。衆議院議員選擧法第三十六條第一項ハ被選擧人ノ氏名ヲ記載スルハ單一ナルヲ以テ足リ重複セシムルヲ要セサル趣旨ナリト解スヘキヲ以テ特ニ其ノ記載シタル被選擧人ノ氏名ヲ明瞭ナラシムル爲メ若クハ其ノ記載ノ誤載アランコトヲ慮リ其氏名ニ假名文字ヲ附スル等ノ場合ニ於テハ之ヲ無效ト爲スヘキニ非サルモ或事柄ヲ暗示スル爲メ其ノ氏名ヲ並記スルカ如キハ之ヲ禁シタルモノトス）

第二十八條　投票ニ關スル記載ニ付テハ勅令ヲ以テ定ムル點字ハ之ヲ文字ト看做ス

本條ハ改正法ノ新ニ規定シタトコロノ法文テアル勅令ヲ以テ定ムル點字ニ依ル

投票ノ表示ハ之ヲ文字ヲ以テ記載シタルモノト看做シテ有效ナル投票ト爲サントスルモノテアル、點字トハ思想ヲ傳達スル手段ニ使用セラルヘキ文字ニアラサル符號ヲ云フ

現行法ニ於テハ點字ヲ以テスル投票ハ無效テアツタ、故ニ盲目ノ爲メ文字ヲ記載スルコトノ出來ヌ者ハ實際上有效ニ其ノ選擧權ヲ行使スルコトヲ得ナイ、本來選擧權ヲ有スルニ拘ラス單ニ盲目ト云ヘル身體的不具ノ爲メニ之ヲ行使スルコトノ出來ヌ者ハ頗ル同情スヘキモノテアツテ適當ノ方法ヲ講シテ之ヲ救濟スルノ必要カアルノテ改正法ニ於テハ點字ニ依ル投票ノ表示ハ之ヲ文字ヲ以テ記載シタルモノト看做シテ有效ナル投票ト爲サントスルノテアル、近來盲敎育ノ發達ニ伴フテ一般ニ點字ノ使用普及シ點字ノ新聞雜誌等モ發刊セラルルニ至ツテ點字ノ汎ク盲人間ニ使用セラルルコト一般人ノ間ニ於ケル通常ノ文字ト異ナル所ナイ樣テアルソシテ前條ニモ述ヘタ樣ニ被選擧人ノ氏名ヲ表示スルノニ必スシモ本邦固有ノ文字ニ制限セナケレハナラナイ理由ナイモノトシテ羅馬字ニ依ル投票ヲ有效タト認メタ以上ハ（前條參照ノ部ニ引用セル判例（三）參照）點字ニ依ル投票ヲ以テ有效ト爲スモ寧ロ正當タト云フテ差支アルマイ

（參照）

府縣制　第十八條第七項　投票ニ關スル記載ニ付テハ勅令ヲ以テ定ムル點字ハ之ヲ文字ト看做ス

市制　第二十五條第六項（右ニ同シ）

町村制　第二十二條第六項（右ニ同シ）

第二十九條　選擧人名簿ニ登錄セラレサル者ハ投票ヲ爲スコトヲ得ス但シ選擧人名簿ニ登錄セラルヘキ確定判決書ヲ所持シ選擧ノ當日投票所ニ到ル者アルトキハ投票管理者ハ之ヲシテ投票ヲ爲サシムヘシ

原則トシテ選擧人名簿ニ登錄セラレナイ者ハ投票ヲ爲スコトカ出來ナイ、登錄セラルヘキ資格ヲ有セサルカ故ニ登錄セラレサル者或ハ本來登錄セラルヘキ者カ誤テ登錄セラレテナイ者コレラ孰レモ投票出來ナイノテアル、前述ノ如ク第二十五條ノ規定ニヨリテ選擧人名簿ノ對照ヲ經テ投票ヲ爲スニ際シテ名簿ニ登錄セラレテナイコトヲ發見シタ樣ナ場合ニハ投票出來ナイノテアル、具體的ニ其ノ投票者各人カ選擧資格ヲ有スルモノナリヤ否ヤハ豫メ登錄セラレテ居ル此名簿ニ依テ定ムルノ外ハナイカラテアル

然シコレカ例外トシテ選擧人名簿ニ登錄セラルヘキ確定判決書ヲ所持シテ選擧

ノ當日投票所ニ到ル者カアツタ場合ニハ投票管理者ハ之ヲシテ投票ヲ爲サシムヘキモノテアル例ヘハ名簿修正申立ノ決定ニ對スル不服ノ裁判カ名簿確定後ニ確定シテ未タ修正スル暇ノナカツタ場合等少ナカラサレハカヽル場合ニ適用ヲ見ルヘキ規定テアラウ

（參　照）

現行法　第三十七條　選擧人名簿ニ登錄セラレサル者ハ投票スルコトヲ得ス但シ選擧人名簿ニ登錄セラルヘキ確定判決書ヲ所持シ選擧ノ當日投票所ニ到ル者アルトキハ投票管理者ハ之ヲシテ投票セシムヘシ

府縣制　第十八條ノ二第一項　確定名簿ニ登錄セラレサル者ハ投票ヲ爲スコトヲ得ス但シ選擧人名簿ニ登錄セラルヘキ確定裁決書又ハ判決書ヲ所持シ選擧ノ當日投票所ニ到ル者ハ此ノ限ニ在ラス

市　制　第二十五條ノ二第一項　確定名簿ニ登錄セラレサル者ハ投票ヲ爲スコトヲ得ス但シ選擧人名簿ニ登錄セラルヘキ確定裁決書又ハ判決書ヲ所持シ選擧ノ當日選擧會場ニ到ル者ハ此ノ限ニ在ラス

町村制　第二十二條ノ二第一項　確定名簿ニ登錄セラレサル者ハ投票ヲ爲スコトヲ得ス但シ選擧人名簿ニ登錄セラルヘキ確定裁決書又ハ判決書ヲ所持シ選擧ノ當日選擧會場ニ到ル者ハ此ノ限ニ在ラス

第三十條　選擧人名簿ニ登錄セラレタル者選擧人名簿ニ登錄セラルルコトヲ得サル者ナルトキハ投票ヲ爲スコトヲ得ス選擧ノ當日選擧權ヲ有セサルトキ亦同シ

自ラ議員候補者ノ氏名ヲ書スルコト能ハサル者ハ投票ヲ爲スコトヲ得ス

選擧人名簿ニ誤テ登錄セラレタル者ト雖モ本來其ノ資格ナク登錄セラルルコトヲ得ナイ者ナルトキハ投票ヲ爲スコトヲ得ナイシ、選擧ノ當日選擧權ヲ有セナイ者亦同樣ニ投票ヲ爲スコトヲ得ナイ、孰レモ實質的方面ヨリ見タル理論上自明ノ規定テアル、權利アツテ始メテ其行使ナル事實カ生スルモノナレハ本來其ノ行使ノ當時ニ權利ノナイ者ナレハコレカ行使シ能ハサルハ殆ト言フヲ俟タナイトコロテ假リニ行使アリタリトスルモ其ノ行使ハ無效タト云ハナケレハナラナイ

次ニ選擧人ハ自ラ投票所ニ到リ投票スルヲ要スルカラニハ秘密投票ノ主義ヲ徹底シテ之カ選擧ノ公正ヲ期スヘキヲ以テ自ラ議員候補者ノ氏名ヲ書スルコトノ出來ナイ者ハ投票ヲ爲スコトヲ得ナイトノ規定ヲ見ルハ當然タト思フ(第二項)

第二十七條ニ依リテ自ラ議員候補者ノ氏名ヲ記載スルコトヲ投票ノ必要事項トシテ居ルノテアルカラ議員候補者ノ氏名ヲ自書スルコト能ハサルカ如キ者ニ對シテハタトヘ投票資格アリトスルモ如何ナル方法ヲ以テ投票セシムヘキカ、殆ト其ノ途ナキノミナラス自ラ議員候補者ノ氏名ヲ書スル能ハサルカ如キ者ニ對シテハ其ノ投票ヲ爲サシメサルモ公益上毫モ不當テナイト思フ

議員候補者ノ氏名ヲ書スル能ハサルトハ、候補者ノ氏名ヲ表彰スヘキ文字ヲ認識

シテ獨力ヲ以テ之ヲ筆記スルコト能ハサルコトヲ謂フ、タカラ候補者氏名ヲ目擧シツツコレヲタトリテ筆寫シナケレハ其記載ノ出來ヌ樣ナ者ハ投票出來ナイ、カクノ如キ者ノ投票ハ嚴格ナ意味ノ自書ト云フコトカ出來ナイカラ第五十二條第六號ニ依リテ無效ト云ハナケレハナラナイ

（參　照）

現行法　第三十八條　選擧人名簿ニ登錄セラレタル者選擧權ヲ有セサルトキハ投票ヲ爲スコトヲ得ス自ラ被選擧人ノ氏名ヲ書スルコト能ハサル者亦前項ニ同シ

舊法　第三十八條　選擧人名簿ニ登錄セヲレタル者選擧權ヲ有セサルトキハ投票ヲ爲スコトヲ得ス

自ラ被選擧人ノ氏名ヲ書スルコト能ハサル者亦前項ニ同シ

府縣制　第十八條ノ二第二項　確定名簿ニ登錄セラレタル者選擧人名簿ニ登錄セラルルコトヲ得サル者ナルトキハ投票ヲ爲スコトヲ得ス選擧ノ當日選擧權ヲ有セサル者ナルトキ亦同シ

第十八條第八項　自ラ議員候補者ノ氏名ヲ書スルコト能ハサル者ハ投票ヲ爲スコトヲ得ス

市制　第二十五條ノ二第二項　確定名簿ニ登錄セラレタル者選擧人名簿ニ登錄セラルルコトヲ得サル者ナルトキハ投票ヲ爲スコトヲ得ス選擧ノ當日選擧權ヲ有セサル者ナルトキ亦同シ

第二十五條第七項　自ラ被選擧人ノ氏名ヲ書スルコト能ハサル者ハ投票ヲ爲スコトヲ得ス

町村制　第二十二條ノ二第二項　確定名簿ニ登錄セラレタル者選擧人名簿ニ登錄セラルルコトヲ得サル者ナルトキハ投票ヲ爲スコトヲ得ス選擧ノ當日選擧權ヲ有セサル者ナルトキ亦同シ

第二十二條第七項　自ラ選擧人ノ氏名ヲ書スルコト能ハサル者ハ投票ヲ爲スコトヲ得ス

判例（大正六年九月十二日大審院判決。衆議院議員選擧法第三十八條第二項ハ自カラ選擧人ノ氏名ヲ書スルコト能ハサル者カ投票ヲ爲スコトヲ得サル旨ヲ規定シタルニ止マリ秘密選擧ノ主義ヲ貫徹スルカ爲メ選擧人自ラ被選擧人ノ氏名ヲ書シテ投票スヘク他人ノ代書ヲ許ササル趣旨ニ出テタルニ過キサレハ目隱板ニ於ケル候補者氏名ノ記載若クハ其ノ名刺散布ノ行爲アリタルカ爲メ偶々模寫ニ依リ被選擧人ノ氏名ヲ自書スルコトヲ得ル者ヲ生スル虞アレハトテ該條ニ違背スル

モノニアラス。

第三十一條　投票ノ拒否ハ投票立會人ノ意見ヲ聽キ投票管理者之ヲ決定スヘシ

前項ノ決定ヲ受ケタル選擧人不服アルトキハ投票管理者ハ假ニ投票ヲ爲サシムヘシ

前項ノ投票ハ選擧人ヲシテ之ヲ封筒ニ入レ封緘シ表面ニ自ラ其ノ氏名ヲ記載シ投凾セシムヘシ

投票立會人ニ於テ異議アル選擧人ニ對シテモ亦前二項ニ同シ

本條ハ投票ノ拒否決定ニ不服アル選擧人又ハ投票立會人ニ於テ異議アル選擧人ニ假投票ヲ爲サシムヘキ規定デアル

投票ノ拒否トハ投票ヲ行ハシメサルコトデアツテ之ハ投票管理者カ投票立會人ノ意見ヲ聽キ決定スルノデアル、即チ「投票ノ拒否」ハ投票管理者ノ決定アル場合ノ外ニハナク投票立會人ハ單ニ意見ヲ發表スルニ過キナイ、投票管理者ハ其ノ意

見ニ拘束サレナイノテアル(第一項)
此決定ヲ受ケタ選擧人ニシテコレニ不服テアルトキハ投票管理者ハ假投票ヲ爲サシムルノテアル(第二項)　此假投票ノ效力如何ハ開票ノ際開票管理者カ開票立會人ノ意見ヲ聽キ先ツ其ノ受理如何カ決定セラレ其後ニ至リ定マル次第テアル(本法第四十九條)
次ニ投票立會人ニ於テ異議アル選擧人ニ對シテモ亦此假投票ヲ爲サシムルノテアル(第四項)　投票立會人ニ於テ異議アル選擧人トハ投票立會人カ選擧人ノ投票ニ關シテ異議アル場合ヲ云フノテアッテ例ヘハ投票管理者カ投票拒否ノ決定ヲ爲ササル場合ニ於テモ投票立會人ニ於テ其ノ投票ニ異議ヲ有シコレヲ拒否セシムヘキ意見ヲ有スルカ如キ場合ヲ云フ
以上孰レカノ場合ニ於テ爲ス所ノ假投票ト云フノハ如何ナル方法テ之ヲ爲スノテアルカ、ソレハ選擧人ヲシテ投票用紙ヲ(イ)封筒ニ入レ　(ロ)封緘シテ　(ハ)表面ニ其ノ選擧人ノ氏名ヲ自書セシメテ　(ニ)投函セシムルノテアル(第三項)

(參　照)

現行法　第三十九條　投票ノ拒否ハ選擧立會人ノ意見ヲ聽キ投票管理者之ヲ決定スヘシ
前項ノ決定ヲ受ケタル町村ノ選擧人不服アルトキハ投票管理者ハ假ニ投票ヲ爲サシムヘシ

前項ノ投票ハ選擧人ヲシテ之ヲ封筒ニ入レ封緘シ表面ニ自ラ其ノ氏名ヲ記載シ投函セシムヘシ

第一項ニ掲ケル者ニ於テ異議アル町村ノ選擧人ニ對シテモ亦前二項ニ同シ

舊法 第三十九條 投票ノ拒否ハ選擧立會人ノ意見ヲ聽キ投票管理者之ヲ決定スヘシ

前項ノ決定ヲ受ケタル町村ノ選擧人不服アルトキハ投票管理者ハ假ニ選擧ヲ爲サシムヘシ

前項ノ投票ハ選擧人ヲシテ之ヲ封筒ニ入レ封緘シ表面ニ自ラ其ノ氏名ヲ記載シ投函セシムヘシ

府縣制 第十九條 投票ノ拒否ハ投票立會人ノ意見ヲ聽キ投票管理者之ヲ決定スヘシ

市制 第二十五條ノ三 投票ノ拒否ハ選擧立會人又ハ投票立會人之ヲ決定ス可否同數ナルトキハ選擧長又ハ投票分會長之ヲ決スヘシ

町村制 第二十二條ノ三 投票ノ拒否ハ選擧立會人又ハ投票立會人之ヲ決定ス可否同數ナルトキハ選擧長又ハ投票分會長之ヲ決スヘシ

第三十二條

投票所ヲ閉ツヘキ時刻ニ至リタルトキハ投票管理者ハ其ノ旨ヲ告ケテ投票所ノ入口ヲ鎖シ投票所ニ在ル選擧人ノ投票結了スルヲ待チテ投票函ヲ閉鎖スヘシ

投票函閉鎖後ハ投票ヲ爲スコトヲ得ス

投票所ヲ閉ツヘキ時刻ハ即チ第二十三條ニ規定スル如ク午後六時テアルカ此時刻ニ至ツタトキハ投票管理者ハ如何ニスヘキカ (イ)先ツ投票所ヲ閉ツヘキ時刻ニ至ツタ事ヲ告ケテ其ノ投票所ノ入口ヲ鎖スノテアル、無警告テ入口ヲ鎖サシテハナラナイ (ロ)其ノ場合ニ未タ投票所ニ選擧人カ居ルトキニハ其ノ選擧人ノ投

票ヲ終了セシメテソレカ全部終ツタ所テ投票ヲ閉鎖ズヘキテアル

投票函閉鎖後ハ選擧ヲ爲スコトヲ得ナイ(第二項)コレハ説明ヲ要スル迄モナイ當然ノコトテアル

(參照)

現行法 第四十條 投票所ヲ閉ツヘキ時刻ニ至リタルトキハ投票管理者ハ其ノ由ヲ告ケテ投票所ノ入口ヲ鎖シ投票所ニ在ル投票人ノ投票結了スルヲ待テ投票函ヲ閉鎖スヘシ
投票函閉鎖後ハ投票スルコトヲ得ス

第三十三條 選擧人ニシテ勅令ノ定ムル事由ニ因リ選擧ノ當日自ラ投票所ニ到リ投票ヲ爲シ能ハサルヘキコトヲ證スル者ノ投票ニ關シテハ第二十五條第二十六條第二十七條第一項第二十九條但書及第三十一條ノ規定ニ拘ラス勅令ヲ以テ特別ノ規定ヲ設クルコトヲ得

本條ハ改正法ノ新ニ設ケタ所謂不在者ノ投票ニ關スル規定テアル、既ニ前ニ述ヘタ如ク投票ハ選擧人カ選擧ノ當日自ラ投票所ニ到ツテ選擧人名簿ノ對照ヲ經テ若シ選擧人名簿ニ登錄ナキ場合テモ登錄セラルヘキ確定判決書ヲ所持スル場合投票所ヨリ當日交付ヲ受ケタ投票用紙ニ自ラ議員候補者一人ノ氏名ヲ記載シテ投函(或ハ場合ニヨリ假投票ニヨルコトモアルカ)スルノテアルカ　茲ニ選擧ノ當日自ラ投票所ニ到リ投票ヲ爲シ能ハヌ選擧人ニ對シテ勅令ノ定ムル事由ニ因リ選擧ノ當日自ラ投票所ニ到リ投票ノ出來ヌコトヲ證明シタ者ノ投票ニ關シテ勅令ヲ以テ特別ノ規定ヲ設ケルコトカ出來ル樣ニ定メタノテアル　例ヘハ船員トカ鐵道從業員トカ漁業者トカ云フ如キ者等カ特殊ノ事由ニ因リ偶々不在者ナルノ故ヲ以テ自己ノ選擧權ヲ行使出來ヌト云フコトハ普通選擧ノ趣旨ヨリ云フテ多少公平テナイ憾カアルノテ此規定カ生レタノテアルカ然シ其特殊ノ事由ニ因ル選擧人ノ範圍ハコレヲ如何ナル範圍ニ限定スルカ又ハ其ノ投票方法ハ如何ニシテ之ヲ爲サシムルカハ專ラ勅令ノ定ムルトコロニ任シテ其內容ノ伸縮ヲ自由ナラシメタノテアル

第三十四條　投票管理者ハ投票錄ヲ作リ投票ニ關スル顚末ヲ記載シ投票立會人ト共ニ之ニ署名スヘシ

本條乃至第三十六條ハ投票後投票管理者及投票立會人ノ職責ヲ規定シタノテアル

本條ハ投票錄作成ノ規定テアツテ　投票錄トハ投票ニ關スル顚末ヲ記載スル記

錄ニシテ投票カ適式ニ行ハレタリヤ否ヤヲ明確ナラシムル目的ヲ以テ作成セラルヘキモノテアル　コレカ作成者ハ投票管理者ニシテ之ヲ作成シテ投票ニ關スル顚末ヲ記載シテ投票立會人ト共ニ之ニ署名スルノテアル　署名トアルカラニハ管理者立會人共ニ其名ヲ自署スルコトテ要スルノテアル　ソシテ立會人ト雖モ之ニ署名ヲ爲ス以上其記錄ノ內容ニ關シテハ其責任ノ一半ヲ分タネハナラナイ投票錄ハ其投票ノ事實證明ノ用ニ供セラルルモノナレハ事實上投票カ選擧ノ公正ヲ害セラルルコトナク適式ニ行ハレタル以上投票錄作成ニ多少ノ違法アリト雖モコレヲ以テ投票ノ無效ヲ來タスコトハナイ

（參　照）

現行法　第四十一條　投票管理者ハ投票錄ヲ作リ投票ニ關スル顚末ヲ記載シ投票立會人ト共ニ之ニ署名スヘシ

府縣制　第二十條　投票管理者ハ投票錄ヲ作リ投票ニ關スル顚末ヲ記載シ二人以上ノ投票立會人ト共ニ之ニ署名スヘシ

判　例（大正十一年一月二十九日大審院判決。投票錄ハ衆議院議員選擧法第四十一條ニ依リ投票管理者之ヲ作リ投票ニ關スル顚末ヲ記載シ投票ノ適法ニ行ハレタルヤ否ヤヲ明確ニスルモノナレハ前項ノ事實アルニ拘ラス當初ヨリ成規ニ從ヒ鑰ヲ以テ內蓋ヲ鎖シタルモノノ如ク記載シタルハ該規定ニ違背スルモ投票カ適式ニ行ハレ選擧ノ自由公正ヲ害セサルヤ否ヤハ其ノ當時實現シタル事實ニ依リテ決セラルヘク投票錄ノ記載カ眞實ニ適合セサルモノアルカ爲メ其ノ一事ニ因リテ投票カ適式ニ行ハレス又ハ選擧ノ自由公正ヲ害シタルモノト謂フヲ得サルモノトス）

（大正十一年二月八日大審院判決。一　投票錄及選擧錄ハ投票又ハ選擧會ニ關スル事實ヲ證明スル爲メ作成スル記錄ニ過キサルヲ以テ以テ之カ法定ノ形式ヲ具備セサルモ選擧ノ効力ニ影響ヲ及ホスモノニアラス

（二）投票管理者及投票立會人ノ氏名又ハ選擧錄ニ於ケル選擧長ノ氏名カ自署ニアラサルモ選擧ハ無効トナルモノニアラス

(三) 投票及選擧會カ適法ニ行ハレタルコトハ投票錄及選擧錄以外ノ證據方法ニ依リテモ之ヲ證明スルコトヲ得

第三十五條　投票管理者ハ一人又ハ數人ノ投票立會人ト共ニ町村ノ投票區ニ於テハ投票ノ翌日迄ニ、市ノ投票區ニ於テハ投票ノ當日投票函、投票錄及選擧人名簿ヲ開票管理者ニ送致スヘシ

本條ハ投票函、投票錄及選擧人名簿送致ニ關スル規定テアル

(一)送致者ハ投票管理者テアルカシカモ管理者單獨テハイケナイ必ス一人又ハ數人ノ投票立會人ト共ニ送致シナケレハナラナイ

(二)送致ノ期日ハ町村ノ、投票區ト市ノ投票區トニ於テ區別セラレテ居ル、町村ノ投票區テハ投票ノ翌日迄ニ市ノ投票區ニ於テハ投票ノ當日テアル

(三)送致ノ目的物ハ投票函、投票錄及選擧人名簿テアル

(四)送致ノ相手方ハ開票管理者テアル

現行法テハ開票事務ハ郡市長ヲ選擧長トスル選擧會ニ於テ之ヲ行フ事トセルカ故ニ郡ト合セテ選擧區ヲ爲ス市ノ投票區ニ於テハ町村ノ投票區ト同樣投票函、投

票錄及選擧人名簿ヲ選擧長ニ送致スルノ必要カアツタ、然シ改正法テハ郡市ノ區域ヲ以テ開票區トシテ（必要アル場合ニハ更ニ分區ヲナシ得ル）支廳長市長又ハ地方長官ノ指定シタル官吏ヲシテ開票事務ヲ行ハシムルコトトシタカラ市ノ投票區ノ投票函ヲ支廳長等ニ送付スル場合絶對ニナク且市ニ於テハ二箇以上ノ投票區ヲ設クル場合又ハ三大都市ノ如ク數區ヲ以テ一選擧區ト爲ス場合ニ於テモ交通機關ヲ利用シテ投票ノ當日投票函等ヲ開票管理者ニ送致シ得ルテアラウ、只町村ノ投票區ニ於テハ僻遠或ハ交通不便ノ地カアルカラ投票ノ當日開票管理者ニ之ヲ送致スルコトハ困難ナ場合カ少クナイ、タカラ市ノ投票區ニ於テハ投票ノ當日町村ノ投票區ニ於テハ投票ノ翌日迄ニ各開票管理者ニ對シ投票函等ヲ送致セシムルコトトシタノテアル

（參照）

現行法　第四十二條　投票管理者ハ一名又ハ數名ノ投票立會人ト共ニ町村ノ投票區又ハ郡ト合セテ選擧區ヲ爲ス市ノ投票區ニ於テハ投票ノ翌日迄ニ其ノ他ノ投票區ニ於テハ投票ノ當日投票函、投票錄及選擧人名簿ヲ選擧長ニ送致スヘシ

舊　法　第四十二條　町村ニ於テハ投票管理者ハ一名又ハ數名ノ立會人ト共ニ投票ノ翌日迄ニ投票函、投票錄及選擧人名簿ヲ開票管理者ニ送致スヘシ

府縣制　第二十一條　投票管理者ハ其ノ指定シタル投票立會人ト共ニ町村ノ投票區ニ於テハ投票ノ翌日迄ニ市ノ投票區ニ於テハ投票ノ當日投票函、投票錄及選擧人名簿ヲ選擧長ニ送致スヘシ

判例（大正七年一月二十九日大審院判決。衆議院議員選擧投票函送致ノ途中一時投票管理者及ヒ立會人ノ管理ヲ離脱シタル場合ト雖モ之カ爲ニ其ノ投票函ノ外部及ヒ内部ニ何等ノ異變ヲ生セサルトキハ其ノ投投函在中ノ投票全部ニ異變ナキモノト認ムルヲ相當トス從テ其ノ投票ノ計算點檢ハ投票函ノ送致方法ニ違法ナキ場合ニ於ケルト同一ニ之ヲ爲スヘキモノトス）

第三十六條　島嶼其ノ他交通不便ノ地ニシテ前條ノ期日ニ投票函ヲ送致スルコト能ハサル情況アリト認ムルトキハ地方長官ハ適宜ニ其ノ投票ノ期日ヲ定メ開票ノ期日迄ニ其ノ投票函、投票錄及選擧人名簿ヲ送致セシムルコトヲ得

本條ハ交通不便ノ地ニシテ投票函送致ノ原則タル前條ニ據リ難キ場合ニ地方長官カ適宜ニ其期日ヲ定メ得ヘキコトヲ規定スルモノテアル

地方長官ハ島嶼トカ其他交通不便ノ爲メ前第三十五條ノ期日ニ投票函ヲ送致スルコトカ出來ナイ情況アリト認定シタルトキニハ地方長官ハ適宜其ノ裁量ニヨツテ先ツ特別ニ其ノ投票ノ期日ヲ定メテ他ノ投票函ト共ニ開票出來ル樣ニ豫メ定マツテ居ル開票ノ期日迄ニ其ノ投票函投票錄及選擧人名簿ヲ送致セシムルコトカ出來ルノテアル

（參　照）

現行法　第四十三條　島嶼其ノ他不便ノ地ニシテ前條ノ期日ニ投票函ヲ送致スルコト能ハサル情況アルトキハ地方長官ハ適宜ニ其ノ投票ノ期日ヲ定メ選擧會ノ期日迄ニ其ノ投票函、投票錄及選擧人名簿ヲ送致セシムルコトヲ得

府縣制　第二十二條　島嶼其ノ他交通不便ノ地ニ對シテハ府縣知事ハ適宜ニ其ノ投票期日ヲ定メ選擧會ノ期日マテニ其ノ投票函、投票錄及選擧人名簿ヲ送致セシムルコトヲ得

第三十七條　天災其ノ他避クヘカラサル事故ニ因リ投票ヲ行フコトヲ得サルトキ又ハ更ニ投票ヲ行フノ必要アルトキハ投票管理者ハ選擧長ヲ經テ地方長官ニ其ノ旨ヲ屆出ツヘシ此ノ場合ニ於テハ地方長官ハ更ニ期日ヲ定メ投票ヲ行ハシムヘシ但シ其ノ期日ハ少クトモ五日前ニ之ヲ告示セシムヘシ

本條ハ不可抗力ニヨリ投票不能ナルトキカ又ハ更ニ投票ヲ行フ必要アルトキカニハ更ニ期日ヲ定メテ之ヲ行フ場合ニ關スル規定テアル

此場合ハ先ツ投票管理者ハ選擧長ヲ經テ地方長官ニ其旨ヲ屆出ツルノテアル

選擧長ノ何タルヤハ後ニ説明スルテアラウ（本法第五十八條）其ノ場合ト云フノハ天災其ノ他避クヘカラサル事故ニ因リ投票ヲ行フコトヲ得サルトキ又ハ更ニ投票ヲ行フノ必要アルトキテアル

地方長官ハ其ノ屆出アツタ時ニハ更ニ期日ヲ定メテ投票ヲ行ハシメナケレハナラナイソシテ其ノ期日ハ少クトモ五日前ニ之ヲ告示スルノテアル

（參照）

現行法　第四十四條　天災其ノ他避クヘカラサル事故ニ因リ投票ヲ行フコトヲ得サルトキ又ハ更ニ投票ヲ行フノ必要アルトキハ投票管理者ハ選擧長ヲ經テ地方長官ニ其ノ由ヲ屆出ツヘシ此ノ場合ニ於テハ地方長官ハ更ニ期日ヲ定メ投票ヲ行ハシムヘシ但シ其ノ期日ハ少クトモ五日前ニ投票區内ニ告示セシムヘシ

府縣制　第十三條第二項　天災事變等ノ爲投票ヲ行フコトヲ得サルトキ又ハ更ニ投票ヲ行フノ必要アルトキハ府縣知事ハ當該選擧區又ハ投票區ニ付投票ヲ行フヘキ日時ヲ定メ投票ノ期日前七日目マテニ之ヲ告示スヘシ

判例　（大正七年一月二十九日大審院判決。選擧法第四十四條ハ不可抗力ノ爲メ投票ヲ爲スコト能ハサルカ若クハ投票函ノ紛失其他ノ理由ニ因リ開票管理者ニ於テ投票ノ點檢ヲ爲シ其ノ結果ヲ選擧長ニ報告スルノ不可能ナル場合ニ關シ事實上全然投票ヲ爲スコトヲ得ス又ハ之ヲ爲スモ結局之ヲ爲ササルト等シキ結果ヲ生スル場合ヲ規定シタルモノトス）

第三十八條　第七十五條又ハ第七十九條ノ選擧ヲ同時ニ行フ場合ニ於テハ一ノ選擧ヲ以テ合併シテ之ヲ行フ

第七十五條ノ選擧トハ所謂再選擧ノ場合テアリ、第七十九條ノ選擧トハ所謂補闕選擧ノ場合テアル、此各説明ハ各本條ノ説明ヲ見ラレタイ、此兩種又ハ同種ノ二以上ノ選擧ヲ同時ニ行フ場合ニ於テハ各別ニ各選擧手續ニ於テ之ヲ行ハナイテ之ヲ合併シテ一選擧トシテ行フコトヲ定メラレタ次第テアル、コレ全ク便宜ニ出テタルノ規定テアッテ改正法ハ趣旨ニ於テ現行法（第四十五條）ト異ナルコトナケレトモ文字ヲ修正シテ其趣旨ヲ明ニシタノテアル

（參照）

現行法　第四十五條　同一選擧區ニ於テ同時ニ二人以上ノ議員ヲ選擧スルトキハ選擧ノ種類如何ニ拘ラス第二十九條及第三十六條ノ例ニ依ル

府縣制　第十八條　第十一項第三十二條第一項若ハ第三十六條ノ選擧又ハ補闕選擧ヲ同時ニ行フ場合ニ於テハ一ノ選擧ヲ以テ合併シテ之ヲ行フ

市制　第二十六條　第三十三條若ハ第三十七條ノ選擧、增員選擧及補闕選擧ヲ同時ニ行フ場合ニ於テハ一ノ選擧ヲ以テ合併シテ之ヲ行フ

町村制　第二十三條　第三十條若ハ第三十四條ノ選擧增員選擧又ハ補闕選擧ヲ同時ニ行フ場合ニ於テハ一ノ選擧ヲ以テ合併シテ之ヲ行フ

第三十九條　何人ト雖選擧人ノ投票シタル被選擧人ノ氏名ヲ陳述スルノ義務ナシ

秘密投票ノ趣旨ヲ徹底シ選擧ノ公正ヲ確保センカ為ニハ本條ノ規定ハ當然ト云ハナケレハナラヌ、コレ義理人情ノ為メ或ハ買收等ノ為メ或ハ種々ノ經濟的社會

的勢力等ノ爲メニ投票カ支配セラルルコトヲ虞ルルカ爲メテアル、タカラ裁判所ニ於テモ證人トシテコレヲ訊問スル場合ニ、證人自ラ自由ニ陳述スルハモトヨリ問題外ナレトモ、其陳述ヲ强制スルコトハ出來ナイト思フ

當該選擧人カ誰ヲ被選擧人トシテ投票シタカ其氏名ヲ陳述スル義務ノナイコトハモトヨリ「何人ト雖」トアルカ故ニ當該選擧人ヨリ又ハ何等カノ方法ニヨリテ知得シタル第三者ト雖モ之ヲ陳述スルノ義務ハナイト思フ

（參照）

現行法　第四十六條　何人ト雖選擧人ノ投票シタル被選擧人ノ氏名ヲ陳述スルノ義務ナシ

判例　（大正七年九月三十日大審院判決。衆議院議員選擧法第四十六條ノ規定ハ何人ヲ選擧シタルヤノ事實ノ公表ヲ防遏シテ選擧權ノ行使ヲ確保シ以テ無記名投票ノ精神ヲ貫徹スルコトヲ期シタルモノニシテ固ヨリ公ノ秩序ニ關スルモノトス故ニ選擧訴訟ヲ審判スルニ當リ人證檢證又ハ鑑定ノ方法ニ依リテ該規定ノ適用ヲ免カレ被選擧人ノ氏名ノ公表ヲ强ユルコトヲ得ルモノニアラス）

第四十條　投票管理者ハ投票所ノ秩序ヲ保持シ必要ナル場合ニ於テハ警察官吏ノ處分ヲ請求スルコトヲ得

本條乃至第四十三條ノ規定ハ選擧ノ自由公正ヲ確保シ投票事務遂行ノ完全ヲ期スル爲ニ設ケラレタル投票所取締ニ關スル規定テアル現行法ハ投票所取締トシ

テ別ニ一章ヲ設ケタレトモ改正法ハ本章ニ之ヲ加ヘテ規定シタノテアル

本條ハ投票所秩序保持ノ規定テアル　投票所ノ秩序ヲ保持スヘキ者モトヨリ投票所管理者テアル　秩序ヲ保持スルトハ投票カ自由ニ公正ニ些ノ支障ナク行ハルル樣適當ニ整頓セラレ其ノ秩序カ維持セラルルコトヲ云フ　ソシテ投票管理者ハ必要アリト認メタ場合ニハ警察官吏ノ處分ヲ請求スルコトカ出來ルノテアル、即チ警察官吏トシテノ行政上、司法上ノ各處分ヲ求メテ其ノ處分ニ委スコトカ出來ルノテアル

（參　照）

現行法　第四十七條　投票管理者ハ投票所ノ秩序ヲ保持シ必要ナル場合ニ於テハ警察官吏ノ處分ヲ請求スルコト得

判　例（大正六年九月十二日判決。衆議院議員選擧法第四十七條ハ投票管理者カ投票所ノ秩序ヲ紊ル者アル場合ニ於テ投票管理者ノ處置方法ヲ規定シタル者ニシテ孰レモ選擧人ヲシテ安全ニ選擧權ヲ行使スルコトヲ得セシメ以テ選擧ノ自由公正ヲ確保スル精神ニ出テタルモノナルコト疑ヲ容レサルヲ以テ投票所ノ秩序保持ニ缺クルトキハ是レ投票管理者カ其職責ヲ盡ササル不法アルモノト謂フ可キモ之アルカ爲メ投票所ノ秩序ヲ紊ル者アル場合ニ於テ選擧ハ常ニ必ス無效ト爲ルモノニアラスシテ其有效無效ハ秩序紊亂ノ程度如何ニ係ルヘク選擧ノ自由公正ヲ阻害スルノ著シキ場合ニアラサレハ選擧ノ無效ヲ來タスヘキニ非ス）

第四十一條　選擧人投票所ノ事務ニ從事スル者、投票所ヲ監視スル職權ヲ有スル者及警察官吏ニ非サレハ投票所ニ

入ルコトヲ得ス

投票所ニ入ルコトヲ得ル者ヲ限定シテ居ルノテアル　關係ナキ者必要ナキ者ハ之ヲ投票所ニ出入セシムルノ理由毫モナキノミナラスカクノ如キハ徒ラニ雜閙ヲ來タシ延テハ選擧ノ公正ヲモ期シ難キニ至ルカ故テアル

投票所ニ入ルコトヲ得ル者ハ即チ(一)選擧人(二)投票所ノ事務ニ從事スル者(三)投票所ヲ監視スル職權ヲ有スル者(四)警察官吏カソレテアル

(參　照)

現行法　第四十八條　選擧人、投票所ノ事務ニ從事スル者、投票所ヲ監視スル職權ヲ有スル者及警察官吏ノ外投票所ニ入ルコトヲ得ス

府縣制　第十七條第一項　選擧人ニ非サル者ハ投票所ニ入ルコトヲ得ス但シ投票所ノ事務ニ從事スル者投票所ヲ監視スル職權ヲ有スル者又ハ警察官吏ハ此ノ限ニ在ラス

第四十二條　投票所ニ於テ演說討論ヲ爲シ若ハ喧騷ニ涉リ又ハ投票ニ關シ協議若ハ勸誘ヲ爲シ其ノ他投票所ノ秩序ヲ紊ル者アルトキハ投票管理者ハ之ヲ制止シ命ニ從ハサルトキハ投票所外ニ退出セシムヘシ

本條ハ投票所ノ秩序ヲ紊ル者アルトキハ之ヲ制止シ退出セシムヘキ規定テアル」投票所ニ於テ凡ソ秩序ヲ紊ル者カアツタトキニハ投票管理者ハ制止退出セシメ得ルノテアルカ、法文列記ノ者ハ其秩序ヲ紊ルト否トヲ問ハス其ノ行爲ヲ爲シタルヲ以テ制止退出セシメ得ルノテアル　カクノ如キ行爲カ殆ト當然ニ秩序ヲ紊スモノテアルコトハ明カナコトテアラウ　ソレハ(一)演説討論ヲ爲スコト(二)若シクハ喧騷ニ渉ルコト(三)又ハ投票ニ關シテ協議若シクハ勸誘ヲ爲スコトテアル　スヘテノ場合ニ於テ投票管理者ハ先ツ之ヲ制止シテ其命ニ從ハナイトキハ投票所外ニ退出セシムルノテアル、若シ退出シナケレハ警察官吏ノ處分ヲ求メ得ルノテアル、然シ前條以外ノ者カ右ノ如キ行爲ヲ爲シタル場合ニハ其ノ者ハ本來投票所ニ入ルコトヲ得サル者ナレハ直ニ退出セシメテ毫モ差支ヘナイ

（參　照）

現行法　第四十九條　投票所ニ於テ演説討論ヲ爲シ若ハ喧騷ニ渉リ又ハ投票ニ關シ協議若ハ勸誘ヲ爲シ其ノ他投票所ノ秩序ヲ紊ル者アルトキハ投票管理者ハ之ヲ制止シ命ニ從ハサルトキハ之ヲ投票所外ニ退出セシムヘシ

府縣制　第十七條　第二項　投票所ニ於テ演説討論ヲ爲シ若ハ喧擾ニ渉リ投票ニ關シ協議若ハ勸誘ヲ爲シ其ノ他投票所ノ秩序ヲ紊ス者アルトキハ投票管理者ハ之ヲ制止シ命ニ從ハサルトキハ之ヲ投票所外ニ退出セシムヘシ

第四十三條　前條ノ規定ニ依リ投票所外ニ退出セシメラレタル者ハ最後ニ至リ投票ヲ爲スコトヲ得但シ投票管理者

ハ投票所ノ秩序ヲ紊ルノ虞ナシト認ムル場合ニ於テ投票ヲ爲サシムルコトヲ妨ケス

前條ノ規定ニ依リテ投票所外ニ退出セシメラレタ者ハ投票ヲ爲スコトカ出來ルノカトウカ　只ソレ丈ノ事由テコレニ投票ヲ爲サシメナイ即チ選擧權ノ行使ヲ許サナイノモ稍酷ニ失スルノテ法ハ投票ヲ爲スコトハ之ヲ許シテ居ル即チソノ者ニ對シテハ最後ニ至リテ投票ヲ爲スコトヲ許シテ居ルノテアル但投票管理者ノ裁量ニ依リテ既ニ投票所ノ秩序ヲ紊ルノ虞ナイモノト認定シタル場合ニ於テハ最後ニ至ラストモソノトキ投票ヲ爲サシメテモ差支ヘナイコトニナッテ居ル

（參照）

現行法　第五十條　前條ニ依リ投票所外ニ退出セシメラレタル者ハ最後ニ至リ投票ヲ爲スコトヲ得但シ投票管理者ハ投票所ノ秩序ヲ紊ルノ虞ナシト認ムル場合ニ於テ投票ヲ爲サシムルヲ妨ケス

府縣制　第十七條　第三項　前項ノ規定ニ依リ退出セシメラレタル者ハ最後ニ至リ投票ヲ爲スコトヲ得但シ投票管理者投票所ノ秩序ヲ紊スノ虞ナシト認ムル場合ニ於テ投票ヲ爲サシムルヲ妨ケス

第五章　開票及開票所

本章ハ開票及開票所ニ關スル規定テアル　開票トハ投票函ヲ開キ投票ヲ點檢シテ效力ヲ定ムルヲ謂フ

現行法テハ開票事務ヲ選擧會ノ事務ノ一部ト爲シタルカ故ニ開票及開票所ニ關スル特別ノ規定ヲ設ケナイテ開票ニ關スル事項ハ選擧會ナル章中ニ之ヲ包含セシメタカ、改正法ニ於テハ中選擧區制ヲ採用シタ結果選擧區ノ範圍カ現行法ヨリ頗ル擴大サレタハカリテナク選擧資格ニ關シテモ納税制限ヲ撤廢シタ關係上選擧權者ノ數カ著シク增加スヘキ見込テアルカラ現行法ノ樣ニ選擧會ニ於テ其ノ選擧區内ニ於ケル全部ノ開票事務ヲ行フノハ頗ル困難トナルノ虞カアリ殊ニ大ナル選擧區ニ於テ多大ノ困難ヲ生スルテアラウコトハ想像ニ難クナイ、又一面ニ於テ開票ノ區域ヲ餘リニ大ナラシムルトキハ投票函ノ送致ニ多クノ時間ヲ要シテ交通不便ノ地ノ如キニアツテハ之カ爲ニ投票函ノ送致等ニ關シテ不慮ノ事故ヲ生スルノ危險カナイコトモナイ、是等ノ理由ニヨツテ改正法ニ於テハ新ニ開票區ノ制度ヲ設クルコトトシタノテアル（第三條參照）即チ開票ノ事務ト選擧會ノ事務トヲ區別シ開票ニ關スル事項ハ開票及開票所ナル本章ヲ設ケテ之ヲ規定シ選擧會ニ關スル事項ハ選擧會ナル章ニ於テ之ヲ規定スルコトトシタノテアル　以上政府當局カ本章ヲ設ケタ理由トシテ發表スル所テアル

第四十四條　支廳長市長又ハ地方長官ノ指定シタル官吏ハ開票管理者ト爲リ開票ニ關スル事務ヲ擔任ス

本條ハ開票管理者ニハ誰レカナルカト云フコトヲ定メテ居ル

開票管理者トハ開票ニ關スル事務カ完全ニ施行セラルル爲ニ之カ管掌整理ノ任ニ携ル者テアツテ、支廳長、市長、又ハ地方長官ノ指定シタル官吏カ開票管理者ト爲ルノテアル　原則トシテ郡市ノ區域ヲ以テ開票區ト爲シタルカ故ニ（第三條參照）各開票區ノ開票管理者ハ各支廳長市長ヲ以テ之ヲ充ツルコトカ極メテ適當テアル郡市ノ區域ヲ分チテ數開票區ヲ設ケタル場合ニ於テ何人ヲ以テ開票管理者ト爲スヘキヤハ勅令ヲ以テ之ヲ定ムルノテアル（第三條第三項參照）

開票管理者ハ各開票區ニ於ケル一切ノ開票ニ關スル事務ヲ擔任スルノテアル開票ニ關スル事務トハ開票所ノ指定開票ノ場所及日時ノ告示、投票ノ計算、點檢、並効力ノ決定又ハ其ノ保存、開票錄ノ作成、開票ノ結果ノ報告等テアル

（參　照）

現行法　開票區ニ關スル規定ナシ

舊　法　第五條　開票區ハ郡市ノ區域ニ依ル

郡市長ハ開票管理者トナリ開票ニ關スル事務ヲ擔任ス

第四十五條　開票所ハ支廳、市役所又ハ開票管理者ノ指定シタル場所ニ之ヲ設ク

本條ハ開票所設置ニ關スル規定テアル
開票所ハ即チ開票ヲ爲スヘキ設備ヲ施サレタル場所テ（一）支廳（二）市役所（三）又ハ開票管理者カ適宜ニ指定シタ場所ニ之ヲ設クルコトヲ規定サレテ居ル支廳市役所ノ外ニ開票管理者ノ指定シタ場所ニ設クルコトカ出來ル樣ニシタノハ場合ニ依ツテ支廳市役所ニノミ限定シテハ不便トスルコトアルカラテアル　ソシテ支廳市役所以外ニ之ヲ設クル場合ニ別ニ地方長官等ノ許可ヲ受クル樣ナ規定ヲ置カナカツタノハ專ラ事務ノ簡捷ヲ圖ラントスル趣意ニ外ナラナイ

（參　照）
現行法　第五十一條　選擧會ハ選擧長ノ屬スル郡市役所又ハ地方長官ノ許可ヲ得テ選擧長ノ指定シタル場所ニ之ヲ開ク
府縣制　第二十三條第三項　選擧會ハ市役所又ハ選擧長ノ指定シタル場所ニ之ヲ開ク
市　制　第二十二條（第十八條參照欄掲載）
町村制　第十九條（第十八條參照欄掲載）

第四十六條　開票管理者ハ豫メ開票ノ場所及日時ヲ告示スヘシ

本條ハ開票ノ場所及日時ノ告示ニ付テ定メラレタモノテ開票管理者ハ豫メ此ノ

(一)開票ノ場所ト(二)其日時トヲ告示シナケレハナラナイ單ニ豫メトアルノミテ強ヒテ何日前ニ告示セヨトハ命シテ居ナイノテアル　何日前トコレヲ規定スルコトハ困難ナル事情多クシテ到底法規ニ從ヒ難キコト多多アルヘク寧ロ始メヨリ之レヲ設ケナイニシクハナイ

(參照)

現行法　第五十二條　選擧長ハ豫メ選擧會ノ場所及日時ヲ告示スヘシ

府縣制　第二十三條第四項　選擧長ハ豫メ選擧會ノ場所及日時ヲ告示スヘシ

市制　第二十二條
町村制　第十九條　(第十八條參照欄掲載)

第四十七條　第二十四條ノ規定ハ開票立會人ニ之ヲ準用ス

本條ハ開票立會人ノ選定ニ關シテ投票立會人ノ選定ニ關スル規定ヲ準用スルコトヲ定メタ規定テアル

開票ニ關シテモ投票ト同樣ニ立會人ヲ立會ハシムルノテアツテ之カ選定ニ付テハ如何ニスヘキカ　ソレハ第二十四條ニ於テ投票立會人ヲ選定スルト同一ノ方法テ開票立會人ヲ選定セシムルコトトシテ第二十四條ヲ準用スルコトニシタノテアル　準用トハ性質ノ許ス限リ其規定ヲ之レニ當テ篏メテ取扱ヲ爲スコトヲ云フノテアツテ、各議員候補者ヨリ開票立會人一人ヲ定メテ屆出テシムルモノトシソシテ議員候補者ノ屆出テタル開票立會人ノ數三人ニ達セサルトキ又ハ開票

ニ參會スル開票立會人ノ數三人ニ達セサルトキナトノ措置ニ關シテハ全ク投票立會人ノ場合ト同一ニ行フ次第テアル

（參　照）

現行法　第五十三條　地方長官ハ各選擧區内ニ於ケル選擧人中ヨリ三名以上七名以下ノ選擧立會人ヲ選任シ選擧會ノ期日ヨリ少クトモ三日前ニ之ヲ本人ニ通知シ選擧會ニ參會セシムヘシ

選擧立會人ハ正當ノ事故ナクシテ其ノ職ヲ辭スルコトヲ得ス

府縣制　第二十四條　第十六條ノ規定ハ選擧立會人ニ之ヲ準用ス

市　制　第二十三條第三項　市長（第六條ノ市ニ於テハ區長）ハ選擧人名簿ニ登録セラレタル者ノ中ヨリ二人乃至四人ノ選擧立會人ヲ選任スヘシ但シ選擧區アルトキハ各別ニ選擧立會人ヲ設クヘシ

町村制　第二十條第二項　町村長ハ選擧人名簿ニ登録セラレタル者ノ中ヨリ二人乃至四人ノ選擧立會人ヲ選任スヘシ

第四十八條　開票管理者ハ總テノ投票函ノ送致ヲ受ケタル日ノ翌日開票所ニ於テ開票立會人立會ノ上投票函ヲ開キ投票ノ總數ト投票人ノ總數トヲ計算スヘシ

本條ハ投票函ヲ開披シテ投票總數ノ計算ヲ爲スヘキ旨ノ規定テアル　現行法ハ開票事務ヲ選擧會ノ事務ノ一部トシテ是等ノ事務ハ總テ選擧長ヲシテ擔任セシメテ居ルモ改正法ニ於テハ開票事務ト選擧會ノ事務トヲ區別シ開票ニ關スル事務ハ總テ之ヲ開票管理者ヲシテ取扱ハシムルコトニシ同時ニ選擧會及選擧立會

人トアルノヲ開票所及開票立會人ニ改メタノテアル

一)投票函ヲ開ク者ハ開票管理者テアル

(二)何時開クヘキカ　總テノ投票函ノ送致ヲ受ケタル日ノ翌日テアル

(三)開クヘキ場所カ開票所ナルコトハ云フ迄モナイ

(四)投票函ヲ開クニハ開票立會人ノ立會ヲ要スル

(五)投票函ヲ開キ如何ニスヘキカト云フニ投票ノ總數ト投票人ノ總數トヲ計算スルノテアル

(參　照)

現行法　第五十四條　選擧長ハ總テノ投票函ノ送致ヲ受ケタル日ノ翌日選擧會ヲ開キ選擧立會人立會ノ上投票函ヲ開キ投票ノ總數ト投票人ノ總數トヲ計算スヘシ

府縣制　第二十五條第一項　選擧長ハ總テノ投票函ノ送致ヲ受ケタル日ノ翌日選擧會ヲ開キ選擧立會人立會ノ上投票函ヲ開キ投票ノ總數ト投票人ノ總數トヲ計算スヘシ但シ場合ニ依リ投票函ノ送致ヲ受ケタル日選擧會ヲ開クコトヲ得

第四十九條　前條ノ計算終リタルトキハ開票管理者ハ先ツ第三十一條第二項及第四項ノ投票ヲ調査シ開票立會人ノ

意見ヲ聽キ其ノ受理如何ヲ決定スヘシ
開票管理者ハ開票立會人ト共ニ投票區每ニ投票ヲ點檢スヘシ
投票ノ點檢終リタルトキハ開票管理者ハ直ニ其ノ結果ヲ選擧長ニ報告スヘシ

本條ハ假投票受理及投票點檢並ニ報告ニ關スル規定ヲ設ケタモノテアル　本條モ亦現行法ニ於テ選擧會ニ於テ行フ旨ノ規定ヲ改正法カ開票事務ト選擧會ノ事務トヲ區別シタ結果之ヲ開票管理者ノ權限ニ屬セシメタノテアル　開票管理者ハ前條ニ定メラレタ投票總數ト投票人ノ總數トノ計算カ終ツタトキハ第三十一條第二項及第四項ノ投票即チ投票拒否ノ場合ニ於ケル假投票、投票立會人ニ於テ異議アル選擧人ノ假投票(詳細ハ既ニ第三十一條ニ於テ述ヘタカラ同條ヲ參照セラレタイ)ヲ調査スルノテアル　ソシテ之ヲ受理スルカトウカヲ決定スルノテアツテ其決定ヲ爲スニ付テハ開票立會人ノ意見ヲ聽クノテアル(第一項)受理如何ノ決定ハ理論カラ云フト投票ノ實質的效力如何ノ問題トハ異ナリ先ツ之ヲ受付クルカトウカ形式カ違法ナル爲メ當然ニ其儘受付ヲ却下スルカノ問題テアツテ、效力如何ハ先ツ假投票カ受理セラレナケレハ生シテ來ナイ問題テアルソシテ受理スヘキテナイトセラレタモノカ無效投票ノ部ニ入レラレルコトハ勿論テアリ受理セラレタル投票ニ付テ更ニソレカ有效テアルカ否カカ決セラレテ有效ト無效トニ區別セラルルノテアル

理論トシテハ右樣ニ考ヘラレルノテアルカ實際ノ取扱トシテハ此ノ受理決定ト效力決定トカ同時ニ行ハレテ即チ形式ト內容トノ調査ヲ一括シテ同時ニ判斷シテ或ハ有效トシテ受理セラレ或ハ無效トシテ不受理トスルトノ如キ取扱ニ出テテモ差支ヘハナイト思フ

次ニ一般ノ投票點檢ヲ爲スノテアルカ（第二項）　投票ノ點檢即チ各投票ニ付テノ檢査ハ開票管理者ハ開票立會人ト共ニ之ヲ爲スノテアル　點檢者ハ開票管理者ノミテハナク各投票毎ニ開票管理者ト開票立會人トカ共同シテ爲スノテアルソシテ其ノ點檢ハ總テノ投票ヲ雜然ト爲スヘキテナク必ス各投票區毎ニ各別ニ之ヲ點檢スルノテアル、各投票區毎ニ之ヲ點檢セシムル理由ハ一面ニ於テ選擧ノ一部ニ違法カアツテ再選擧ヲ施行シナケレハナラナイ場合ニ於テモ其ノ違法ノ存シタル投票區ノミテ之ヲ行ヘハ足リルノテ他ノ投票區ニ累ヲ及ホサナイテ濟ム

ワケテアツテ、カクテ再選擧ノ範圍ヲ局部的トナシテ以テ不必要ニ廣イ區域ニ再選擧ヲ行フノ弊ヲ避クルコトカ出來ルシ、一面ニ於テ投票區每ニ投票ノ點檢ヲ爲スノ制度ヲ採用スルコトニ依ツテ選擧事務ニ關係アル官吏又ハ吏員ノ被選擧權制限ノ範圍ヲ狹少ナラシムルコトヲ得ル利益カアル

サテ投票ノ點檢カ終ツタトキニハ開票管理者ハ直ニ其結果ヲ選擧長ニ報告スルノテアル(第三項)(選擧長ノ何タルヤハ第五十八條ニ定ムルトコロテアルカラ其說明ヲ見ラレタイ)法文ニ直ニトアル以上點檢ノ結果ノ報告ハ猶豫スルトコロナク可成的速ニ之ヲ爲サネハナラナイ

(參照)

現行法　第五十五條　前條ノ計算終リタルトキハ選擧長ハ先ツ第三十九條第二項及第四項ノ投票ヲ調査シ選擧立會人ノ意見ヲ聽キ其ノ受理如何ヲ決定スヘシ

選擧長ハ各投票所ノ投票ヲ混同シ選擧立會人ト共ニ投票ヲ點檢スヘシ

一選擧區數郡市ニ涉ルトキハ各郡市別ニ前項ノ手續ヲ爲スヘシ

府縣制　第二十五條第二項　前項ノ計算終リタルトキハ選擧長ハ先ツ第十九條第二項及第四項ノ投票ヲ調査シ選擧立會人ノ意見ヲ聽キ其受理如何ヲ決定スヘシ

第二十五條　第三項　選擧長ハ選擧立會人ト共ニ投票區每ニ投票ヲ點檢スヘシ

第五十條　選擧人ハ其ノ開票所ニ就キ開票ノ參觀ヲ求ムルコトヲ得

開票參觀ノ規定テアル　選擧人ハ其ノ當該ノ關係アル開票所ニ於ケル開票ノ參

觀ヲ求ムルコトカ出來ル、モトヨリ開票ノ如キハ公明正大ニ行ハルルヲ要スルモノテアルカラ選擧人カ參觀ヲ希望スル以上ハコレヲ許可スルコトカ選擧ノ公正ヲ期シ得ルモノトナサレルノテアル　ソシテ別段ニ規定ハナイカ選擧人カ之ヲ求メタ場合ハ正當ノ事由ノナイ以上ハ之ヲ拒ムコトハ出來ナイト思フ投票ノ參觀ヲ許ス規定ハナイコレモトヨリ投票ナルモノト開票ナルモノトノ其本質上ノ差ヨリ來タル當然ノ結果ト云ハナケレハナラナイ

（參照）

現行法　第五十六條　選擧人ハ其ノ選擧會ノ參觀ヲ求ムルコトヲ得
府縣制　第二十六條　選擧人ハ其ノ選擧會ニ參觀ヲ求ムルコトヲ得

第五十一條　投票ノ效力ハ開票立會人ノ意見ヲ聽キ開票管理者之ヲ決定スヘシ

投票ノ効力決定ニ關スル規定テアル

前條ニ依リ開票管理者ハ開票立會人ト共ニ投票ヲ點檢スルノテアルカ其際開票管理者ハ開票立會人ノ意見ヲ聽キ投票ノ有効カ無効カヲ決定シナケレハナラナイ　開票管理者ハモトヨリ開票立會人ノ意見ニ拘束セラルヘキテハナイ　殊更

ニ特別ノ事情カ其投票ニ付テ顯ハレナイ限リハ一般ニハ其投票ハ當然ニ有效視サレテ差支ヘナイ譯テアル　假投票ニ付テモ同樣ニ受理後ニ於テ之カ決定ヲ見ルヘキテアルカ其ノ決定カ受理ト同時ニ即チ受理スヘキヤ否ヤノ判斷ノ内容ニセラレテモ取扱トシテハ差支ヘナイテアラウコトハ既ニ第四十九條ニ於テ説明シタトコロテアル

（參照）

現行法　第五十七條　投票ノ效力ハ選擧立會人ノ意見ヲ聽キ選擧長之ヲ決定スヘシ
府縣制　第二十八條　投票ノ效力ハ選擧立會人ノ意見ヲ聽キ選擧長之ヲ決定スヘシ
市制　第二十九條　投票ノ效力ハ選擧立會人之ヲ決定ス可否同數ナルトキハ選擧長之ヲ決スヘシ
町村制　第二十六條ヨ投票ノ效力ハ選擧立會人之ヲ決定ス可否同數ナルトキハ選擧長之ヲ決スヘシ

第五十二條　左ノ投票ハ之ヲ無效トス

一　成規ノ用紙ヲ用ヒサルモノ
二　議員候補者ニ非サル者ノ氏名ヲ記載シタルモノ
三　一投票中二人以上ノ議員候補者ノ氏名ヲ記載シタルモノ
四　被選擧權ナキ議員候補者ノ氏名ヲ記載シタルモノ

五　議員候補者ノ氏名ノ外他事ヲ記載シタルモノ但シ官位職業身分住居又ハ敬稱ノ類ヲ記入シタルモノハ此ノ限ニ在ラス

六　議員候補者ノ氏名ヲ自書セサルモノ

七　議員候補者ノ何人ヲ記載シタルカヲ確認シ難キモノ

八　衆議院議員ノ職ニ在ル者ノ氏名ヲ記載シタルモノ

前項第八號ノ規定ハ第七十五條又ハ第七十九條ノ規定ニ依ル選擧ノ場合ニ限リ之ヲ適用ス

本條ハ無效投票ノ規定テアル、ソシテ本條ハ單ニ投票用紙及投票ノ記載方法ニ關シ投票自體ニ依リ無効タルコトヲ知リ得ルモノヲ列擧シタルニ止マッテ此等投票以外ニ選擧ノ規定ニ違背シテ爲シタル投票ヲ無效ト爲スコトナシト規定シタモノテハナイノテアルカラコノ點ニ於テ規定ノ趣旨ヲ誤ラナイ樣ニスヘキテアル

第一號　投票用紙トシテタトヘ投票所ニ於テ選擧ノ當日交付セラレタルモノテ

モ成規ノ用紙ヲ用ヒナイモノハ無效テアル
成規ノ用紙ニ付テハ「明治三十四年十月七日內務省令第二十九號衆議院議員ノ選擧ニ要スル選擧人名簿投票用紙封筒及投票函ノ樣式」中ニ規定カアツテ即チ用紙ハ程村又ハ西ノ內ニ限ルトナツテ居タノテアルカ「大正十五年二月三日內務省令第四號衆議院議員選擧法施行規則第三條備考」ヲ以テ「用紙ハ折疊ミタル場合ニ於テ外部ヨリ被選擧人ノ氏名ヲ透視シ得サル紙質ノモノヲ用フヘシ」ト改メラレタ此內務省令ハ衆議院議員選擧法ヲ執行スル爲メニ發シタル行爲命令ナレハ選擧法ト相待ツテ法律ヲ爲シ右省令ニ規定セル樣式ハ即チ本條第一號ニ所謂成規ト解スヘキモノテアラウト思フ前省令カ程村又ハ西ノ內ニ限リタルハモトヨリ此等ハ其ノ紙質所謂厚物ニシテ外部ヨリ之ヲ透視スルヲ得スシテ選擧ノ秘密ヲ保ツニ極テ適當タカラテアリ法律ノ精神ハ紙質厚クシテ外部ヨリ透視出來ナイモノテアル事ヲ要スルノテアツタカ程村又ハ西ノ內ト限定シテ居ルト如何ニモ其ノ名稱ニノミ拘泥シテ其紙質ノ如何ヲ看過シ易キ虞カナイテモナイト思ハレル結果斯ノ如ク簡明ニシテ疑ヲ容ルル餘地ナキ規定ニ改メラレタノテアラウ（判例(一)(二)參照）

第二號 議員候補者以外ノ者ノ氏名ヲ記載シタモノハ無效テアル 現行法テハ被選擧人ノ氏名ヲ記載スルコトニナツテ居ルカ、改正法ハ議員候補者屆出ノ制度ヲ採用シタ其結果斯樣ニ改メラレタ譯テアル タカラ議員候補者トシテ屆出テナイ被選擧人ヲ記載シテモソレハ無效テアル

第三號 第二十七條規定スル如ク選擧人ハ投票用紙ニハ議員候補者一人ノ氏名ヲ記載スルコトニナツテ居ルノテアルカラ一投票中ニ二人以上ノ議員候補者ノ氏名ヲ記載シタモノハ勿論無效ト云ハナケレハナラナイ 議員候補者一名ト他ノ者一名トヲ記載シタモノハ本號ニハ該當シナイテ、ソレハ第五號ノ他事ヲ記載シタル場合ニ該當スルモノト解セラル

第四號 タトヘ議員候補者ノ氏名ヲ記載シタトコロテ其ノ候補者カ投票ノ當時被選擧權ヲ有シテ居ナカツタナラハ其ノ投票ハ無效テアル コレハ實質ノ方面ヨリ見テノ規定テアツテ如何ニ他ノ記載ニ於テ違法カナクテモ被選擧權ノナイ者ヲ投票シタカラトテコレハ意味ノナイモノト云ハナケレハナラヌコトハ當然テアラウ

第五號 議員候補者ノ氏名以外何等他事ノ記載ヲ許サナイノテ若シ候補者ノ氏

名以外ノ他事ノ記載ヲ爲シタモノハ無效テアル　只官位、職業、身分、住居又ハ敬稱ノ類ヲ記入シタルモノハ法律カ此限リテナイトシテ即チ無效トシテ居ラナイノテアル　畢竟コレハ其同一人ナルコトノ認識ヲ强メル爲カ又ハ敬意ヲ拂フ爲ニ通常ノ場合氏名ニ附隨的ニ往々記載セラルルモノテアルカラココテモ左樣ナ意味ニ於テ其記載ヲ無效トハシナカツタ次第テアル　官位、職業、身分、住居又ハ敬稱ノ類トアルニヨリ其記載カ此ノ如キモノト看做サルル記載ナラハ差支ヘナイ譯テアル、ココニ敬稱ノ類トアル類ノ字ハ單ニ敬稱ニ繫ルニ止マルモノト解スヘキテアル（判例（三）參照）實際問題トシテハ本號ニ所謂他事ヲ記載シタルモノニ該當スヘキカ、ドウカヲ決定スルニハ相當困難ナ場合カアリ得ルノテアル嘗テ實例トシテ振假名ヲ附シタモノアリ又書損シタノヲ訂正シタモノカアツタカ此等ハ孰レモ他事ノ記載ト見スシテ有效ト解セラレタ（第二十七條參照欄引用判例及本條參照欄判例（四）（八）參照）然シ本條ノ解釋ニ付テハ選擧人ニ於テハ何等他意ナク專ラ同一認識ノ必要上ノ記載ナリトノ意見ニ出テタモノテアツテモ本來法律カ他事ノ記載ヲ無效トシタ趣旨ハカクノ如キ記載ハ之ニ依リ選擧人ノ何人ナルカヲ探知シテ選擧ノ秘密ヲ傷ルト共ニ其ノ自由公正ヲ害スルニ至ルコトヲ虞レタ點ニアルノテアルカラ其ノ精神ニ鑑ミテ嚴格ニ解スルヲ妥當ト信スルノテアル（判例（九）、（五）、（六）、（七）、（十）、參照）

第六號　投票用紙上議員候補者ノ氏名ノ記載アリト雖モソレカ投票人ノ自書ニ出テサルモノハ無效テアル　自書トハ自己ノ自由ナル手跡ニ依リ獨力ヲ以テ表彰スヘキ文字ヲ認識シテ筆記スルコトヲ云フノテアル、タカラ型ニ塗墨シ又ハ型ニ筆ヲ托シテ氏名ヲ表現セシムルカ如キハモトヨリ無效テアル（第二十七條參照欄引用判例參照）自書ハ即チ投票用紙ニ直接自書セラレタルモノナルヲ要スルコト言フ迄モナイカラ他所テ自書シタ紙片ヲ用紙ニ貼布シタルモノノ如キハ勿論無效テアル、尙第三十條ニハ本號ニ關係シタ說明カアルカラ參照セラレタイ

第七號　議員候補者ノ何人ヲ記載シタカヲ確認シ難キモノハ無效テアル、或ハ其ノ記載カ不明瞭ナルカ又ハ偶々紛ラシキ氏名ヲ有スル二人以上ノ候補者アリテ其ノ記載正確ナラサル爲メ果タシテ其ノ孰レヲ記載シタモノト認ムルニ苦シムカノ如キモノ等テアル、又一面ニ於テハ議員候補者ノ何人ヲ記載シタルモノナルカヲ確認シ得ルナラハ其ノ記載ニ多少ノ誤字ヤ不正確ナル點アリテモ有效テアルト云ハナケレハナラナイ、ソシテ最近大審院ハ確認シ得ル以上ハ氏又ハ名ノミノ記載テモ足ルトノ趣旨ノ解釋ヲ下シテ居ルノテアル（第二十七條參照欄引用判例參照）

第八號　第七十五條ノ再選擧ノ場合第七十九條ノ補闕選擧ノ場合ニ於テ既ニ議

員ノ職ニ在ル者ノ氏名ヲ記載シタモノハ無效デアル既ニ議員タルモノヲ議員ニ投票セントスルカ如キハ云フ迄モナク意味ノナイモノナレハモトヨリ無效デナケレハナラナイ

（參照）

現行法　第五十八條　左ノ投票ハ之ヲ無效トス

一　成規ノ用紙ヲ用キサルモノ

二　一投票中二人以上ノ被選擧人ヲ記載シタルモノ

三　被選擧人ノ何人タルヲ確認シ難キモノ

四　被選擧權ナキ者ノ氏名ヲ記載シタルモノ

五　被選擧人ノ氏名ノ外他事ヲ記載シタルモノ但シ官位。職業、身分、住所又ハ敬稱ノ類ヲ記入シタルモノハ此ノ限ニ在ラス

六　被選擧人ノ氏名ヲ自書セサルモノ

七　衆議院議員ノ職ニ在ル者ノ氏名ヲ記載シタルモノ

前項第七條ノ規定ハ第七十四條又ハ第七十八條ノ規定ニ依ル選擧ノ場合ニ限リ之ヲ適用ス

府縣制　第二十七條　左ノ投票ハ之ヲ無效トス

一　成規ノ用紙ヲ用キサルモノ

二　議員候補者ニ非サル者ノ氏名ヲ記載シタルモノ

三　一投票中二人以上ノ議員候補者ノ氏名ヲ記載シタルモノ

四　被選擧權ナキ議員候補者ノ氏名ヲ記載シタルモノ

五　議員候補者ノ氏名ノ外他事ヲ記載シタルモノ但シ爵位職業身分住所又ハ敬稱ノ類ヲ記入シタルモノハ此ノ限ニ在ラス

六　議員候補者ノ氏名ヲ自書セサルモノ

七　議員候補者ノ何人ヲ記載シタルカヲ確認シ難キモノ

八　府縣會議員ノ職ニ在ル者ノ氏名ヲ記載シタルモノ

前項第八號ノ規定ハ第八條第三十二條又ハ第三十六條ノ規定ニ依ル選擧ノ場合ニ限リ之ヲ適用ス

市制 第二十八條 左ノ投票ハ之ヲ無效トス

一 成規ノ用紙ヲ用キサルモノ

二 現ニ市會議員ノ職ニ在ル者ノ氏名ヲ記載シタルモノ

三 一投票中二人以上ノ被選擧人ノ氏名ヲ記載シタルモノ

四 被選擧人ノ何人タルカヲ確認シ難キモノ

五 被選擧權ナキ者ノ氏名ヲ記載シタルモノ

六 被選擧人ノ氏名ノ外他事ヲ記入シタルモノ但爵位、職業、身分、住所又ハ敬稱ノ類ヲ記入シタルモノハ此限ニ在ラス

七 被選擧人ノ氏名ヲ自書セサルモノ

町村制 第二十五條 左ノ投票ハ之ヲ無效トス

一 成規ノ用紙ヲ用キサルモノ

二 現ニ町村會議員ノ職ニ在ル者ノ氏名ヲ記載シタルモノ

三 一投票中二人以上ノ被選擧人ノ氏名ヲ記載シタルモノ

四 被選擧人ノ何人タルカヲ確認シ難キモノ

五 被選擧權ナキ者ノ氏名ヲ記載シタルモノ

六 被選擧人ノ氏名ノ外他事ヲ記入シタルモノ但シ爵位、職業、身分、住所、又ハ敬稱ノ類ヲ記入シタルモノハ此ノ限ニ在ラス

七 被選擧人ノ氏名ヲ自書セサルモノ

判例

一印影ノ鮮明ヲ缺キタル投票用紙ヲ用ヒテ爲シタル投票ト雖モ衆議院議員選擧法第五十八條第一號ニ該當スル無效ノ投票ニアラス(大正四年十一月八日判決)

二普通ニ西ノ内ト稱スル紙ノ如キモノヨリモ尚薄ク仙花四巾ト稱スル紙ノ中ニテモ薄手ニ屬シ且厚薄不同紙面粗造之ヲ折出シテ其一端ヲ切目ニ差込ムモ尚容易ニ被選擧人ノ氏名ヲ透視シ得ヘキ投票用紙ヲ用ヒテ爲シタル投票ハ衆議院議員選擧法ニ所謂成規ノ用紙ヲ用キサル投票ニ外ナラサレハ當選ハ無效ナリトス(大正五年判決)

三衆議院議員選擧法第五八條第五號但書ニ所謂敬稱ハ敬語ヲ重用シタル場合ヲ包含セサルモノト解スルヲ得サルノミナラス殿閣下ノ文字ハ殿及ヒ閣下ノ文字ヲ重ネテ一個ノ敬稱トシテ使用シタルモノナレハ右但書ニ該當スルモノトス

（大正六年十一月十日判決）

四　被選擧人ノ氏名ヲ記載スルニ當リ畫損シタルヲ訂正スルハ衆議院議員選擧法第五十八條第一項第五號ニ所謂他事ノ記載ニアラス（大正九年十一月十一日判決）

五　衆議院議員選擧法第五十八條第五號ニ所謂他事ノ記載トハ其但書ニ規定セル以外ノ總テノ事項ヲ包含スルモノニシテ之ヲ記載シタル選擧人ノ意思如何ニ拘ラサルモノト解スルヲ相當トスルヲ以テ投票ニ「池田龜治君へ」又ハ「池田龜治へ」トアル「へ」ナル文字ハ選擧人ニ於テ同人ヲ選擧スル意思ニテ記載シタルモノナルコトヲ認メナカラ他事ノ記載ナリトシ該投票ヲ無效ト爲シタルハ相當ナリトス（大正十年一月二十六日判決）

六　同條同號ニ所謂他事ノ記載トハ被選擧人ノ氏名以外ニ別箇ノ文字ヲ記載シタル場合ノミヲ指示スルニアラスシテ圖形又ハ點ノ如キモノヲ記載シタルトキト雖モ之ヲ以テ他事ノ記載ト爲スニ妨ケナキモノトス（大正十年一月二十六日判決）

七　文字ヲ抹消スルニ當リ其周圍ニ圓輪ヲ畫クカ如キハ普通ノ事例ニ非サルヲ以テ投票ノ被選擧人氏名ノ上部ニ於ケル龜ナル記載ヲ以テ選擧人ニ於テ或意義ヲ表示セムカ爲メ記入シタル符合ナリトシ同條同號ニ所謂他事ノ記載ニ該當スルモノト認メタルハ至當ナリトス（大正十年一月二十六日判決）

八　選擧人ニ於テ被選擧人ノ氏名ヲ投票面ニ記載スルニ當リ其中ノ或文字ニ疑ヲ起シ其正確ヲ期スル爲メ更ニ其文字ヲ記載シタル場合ノ如キハ同條同號ニ所謂他事ノ記載ニ該當セサルモノトス（大正十年一月二十六日判決）

九　衆議院議員選擧法第五十八條第五號ノ趣旨ハ被選擧人ノ氏名及ヒ之ヲ明確ナラシムル文字若クハ敬稱以外ノ他事ノ記載ハ縱令選擧人ニ於テ之ニ依リ投票以外ニ何事カヲ表示セントスルノ意思ニ出テサリシモノトスルモ其ノ記入アルコトニ依リ選擧人ノ何人ナルヤヲ探知スルコトヲ得テ選擧法カ採用シタル無記名投票ノ精神ヲ破壞スルト共ニ選擧ノ自由公正ヲ害スルニ至ルヘキヲ慮リタルニ在リ從テ投票用紙ニ於ケル記載ニシテ苟モ上法ノ許容セル事項ニ當該セサルモノハ總テ之ヲ他事ノ記載トシテ其投票ヲ無效ト解スルヲ相當トス從テ〆ナル符合ハ縱令封緘ノ意味ニ於テ之ヲ記載シタルトスルモ如上法ノ許容セル事項ニ該當セサルコト明カナルヲ以テ所謂他事ノ記載ヲ爲シタル無效ノ投票ナリトス（大正十年一月二十七日判決）

十　投票用紙ニ記載セラレタル「呈」ノ文字ハ被選擧人ノ氏名又ハ之ヲ明瞭ナラシムヘキ文字ニモ非ス又敬稱ノ類ニモ非サルコト明カナルヲ以テ衆議院議員選擧法第五十八條第五號ニ所謂他事ノ記載ニ該當シ該投票ハ無效ナリトス（大正

十年一月二十七日判決)

第五十三條　投票ハ有效無效ヲ區別シ議員ノ任期間開票管理者ニ於テ之ヲ保存スヘシ、但シ第四十四條ノ規定ニ依リ地方長官ノ指定シタル官吏開票管理者タル場合ニ於テハ地方長官ニ於テ之ヲ保存スヘシ

投票保存ニ關スル規定テアル

投票ハ之ヲ有效ナルモノト無效ナルモノトニ區別シテ保存スヘキモノテ其ノ保存者ハ改正法ニ於テハ開票事務ヲ選擧會ノ事務ト區別シ開票管理者ヲシテ之ヲ擔任セシムルコトト爲シタ以上投票ノ保存モ亦開票管理者ヲシテ之ヲ爲サシムルコトカ適當タトナサレタノテアル、只開票管理者カ地方長官ノ特ニ指定シタル官吏テアツタ場合ニハ地方長官カ之ヲ保存スルコトトナルノテアル、ソシテ其保存期間ハ議員ノ任期間テアル、議員ノ任期ハ總選擧ノ期日ヨリ起算シテ四年テ議會開會中ニ任期終ルモ閉會迄ハ在任スルノテアルカ(第七十八條參照)解散ヲ命セラレタル場合ニハ議員ノ任期ハ直ニ消滅スルノテアル

現行法ハ第五十九條第二項ニ於テ「一選擧區數郡市ニ渉ルトキハ各郡市別ニ前項ノ手續ヲ爲スヘシ」ト規定シテ居ルカ這ハ別ニ開票區ヲ設ケス選擧會ニ於テ各郡市別ニ投票ノ點檢ヲ爲スコトトナセルヲ以テ斯ノ如ク郡市別ニ保存スヘキノ規定ヲ必要トセシモ、改正法ニ於テハ當初ヨリ郡市ノ區域ヲ以テ開票區ト爲セル結果斯ノ如キ規定ヲ要セナイコトトナツタ次第テアル

（參照）

現行法　第五十九條　投票ハ有效無效ヲ區別シ議員ノ任期間選擧長ニ於テ之ヲ保存スヘシ
一選擧區數郡市ニ渉ルトキハ各郡市別ニ前項ノ手續ヲ爲スヘシ

府縣制　第三十條　選擧長ハ選擧錄ヲ作リ選擧會ニ關スル顚末ヲ記載シ之ヲ朗讀シ二人以上ノ選擧立會人ト共ニ之ニ署名スヘシ
選擧錄投票錄投票其他ノ關係書類ハ選擧長（府縣知事ノ指定シタル官吏選擧長タル場合ニ於テハ府縣知事）ニ於テ府縣會議員選擧ニ用キタル選擧人名簿ハ市町村長ニ於テ議員ノ任期間之ヲ保存スヘシ

市制　第三十一條第五項　選擧錄及投票錄ハ投票選擧人名簿其ノ他ノ關係書類ト共ニ議員ノ任期間市長（第六條ノ市ニ於テハ區長）ニ於テ之ヲ保存スヘシ

町村制　第二十八條第四項　選擧錄及投票錄ハ投票選擧人名簿其ノ他ノ關係書類ト共ニ議員ノ任期間町村長ニ於テ之ヲ保存スヘシ

第五十四條　開票管理者ハ開票錄ヲ作リ開票ニ關スル顚末ヲ記載シ開票立會人ト共ニ署名シ投票錄ト併セテ議員ノ

任期間之ヲ保存スヘシ但シ前條但書ノ規定ハ開票錄及投票錄ノ保存ニ之ヲ準用ス

本條ハ開票錄作成保存ニ關スル規定テアル

開票錄トハ開票ニ關スル顚末ヲ記載スルトコロノ記錄テアツテ開票ヲ適法ニ行ヒタルコトヲ明確ナラシムル爲メ作成セラルヘキモノテアル

コレカ作成者ハ開票管理者ニシテ之ヲ作成シテ開票ニ關スル顚末ヲ記載シテ開票立會人ト共ニ之ニ署名スルノテアル、開票立會人ト共ニ署名スルコトハ其作成要件ト云ハナケレハナラヌ、ソシテコレヲ保存スルノテアルカ其ノ保存ハ投票管理者カラ送致セラレタ投票錄ト併セテ保存スルノテアツテ其ノ保存期間ハコレ亦議員ノ任期間テアル、本條ニ於テモ亦地方長官ノ指定シタル官吏カ開票管理者ヲアル場合ニ於テハ開票錄及投票錄ノ保存ハ地方長官之ヲ爲スノテアル

（參　照）

現行法　第六十條　選擧長ハ選擧錄ヲ作リ選擧會ニ關スル顚末ヲ記載シ選擧立會人ト共ニ署名シ投票錄ト併セテ議員ノ任期間之ヲ保存スヘシ

府縣制　第三十條（前條參照欄掲載）

市　制　第三十一條　選擧長ハ選擧錄ヲ作リ選擧會ニ關スル顚末ヲ記載シ之ヲ朗讀シ二人以上ノ選擧立會人ト共ニ署名スヘシ

各選擧區ノ選擧長ハ選擧錄(第六條ノ市ニ於テハ其ノ寫)ヲ添ヘ當選者ノ住所氏名ヲ市長ニ報告スヘシ
投票分會長ハ投票錄ヲ作リ投票ニ關スル顚末ヲ記載シ之ヲ朗讀シ二人以上ノ投票立會人ト共ニ之ニ署名スヘシ
投票分會長ハ投票函ト同時ニ投票錄ヲ選擧長ニ送致スヘシ
選擧錄及投票錄ハ投票選擧人名簿其ノ他ノ關係書類ト共ニ議員ノ任期間市長(第六條ノ市ニ於テハ區長)ニ於テ之ヲ保存スヘシ

町村制　第二十八條　選擧長ハ選擧錄ヲ作リ選擧會ニ關スル顚末ヲ記載シ之ヲ朗讀シ二人以上ノ選擧立會人ト共ニ之ニ署名スヘシ
投票分會長ハ投票錄ヲ作リ投票ニ關スル顚末ヲ記載シ之ヲ朗讀シ二人以上ノ投票立會人ト共ニ之ニ署名スヘシ
投票分會長ハ投票函ト同時ニ投票錄ヲ選擧長ニ送致スヘシ
選擧錄及投票錄ハ投票選擧人名簿其ノ他ノ關係書類ト共ニ議員ノ任期間町村長ニ於テ之ヲ保存スヘシ

第五十五條　選擧ノ一部無效ト爲リ更ニ選擧ヲ行ヒタル場合ノ開票ニ於テハ其ノ投票ノ效力ヲ決定スヘシ

第五十一條ニ於テ一般ニ投票ノ效力ハ開票管理人カ開票立會人ノ意見ヲ聽キ之ヲ決定スルノテアルカラ現行法第六十一條ノ選擧ノ「一部無效トナリ更ニ選擧ヲ行ヒタル場合ニ於ケル選擧會ニ於テハ其ノ投票ノ效力ヲ決定スヘシ」トノ規定モ亦改正法カ開票事務ト選擧會ノ事務トヲ區別シタ結果從來ノ選擧會ニ關スル規定ヲ開票ニ關スル規定ニ改ムル必要上本條ヲ設ケテ其ノ趣旨ヲ明瞭ナラシメタモノテ即チ選擧ノ一部カ無效トナッテ更ニ選擧ヲ行ヒタル場合ノ開票テモ其ノ投票ノ效力ヲ決定スルトノ規定テアル

（參　照）

現行法　第六十一條　選擧ノ一部無效トナリ更ニ選擧ヲ行ヒタル場合ニ於ケル選擧會ニ於テハ其ノ投票ノ效力ヲ決定スヘシ

第五十六條　第三十七條ノ規定ハ但書ヲ除キ開票ニ之ヲ準用ス

本條ハ天災其ノ他避クヘカラサル事故ニ因リ開票ヲ行フコトヲ得ナイトキ又ハ更ニ開票ヲ行フ必要アルトキハ如何ニ爲スヘキカノ規定テアル、斯ノ如キ場合ニハ第三十七條ノ規定ヲ準用スルモノト定メラレタ譯テアル、所カ第三十七條ノ但書ノ規定ハ之ヲ準用シナイコトニシテ準用カラ除カレテ居ルノテアル、即チ開票ノ日時ヲ五日前ニ告示セシムルト云フコトハ困難ナル事情多キヲ以テ此場合ニ於ケル開票日時モ亦第四十六條ノ規定ニ依リテ豫メ告示セシムルヲ以テ足ルトスルノ趣意テアル

（參　照）

現行法　第六十二條　第四十四條ノ規定ハ但書ヲ除キ選擧會ニ之ヲ準用ス

府縣制　第二十五條第四項　天災事變等ノ爲選擧會ヲ開クコトヲ得サルトキハ選擧長ハ更ニ其ノ期日ヲ定ムヘシ

市　制　第二十七條ノ二第四項　天災事變等ノ爲開票ヲ行フコト能ハサルトキハ市長ハ更ニ開票ノ期日ヲ定ムヘシ此場合ニ於テ選擧會場ノ變更ヲ要スルトキハ豫メ更ニ其場所ヲ告示スヘシ

町村制　第二十四條ノ二第四項　天災事變等ノ爲開票ヲ行フコト能ハサルトキハ町村長ハ更ニ開票ノ期日ヲ定ムヘシ此ノ場合ニ於テ選擧會場ノ變更ヲ要スルトキハ豫メ更ニ其場所ヲ告示スヘシ

第五十七條　開票所ノ取締ニ付テハ第四十條乃至第四十二條ノ規定ヲ準用ス

本條ハ開票所取締ニ付テノ規定テ、コレハ投票所ノ場合ニ於ケル第四十條乃至第四十二條ノ規定ヲ準用スルコトニ定メラレタノテアル

(一)開票管理者ハ開票所ノ秩序ヲ保持シ必要ナル場合ニ於テハ警察官吏ノ處分ヲ請求スルコトカ出來ル(第四十條準用)

(二)開票ノ參觀ヲ求メタ選擧人、開票所ノ事務ニ從事スル者、開票所ヲ監視スル職權ヲ有スル者、及警察官吏ニ非サレハ開票所ニ入ルコトヲ得ナイ(第四十一條準用)

(三)開票所ニ於テ演說討論ヲ爲シ若クハ喧騷ニ渉リ其他開票所ノ秩序ヲ紊ル者アルトキハ開票管理者ハ之ヲ制止シ命ニ從ハサルトキハ開票所外ニ退出セシムヘキテアル(第四十二條準用)

(參　照)

現行法　第六十三條　選擧會場ノ取締ニ付テハ第五章ノ規定ヲ準用ス

府縣制　第二十六條ノ二　選擧會場ノ取締ニ付テハ第十七條第一項及第二項ノ規定ヲ準用ス

市　制　第二十四條　選擧人ニ非サル者ハ選擧會場ニ入ルコトヲ得ス但シ選擧會場ノ事務ニ從事スル者、選擧會場ヲ監視ス

ル職權ヲ有スル者又ハ警察官吏ハ此ノ限ニ在ラス
選擧會場ニ於テ演說討論ヲ爲シ若ハ喧擾ニ涉リ又ハ投票ニ關シ協議若ハ勸誘ヲ爲シ其ノ他選擧會場ノ秩序ヲ紊ス者アルトキハ選擧長又ハ投票分會長ハ之ヲ制止シ命ニ從ハサルトキハ之ヲ選擧會場外ニ退出セシムヘシ
前項ノ規定ニ依リ退出セシメラレタル者ハ最後ニ至リ投票ヲ爲スコトヲ得但シ選擧長又ハ投票分會長會場ノ秩序ヲ紊スノ虞ナシト認ムル場合ニ於テ投票ヲ爲サシムルヲ妨ケス

町村制　第二十一條　選擧人ニ非サル者ハ選擧會場ニ入ルコトヲ得ス但シ選擧會場ノ事務ニ從事スル者、選擧會場ヲ監視スル職權ヲ有スル者又ハ警察官吏ハ此ノ限ニ在ラス
選擧會場ニ於テ演說討論ヲ爲シ若ハ喧擾ニ涉リ又ハ投票ニ關シ協議若ハ勸誘ヲ爲シ其ノ他選擧會場ノ秩序ヲ紊ス者アルトキハ選擧長又ハ投票分會長ハ之ヲ制止シ命ニ從ハサルトキハ之ヲ選擧會場外ニ退出セシムヘシ
前項ノ規定ニ依リ退出セシメラレタル者ハ最後ニ至リ投票ヲ爲スコトヲ得但シ選擧長又ハ投票分會長會場ノ秩序ヲ紊スノ虞ナシト認ムル場合ニ於テ投票ヲ爲サシムルヲ妨ケス

第六章　選擧會

選擧會トハ開票管理者ノ報告ニ基キ當選人ヲ決定シ其他コレニ附隨スル諸種ノ事務ヲ處理スル機關テアル、現行法テハ選擧會ニ於テ開票事務ヲモ併セテ行ハシメテ居ルカ改正法テハ開票事務ト選擧會ノ事務トヲ區別シテ前章ニ於テ開票及開票所ニ關スルコトヲ規定シタルカ故ニ本章ニ於テハ選擧會ノ事務ニ關スル規定ノミヲ設ケタノテアル

第五十八條　左ニ掲クル者ヲ以テ選擧長トス

一、一縣又ハ一市一選擧區タル場合ニ於テハ其地方長官又ハ市長

二、一選擧區數市又ハ支廳管內及市ニ渉ル場合ニ於テハ關係支廳長又ハ市長ノ中ニ就キ地方長官ノ指定スル者

三、其他ノ選擧區ニ於テハ官吏又ハ關係市長ノ中ニ就キ地方長官ノ指定スル者

選擧長ハ選擧會ニ關スル事務ヲ擔任ス

投票ニ付テハ投票管理者開票ニ付テハ開票管理者アリテ各其事務ヲ擔任スル如ク選擧會ニ於テモ之カ主腦トナツテ其事務ヲ擔任スルモノカナケレハナラヌコレ即チ選擧長ト名ツクル者ソレテアル、本條ハコノ選擧長ノ指定ニ關スル規定テアル、選擧長トハ選擧會ニ關スル事務カ完全ニ施行セラルル爲ニ之カ總理管掌ノ任ニ携ハル者テアル

指定ヲ爲ス者ハ地方長官テアル
誰ヲ指定スヘキヤト云フニ一選擧區カ數市ニ渉リ又ハ支廳管內及市ニ渉ル場合ニハ關係支廳長又ハ市長ノ中カラ之ヲ指定シ(第二號)一選擧區カ數郡(從前ノ郡長廢止セラレテ新ニ支廳長ノ配置ナキ場所)ニ渉リ又ハ郡(同樣支廳長ナキ郡)ト市トニ渉ルカ如キ場合ニ於テハ官吏又ハ關係市長ノ中カラ之ヲ指定スルノテアル(第三號)現行法ハ原則トシテ各郡市長ヲ以テ選擧長トシテ選擧會ニ關スル事務ヲ擔任セシメテ居ル、唯一選擧區數郡市ニ渉ルトキニ限リ地方長官ハ關係郡市長ノ一人ヲシテ選擧長タラシムルコトトシテ居ル、(現行法第六條參照)然シ改正法ハ中選擧區主義ヲ採用シタ結果トシテ數郡市ノ區域ヲ以テ一選擧區トナスヲ原則トシタカラ選擧長ハ關係支廳長市長(支廳長ナキ郡アル場合ニ於テハ官吏)ノ中ニ就キ地方長官之ヲ定ムルコトトシタノテアルトコロカ一縣一選擧區タル場合、一市一選擧區タル場合ニハ如何ニスルカト云フニ斯ル場合ニ於テハ前者ニ在リテハ其ノ地方長官ヲ後者ニ在リテハ其ノ市長ヲ選擧長トスルノテアル(第一號)右ノ場合ニ在リテハ別段指定スルノ要ナキヲ以テ當然ニ地方長官又ハ市長カ選擧長ニナル旨ヲ定メタノテアル、別表ヲ參照セハ例ヘハ一縣一選擧區トシテハ奈良縣、山梨縣其他ノ如キモノテアリ、一市一選擧區ノ例トシテハ横濱市、神戸市其他ノ如キカソレテアル、タカラ奈良縣ニ於テハ奈良縣知事カ横濱市ニ於テハ横濱市長カ當然ニ各選擧長トナル次第テアル、選擧長ハ選擧會ニ關スル事務ヲ擔任スルノテアル、選擧會ニ關スル事務トハ選擧會場ノ告示、開票管理者ヨリ受ケタル報告ノ調査、選擧錄ノ作成、當選人ヲ定ムルコト議員候補者ニ關スル屆出ノ受理及告示、當選人ニ關スル通知、告示及報告、當選承諾ニ關スル屆出ノ受理及報告選擧訴訟ノ被告トナルコト等テアル

（參照）

現行法　第六條　郡市長ハ選擧長トナリ選擧會ニ關スル事務ヲ擔任ス

一選擧區數郡市ニ渉ルトキハ地方長官ハ關係郡市長ノ一人ヲシテ選擧長タラシムヘシ

府縣制　第十四條　（第二十條參照欄掲載）

第二十五條　（第四十八條參照欄掲載）

第五十九條　選擧會ハ選擧長ノ屬スル縣廳、支廳若ハ市役所又ハ選擧長ノ指定シタル場所ニ之ヲ開ク

本條ハ何處ニ選擧會ヲ開クカヲ定メテ居ル、ソレハ選擧長ノ屬スル縣廳、支廳或ハ市役所又ハ選擧長カ指定シタル場所テアル、一縣一選擧區タル場合ハ其ノ地方長官ヲ選擧長トナスカラ（前條參照）此ノ場合ニ於テハ縣廳ヲ以テ選擧會ヲ開クヘキ

場所トナシ其ノ他ノ場合ニ於テハ選擧長タル支廳長ノ屬スル支廳、市長ノ屬スル市役所トシタノテアル只特別ノ事情ニ依リ是等ノ場所ニ於テ選擧會ヲ開クヲ不便トスルコトカアルカ故ニ此等ノ場合ニ於テハ特ニ選所長ノ指定スル場所ニ選擧會ヲ開クコトカ出來ルモノトナシタノテアル

（參照）

現行法 第五十一條
府縣制 第二十三條第三項 }（第四十五條參照欄掲載）

市制 第二十二條
町村制 第十九條 }（第十八條參照欄掲載）

第六十條　選擧長ハ豫メ選擧會ノ場所及日時ヲ告示スヘシ

選擧會ノ場所及日時ノ告示ニ關スル規定テアル

告示者ハ云フ迄モナク選擧長テアル

何時告示スルカニ付キ法文ハ豫メ選擧會ノ場所及日時ヲ告示スヘシト規定シテ居ルカ故ニ何日前ト云フカ如キ制限ヲ要シナイノテアッテ單ニ其日以前ナラハ何時テモ違法テナイノテアル

（參照）

現行法　第五十二條（第四十六條參照欄掲載）
舊　法　第六十四條　選擧會ハ選擧長ノ指定シタル場所及日時ニ於テ之ヲ開キ第六十一條ノ報告書ヲ調査ス
府縣制　第二十三條（第四十六條參照欄掲載）
市　制　第二十二條
町村制　第十九條（第十八條參照欄掲載）

第六十一條　第二十四條ノ規定ハ選擧立會人ニ之ヲ準用ス

選擧立會人トハ選擧會ニ關スル事務ニ付キ法律ノ定ムル場合コレニ立會ヲ爲ス者ヲ云フ、ソシテ選擧立會人ニ關シテ第二十四條ノ規定ヲ準用シテ各議員候補者ヨリ選擧立會人一人ヲ定メテ屆出テシムルモノトシ而テ議員候補者ノ屆出テタル選擧立會人ノ數三人ニ達セサルトキ又ハ選擧會ニ參會スル選擧立會人ノ數三人ニ達セサルトキ等ノ措置ニ關シテハ全ク投票立會人ノ場合ト同シク行ハシムルコトトシタノテアル

總選擧、補闕選擧及再選擧（選擧ノ一部無效トナリタル爲行フ再選擧ヲ除ク）ノ場合ハ新ニ議員候補者ノ屆出ヲ認ムルヲ以テ選擧立會人ハ其議員候補者ヨリ選定シテ屆出ツルコトトナルモ選擧ノ一部無效トナリ更ニ行フ選擧ノ選擧會ニ於テハ該選擧ニ新ニ議員候補者ノ立候補ヲ認メサルヲ以テ曩ニ議員候補者ノ選任シタ

ル選舉立會人ヲシテ立會ハシムルノ外ハナイ又選擧ヲ行フコトナクシテ當選人ヲ定メ得ル場合（第六十九條第三項乃至第六項參照）又ハ補闕選擧ニ依ラスシテ議員ノ補闕ヲ爲シ得ル場合（第七十九條第四項）ノ選擧會ニ於テハ當初ノ選擧會ニ於テ議員候補者ニ依リ選任セラレタル選擧立會人ヲ立會ハシメ其ノ事故アル場合ニ於テハ選擧長之ヲ選任補充スルモノト解スヘキテアル

（參　照）

現行法　第五十三條
府縣制　第二十四條
市　制　第二十三條第三項
町村制　第二十條第二項
（第四十七條參照欄揭載）

第六十二條　選擧長ハ總テノ開票管理者ヨリ第四十九條第三項ノ報告ヲ受ケタル日又ハ其ノ翌日選擧會ヲ開キ選擧立會人立會ノ上其ノ報告ヲ調査スヘシ

選擧ノ一部無效ト爲リ更ニ選擧ヲ行ヒタル場合ニ於テ第四十九條第三項ノ報告ヲ受ケタルトキハ選擧長ハ前項ノ例

ニ依リ選擧會ヲ開キ他ノ部分ノ報告ト共ニ更ニ之ヲ調査スヘシ

本條ハ開票ノ結果ノ報告調査ニ關スル規定テアル、當選人決定ニ最モ近接シ重要ナル行爲テ選擧會ノ事務中其ノ骨子ヲ爲スモノト云フテヨカラウ第四十九條第三項ニヨレハ投票ノ點檢カ終ツタトキハ開票管理者ハ直ニ其ノ結果ヲ選擧長ニ報告スルヲ要スルコトニナツテ居ル、ソコテ此ノ報告ヲ受ケタル選擧長ハ何ヲ爲スヘキカト云フニ選擧長ハ(一)選擧會ヲ開キ(二)選擧立會人立會ノ上(三)其ノ報告ヲ調査スルノテアル、其ノ調査ト云フハ例ヘハ投票ノ總數ト有效投票ノ總數トカ各議員候補者ノ得票數トカノ類ヲ調理査閲スルノテアル然ラハ此報告調査ノ爲メノ選擧會ヲ開クノハ何時開クヘキカ、法文ハ總テノ開票管理者ヨリ此報告ヲ受ケタル日又ハ其ノ翌日ト定メテ居ルノテアル、各開票管理者ヨリ報告ニ接スル毎ニ選擧會ヲ開イテハ其繁鎖ニ堪ヘナイノミナラス統一確定的ノ調査ヲ爲シ難イカラ全部ノ報告ヲ受ケタル後コレヲ纒メテ統一的ニ調査スヘキ爲メ總テノ開票管理者ヨリ報告ヲ受ケタル後ニ其ノ選擧會ヲ開クコトニナサシムルノテアル、右樣ノ次第テアルカ若シ一旦總テノ報告カ集マツタナラソ

レハ成ル可ク早ク之ヲ確定セシムル必要カアルカラ報告ヲ受ケタル日又ハ其ノ翌日ト定メタ次第テアル

現行法ハ選擧會ハ總テノ投票函ノ送致ヲ受ケタル日ノ翌日之ヲ開ク(現行法第五十四條)ト定メテ居ルモ、改正法ニ於テハ開票ノ結果ノ報告ヲ受ケタル日又ハ其ノ翌日之ヲ開クコトトシテ居ル、是レ現行法ニ於テハ選擧會ニ於テ開票事務ヲモ併セテ行フカラ選擧會ニ長時間ヲ要シ投票函到達ノ日ニ必ス之ヲ結了スルハ困難ナル事情ノ存スルニ出テタルモノナルカ、改正法ニ於テハ單ニ開票ノ結果ノ報告ノ調査ヲ爲スニ過キナイカラ比較的短時間ニ結了シ得ヘキト一市一選擧區タル場合ニハ開票管理者ト選擧長ハ同一人ニシテ開票ノ結果ニ依リ直ニ選擧會ヲ開キ當選人ヲ定メ得ヘキトニ依リ特ニ其ノ翌日ニ之ヲ延期スルノ必要ナイ場合カ多イテアラウト考ヘラレル、ソシテ選擧ノ結果ハ成ル可ク早ク之ヲ確定スルヲ可トスルノテアルカラ改正法ニ於テハ原則トシテ總テノ報告ノ到達シタル日ニ於テ選擧會ヲ開クヘキモノト定メラレタノテアル

本條第二項ニ於テハ選擧カ一部無效ト爲ツテ再選擧ヲ行ヒタル場合ニ於テ此報告ヲ受ケタルトキハ如何ニスルカトノ規定テアルカ、コノ場合ハ選擧長ハ其ノ選

擧ヲ行ヒタル部分ノ總テノ投票管理者ヨリ報告ヲ受ケ又ハ受ケタル日ノ翌日ニ選擧會ヲ開イテ其ノ報告ト既ニ當初ノ一般ノ選擧ノ際ニ受ケテ居ル他ノ部分ノ報告トヲ(一)共ニ、(二)更ニ、之ヲ調査スルノテアル、右ノ如ク此報告ト他ノ部分ノ報告トヲ共ニシテ改メテ更ニ調査スルコトノ統一的結果ヲ得ルニ必要ナルコトハ云フ迄モアルマイ

現行法ハ第六十一條ニ於テ(選擧一部無效トナリ更ニ選擧ヲ行ヒタル場合ニ於ケル選擧會ニ於テハ其投票ノ效力ヲ決定スヘシ)改正法本條第二項ト同趣旨ノ規定ヲ爲シテ居ルカ、改正法テハ投票ノ效力ノミハ開票所ニ於テ之ヲ決定シ(改正法第五十五條)選擧會ニ於テハ單ニ其ノ開票ノ結果ノ報告ヲ他ノ部分ノ報告ト共ニ更ニ調査スルコトト定メタノテアル

(參　照)

現行法　第六十一條　(第五十五條參照欄揭載)

第六十三條　選擧人ハ其ノ選擧會ノ參觀ヲ求ムルコトヲ得

選擧人ニ選擧會ノ參觀ヲ許シタ規定テアッテ、選擧人ハ其關係アル當該ノ選擧會ノ參觀ヲ請求スルコトカ出來ルノテアル、選擧人ニ對シコノ參觀請求權ヲ與ヘタ

ル趣旨ハ前ニ開票參觀ニ付テ述ヘタト同樣（第五十條）選擧ノ公正ヲ期スルニアルカラテアル、之カ許否ハ選擧長ノ裁量ニ在ルヘク正當ノ事由カナイ限リハ其請求ヲ拒ムコトハ出來ナイカ他方ニ於テ選擧會場ノ取締上ノ法規ニ基キ選擧長ノ爲ス處置ニ拘束セラルヘキコト云フヲ俟タナイ

（參照）

現行法　第五十六條　（第五十條參照欄掲載）

第六十四條　選擧長ハ選擧錄ヲ作リ選擧會ニ關スル顚末ヲ記載シ選擧立會人ト共ニ署名シ第四十九條第三項ノ報告ニ關スル書類ト併セテ議員ノ任期間之ヲ保存スヘシ但シ第五十八條第一項第三號ノ規定ニ依リ地方長官ノ指定シタル官吏（支廳長ヲ除ク）選擧長タル場合ニ於テハ地方長官

ニ於テ選擧錄及第四十九條第三項ノ報告ニ關スル書類ヲ保存スヘシ

選擧錄作成、保存ニ關スル規定テアル、選擧錄トハ選擧會ニ關スル一切ノ事項、始末ヲ記載スルトコロノ記錄テアツテ選擧會カ適法ニ行ハレタルコトヲ明確ナラシムル爲メ作成セラルヘキモノテアル

之カ作成者ハ選擧長ニシテ之ヲ作成シテ選擧會ニ關スル顚末ヲ記載シ選擧立會人ト共ニ署名シナケレハナラヌ

次ニ之カ保存テアルカ、選擧錄ノミノ保存テハ足リナイノテ第四十九條第三項ノ報告即チ開票管理者ヨリ投票ノ結果ニ關スル報告ニ關スル書類ト共ニ併セテ保存スルコトヲ要求シテ居ル、保存者ハ之レ亦選擧長テアルカ只第五十八條第一項第三號ノ規定ニ依リ地方長官ノ指定シタル官吏カ選擧長テアル場合ニハ其ノ地方長官カ保存スルノテアル

其保存期間ハ議員ノ任期間テアル、議員任期ハ何程テアルカノ說明ハ第七十八條第五十三條ニ於テ述フルトコロヲ參照セラレタイ

（參照）
現行法　第六十條　（第五十四條參照欄掲載）
府縣制　第三十條　（第五十三條參照欄掲載）
市制　第三十一條
町村制　第二十八條　（第五十四條參照欄掲載）

第六十五條　第三十七條ノ規定ハ但書ヲ除キ選擧會ニ之ヲ準用ス

本條ハ天災其ノ他避クヘカラサル事故ニ因リ選擧會ヲ開ク、コトカ出來ナイトキ又ハ更ニ選擧會ヲ開ク必要アルトキハ如何ニ爲スヘキカノ規定テアル、斯ノ如キ場合ニハ第三十七條ニ定メラレタ投票延期、再投票ノ規定ヲ準用スルコトト定メラレタノテアル、第三十七條ニ投票管理者ハ選擧長ヲ經テ地方長官ニ其ノ旨ヲ屆出ツヘシトナツテ居ルカ之ヲ選擧會ニ準用スルニ當ツテハ屆出ツヘキ者ハ選擧長ナルカ故ニ選擧長ヲ經テトノ文句ハ意味ナキモノトナル故ニ選擧長ハ直ニ地方長官ニ屆出ツヘク而シテ一縣一選擧區タル場合ニ於テハ地方長官即チ選擧長ナルカ故ニコノ場合ハ屆出ツトノ點ハ無意味トナルカ故ニ直ニ期日ヲ定メテ然ルヘキモノト解セラル尚第三十七條ノ規定ヲ準用スルニ該リ法文ハ「但書ヲ除キ」之ヲ準用ストシテ居ルカラ此ノ第三十七條但書ハ準用セサルモノテアル、即チ選擧會ノ日時ヲ五日前ニ告示セシムルト云フコトハ困難ナル事情多キヲ以テ此場合ニ於ケル選擧會ノ日時モ亦第六十條ノ一般ノ場合ノ規定ニ依リテ豫メ告示セシムルヲ以テ足ルトスルノ趣意ナノテアル

（參　照）

現行法　第六十二條　（第五十六條參照欄掲載）

府縣制　第二十五條第四項
市　制　第二十七條ノ二第四項
町村制　第二十四條ノ二第四項
（第五十六條參照欄掲載）

第六十六條　選擧會場ノ取締ニ付テハ第四十條乃至第四十二條ノ規定ヲ準用ス

本條ハ選擧會場ノ取締ニ付テノ規定テ、コレハ投票所ノ取締ノ場合ニ於ケル第四十條乃至第四十二條ノ規定ヲ準用スルコトニ定メラレタノテアル

(一)選擧長ハ選擧會場ノ秩序ヲ保持シ必要ナル場合ニ於テハ警察官吏ノ處分ヲ請求スルコトカ出來ル（第四十條準用）選擧長自身カ警察權限ヲ有スル場合ニハ別段請求等ノコトナクシテ直ニ其處分ニ出ツルコトヲ得ル次第テアル

(二)選擧會ノ參觀ヲ求メタ選擧人、選擧會場ノ事務ニ從事スル者、選擧會場ヲ監視スル職權ヲ有スル者、及警察官吏ニ非サレハ選擧會場ニ入ルコトヲ得ナイ（第四十一條準用）

(三)選擧會場ニ於テ演説討論ヲ爲シ若クハ喧擾ニ渉リ其他選擧會場ノ秩序ヲ紊ス者アルトキハ選擧長ハ之ヲ制止シ命ニ從ハサルトキハ選擧會場以外ニ退出セシムヘキテアル（第四十二條準用）

(參照)

現行法　第六十三條
市　制　第二十四條　（第五十七條參照欄掲載）
町村制　第二十一條

第七章　議員候補者及當選人

本章ニハ議員候補者及當選人ニ關スル諸種ノ事項即チ議員候補者ノ屆出、其屆出要件タル供託、當選人ノ定メ方、無競爭當選、再選擧、當選告知、當選承諾等ニ付テノ規定カ設ケラル

議員候補者トハ議員候補者トシテ屆出ラレタル者テアル、從來テモ選擧ノ際ニ事實上所謂議員候補者ト稱シテ外部ニ議員タランコトヲ發表シタルモノナレトモ法律上ハ何等制限ナク何等交渉ナク自由ニ議員候補者トシテ其立候補ヲ爲スコトカ出來之カ選擧ニ際シテモ所謂議員候補者ヲ投票スルト否トハ投票ノ效力ニ何等關係ノナイモノテアツタカ、改正法カ法律上議員候補者ト稱スルモノハ、一ノ形式的意義ヲ有スルトコロノモノニシテ一定ノ法律上ノ手續ヲ履ミタル者テナケレハナラヌ、ソレ以外ニハ改正法ニハ法律上議員候補者ナル者ハ無イノテアリ而シテ其ノ法律上ノ議員候補者ヲ投票セサレハ其ノ投票ハ無效トナルノテアル（第五十二條第一項第二號）何故ニ斯ノ如キ制度ヲ認メタノテアルカト言フニ、一體選擧ニ際シテ何等ノ自信抱負ナク漫然立候補ノ聲明ヲ爲シテ當選ヲ萬一ニ僥倖セントスル

樣ナ者ヤ或ハ全ク當選ノ目的ヲ有セナイノニ拘ラス他ノ議員候補者ノ當選妨害又ハ賣名ノ爲メ之ヲ利用スル者ナトカアルカ斯ノ如キハ最モ選擧ノ本旨ニ背キ濫ニ選擧界ヲ攪亂セシムルモノテアルカラ之カ適當ナル防止方法ヲ講スルノハ選擧ノ神聖ト公明トヲ維持センカ爲メ洵ニ必要ナ事ト云ハナケレハナラナイ

當選人トハ法定得票ノ最多數ヲ獲得シタル者ヲ謂フ

第六十七條　議員候補者タラムトスル者ハ選擧ノ期日ノ公布又ハ告示アリタル日ヨリ選擧ノ期日前七日迄ニ其ノ旨ヲ選擧長ニ屆出ツヘシ

選擧人名簿ニ記載セラレタル者他人ヲ議員候補者ト爲サムトスルトキハ前項ノ期間內ニ其ノ推薦ノ屆出ヲ爲スコトヲ得

前二項ノ期間内ニ届出アリタル議員候補者其ノ選擧ニ於ケル議員ノ定數ヲ超ユル場合ニ於テ其ノ期間ヲ經過シタル後議員候補者死亡シ又ハ議員候補者タルコトヲ辭シタルトキハ前二項ノ例ニ依リ選擧ノ期日ノ前日迄議員候補者ノ届出又ハ推薦届出ヲ爲スコトヲ得

議員候補者ハ選擧長ニ届出ヲ爲スニ非サレハ議員候補者タルコトヲ辭スルコトヲ得ス

前四項ノ届出アリタルトキ又ハ議員候補者ノ死亡シタルコトヲ知リタルトキハ選擧長ハ直ニ其ノ旨ヲ告示スヘシ

本條ハ議員候補者タル資格獲得ノ要件タル届出ニ關スル規定テアル

(一)法律上議員候補者タル資格ヲ獲得スルニハ届出ヲ要スルノテアルカ其届出ヲ爲ス者ヲ對照トシテ區別スレハ二種類ニ區別セラルル　一ハ(イ)議員候補者タラントスル者自ラノ届出テアリ二ハ(ロ)選擧人名簿ニ記載セラレタル者他人ヲ議員

候補者ト爲サントスルノ屆出テアル、法律ハ前者ヲ議員候補者ノ屆出ト稱シ、後者ヲ推薦屆出ト稱シテ居ルカ本說明ニ於テハ議員候補者ノ屆出ト言フト紛ハシイカラ前者ヲ假ニ自主屆出トテモ呼フコトニスル

法律カ推薦屆出ヲ認メタ理由ハ我國情ニ於テハ自ラ立候補ノ聲明ヲ爲スヲ欲セサル者カアリ而モ選擧人ハ其ノ德望ヲ慕ヒ識見手腕ニ信賴シテ之ヲ推薦セムトスル場合ニ於テ必スシモ之ヲ斥クルノ必要カ無イカラテアル

ソシテ又其ノ推薦屆出ヲ爲シ得ル者ヲ單ニ選擧人ト爲スナラハ其ノ選擧權ノ有無ニ關スル認定ニ付動モスレハ紛爭ヲ生シテ延テハ推薦セラレタル議員候補者ノ屆出ノ效力ニ迄モ影響ヲ及スノ虞カアルカラ最モ明確ニシテ紛爭ノ餘地ノ無イ選擧人名簿ニ記載セラレタル者トスルノカ最モ適當タト認メラレタ次第テアル

抑議員候補者タルコトノ屆出ハ一選擧ノ行ハルル都度爲サルヘキモノ即チ其ノ屆出ノ效力ハ當該選擧ニ限ラルル事ハ言フ迄モナイ只特殊ノ場合即チ前ノ選擧ノ一部カ未了ノ狀態ニ在ッテ議員候補者ハ當然繼續スル如キ場合ノ再選擧ニ於テハ新ニ議員候補者ノ屆出ヲ認メナイテ前ノ議員候補者繼續スルモノトナサル

ルノテアル、此場合ハ(I)訴訟ノ結果選擧ノ一部無效トナリタルトキノ再選擧(II)天災其ノ他避クヘカラサル事故ニ因リ更ニ行フ投票、コレカ其ノ場合テアル、其ノ他ノ選擧ノ場合即チ(I)總選擧(II)當選人ナキトキノ再選擧(III)當選人其ノ選擧ニ於ケル議員ノ定數ニ達セサルトキノ再選擧(IV)當選人當選ヲ辭シタルトキ又ハ死亡シタルトキノ再選擧(V)當選人第七十條ノ規定ニ依リ當選ヲ失ヒタルトキノ再選擧(VI)訴訟ノ結果選擧ノ全部無效トナリタルトキノ再選擧(VII)當選訴訟ノ結果當選人ナキニ至リタルトキノ再選擧(VIII)當選訴訟ノ結果當選人其ノ選擧ニ於ケル議員ノ定數ニ達セサルニ至リタルトキノ再選擧(IX)當選人第八十四條ノ規定ニ依ル訴訟ノ結果當選無效トナリタルトキノ再選擧(X)當選人第百三十六條ノ規定ニ依リ當選無效トナリタルトキノ再選擧(XI)補闕選擧ノ場合ハ總テ新ニ議員候補者タルコトノ屆出ヲ爲スヘキテアル

(二)屆出ノ相手方ハ選擧長テアル屆出ハ屆出ナル行爲ニヨリテ完了シ選擧長ハ其屆出ニ對シテ法定ノ方式ヲ備フル以上ハ實質的ニ其內容ニ立入リテ審査等ヲ爲ス權限ヲ有シナイ、或ハ選擧長ハ屆出ノ受理ニ際シテ議員候補者タラムトスル者ノ資格ヲ審査シ被選擧權ヲ有セナイトキハ其ノ屆出ヲ拒否スヘシトノ說ヲ爲ス

者アレトモ届出受理ノ時ニ於テ將來選擧ノ期日ニ於テ其ノ議員候補者タラムトスル者カ被選擧權ヲ有スルヤ否ヤヲ審査スルノハ到底不可能ナコトテアルカラ若シ資格ヲ審査スルモノトセハ先ツ届出ノ現在ニ於テ調査シ後斷ヘス其ノ者ノ資格ヲ審査セナケレハナラナイコトニナル、斯ノ如キハ寔ニ煩鎖ナ事テアルノミナラス所謂輸入候補者ノ如キニ對シテハ頗ル困難テアル且一面ニ於テ支廳長市長ノ審査テ之ヲ拒否スルトセハ誤テ拒否セラレタ者ハ遂ニ議員候補者ト爲ルニ由ナク選擧ノ後其ノ規定ニ違反セルコトヲ理由トシテ出訴スルノ外ハナイ斯ノ如キハ選擧ノ本旨ニ反スル嫌カアルハカリテナク事實上被選擧權ヲ有スル者ニ當選ノ機會ヲ與ヘナイコトトナリ適當テナイソシテ法定ノ方式ヲ備フル届出ハ總テ之ヲ受理シ資格ヲ審査セサル事トシテモ開票ニ際シテ投票ノ效力ヲ決定スルニ當テハ必ス各議員候補者ニ付其ノ被選擧權ノ有無ヲ決定スルモノテアルカラ選擧施行上毫モ不都合ヲ生スルコトハナイ

(三)法律ハ届出ニ付テハ單ニ「其ノ旨ヲ」選擧長ニ届出ツヘシト規定スルニ止ル、ココテ本條ニ所謂届出ノ法律上ノ觀念ニ付一言說明シテ置キタイ、茲ニ云フ届出トハ法律上議員候補者タル資格ヲ創設的ニ獲得スル法律上ノ事實行爲ニ過キナイ、届

出ト言フ用語ハ往々或ル既存ノ事實ヲ前提トシテコレヲ報知スルノ意味ニ於テ使用セラレテ居ルケレトモ、ココニ云フ屆出トハ左樣ナ意味トハ全ク法律上ノ觀念ヲ異ニシテ居テ屆出ナル事實行爲自體ヲ以テ議員候補者ナル法律上ノ資格カ生マレテ來ルノテアル、屆出ノ事前ニ法律上ハ議員候補者タル者ハ無イノテアルサテ法文ハ其ノ旨ノ屆出ト言フノ外ソレ以外ニ屆出自體ニハ別段ニ何等ノ制限ヤ條件ヲ附シテ居ラナイ、畢竟一面法律カ議員候補者タル制度ヲ認ムル以上他面ニ於テハ成ルヘク其ノ立候補ニ付自由ナル活動ヲ妨ケナイ趣旨ナノテアル

屆出自體ニ付テノ制限トシテ考ヘラルルモノハ色々アルテアラウ例ヘハ

(イ)或ハ屆出テラルル議員候補者ハ被選擧權ヲ有スヘキモノト定ムルカ如キ之レテアル、モトヨリ被選擧權ノ無イ者ハ議員候補者トシテ屆出ヲ爲ストモ其ノ者カ遂ニ選擧ノ期日迄ニ被選擧權ヲ得ルコトナクンハ實質的ニハ當初ヨリ無效ナモノト云ハナケレハナラナイカ(第五十二條第一項第四號)然シコレヲ屆出ノ制限事項トハ定メナカツタ

(ロ)或ハ推薦屆出ノ場合ニ於テ候補者其人ノ承諾ヲ必要トスルカ否カノ如キコレ亦法律上ハ其ノ定メナキヲ以テ承諾等必要トシナイト解スヘキテアル實際問題

トシテ承諾ナキ場合ニ其ノ人ヲ推薦シテ屆出ツルカ如キ事ハ殆トナイテアラウシ又若シ强テ屆出テラレタル爲メ其ノ人之ヲ欲セサルトキハ辭退ノ屆出ヲ爲ス事テアラウ

(ハ)屆出ニ一定數ノ選擧人ノ推薦ヲ要スルヤ否ヤ、之モ必要トシナイ、自主屆出又ハ推薦屆出ニ一定數ノ選擧人ノ推薦ヲ要スルコトト爲ストキハ其ノ屆出ノ手續ヲ愼重ナラシメテ議員候補者ノ濫立ヲ防止スルノ效アル樣テアルカ、推薦人ヲ僅少ノ人員ニ限ルトキハ殆ト此ノ如キ效果ヲ認メ難ク又相當多數ノ推薦人ヲ要スルコトトスルナラ不必要ニ立候補ノ自由ヲ阻害スルニ至ルノ虞カアル且屆出ヲ爲サムトスル者ハ其ノ推薦人取纒メノ爲ニ往々戶別訪問類似ノ行爲ヲ爲ス傾向ヲ生シ易ク、選擧運動取締上ニ於テモ紛更ヲ來スノ虞カアルノテアル

(ニ)屆出カ一定數ニ達シタル場合ハ其ノ後ノ屆出ハ之ヲ受理セストカ又ハ推薦屆出ノ場合ニハ一人一候補ニ限ルトカト言フ樣ナ點ニ付テモ亦何等ノ制限ハナイ、屆出ハ一人一候補ニ限ラナケレハ一人一票ノ趣旨ニ反スルトカ、サモナケレハ是等ノ屆出ヲシテ輕佻ナラシムル虞カアルトカ、又ハ議員ノ定數ヲ趣エテ議員候補者ノ屆出ヲ爲シ得ルコトトセハ選擧界ノ攪亂ヲ妨止セムトスルノ趣旨ニ反スル

トカ、色々説ヲ為ス者アレトモ自主屆出又ハ推薦屆出ハ單ニ選擧人ニ對シテ自己カ適任ト認ムル議員候補者ヲ推薦スルニ過キナイモノテ投票ト必然ノ關係ヲ有スルモノテナイ、タカラ之ニ人數ノ制限ヲ置カナクテモ決シテ一人一票ノ趣意ニ反スルモノト為スコトヲ得ナイ且實際上濫リニ多數ノ議員候補者ヲ擁立スルトシタナラ益々自己ノ推薦スル議員候補者ノ當選ヲ困難ナラシムルノ不利カアルカラ自ラ適當ナル數ニ制限セラルルコトト思フ又眞面目ヲ缺ク樣ナ議員候補者ノ防止ニ關シテハ供託金ノ方法ヲ講シテ居ルカラ特ニ此ノ樣ナ人數ノ制限ヲ設クルノ必要ハナイト認メラル

ソシテ推薦屆出ニ於テ右述フル如ク一人一候補ニ限ラナイト共ニ一候補者ヲ一人ニテ推薦屆出ツルト數人連署ヲ以テ屆出ツルトハ亦全ク自由テアル

只然シココニ注意スヘキハ既ニ自主屆出カ推薦屆出カニヨリテ適法ニ議員候補者タルノ資格ヲ獲得セル以上此ノ者ニ關シテ重ネテ議員候補者トシテ右何レカノ屆出カアツテモ此屆出ハ受理スヘキテナイト思フ、何ントナレハ既ニ議員候補者タル資格ヲ有スル者ナノテアルカラ其ノ屆出ハ意味ノナイ屆出ト言ハナケレハナラナイ、一度何レカノ手續ニヨリ議員候補者タル資格ヲ得タル以上法律上其

效力ニ何等ノ差異ナク均ク議員候補者トシテノ同一ノ權利義務ヲ有スル次第テアル

(四)如何ナル期間ニ屆出ツレハ適法ニ議員候補者タリ得ルカ、コレ重要ナル問題ノ一テアル、コレニ付テハ原則ノ場合ト例外ノ場合トヲ區別スルコトカ出來ル

(イ)原則ノ場合ト言フハ第一、二項ニ規定シテ居ル場合即チ「選擧ノ期日ノ公布又ハ告示アリタル日ヨリ選擧ノ期日前七日迄」ニ屆出ツル場合カ之レテアル、選擧ノ期日ノ公布ト言フハ總選擧ノ場合ヲ指シテ謂ヒ(第十八條第四項)選擧ノ期日ノ告示ト言フハ再選擧ヤ補闕選擧ノ場合ヲ指シテ謂フテ居ルノテアル(第七十五條第一項第七十九條第六項)屆出ヲ爲シ得ルノ始期ハ選擧ノ期日ノ公布又ハ告示アリタル日ニシテ此日ヨリ始マツテ最後ハ何時迄屆出カ出來ルカト云ヘハ選擧ノ期日前七日迄テアル、選擧ノ期日前七日迄トハ選擧ノ期日ト其ノ屆出ノ日トノ間ニ滿六日ヲ距テ居ルコトヲ要スルノテ屆出ノ日ヲ一日目ト起算シテ期日ノ前ノ日カ七日目ニ當ルノテナケレハナラナイ、右ノ始期以前終期以後ニ屆出テラレタルモノハ法律上當然ニ無效テアル屆出ノ期間ノ始期ヲ選擧ノ公布又ハ告示アリタル日以後ト定メタノハ議員候補者テナイ者ヲ記載シタ投票ハ無效トナルノテアルカラ議員候補者ハ何レノ選擧

ヲ目的トシテ立候補ヲ爲スモノテアルカヲ明瞭ニスルノ必要カアルノテ、ソノ爲メニ其ノ目的トスル具體的ノ選擧ヲ指定セシムルカ爲メニハ斯樣ニ其ノ屆出ノ始期ハ少クトモ其ノ選擧ノ期日ノ公布又ハ告示アリタル日トナスヲ要スルノテアル、又屆出ノ終期トシテ選擧ノ期日前七日ト爲シタノハ前ニ述ヘタ如ク眞面目ヲ缺ク議員候補者ノ飛出ニ依リ選擧界ヲ攪亂セラルルコトヲ防止セムカ爲メニハ選擧ノ期日前相當ノ時日迄ニハ必ス議員候補者トナルコトヲ要セシメテ其ノ以後ノ屆出ハ原則トシテ之ヲ認メナイコトト爲スノ必要カラ生マレタ譯テアル

(ロ)例外ノ場合トハ第三項ニ規定セル場合テアッテ前述ノ期間内ニ自主屆出又ハ推薦屆出ニヨリ屆出テラレタ總テノ議員候補者ノ數カ其ノ選擧ニ於ケル議員ノ定數ヲ超ユル場合(總選擧ナラハ別表ヲ以テ定メラレテ居ル各選擧區ノ議員定數、再選擧、補闕選擧ナラハ當該ノ場合其ノ必要ニヨリテ定マル定數)屆出ノ原則ノ期間ヲ經過シタル後ニ議員候補者死亡スルカ又ハ議員候補者タルコトヲ辭シタルトキハ選擧ノ期日ノ前日迄自主屆出又ハ推薦屆出ヲ爲スコトカ出來ルノテアル

即チ

(1)選擧ノ期日前七日迄ノ原則期間ニ屆出アリタル議員候補者カ死亡シ又ハ辭シ

タルトキ適用ヲ見ルノテアル、之レ選擧人ハ殘存シテ居ル議員候補者ニ滿足セスシテ別ニ死亡シ又ハ辭シタル議員候補者ニ代ルヘキ自主屆出又ハ推薦屆出ヲ希望スルコトアルヘク殊ニ斯樣ナ偶然ノ事實ニ因テ無競爭ノ狀態トナリ殘存ノ議員候補者カ全ク選擧人ノ意思ニ反シテ僥倖ニモ當選ヲ贏チ得ル樣ナ事カナイトモ限ラナイ、故ニ斯ノ如キ場合ニ於テハ死亡シ又ハ辭シタル議員候補者ニ代ルヘキ議員候補者ノ屆出ヲ認ムルノカ適當タト考ヘラルルノテアル、然シ死亡シ又ハ辭シタル議員候補者ノ代リト爲ルヘキ者ハ到底之ヲ決定シ得ナイカラ廣ク一般ニ選擧ノ前日迄更ニ自主屆出又ハ推薦屆出ヲ認ムルコトトシテ以テ選擧人ノ意思ヲ尊重シ公選ノ趣旨ニ反セナイ樣ニシタノテアル

(II)原則タル期間內ニ屆出テラレタル議員候補者ノ數カ其ノ選擧ノ定數ヲ超ユル場合ニノミ適用ヲ見ルノテアル、換言スレハ原則屆出期間內ニ屆出テラレタル議員候補者ノ數カ其ノ選擧ノ定數ニ達セスシテ所謂無競爭當選ノ狀態ニアルトキニハ例外的屆出ヲ許サナイノテアル、原則屆出期間內ニ既ニ定數ヲ超ユル場合ナレハ必至的ニ當初ヨリ無競爭狀態ハ破レテ居ルノテアルカラ出來ルタケ候補者ノ屆出ヲ認メテ選擧人等ノ公選ノ自由ヲ尊重スルノテアルカ既ニ無競爭狀態ニ

アル場合ニハ法律カ無競爭當選ノ制度ヲ認メタル趣旨ニ鑑ミテ例外的屆出ヲ許サナイノテアル若シ此場合ニ例外的屆出ヲ許ストセハ既ニ無競爭ヲ以テ當選人ト爲リ得ヘキ地位ヲ取得シタル議員候補者ヲシテ再ヒ競爭狀態ニ立タシムルノ虞カアツテ妥當テナク法律カ認メタル無競爭當選ノ制度ヲ根本ニ破壞シテ了フコトニナルテアラウ、然ラハ無競爭狀態ニアル場合テモ其ノ闕員トナリタル者ニ代ルヘキ者ノ屆出ノミヲ認ムレハ正當テアル如キ觀ナキニシモアラサレトモ何人ヲ以テ闕員ト爲リタル議員候補者ニ代ルヘキ者ト爲スヘキカ不明テアルハカリテナク、其ノ後ノ屆出ニ依リテ議員候補者トナツタ者ハ確實ニ當選人トナリ得ヘキ地位ヲ取得スルモノテアルカラ其ノ屆出ニ關シテ弊害ノ生スル虞アルコトハ想像ニ難クナイノテアル

(III) 此例外屆出ノ期間ハ選擧ノ期日ノ前日迄爲シ得ルノテアル、コレ例外タル所以ノ主タル點テアル

(IV) ソシテ法律カ「前二項ノ例ニヨリ」屆出ヲ爲スコトヲ得ト規定スルノハ既ニ原則屆出ノ場合ニ於テ說明シタト同樣ニ其屆出ノ候補者等ニ何等ノ制限ヲ設ケナイテ全ク屆出ニ關シテハ總テ原則ノ場合ト同樣テアルコトヲ意味スルノテアル

(五)自主屆出又ハ推薦屆出ノ孰レカニ依リテ議員候補者トナリタル者コレヲ辭退セントスル場合ニハ辭退屆出ヲ爲サナケレハナラヌ(第四項)前ニ說明シタ如ク屆出ニ依テ創設シタル資格ハ亦屆出ニ依ラナケレハコレヲ喪失セシメ得ナイモノト爲スノカ理論ト辭退事實ヲ明確ナラシムル實際ノ必要トニ合致シタモノト言フコトカ出來ル、外部ニ對シテ辭退ノ意思ヲ發表シタトコロテ其ノ屆出テシナケレハ法律上ハ依然トシテ議員候補者タルヲ免ヌカレナイノテアル

(六)以上說明シタ自主屆出、推薦屆出、辭退屆出ノアツタ場合又ハ議員候補者カ死亡シタコトヲ知ツタ場合ハ選擧長ハ直ニ其ノ旨ヲ告示スルノテアル(第五項)コレモトヨリ斯ノ如キ事實ハ速ニ選擧人ニ周知セシメテ各其ノ據ルヘキトコロニ從ハシムル必要カアルカラテアルコトハ言フ迄モナイ

(參　照)

府縣制　第十三條ノ二　議員候補者タランスル者ハ選擧ノ期日ノ告示アリタル日ヨリ選擧ノ期日前七日マテニ其ノ旨ヲ選擧長ニ屆ケ出ツヘシ

選擧人名簿ニ登錄セラレタル者他人ヲ議員候補者ト爲サムトスルトキハ前項ノ期間内ニ其ノ推薦ノ屆出ヲ爲スコトヲ得

前二項ノ期間内ニ屆出アリタル議員候補者其ノ選擧ニ於ケル議員ノ定數ヲ超ユル場合ニ於テ其ノ期間ヲ經過シタル後議員候補者死亡シ又ハ議員候補者タルコトヲ辭シタルトキハ前二項ノ例ニ依リ選擧ノ期日ノ前日マテ議員候補者ノ屆出又ハ推薦屆出ヲ爲スコトヲ得

議員候補者ハ選擧長ニ屆出ヲ爲スニ非サレハ議員候補者タルコトヲ辭スルコトヲ得ス
前四項ノ屆出アリタルトキ又ハ議員候補者ノ死亡シタルコトヲ知リタルトキハ選擧長ハ直ニ其ノ旨ヲ告示スヘシ

第六十八條　議員候補者ノ屆出又ハ推薦屆出ヲ爲サムトスル者ハ議員候補者一人ニ付二千圓又ハ之ニ相當スル額面ノ國債證書ヲ供託スルコトヲ要ス
議員候補者ノ得票數其ノ選擧區內ノ議員ノ定數ヲ以テ有效投票ノ總數ヲ除シテ得タル數ノ十分ノ一ニ達セサルトキハ前項ノ供託物ハ政府ニ歸屬ス
議員候補者選擧ノ期日前十日以內ニ議員候補者タルコトヲ辭シタルトキハ前項ノ規定ヲ準用ス但シ被選擧權ヲ有セサルニ至リタル爲議員候補者タルコトヲ辭シタルトキハ此ノ限ニ在ラス

本條ハ前條所掲ノ議員候補者資格獲得ニ必要ナル屆出ノ要件タル供託ニ關スル規定テアル、第一項ニ於テ供託ニ付キ、第二、三項ニ於テ供託物歸屬ニ付キ規定セラ

ル

前條ニ於テ議員候補者屆出ノ制度ヲ認メテ賣名候補者ヤ妨害候補者ノ如キ眞摯ヲ缺キタル候補者ノ簇出ヲ防キ選擧界ノ革正ヲ圖ラントスル以上單ニ屆出ナル手續ノミテハ斯ノ如キ弊ヲ一掃スルコトハ難イ故ニ屆出ニ件フ相當ノ犧牲ヲ拂ハシメテ其ノ屆出ヲ愼重ナラシムル要カアル、コレ即チ本條ノ規定ヲ見ル次第テアル

(一)供託トハ云フ迄モナク國家ニ對シテ一定ノ金額又ハ證券ヲ託スルノテアル、供託ハ種々ノ目的ノ爲ニ用ヒラレ法律上ノ性質モ其ノ目的ニ從ヒテ異ナル、本供託ノ如キハ屆出ニヨリテ議員候補者タル資格ヲ獲得スル其ノ行爲ニ對スル公ノ信用ヲ擔保セシムルモノトモ言フヘキモノテアラウ、サテ本條ニ於ケル供託ハ屆出トノ關係ニ於テ事實上如何ナル方法ヲ採ルノカト云フニ自主屆出又ハ推薦屆出ヲ爲サムトスル者ハ先ツ供託局ニ就キ供託金又ハ國債證書ノ供託ヲ爲シ供託受理ノ記載アル供託書ヲ添附シテ議員候補者ノ屆出又ハ推薦屆出ヲ爲スコトヲ要スルノテアル

(二)供託者ハ自主屆出ヲ爲サントスル者、推薦屆出ヲ爲サントスル者テアル　多數

ノ選擧人カ連署ヲ以テ議員候補者一人ヲ推薦スルカ如キ場合ニハ屆出者全部カ共同シテ法定額ヲ供託スルカ或ハ一名又ハ數名カ代表シテ供託ヲ爲スカハ孰レナリトモ便宜ニ從ツテヨイテアラウ

(三)供託額ハ議員候補者一人ニ付現金二千圓又ハ之ニ相當スル額面ノ國債證書テアル、供託スヘキ金額ニ關シテハ前述ノ樣ナ目的ヲ達スルト同時ニ又一面ニ於テ財力ニ乏シキ正當ナル議員候補者ノ立候補ヲ阻害スルカ如キコトノナイ樣ニ之ヲ顧慮シテ我國ノ現狀ニ鑑ミ二千圓ヲ以テ適當タト認メラレタ次第テ、又之ニ相當スル額面ノ國債證書ヲ以テスルコトヲ認メタノハ供託者ノ利便ヲ慮タ譯テアル、二千圓程度ノ保證金ナラハ之ヲ設ケタカラト言フテ立候補ノ自由ヲ妨ケ所謂普通選擧實施ノ效果ヲ阻害スル樣ナ虞ハアルマイト認メラレタノテアル

(イ)議員候補者一人每ニ供託スルヲ要スルノテ供託ノ伴ハナイ屆出ハ當然無效テアツテ議員候補者タル以上供託ノナイ議員候補者ハ存在シナイノテアル、結果カラ言フナラ議員候補者ノ總數ト供託ノ總額トハ一致シナケレハナラナイ

(ロ)額ハ二千圓又ハ之ニ相當スル額面ノ國債證書テアル、之ニ相當スル額面ノ國債證書トアルヲ以テ國債證書ヲ以テ供託スル場合ニハ國債證書ノ價額ハ時ノ相場

ニヨリ多少ノ高低カアルカラ具體的ニ何程ノ額面ノ證劵ヲ供託スヘキカハ供託局ノ認定ニ依ルノ外ハナイ、又國債證書ト限ラレテ居ルコトニモ注意スヘキテアル

(四)供託セラレタル供託物ハ如何樣ニ處分セラルルカ、歸屬ト還付トニ區別シテ考フルコトカ出來ル

第二、三項ニ於テ供託物歸屬ノ規定カ設ケラレタ、既ニ前述ノ如ク眞摯ナル立候補ノ目的ヲ達センカ爲ニハ勢ヒ斯ノ如キ手段ヲ用ヒナケレハ其ノ效果ヲ期スルコトカ出來ナイ且法律カ定ムル如キ事由ノモトニ其ノ供託物カ政府ニ歸屬セシメラルル樣ナ議員候補者ハ所謂投機的又ハ泡沫候補者トモ目セラルヘキモノテアツテ斯樣ナ者ノ立候補ハ選擧界ノ革正ノ爲ニ之ヲ防止スルノ必要カアルカラテアル

(イ)歸屬ノ第一ノ場合ハ其ノ議員候補者ノ得票數カ有效投票ノ總數ヲ其ノ選擧區内ノ議員ノ定數テ割ツテ得タ數ノ十分ノ一ニ達セナイトキテアル、例ヘハ議員ノ定數カ五人ノ選擧區ニ於テ有效投票ノ總數十五萬票トスルナラ十五萬票ヲ五テ割ツタモノノ更ニ十分ノ一即チ三千票コレカコノ場合ノ法定票數テアツテコレ

以下ノ得票者ニ對スル供託物ハ政府ニ歸屬スルノテアル、コレ當該議員候補者ノ所謂泡沫候補者ナリヤ否ヤヲ判斷セムカ爲メニハ其ノ選擧ニ顯レタ選擧人ノ有效ナル意思表示ヲ基礎トシテ或ル程度ノ選擧人ノ贊成ヲ得タル者テアルカトウカニ依ルヲ以テ適當タト考ヘラルルカ爲メテアル、ソシテ其ノ割合ヲ有效投票ノ總數ヲ其ノ選擧區內ノ議員ノ定數ヲ以テ割リ依テ得タル數ノ十分ノ一ト定メタノハ從來ノ選擧ノ實績ニ徵シテ此ノ程度ヲ以テ適當タト認メラレタルニ由ルノテアル

(ロ)歸屬ノ第二ノ場合ハ議員候補者カ選擧ノ期日前十日以內ニ議員候補者タルコトヲ辭シタルトキテアル、辭シタルトキトハ言フ迄モナク辭退ノ屆出ヲ爲シタ場合テアル、其ノ期間ヲ選擧ノ期日前十日以內ト爲シタノハ選擧ノ期日ニ接近シテ自由ニ立候補ヲ辭スルコトヲ認ムルトキハ議員候補者屆出制度ヲ認メタル趣意ニ反シテ徒ニ選擧界ヲ攪亂シ其ノ妨害ヲ爲スコトヲ認容スルニ至ルノ虞カアル爲テアル斯クテハ議員候補者ニ關スル制度ヲ設ケタ趣意ヲ達スルコトカ出來ナイ故ニ選擧期日前一定期間內ニ立候補ヲ辭シタル場合ニハ其ノ供託物ヲ政府ニ歸屬セシムルコトトシタノテアル、又議員候補者ノ屆出期間ハ選擧ノ期日前七日

迄タカラ其ノ期限ニ接近シテ議員候補者カ立候補ヲ辭シタル場合ニ於テハ新ニ議員候補者ノ屆出ヲ爲サムトスル者モ其ノ機會ナキニ至ルノ虞カアル此ノ點ヲモ考慮シテ選擧ノ期日前十日以內ニ立候補ヲ辭シタル議員候補者ニ付テハ其ノ供託物ハ之ヲ政府ニ歸屬セシメテソシテ成ル可ク斯樣ナ者ノ出ツルコトヲ防止セムト欲シタ譯テアル

所カ此ノ辭退ニ付テノ歸屬ノ場合ニ於テハ但書トシテ一ノ例外カ明定セラレテ居ル、ソレハ選擧ノ期日前十日以內ニ議員候補者ヲ辭スル場合テモ其ノ理由カ被選擧權ヲ有セサルニ至リタル爲メ之ヲ辭シタルトキハ其ノ供託物ノ沒收ハ之ヲ免ヌカルルノテアル即チ此場合ハ還付セラルヘキテアル(第三項但書)コレハ全ク氣儘ニ出ツルトコロノ任意ノ辭退トハ其ノ性質ヲ異ニシ事情止ムヲ得サルニ出ツルモノテアツテ之ニ對シテモ其ノ供託物ヲ沒收スルハ酷ニ失スルモノト言ハナケレハナラナイカラテアル

以上孰レノ場合ニ於テモ歸屬スト謂フハ其ノ供託物ノ所有權カ政府ニ移轉スルノ意味テアツテ其ノ移轉ハ何等ノ法律行爲ヲ俟タスシテ右說明シタル各事實カ發生シタルトキハ法律上當然ニ移轉スヘキモノト解シナケレハナラナイ

次ニ還付ニ付一言シヨウ、供託カ右ニ說明シタ各歸屬ノ場合ヲ除キ其ノ目的ヲ達

シ最早供託ノ必要ナキニ至レハ還付セラルヘキモノテアルコトハ明カナルコトテアラウ、還付ニ付テハ選擧法施行令第五十一條ニ規定カ設ケラレテ居ル、還付セラルヘキ場合ハ即チ議員候補者當選シタルトキ、落選シタルモ本條ノ法定數以上ノ得票アリタルトキ、選擧ノ期日前十一日迄ニ立候補ヲ辭シタルトキ又ハ選擧ノ期日前十日以内ナルモ議員候補者ト爲リタル後被選擧權ヲ有セサルニ至リタル爲メ立候補ヲ辭シタルトキ等テアル、ソシテ其ノ如何ナル時期ニ於テ之ヲ還付スヘキヤニ付テハ議員候補者當選シタルトキ、本條ノ法定數以上ノ得票アリタルトキハ其ノ選擧及當選ノ效力確定ノ後ニ於テ其ノ他ノ場合ニ於テハ事實ノ生シタルトキニ於テ之ヲ還付スルモノト解セラル、供託物ノ還付ニ關シテ議員候補者ノ得票數ニ付爭ヲ生シタル場合ニ於テハ民事訴訟ノ手續ニ依リテ之ヲ決定スルノテアル此ノ場合ニ於テハ假令選擧及當選ノ效力確定ノ後ト雖其ノ目的ヲ異ニスルモノテアルカラ當該民事訴訟ニ於テ裁判所ハ更メテ其ノ訴訟ノ目的ノ範圍內ニ於テ投票ノ有效無效ヲ審理シテ供託物還付請求ノ當否ヲ決定スルコトカ出來ルノテアル

（參照）

府縣制　第十三條ノ三　議員候補者ノ屆出又ハ推薦屆出ヲ爲サムトスル者ハ議員候補者一人ニ付二百圓又ハ之ニ相當スル額面ノ國債證書ヲ供託スルコトヲ要ス

議員候補者ノ得票數其ノ選擧區ノ配當議員ヲ以テ有效投票ノ總數ヲ除シテ得タル數ノ十分ノ一ニ達セザルトキハ前項ノ供託物ハ府縣ニ歸屬ス

議員候補者選擧ノ期日前十日以內ニ議員候補者タルコトヲ辭シタルトキハ前項ノ規定ヲ準用ス但シ被選擧權ヲ有セザルニ至リタル爲議員候補者タルコトヲ辭シタルトキハ此ノ限ニ在ラス

第六十九條　有效投票ノ最多數ヲ得タル者ヲ以テ當選人トス但シ其ノ選擧區內ノ議員ノ定數ヲ以テ有效投票ノ總數ヲ除シテ得タル數ノ四分ノ一以上ノ得票アルコトヲ要ス

當選人ヲ定ムルニ當リ得票數同シキトキハ年齡多キ者ヲ取リ年齡モ亦同シキトキハ選擧長選擧會ニ於テ選擧長抽籤シテ

之ヲ定ム

第八十一條又ハ第八十三條ノ規定ニ依ル訴訟ノ結果更ニ選擧ヲ行フコトナクシテ當選人ヲ定メ得ル場合ニ於テハ選擧會ヲ開キ之ヲ定ムヘシ

當選人當選ヲ辭シタルトキ、死亡者ナルトキ又ハ第七十條ノ規定ニ依リ當選ヲ失ヒタルトキハ直ニ選擧會ヲ開キ第一項但書ノ得票者ニシテ當選人ト爲ラサリシ者ノ中ニ就キ當選人ヲ定ムヘシ

當選人第八十四條ノ規定ニ依ル訴訟ノ結果又ハ第百三十六條ノ規定ニ依リ當選無效ト爲リタルトキハ選擧會ヲ開キ其ノ第七十四條ノ規定ニ依ル當選承諾屆出期限前ナル場合ニ於テハ前項ノ例ニ依リ其ノ屆出期限經過後ナル場合ニ於テハ第二項ノ規定ノ適用ヲ受ケタル得票者ニシテ

當選人ト爲ラサリシ者ノ中ニ就キ當選人ヲ定ムヘシ前三項ノ場合ニ於テ第一項但書ノ得票者ニシテ當選人ト爲ラサリシ者選擧ノ期日後ニ於テ被選擧權ヲ有セサルニ至リタルトキハ之ヲ當選人ト定ムルコトヲ得ス

本條ハ當選人ノ法定得票數及當選人欠缺ノ場合ニ於ケル補充ニ關スル規定ニ付定メラレタモノテアル

第一項　當選人タルニハ其得票數ニ付テ積極消極兩面ノ要件ニ適合シナケレハナラヌ、積極要件トシテハ有效投票ノ最多數ヲ得ルコトテアル、議員定數三人トセハ最多數ヲ得ル者ヨリ順次當選者トナリ第四番目ノ者ハ落選者テアル、消極要件トシテハ當選人タルニハ少クトモ其ノ選擧區内ノ議員ノ定數ヲ以テ有效投票ノ總數ヲ割リ依テ得タル數ノ四分ノ一以上ノ得票アルコトヲ要スルノテアツテ所謂法定得票數ニシテ、コレ以上ノ得票ニ達セナイトキハ前ニ示シタ例ニ於テタトヘ第二番目又ハ第三番目ノ最多數ヲ獲得スルモ當選人トナルコトカ出來ナイコトハ勿論後ニ説明スル繰上補充ノ場合テモ少クトモコレタケノ得票數カナケレ

ハ絶對ニ當選人トナレナイ

現行法テハ法定得票數ハ其ノ選擧區內ノ議員ノ定數ヲ以テ選擧人名簿ニ記載セラレタル者ノ總數ヲ除シテ得タル數ノ五分ノ一ト爲シテ居ルカ（現行法第七十條）改正法テ前記ノ如クニ改メタノハ選擧法ハ根本ニ於テ有效投票ノ最多數ヲ得タル者ヲ以テ當選人ト爲スノ主義ヲ採用シタカラ法定得票數ノ算定ニ付テモ各選擧ニ於テ表現セラレタル選擧人ノ有效ナル意思表示ヲ基礎トシテ定ムルコトカ適當タト認メラルルハカリテナク、此改正ニ於テ所謂普通選擧トナッタ結果有權者數激增シテ多數ノ選擧人中ニハ未タ選擧ニ關スル訓練ヲ經ナイ者亦少ナクナイ從テ當分ノ間ハ棄權者モ相當ニ有ルテアラウカラ法定得票數ノ算定ニ付選擧人名簿ニ記載セラレタル者ノ總數ヲ基礎トスルノハ適當テナイト認メラレ之レニ代ユルニ有效投票ノ總數ヲ以テセラレタノテアル

第二項　當選人ヲ定ムルニ當テ若シ得票數ノ同シキ者カアッタラ如何ニシテ定ムルカト言フニ先ツ(イ)年齡ノ多イ者ヲ取ルノテアル、トコロカ更ニ年齡モ亦同シキトキハ如何ニスルカ(ロ)此場合ハ選擧會ニ於テ選擧長カ抽籤シテ之ヲ定ムルノテアル

コノ第二項ノ適用アルハ當初ノ選擧會ニ於テノミナラス如何ナル場合ノ當選人ヲ定ムルトキニテモ得票數同シキモノカアツタ際ニハ適用セラルルノハ言フ迄モアルマイ

第三項　第八十一條所謂選擧訴訟第八十三條所謂當選訴訟ノ規定ニ依ル訴訟ノ結果當選人ヲ缺キタル場合ニ更ニ選擧ヲ行ハスシテ當選人ヲ定ムルコトカ出來ル場合ニ於テハ選擧會ヲ開キテ之ヲ定メルノテアル、第八十一條第八十三條ノ規定ノ說明ニ付テハ後ニ詳シク述フルカ此等ノ訴訟ノ結果當選人ナキニ至リ又ハ當選人其選擧ニ於ケル議員ノ定數ニ達セサルニ至リタルトキ更ニ選擧ヲ行フコトナクシテ當選人ヲ定メ得ナイ時ニハ再選擧ヲ行フノ外ハナイノテアル(第七十五條)サテ本項ノ規定ヲ適用スル場合ハ(一)當選訴訟ニ於テ被告ノ當選無效ノ判決アリタルトキ(二)法定數ニ達シタリトノ理由ニ依ル當選訴訟ニ於テ原告ノ勝訴トナリタルトキ(三)選擧訴訟ニ於テ當選人ノ當選ニ關スル選擧ノ一部無效ノ判決アリタルトキ(四)第七十一條第五項ノ決定(無競爭選擧ノ場合ニ於テ選擧權有無ノ決定)違法ナリトノ理由ニ依ル當選訴訟ニ於テ原告ノ勝訴トナリタルトキ(五)第六十九條第六項又ハ第七十條ニ該當セストノ理由ニ依ル當選訴訟ニ於テ原告ノ勝訴トナリタルトキ、即チ(イ)訴訟ノ結果トシテ其ノ當選ヲ無效トセラレタル當選人カ本來有效投票ノ最多數ヲ得タル者テハナク眞ニ最多數ノ投票ヲ得タル者ハ別ニ存在スルカ(ロ)勝訴ト爲リタル原告カ法定數以上ノ得票者ニシテ選擧ノ當時ニ於ケル最多數ノ得票者タルカ(ハ)勝訴トナリタル原告カ本來無競爭當選者ト爲ルヘキ者テアツタカ又ハ(ニ)當選人カ其ノ當選ヲ失フヘキテナカツタ者ナル場合テアルカラ其ノ訴訟ノ結果トシテハ更ニ選擧ヲ行フコトナクシテ各場合ニ付眞ノ最多數ノ投票ヲ得タル者其ノ他眞ニ當選人トナルヘキ者ヲ以テ當選人ト定ムルノテアル

即チ本項ノ適用アル場合ニ於テ當選人ト定メラルル者ハ本來當選人タルノ資格ヲ取得スヘカリシ者テアツテ、本來當選人ト爲リ得ナカツタ者カ後ニ至リテ發生セル他ノ事由ニ因リ補充セラレテ始メテ當選人タルノ資格ヲ取得スル場合トハ其性質ヲ異ニスルノテアル、第八十四條ノ規定ニ依ル訴訟ノ結果當選無效ノ判決アリタル場合ノ如キハ其ノ當選人ノ選擧運動ノ費用カ制限額ヲ超過シタカ或ハ其ノ選擧事務長カ或ル種ノ犯罪ニ依リ刑ニ處セラレタルカ為メ制裁トシテ其ノ者ノ當選ヲ無效トセラルルニ止マリ本來其ノ者カ最多數ノ投票ヲ得タル者ナル事實ハ之ヲ否認セラルルモノテハナイ、タカラ本項ノ適用アル場合トハ其ノ

趣ヲ異ニシテ從テ亦此ノ如キ場合ニ本項ノ規定ハ之ヲ適用スヘキモノテハナイ

第四項第五項 共ニ當選人繰上補充ニ付テノ規定ニシテコレヲ當選人定數ヲ缺クニ至リシ事情ノ發生カ當選承諾屆出期限前ナリヤ期限經過後ナリヤノ點ヨリ觀察シテ二種ニ區別シテ説明セン

一體現行法テハ當選人定マリタル後當選人其ノ定數ヲ缺クニ至リタル場合ニ於テ得票同數者中年長者又ハ同年齡ニシテ抽籤ニ當リタルノ故ヲ以テ當選人トナリシ者カ缺員トナリタル場合ニ限リ得票同數ノ者ニシテ年少又ハ抽籤ニ當ラナカツタカラト云フノテ當選人トナラナカツタ者ノ中ニ付其ノ補充ヲ爲スコトヲ認メタノハ（現行法第七十條第二項）理論上有效投票ノ最多數ヲ得タ者テナケレハ之ヲ當選人ト定ムルノ理由カナイトシタノト一面實際上ヨリ見ルモ小選擧區制ヲ採用セル結果當選人繰上補充ノ範圍ヲ縮少シテ再選擧ニ依リ當選人ノ補充ヲ爲スモノトスルモ再選擧ノ範圍ハ之ヲ比較的小區域ニ局限シ得ルカ故ニ之カ爲メ著シク不便ト困難ヲ感スルカ如キコトハナカツタカラテアル、改正法テハ現行法ノ認メタ繰上補充ノ場合ノ外先ツ當選承諾屆出期間内ニ當選人定數ヲ缺クニ至リタル場合ニ於テハ法定數以上ノ得票者ニ付次點者ヲ以テ補充スルノ制度ヲ認メタ、是レ（イ）

中選擧區制ヲ採用シタ結果從來ニ比シ選擧區ノ區域著シク擴大シタノテ成ルヘク廣キ區域ニ亘ル再選擧ノ煩ヲ避ケムトスルノ趣旨ト、(ロ)補充ノ期間ヲ當選承諾屆出期間内ニ限リタルハ此期間ハ當選人カ自由ニ當選ノ諾否ヲ決シ得ヘキ期間テアルカラ何人カ議員ト爲ルカ未タ充分ニ確定シナイ期間テアル、ダカラ此ノ如キ期間内ニ限リテ便宜上次點者補充ノ制ヲ認ムルモ甚タシク選擧ノ理論ニ反スルコトハナイト思惟セラルルカ故テアル、然レ共若シ餘リニ長期ニ渉ツテ次點者ノ補充ヲ認ムルトキハ選擧ノ理論ニ反スルノ非難ヲ生シ且法定數以上ノ得票者ハ或ハ補充ニ依リ當選人ト爲リ得ヘキ場合カアルノテ僥倖ヲ萬一ニ期セムトシテ或ハ議員候補者濫立ノ弊ヲ生スルニ至ルカ如キ虞カアル爲メテアル

ココニ當選承諾屆出期限ト謂フノハ第七十四條ニ於テ當選人カ當選ノ告知ヲ受ケタル日カラ二十日以内ニ當選承諾ノ屆出ヲ爲サナイトキハ其ノ當選ヲ辭シタルモノト看做サレル」コトニナツテ居ルノテ其ノ二十日ノ期限ヲ斯樣ニ呼フノテアル

(一)當選承諾屆出期限内ニ左ノ(イ)乃至(ホ)ノ如キ事情ニ於テ當選人定數ヲ缺クニ至リシトキハ如何ニスヘキカ

(イ)當選人當選ヲ辭シタルトキ　當選人カ當選ノ告知ヲ受ケテ之ヲ辭スル場合ト
カ或ハ承諾屆出期限內ニ何等屆出ヲ爲サヽル爲メコレヲ辭シタルモノト看做サ
レル場合ナトテアル

(ロ)死亡者ナルトキ　即チ當初ノ選擧會ニ於テ或ハ其ノトキ既ニ死亡者ナリシモ
コレヲ知ラサリシ爲メ一旦當選人ト定メラレタル者ナリシトキカ又ハ其ノ後當
選承諾屆出期限內ニ死亡シタル者カアルトキカテアル

(ハ)第七十條ノ規定ニ依リ當選ヲ失ヒタルトキ　當選人ト定マリシ者カ選擧ノ期
日後ニ於テ被選擧權ヲ有セサルニ至リタル爲メ當選ヲ失ヒタル場合テアル(第七
十條ノ說明ハ後ニ讓ル)既ニ選擧ノ期日ニ被選擧權ノ無イ者ナラ其ノ投票ハ無效
テアルカ(第五十二條第一項第四號)ソレヲ開票管理者カ誤テ有效トシタル場合ニハ選擧會ニ
於テハコレヲ否認スルコトカ出來ナイ、コレハ選擧訴訟又ハ當選訴訟ニ依リテ是
正スルノ外ハナイ、ダカラ選擧ノ期日ニ被選擧權ヲ有セサルモノハココニ該當シ
ナイ、換言スレハココニ該當スルモノハ選擧ノ期日後選擧會迄ノ間ニ被選擧權ヲ
有セサルニ至リタルトキカ(コノ場合ハ一旦當選人ト定メラレ而テ第七十條ノ規
定ニヨリテ其ノ當選ヲ失フ)又ハ當初ノ選擧會後當選承諾屆出期限內ニ被選擧權

ヲ有セサルニ至リタルトキカテアル
(ニ)當選人第八十四條ノ規定ニ依ル訴訟即チ當選人選擧運動ノ費用ヲ制限額ヲ超過シテ支出シタルヲ原因トシ又ハ選擧事務長カ或種ノ犯罪ニ依リ刑ニ處セラレタルヲ原因トシタル訴訟ノ結果當選無效ト爲リタルトキ
ホ)第百三十六條ノ規定即チ當選人選擧罰則ニ因リ刑ニ處セラレ又ハ選擧事務長カ或種ノ犯罪ニ依リ刑ニ處セラレ當選無效トナリタルトキ
以上(イ)乃至(ホ)ノ場合ニ於テハ速ニ選擧會ヲ開キテ法定得票者ニシテ當選人トナラナカツタ者ノ中カラ繰上ケ補充シテ當選人ヲ定ムルノテアル
(二)當選承諾屆出期限經過後ニ於テハ單ニ前記(ニ)(ホ)ノ場合即チ當選人第八十四條ノ規定ニ依ル訴訟ノ結果又ハ第百三十六條ノ規定ニ依リ當選無效トナリタルトキニ限リ當選人ノ補充ヲ許スノテアルカ而カモ此場合ハ前述第二項ノ規定ノ適用ヲ受ケタル得票者ニシテ當選人トナラナカツタ即チ得票同數者ニシテ年齢少キ爲メ又ハ年齢同シカリシ爲メ抽籤ノ結果其ノ當選人トナラサリシ者ノ中ニ付テ當選人ヲ定ムルノテアル、此等ノ者ナカリシ場合ハ當選人ヲ定メ得サル場合テアル、ココニ注意スヘキハ年齢順位者ヲ以テ補充セラルヘキ其ノ缺ケタル當選人ハ現行法ノ如ク特ニ年長若ハ抽籤ニ依リ當選シタル者カ缺員ト爲リタル場合ニ限ラス改正法ハ總テノ當選人ニ缺員ヲ生シタル場合ニ汎ク年齡順位者ノ補充ヲ認メタノテアル、例ヘハ議員定數三人ノ選擧區ニ於テ甲カ得票數五千乙カ四千丙ト丁カ共ニ三千ナルトキ丙カ丁ヨリ年長又ハ抽籤ニヨリ當選人トナリ丁ハ年少又ハ抽籤ニ依リ落選者ト爲リシ場合現行法ニ於テハ丙ノ缺員トナリタルトキニ限リ丁ヲ當選人ト定メタルモ改正法ニ於テハ甲、乙、丙ノ中何レカ缺員ト爲リタルトキニ於テモ丁ヲ當選人ト定ムルコトヲ得ルノテアル

年齡順位者カ當選人タルコトカ出來ナカツタノハ單ニ年少又ハ抽籤ノ結果ニ基クタケノ事テ之ヲ得票數ヨリ見レハ正シク當選人ト同樣投票ノ最多數ヲ得タル者テアツテ當選人タルニ十分ナル選擧人ノ信任ヲ得タル者ト云フコトカ出來ヨウ故ニ當選人ニ缺員ヲ生シタル場合ハ年齡順位者ヲ以テ補充ヲ爲スモ理論上正當テアラウ

第六項　前ニ説明シタ第三項乃至第五項ノ場合ニ於テハ法定得票者ニシテ當選人トナラナカツタ者ノ中カラ當選人ヲ補充シナケレハナラナイノテアルカ、其ノ補充ノ結果當選人ト爲ルヘキ者カ選擧ノ期日後ニ於テ被選擧權ヲ有セサルニ至

リタルトキハ之ヲ當選人ト定ムルコトカ出來ナイ、當選人ト爲リ得ルヤ否ヤハ選擧ノ當時ノ條件ニ基キ選擧會ニ於テ選擧長之ヲ決定スヘキモノテアルカラ現行法ニ於テハ一度成規ノ手續ニ依リ有效投票ノ多數ヲ得タル者ナル以上後ニ至リ被選擧權ヲ喪失シタリヤ否ヤヲ行政廳ノ認定ニ委スルハ適當ナラストシテ選擧ノ結果有效投票ノ最多數ヲ得タル者ハ其ノ被選擧權ノ有無ニ拘ラス常ニ議員ト爲リ得ルコトトシテ議員ト爲リタル後ニ於テ議員ト爲リタル者カ果シテ被選擧資格ヲ有スルヤ否ヤハ議會ノ審査ニ待ツヘキモノトシタ、改正法ニ於テハ有效投票ノ最多數ヲ得タル者ト雖モ其ノ選擧ノ期日後ニ於テ被選擧權ヲ喪失シタルトキハ當選人補充ノ場合ニ於テ之ヲ當選人ト定ムルコトヲ得ナイモノトシタノハ此ノ如キ者ヲシテ議員タラシムルモ其ノ者ハ議員ト爲ルト同時ニ當然退職者ト爲ルヘキ者(假ニ爭アリトスルモ議會ニ於ケル資格審査ノ結果退職者トナルヘキ者)テアッテ此ノ如キ者ヲシテ議員タラシムルコトハ畢竟意味ノ無イ事テアルカラ即チ當選人ノ補充ヲ爲スニ當ツテハ被選擧權缺格者ハ之ヲ當選人ト定ムルコトカ出來ヌ樣ニシテソシテ無資格者ヲシテ議席ニ列セシムルカ如キコトヲ少カラシメムトスル趣旨ナノテアルココニ注意スヘキ事ノ其一ハ選擧ノ期日後選擧會迄ノ間ニ於テ被選擧權ヲ有セサルニ至リタルトキテアル斯ノ如キ事例ヲ生スルコトハ極メテ稀有ノ場合タルノミナラス此ノ如キ場合ニ於テ其ノ者ヲ當選人ト定メサルコトト爲スカ如キハ餘リニ手續ヲ繁雜ナラシムルノ虞カアルノテ此ノ場合ハ有效投票ノ最多數ヲ得タル者ヲ以テ直ニ當選人ト定メテ然ル後第七十條ノ規定ヲ適用スルコトトシ後ニ至リ當選人ヲ補充スル場合ニ於テハ選擧ヨリ相當ノ日數ヲ經過シ被選擧資格ノ異動モ多カルヘキテアラウカラ便宜上特例トシテ本項ノ規定ヲ設ケタノテアル此ノ場合ニ於ケル本項ノ適用ニ付不服アル者ノ救濟ニ付テハ第六十九條第六項ノ規定ニ該當セストノ理由ニ依リ選擧長ヲ被告トシテ當選訴訟ヲ提起シ得ルモノト爲サレタノテアル（第八十三條但書參照）

注意スヘキ其二ハ選擧ノ期日ニ於テ既ニ被選擧權ヲ有セナイ者ヲ記載シタル投票ヲ開票管理者ニ於テ誤テ有效ト決定シタル場合ニシテ而カモ其ノ後ニ至ルモ尙其ノ事由繼續スル場合ニ於テハ或ハ本項ノ適用アルカ如ク考ヘラルルモ選擧ノ當時ニ於ケル投票ノ效力ハ開票管理者之ヲ決定シテ其ノ有效投票ノ最多數ヲ得タル者ハ當選人ト爲リ之ニ對スル異議ハ當選訴訟又ハ選擧訴訟ニ依リ救濟ス

ルコトトナシ選擧長ノ認定ニ依リ之ヲ否認セシムルハ妥當テナイカラ此ノ如キ場合ニ於テハ假令選擧會ニ於テ其ノ事實ヲ發見スルモ選擧會ハ常ニ之ヲ當選人ト定メ選擧訴訟當選訴訟ニ依ラシムルカ又ハ其ノ議員ト爲リタル後議院法ノ規定ノ支配ヲ受ケシムヘキモノトシタノテアル

（參照）

議院法　第七十七條　衆議院ノ議員ニシテ選擧法ニ記載シタル被選ノ資格ヲ失ヒタルトキハ退職者トス

第七十八條　衆議院ニ於テ議員ノ資格ニ付異議ヲ生シタルトキハ特ニ委員ヲ設ケ時日ヲ期シ之ヲ審査セシメ其ノ報告ヲ待テ之ヲ議決スヘシ

第七十九條　裁判所ニ於テ當選訴訟ノ裁判手續ヲ爲シタルモノハ衆議院ニ於テ同一事件ニ付審査スルコトヲ得ス

第八十條　議員其ノ資格ナキコトヲ證明セラルルニ至ルマテハ議院ニ於テ位列及發言ノ權ヲ失ハス但シ自身ノ資格審査ニ關ル會議ニ對シテハ辯明スルコトヲ得ルモ其ノ表決ニ預カルコトヲ得ス

第八十四條　何等ノ事由ニ拘ラス衆議院議員ニ闕員ヲ生シタルトキハ議長ヨリ内務大臣ニ通牒シ補闕選擧ヲ求ムヘシ

現行法　第七十條　有效投票ノ最多數ヲ得タル者ヲ以テ當選人トス但シ其ノ選擧區内ノ議員定數ヲ以テ選擧人名簿ニ記載セラレタル者ノ總數ヲ除シテ得タル數ノ五分ノ一以上ノ得票アルコトヲ要ス

當選人ヲ定ムルニ當リ得票數同シキトキハ年齡多キ者ヲ取リ年齡モ亦同シキトキハ選擧會ニ於テ選擧長抽籤シテ之ヲ定ム

選擧訴訟若ハ當選訴訟ノ結果更ニ選擧ヲ行フコトナクシテ當選人ヲ定ムヘキ場合ニ於テハ選擧會ヲ開キ之ヲ定ムヘシ

當選人當選ヲ辭シタルトキ、死亡者ナルトキ又ハ選擧ニ關スル犯罪ニ依リ刑ニ處セラレ其ノ當選無效トナリタルトキ其ノ當選人第二項ノ規定ニ依リ當選人トナリタル者ナル場合ニ於テハ選擧會ヲ開キ其ノ規定ノ適用ヲ受ケタル他ノ得票者ニ就キ當選人ヲ定ムヘシ

前二項ノ場合ニ於テハ第五十四條第五十五條第五十七條乃至第五十九條第六十一條ノ規定ヲ適用セス

府縣制 第二十九條 府縣會議員ノ選擧ハ有效投票ノ最多數ヲ得タル者ヲ以テ當選者トス但シ其ノ選擧區ノ配當議員數ヲ以テ有效投票ノ總數ヲ除シテ得タル數ノ五分ノ一以上ノ得票アルコトヲ要ス

當選者ヲ定ムルニ當リ得票ノ數同シキトキハ年長者ヲ取リ年齡同シキトキハ選擧長抽籤シテ之ヲ定ム

第三十六條 選擧無效ト確定シタルトキハ三箇月以内ニ更ニ選擧ヲ行フヘシ

當選無效ト確定シタルトキハ直ニ選擧會ヲ開キ更ニ當選者其選擧者ヲ定ムヘシ此ノ場合ニ於テハ第三十二條第三項ノ規定ヲ準用ス

當選者ナキトキ、當選者ナキニ至リタルトキ又ハ當選者其選擧ニ於ケル議員ノ定數ニ達セサルトキ若クハ定數ニ達セサルニ至リタルトキハ三箇月以内ニ更ニ選擧ヲ行フヘシ

第三十二條 第四項及第五項ノ規定ハ第一項及前項ノ選擧ニ之ヲ準用ス

第三十二條 當選者左ニ掲クル事由ノ一ニ該當スルトキハ三箇月以内ニ更ニ選擧ヲ行フヘシ但シ第二項ノ規定ニ依リ更ニ選擧ヲ行フコトナクシテ當選者ヲ定メ得ル場合ハ此ノ限リニ在ラス

一 當選ヲ辭シタルトキ
二 數選擧區ニ於テ選擧ニ當リタル場合ニ於テ第三十一條第三項ノ規定ニ依リ一ノ選擧區ノ選擧ニ應シタル爲他ノ選擧區ニ於テ當選者タラサルニ至リタルトキ
三 第二十九條ノ二ノ規定ニヨリ當選ヲ失ヒタルトキ
四 死亡者ナルトキ
五 選擧ニ關スル犯罪ニ依リ刑ニ處セラレ當選無效ト爲リタルトキ但シ同一人ニ關シ前各號ノ事由ニ依ル選擧又ハ補闕選擧ノ告示ヲ爲シタル場合ハ此ノ限リニ在ラス
六 第三十四條ノ三ノ規定ニ依ル訴訟ノ結果當選無效ト爲リタルトキ

前項ノ事由第三十一條第二項、第三項若ハ第六項ノ規定ニ依ル期限前ニ生シタル場合ニ於テ第二十九條第一項但書ノ得票者ニシテ當選者ト爲ラサリシ者アルトキ又ハ其ノ期限經過後ニ生シタル場合ニ於テ第二十九條第二項ノ規定ノ適用ヲ

受ケタル得票者ニシテ當選者ト爲ラサリシ者アルトキハ直ニ選擧會ヲ開キ其ノ者ノ中ニ就キ當選者ヲ定ムヘシ前項ノ場合ニ於テ第二十九條第一項ノ但書ノ得票者ニシテ當選者ト爲ラサリシ者選擧ノ期日後ニ於テ被選擧權ヲ有セサルニ至リタルトキハ之ヲ當選者ト定ムルコトヲ得ス此ノ場合ニ於テハ第三十七條第二項ノ規定ヲ準用ス

第一項ノ期間ハ第三十四條第七項ノ規定ノ適用アル場合ニ於テハ選擧ヲ行フコトヲ得サル事由已ミタル日ノ翌日ヨリ之ヲ起算ス

第一項ノ事由議員ノ任期滿了前六箇月以内ニ生シタルトキハ第一項ノ選擧ハ之ヲ行ハス但シ議員ノ數其ノ定員ノ三分ノ二ニ滿チサルニ至リタルトキハ此ノ限ニ在ラス

第八條　府縣會議員中闕員ヲ生シタルトキハ三箇月以内ニ補闕選擧ヲ行フヘシ但シ其闕員ト爲リタル議員カ第三十一條第二項第三項若ハ第六項ノ規定ニ依ル期限前ニ於テ闕員ト爲リタル者ナル場合ニ於テ第二十九條第一項但書ノ得票者ニシテ當選者ト爲ラサリシ者アルトキ又ハ其ノ期限經過後ニ於テ闕員トナリタル者ナル場合ニ於テ第二十九條第二項ノ規定ノ適用ヲ受ケタル得票者ニシテ當選者ト爲ラサリシ者アルトキハ直ニ選擧會ヲ開キ其ノ者ノ中ニ就キ當選者ヲ定ムヘシ此ノ場合ニ於テハ第三十二條第三項ノ規定ヲ準用ス

第三十二條第四項及第五項ノ規定ハ補闕選擧ニ之ヲ準用ス

補闕議員ハ其ノ前任者ノ殘任期間在任ス

市制　第三十條　市會議員ノ選擧ハ有效投票ノ最多數ヲ得タル者ヲ以テ當選者トス但シ議員ノ定數（選擧區アル場合ニ於テハ其ノ選擧區ノ配當議員數）ヲ以テ有效投票ノ總數ヲ除シテ得タル數ノ六分ノ一以上ノ得票アルコトヲ要ス

前項ノ規定ニ依リ當選者ヲ定ムルニ當リ投票ノ數同シキトキハ年長者ヲ取リ年齡同シキトキハ選擧長抽籤シテ之ヲ定ムヘシ

第三十七條　選擧無效ト確定シタルトキハ三月以内ニ更ニ選擧ヲ行フヘシ

當選無效ト確定シタルトキハ直ニ選擧會ヲ開キ更ニ當選者ヲ定ムヘシ此場合ニ於テハ第三十三條第三項及第四項ノ規定ヲ準用ス

當選者ナキトキ、當選者ナキニ至リタルトキ又ハ當選者其ノ選擧ニ於ケル議員ノ定數ニ達セサルトキ若ハ定數ニ達セサ

ルニ至リタルトキハ三月以内ニ更ニ選擧ヲ行フヘシ
第三十三條第五項及第六項ノ規定ハ第一項及前項ノ選擧ニ之ヲ準用ス
第三十三條　當選者左ニ掲クル事由ノ一ニ該當スルトキハ三月以内ニ更ニ選擧ヲ行フヘシ但シ第二項ノ規定ニ依リ更ニ選擧ヲ行フコトナクシテ當選者ヲ定メ得ル場合ハ此ノ限ニ在ラス
一　當選ヲ辭シタルトキ
二　數選擧區ニ於テ當選シタル場合ニ於テ前條第三項ノ規定ニ依リ一ノ選擧區ノ當選ニ應シ又ハ抽籤ニ依リ一ノ選擧區ノ當選者ト定マリタル爲他ノ選擧區ニ於テ當選者タラサルニ至リタルトキ
三　第三十條ノ二ノ規定ニ依リ當選ヲ失ヒタルトキ
四　死亡者ナルトキ
五　選擧ニ關スル犯罪ニ依リ刑ニ處セラレ其ノ當選無效ト爲リタルトキ但シ同一人ニ關シ前各號ノ事由ニ依ル選擧又ハ補闕選擧ノ告示ヲ爲シタル場合ハ此ノ限ニ在ラス
前項ノ事由前條第二項、第三項若ハ第五項ノ規定ニ依ル期限前ニ生シタル場合ニ於テ第三十條第一項但書ノ得票者ニシテ當選者ト爲ラサリシ者アルトキ又ハ其ノ期限經過後ニ生シタル場合ニ於テ第三十條第二項ノ規定ノ適用ヲ受ケタル得票者ニシテ當選者ト爲ラサリシ者アルトキハ直ニ選擧會ヲ開キ其ノ者ノ中ニ就キ當選者ヲ定ムヘシ
前項ノ場合ニ於テ第三十條第一項但書ノ得票者ニシテ當選者ト爲ラサリシ者選擧ノ期日後ニ於テ被選擧權ヲ有セサルニ至リタルトキハ之ヲ當選者ト定ムルコトヲ得ス
第二項ノ場合ニ於テハ市長ハ豫メ選擧會ノ場所及日時ヲ告示スヘシ
第一項ノ期間ハ第三十六條第八項ノ規定ノ適用アル場合ニ於テハ選擧ヲ行フコトヲ得サル事由巳ミタル日ノ翌日ヨリ之ヲ起算ス
第一項ノ事由議員ノ任期滿了前六月以内ニ生シタルトキハ第一項ノ選擧ハ之ヲ行ハス但シ議員ノ數其ノ定數ノ三分ノ二ニ滿チサルニ至リタルトキハ此ノ限ニ在ラス
第二十條　市會議員中闕員ヲ生シタルトキハ三月以内ニ補闕選擧ヲ行フヘシ但シ第三十條第二項ノ規定ノ適用ヲ受ケタル得票者ニシテ當選者ト爲ラサリシ者アルトキハ直ニ選擧會ヲ開キ其ノ者ノ中ニ就キ當選擧ヲ定ムヘシ此ノ場合ニ於テハ

第三十三條第三項及第四項ノ規定ヲ準用ス

第三十三條第五項及第六項ノ規定ハ補闕選擧ニ之ヲ準用ス

補闕議員ハ其ノ前任者ノ殘任期間在任ス

選擧區アル場合ニ於テハ補闕議員ハ前任者ノ選擧セラレタル選擧區ニ於テ之ヲ選擧スヘシ

町村制　第二十七條　町村會議員ノ選擧ハ有效投票ノ最多數ヲ得タル者ヲ以テ當選者トス但シ議員ノ定數ヲ以テ有效投票ノ總數ヲ除シテ得タル數ノ六分ノ一以上ノ得票アルコトヲ要ス

前項ノ規定ニ依リ當選者ヲ定ムルニ當リ得票ノ數同シキトキハ年長者ヲ取リ年齡同シキトキハ選擧長抽籤シテ之ヲ定ムヘシ

第三十條　當選者左ニ揭クル事由ノ一ニ該當スルトキハ三月以內ニ更ニ選擧ヲ行フヘシ但シ第二項ノ規定ニ依リ更ニ選擧ヲ行フコトナクシテ當選者ヲ定メ得ル場合ハ此限ニ在ラス

一　當選ヲ辭シタルトキ

二　第二十七條ノ二ノ規定ニ依リ當選ヲ失ヒタルトキ

三　死亡者ナルトキ

四　選擧ニ關スル犯罪ニ依リ刑ニ處セラレ其ノ當選無效ト爲リタルトキ但シ同一人ニ關シ前各號ノ事由ニ依ル選擧又ハ補闕選擧ノ告示ヲ爲シタル場合ハ此ノ限ニ在ラス

前項ノ事由前條第二項若ハ第四項ノ規定ニ依ル期限前ニ生シタル場合ニ於テ第二十七條第一項但書ノ得票者ニシテ當選者ト爲ラサリシ者アルトキ又ハ其ノ期限經過後ニ生シタル場合ニ於テ第二十七條第二項ノ規定ノ適用ヲ受ケタル得票者ニシテ當選者ト爲ラサリシ者アルトキハ直ニ選擧會ヲ開キ其ノ者ノ中ニ就キ當選者ヲ定ムヘシ

前項ノ場合ニ於テ第二十七條第一項但書ノ得票者ニシテ當選者ト爲ラサリシ者選擧ノ期日後ニ於テ被選擧權ヲ有セサルニ至リタルトキハ之ヲ當選者ト定ムルコトヲ得ス

第二項ノ場合ニ於テハ町村長ハ豫メ選擧會ノ場所及日時ヲ告示スヘシ

第一項ノ期間ハ第三十三條第八項ノ規定ノ適用アル場合ニ於テハ選擧ヲ行フコトヲ得サル事由已ミタル日ノ翌日ヨリ之ヲ起算ス

第一項ノ事由議員ノ任期滿了前六月以內ニ生シタルトキハ第一項ノ選擧ハ之ヲ行ハス但シ議員ノ數其ノ定數ノ三分ノ二ニ滿チサルニ至リタルトキハ此ノ限ニ在ラス

第八十四條　選擧無效ト確定シタルトキハ三月以內ニ更ニ選擧ヲ行フヘシ當選無效ト確定シタルトキハ直ニ選擧會ヲ開キ更ニ當選者ヲ定ムヘシ此ノ場合ニ於テハ第三十條第三項及第四項ノ規定ヲ準用ス

當選者ナキトキ、當選者ナキニ至リタルトキ又ハ當選者其ノ選擧ニ於ケル議員ノ定數ニ達セサルトキ若ハ定數ニ達セサルニ至リタルトキハ三月以內ニ更ニ選擧ヲ行フヘシ

第三十條第五項及第六項ノ規定ハ第一項及前項ノ選擧ニ之ヲ準用ス

第七十條　當選人選擧ノ期日後ニ於テ被選擧權ヲ有セサルニ至リタルトキハ當選ヲ失フ

本條ハ(一)當選人カ(二)選擧ノ期日後ニ於テ被選擧權ヲ有セサルニ至リタルトキハ(三)當選ヲ失フ旨ノ規定テアル

ココニ(一)當選人トハ當選人ト定マリタル者ニ付選擧ノ期日ヨリ當選承諾屆出ヲ爲シ議員トナル迄ノ間ノ者ヲ指シテ謂フノテアル、モトヨリ當選ヲ辭シ又ハ死亡シタルモノハ之ヲ包含シナイ、承諾ノ屆出ニヨリテ議員ト爲リタル後ハ專ラ議院法ノ規定ニ依ラシムルモノトスルノテアル

(二)選擧ノ期日後ニ被選擧權ヲ有セサルニ至リタルトキ、コノ場合ヲ更ニ區別スルトキハ(イ)選擧ノ期日後選擧會ニ於テ當選人ノ定マル前ニ於テ被選擧權ヲ有セサルニ至リタル場合ト(ロ)當初ノ選擧會ニ於テ當選人ノ定マリタル後承諾屆出アル迄ノ間ニ被選擧權ヲ失フニ至リタル場合トカアル、コノ後者(ロ)ノ場合カ即チ本條ノ規定ヲ適用スルノ場合テアル

選擧會ニ於テ當選人ヲ定ムルノハ選擧ノ當時有效投票ノ最多數ヲ得タル者ノ何人ナルヤヲ決定シ其ノ者ヲ以テ當選人ト確認スルモノテアルカラ已ニ開票管理者ニ於テ有效ト決定シタル投票ノ最多數ヲ得タル者ナル以上ハ其ノ後ニ至リ被選擧權ヲ喪失スルコトカアツテモ之ヲ當選人ト定メナケレハナラナイ、然シ一旦當選人ト定マツタトキハ其ノ當選ノ效力ハ選擧ノ當時ニ遡及スルカラ其ノ者ハ當選人ト定マルト同時ニ選擧ノ期日後ニ於テ本條ニ規定スル被選擧權ヲ有セサルニ至リタル者ニ該當シ本條ノ適用ニ依リテ直ニ其ノ當選ヲ失フニ至ルノテアル而テ此ノ場合一旦當選人ト定ムルノハ徒ラニ無用ノ手續ヲ爲スニ過キナイカラ寧ロ當選人ト定メナイ旨ノ規定ヲ設ケルノカ宜イトノ説モアリ得ルカ選擧ノ期日後選擧會迄ノ間ニ於テ被選擧權ヲ喪失スル樣ナ事例ヲ生スルコトハ極メテ

稀有ノ場合テアルノミナラス此ノ場合ニ於テ其ノ者ヲ當選人ト定メナイト爲スカ如キハ餘リニ手續ヲ繁雜ナラシムルノ虞カアルカラ此ノ場合ハ現行法通リ一應其ノ者ヲ當選人ト定メ然ル後本條ノ規定ヲ適用スルコトトシタノテアル、ソシテ本條ノ規定ノ適用ニ不服アル者ハ其ノ補充當選人ヲ定メタ選擧長ヲ被告トスル當選訴訟又ハ次點者ノナイ場合其ノ補充員ヲ得ル爲メニ行ヒタル再選擧ニ關スル選擧訴訟ニ依リ不服ノ申立ヲ爲スコトカ出來ルモノトナシタノテアル

本條選擧ノ期日後トアルカ故ニ選擧ノ期日ニ於テ被選擧權ヲ有セサリシ者ニ適用ノナイコトハ明カナ事テアル、選擧ノ期日ニ於テ既ニ被選擧權ヲ有セサリシ者ヲ記載シタ投票ヲ開票管理者不知ノ爲メ誤テ有效ト決定シタル場合其ノ後其ノ事由繼續スルコトアルモ選擧ノ當時ニ於ケル投票ノ效力ノ決定ニ付テハ之ヲ選擧訴訟又ハ當選訴訟ニ依リ救濟スルノ途カアルカラ更ニ選擧長ノ認定ニ依リ之ヲ否認スルハ妥當テナイ、從テ假令選擧會ニ於テ其ノ事實ヲ知ルモ選擧長ハ之ヲ當選人ト定ムヘキモノトスルノテアル、ソシテ其ノ者カ當選人トナルモ其ノ被選擧缺格ナル事實ハ選擧ノ期日後ニ生シタモノテハナイノテアルカラ本條ノ規定ノ適用ノナイコトハ勿論テアル

(三)當選ヲ失フトハ其事實ノ發生シタルトキヨリ將來ニ向テ其ノ當選人ノ當選ノ效力ヲ失ハシムルコトヲ謂フノテアル、即チ其ノ當選人ハ適法ニ當選人ト爲リタル者ナルモ選擧ノ期日後被選擧權喪失ナル新事實ノ發生ノ爲メニ當選ノ效力ヲ將來ニ向テ無效ナラシムヘキモノテアルカラ當選訴訟ノ樣ニ選擧ノ當時ニ遡リ當選ヲ無效トスル場合ト其ノ性質ヲ異ニスルノテ斯樣ニ用語ヲ區別シテ之ヲ明カニシタノテアル

一體現行法テハ當選ノ效力ニ關シ當選訴訟又ハ選擧訴訟ヲ認ムルノ外當選人選擧ノ期日後ニ於テ被選擧權ヲ喪失スルコトカアッテモ其ノ當選ヲ失ハシムルコトナク當選承諾ノ屆出ヲ爲セハ常ニ議員ト爲ルモノトシタノテアル、是レ當選人ハ選擧ノ當日ノ資格ニ基キ選擧會ニ於テ選擧長之ヲ決定スヘキモノテアルカラ一度成規ノ手續ニ依リ定マリタル當選人カ後ニ至リ被選擧權ヲ喪失シタカ否カヲ行政廳ノ認定ニ委スルノハ適當テナイトノ理由カラ結局被選擧權ノ有無ハ議員トナッタ後議會ノ審査ニ待ツヘキモノトシタノテアル、然レトモ當選人ト定マッタ者カ選擧ノ期日後ニ被選擧權ヲ喪失シタ場合ニ於テハ議員トナルモ直ニ議院法第七十七條ノ規定ニ依リ退職者ト爲ルノテアルカラ之ヲシテ議員タラシム

ルノハ徒ラニ無資格者ヲシテ議席ニ列セシムルコトト爲ルノミナラス其ノ退職ヲ待チテ補闕ヲ爲スコトトシタナラ補闕ノ手續遲延スルヲ免カレナイ、且一面ニ於テ未タ議員ト爲ラナイ當選人ノ當選ノ效力ニ關シ選擧法ニ於テ之ヲ規定スルモ何等議院法ノ規定ニ抵觸スル所ハナイカラ改正法ニ於テハ特ニ當選人選擧ノ期日後被選擧權ヲ失ヒタル場合ニハ其ノ事實發生シタルトキカラ將來ニ向テ其ノ當選人ノ當選ノ效力ヲ失ハシムルコトトシタノテアル

（參照）

議院法　第七十六條　衆議院ノ議員ニシテ貴族院議員ニ任セラレ又ハ法律ニ依リ議員タルコトヲ得サル職務ニ任セラレタルトキハ退職者トス

第七十七條　第七十八條
第七十九條　第八十條　｝前條參照欄掲載

現行法　當選人被選擧權ヲ失ヒタル場合ノ規定ナシ

舊法　第七十條（第二項）　前項ノ當選人ニシテ當選證書付與前ニ於テ其ノ當選ヲ辭シ若ハ死亡シタルトキ又ハ當選證書付與ノ前後ヲ問ハス選擧ニ關スル罰則ニ依リ處罰セラレタル結果當選無效トナリタルトキ又ハ被選擧權ヲ有セサル爲當選無效トナリタルトキハ前項ノ得票者ニシテ當選人ト爲ラサリシ者ノ中ニ就キ得票ノ順位ニ之ヲ補充ス

被選擧權ノ有無認定ニ關スル內務省決定（明治三十五年四月）

選擧長ニ於テ本條（第六十四條）ニ依リ開票管理者ノ報告ヲ調査シタル結果有效投票ノ最多數ヲ得タル者ニシテ被選擧權ヲ有セスト認ムルトキハ其當選ヲ無效トスヘキハ選擧法第七十條第二項ニ認ムル所ナルヲ以テ當選人ヲ定ムルニ當リテハ特ニ其被選擧權ノ有無ニ注意ヲ加フルコトヲ要ス

府縣制 第三十七條 府縣會議員被選擧權ヲ有セサル者ナルトキ又ハ第三十一條第七項ニ揭クル者ナルトキハ其ノ職ヲ失フ其ノ被選擧權ノ有無又ハ第三十一條第七項ニ揭クル者ニ該當スルヤ否ヤハ府縣會議員カ左ノ各號ノ一ニ該當スルニ因リ被選擧權ヲ有セサル場合ヲ除クノ外府縣參事會其ノ異議ヲ決定ス

一 禁治產者又ハ準禁治產者ト爲リタルトキ

二 破產者ト爲リタルトキ

三 禁錮以上ノ刑ニ處セラレタルトキ

四 選擧ニ關スル犯罪ニ依リ罰金ノ刑ニ處セラレタルトキ

府縣會議員ハ住所ヲ移シタル爲被選擧權ヲ失フコトアルモ其ノ住所同府縣內ニ在ルトキハ之カ爲其ノ職ヲ失フコトナシ但シ同府縣內ニ於テ住所ヲ移シタル後被選擧權ヲ失フヘキ其ノ他ノ事由ニ該當スルニ至リタルトキハ此ノ限ニ在ラス

府縣會ニ於テ其ノ議員中被選擧權ヲ有セサル者又ハ第三十一條第七項ニ揭クル者アリト認ムルトキハ之ヲ府縣知事ニ通知スヘシ但シ議員ハ自己ノ資格ニ關スル會議ニ於テ辨明スルコトヲ得ルモ其ノ議決ニ加ハルコトヲ得ス

府縣知事ハ前項ノ通知ヲ受ケタルトキハ七日以內ニ之ヲ府縣參事會ノ決定ニ付スヘシ府縣知事ニ於テ被選擧權ヲ有セサル者又ハ第三十一條第七項ニ揭クル者アリト認ムルトキ亦同シ

第三十四條第四項ノ規定ハ前項ノ場合ニ之ヲ準用ス

本條府縣參事會ノ決定ニ不服アル者ハ行政裁判所ニ出訴スルコトヲ得

ヲ有セスト認ムルトキハ其ノ當選ヲ無效トスヘキハ選擧法第七十條第二項ニ認ムル所ナルヲ以テ當選人ヲ定ムルニ當リテハ特ニ其ノ被選擧權ノ有無ニ注意ヲ加フルコトヲ要ス

前項ノ決定ニ關シテハ府縣知事ヨリモ亦訴訟ヲ提起スルコトヲ得

府縣會議員ハ其ノ被選擧權ヲ有セストスル決定確定シ又ハ判決アルマテハ會議ニ參與スルノ權ヲ失ハス

市 制 第三十八條 市會議員被選擧權ヲ有セサル者ナルトキ又ハ第三十二條第六項ニ揭クル者ナルトキハ其ノ職ヲ失フ其ノ被選擧權ノ有無又ハ第三十二條第六項ニ揭クル者ニ該當スルヤ否ヤハ市會議員カ左ノ各號ノ一ニ該當スルニ因リ被選擧權ヲ有セサル場合ヲ除クノ外市會之ヲ決定ス

一　禁治産者又ハ準禁治産者ト爲リタルトキ
二　破産者ト爲リタルトキ
三　禁錮以上ノ刑ニ處セラレタルトキ
四　選擧ニ關スル犯罪ニ依リ罰金ノ刑ニ處セラレタルトキ
市長ハ市會議員中被選擧權ヲ有セサル者又ハ第三十二條第六項ニ揭クル者アリト認ムルトキハ之ヲ市會ノ決定ニ付スヘシ市會ハ其ノ送付ヲ受ケタル日ヨリ十四日以内ニ之ヲ決定スヘシ
第一項ノ決定ヲ受ケタル者其ノ決定ニ不服アルトキハ府縣參事會ニ訴願シ其ノ裁決又ハ第四項ノ裁決ニ不服アルトキハ行政裁判所ニ出訴スルコトヲ得
第一項ノ決定及前項ノ裁決ニ付テハ市長ヨリモ訴願又ハ訴訟ヲ提起スルコトヲ得
第三十六條第九項ノ規定ハ第一項及前三項ノ場合ニ之ヲ準用ス
第一項ノ決定ハ文書ヲ以テ之ヲ爲シ其ノ理由ヲ附シ之ヲ本人ニ交付スヘシ
町村制　第三十五條　町村會議員被選擧權ヲ有セサル者ナルトキ又ハ第二十九條第五項ニ揭クル者ナルトキハ其ノ職ヲ失フ其ノ被選擧權ノ有無又ハ第二十九條第五項ニ揭クル者ニ該當スルヤ否ハ町村會議員カ左ノ各號ノ一ニ該當スルニ因リ被選擧權ヲ有セサル場合ヲ除クノ外町村會之ヲ決定ス
一　禁治産者又ハ準禁治産者ト爲リタルトキ
二　破産者ト爲リタルトキ
三　禁錮以上ノ刑ニ處セラレタルトキ
四　選擧ニ關スル犯罪ニ依リ罰金ノ刑ニ處セラレタルトキ
町村長ハ町村會議員中被選擧權ヲ有セサル者又ハ第二十九條第五項ニ揭クル者アリト認ムルトキハ之ヲ町村會ノ決定ニ付スヘシ
町村會ハ其ノ送付ヲ受ケタル日ヨリ十四日以内ニ之ヲ決定スヘシ
第一項ノ決定ヲ受ケタル者其ノ決定ニ不服アルトキハ府縣參事會ニ訴願シ其ノ裁決又ハ第四項ノ裁決ニ不服アルトキハ

行政裁判所ニ出訴スルコトヲ得
第一項ノ決定及前項ノ裁決ニ付テハ市長ヨリモ訴願又ハ訴訟ヲ提起スルコトヲ得
前二項ノ裁決ニ付テハ府縣知事ヨリモ訴訟ヲ提起スルコトヲ得
第三十三條第九項ノ規定ハ第一項及前三項ノ場合ニ之ヲ準用ス
第一項決定ハ文書ヲ以テ之ヲ爲シ其ノ理由ヲ附シ之ヲ本人ニ交付スヘシ

第七十一條　第六十七條第一項乃至第三項ノ規定ニ依ル屆出アリタル議員候補者其ノ選擧ニ於ケル議員ノ定數ヲ超エサルトキハ其ノ選擧區ニ於テハ投票ヲ行ハス

前項ノ規定ニ從リ投票ヲ行フコトヲ要セサルトキハ選擧長ハ直ニ其ノ旨ヲ投票管理者ニ通知シ併セテ之ヲ告示シ且地方長官ニ報告スヘシ

投票管理者前項ノ通知ヲ受ケタルトキハ直ニ其ノ旨ヲ告示スヘシ

第一項ノ場合ニ於テハ選擧長ハ選擧ノ期日ヨリ五日以內ニ選擧會ヲ開キ議員候補者ヲ以テ當選人ト定ムヘシ

前項ノ場合ニ於テ議員候補者ノ被選擧權ノ有無ハ選擧立會人ノ意見ヲ聽キ選擧長之ヲ決定スヘシ

無競爭當選ニ關スル規定ニシテ議員候補者屆出ノ制度ニ相關聯シテ改正法ノ新ニ定メタル制度テアル　第六十七條第一項乃至第三項ノ規定即チ前ニ說明シタ原則屆出期間內ニ爲シタル自主屆出又ハ推薦屆出、及競爭狀態ニ在ル場合ニ於テ許サレテ居ル例外屆出期間內ニ爲シタル自主屆出又ハ推薦屆出ニ依リテ議員候補者トナリシ者ノ總數カ結局ニ於テ其ノ選擧ニ於ケル議員ノ定數ヲ超ヘナイトキハ其ノ選擧區ニ於テハ投票ヲ行ハナイノテアル（第一項）

議員候補者屆出ノ制度ヲ採リ成規ノ手續ヲ以テ屆出ヲ爲シタル議員候補者ニ非サル者ノ得タル投票ハ總テ之ヲ無效ト爲スノテアルカラ議員候補者以外ノ者テ當選人トナルカ如キ場合ハ絕對ニ生シナイノテアル、而シテアル選擧區ニ於テ屆出アリタル議員候補者ノ數其ノ選擧ニ於ケル議員ノ定數ヲ超エナイ場合ニ於テハ投票ノ結果其ノ議員候補者カ當選人トナルヘキ事ハ殆ト疑ノ餘地ノナイ現象テアッテコレカ當選人トナラナイ様ナ事ハ極メテ稀有ナ例外ノ場合ヲ想像スルノ外ハアルマイ、右様ノ次第テアルカラ斯様ナ場合ニ於テモ尚投票ヲ行ハシムルノハ餘リニ理論ニ拘泥シタ事ト云ハナケレハナラナイ、故ニ此場合ニ於テハ投票ヲ行ハナイテ直ニ其ノ議員候補者ヲ以テ當選人ト爲シ選擧人ノ爲ニ無用ノ時間ト手數トヲ省キ一面國務ノ煩雜ニ亘ルカ如キ弊ヲ避ケシムルコトトセルノテアル

右ノ如キ次第テアルカラ本條ノ無競爭當選ハ斯ク云フヨリハ寧ロ無投票當選ト云フ方カ適切テアラウ、要スルニ投票ノ手續ヲ履マナイテ當選人ヲ定ムル便宜ノ方法テアッテ選擧ハ投票ニ依リ之ヲ行フ（第十九條）トノ大原則ニ對スル唯一ノ例外トモ云フヘキモノテアル、本來投票ヲ行ハナイテ當選人ヲ定ムルカ如キハ憲法第三十五條ノ「衆議院ハ選擧法ノ定ムル所ニ依リ公選セラレタル云云」トノ規定ノ所謂公選ノ本旨ニ反スルノテハナイカトノ說カアルカモ知レヌカ憲法ハ公選ノ具體的方法ハ選擧法ノ內容トシテ規定シ得ルコトヲ認メテ居リ何モ投票ニ依レトハ定メテ居ラナイ要スルニ憲法カ公選ト謂フトコロノ精神ハ廣ク一般ノ人々ヲ

代表シ得ルノ與望ヲ負フ者ヲシテ議員タラシメントスル點ニアルノテアッテ前述ノ如ク議員候補者ニ關スル選出ニ付テハ一定ノ期間ヲ設ケ且競爭狀態ニ於テ其ノ期間ヲ經過シタル後議員候補者ニ缺員ヲ生シタル場合ニハ更ニ其ノ屆出期間ヲ延長スルコトトナシタルノテアルカラ選擧人ニ於テ議員候補者ニ滿足セサルトキハ、自ラ立候補シ又ハ議員候補者ヲ推薦シ得ルコトカ自由テアル、然ルニ該期間內他ニ屆出ツル者ナクシテ無競爭狀態トナリ又ハ屆出ツルモ結局ニ於テ無競爭狀態トナツタトキニハ選擧人ハ暗默ニ議員候補者ニ滿足シタルモノト認メ得ヘク投票ヲ行フモ全ク同シ結果ヲ得ルノテアルカラ毫モ公選ノ本旨ニ反スルカ如キ虞ハナイト認メラルルノテアル

斯クシテ投票ヲ行フコトヲ要セナイコトカ確定シタトキニハ選擧長ノ採ルヘキ處理ハ左ノ如クテアル

(一)直ニ其ノ旨ヲ投票管理者ニ通知スルコト(第二項)、コレ投票管理者ヲシテ之ヲ告示セシメ且投票ニ關スル各般ノ準備ヲ爲サヌ樣ニセシムルカ爲テアル

(二)同時ニ之ヲ告示スルコト(第二項)、コレハ投票管理者ヲシテ前記ノ通知ヲ受ケタルトキニハ直ニ其ノ旨ヲ告示セシムル樣ニ規定シテ居ルノト(第三項)同一趣旨テ

アツテ畢竟之ヲ一般選擧人ニ周知セシメテ選擧當日投票所ニ到ルノ徒勞ノ無イ樣ニセシムルカ爲メテアル

(三)且地方長官ニ報告スルコト(第二項)、コレ此場合投票及開票ヲ行フノ必要ナク從テ之レカ監視ヲ要セナイカラ豫メ之ヲ知ラシメムトスルノ趣旨テアル

(四)選擧ノ期日ヨリ五日以内ニ選擧會ヲ開キ議員候補者ヲ以テ當選人ト定ムルコト(第四項)、選擧會ノ期日ヲ一定セス選擧ノ期日ヨリ五日以内ト定メタルハ選擧會ハ成ル可ク速ニ之ヲ開キ當選人ヲ定ムルノ必要アルモ議員候補者ニ關スル屆出期間ノ延長セラレタル場合ニ於テハ選擧ノ期日ニ至リ始メテ無競爭選擧ノ確定ヲ見ルコトモアルヘク又選擧立會人參會ノ關係上相當日時ヲ要スル場合アルコトヲ慮リタルニ因ルノテアル、　選擧會ニ於テ當選人ヲ定メタル以後ノ事務即チ選擧錄ノ作成、書類ノ保存等及當選人ヘノ告知、告示、報告、當選承諾屆出ノ受理、當選證書ノ付與等ハ別段ノ規定ナク一般ノ場合ニ於ケル規定ニ依ルノテアル

サテ選擧會ニ於テ議員候補者ヲ以テ當選人ト定ムルニ該リ其ノ被選擧權ノ有無ハ選擧立會人ノ意見ヲ聽キ選擧長カ之ヲ決スルノテアル(第五項)當初議員候補者タルノ自主屆出又ハ推薦屆出ノ際ニハ別ニ其ノ被選擧權ノ有無ヲ調査スルコト

ナク總テ之ヲ受理スルコトト爲シタルカ爲メ選擧會ニ於テ其ノ資格ヲ調査シ以テ被選擧權ノナイ者ヲ當選人ト爲スカ如キコト無カラシメンコトヲ期シタルカ爲メテアル而シテ立會人ノ意見ヲ聽キ選擧長之ヲ決定スルコトトシタノハ投票ノ效力決定ニ關スル例ニ倣ヒ以テ其ノ決定ノ適正ナラムコトヲ期スルノ趣旨ニ出テタノテアル

（參　照）

府縣制　第二十九條ノ三　第十三條ノ二第一項乃至第三項ノ規定ニ依ル屆出アリタル議員候補者其ノ選擧ニ於ケル議員ノ定數ヲ超エサルトキハ其ノ選擧區ニ於テハ投票ヲ行ハス

前項ノ規定ニ依リ投票ヲ行フコトヲ要セサルトキハ選擧長ハ直ニ其ノ旨ヲ投票管理者ニ通知シ併セテ之ヲ告示シ且府縣知事ニ報告スヘシ

投票管理者前項ノ通知ヲ受ケタルトキハ直ニ其ノ旨ヲ告示スヘシ

第一項ノ場合ニ於テハ選擧長ハ選擧ノ期日ヨリ五日以內ニ選擧會ヲ開キ議員候補者ヲ以テ當選者ト定ムヘシ

前項ノ場合ニ於テ議員候補者ノ被選擧權ノ有無ハ選擧立會人ノ意見ヲ聽キ選擧長之ヲ定ムヘシ

第七十二條　當選人定リタルトキハ選擧長ハ直ニ當選人ニ

當選ノ旨ヲ告知シ同時ニ當選人ノ氏名ヲ告示シ且當選人ノ氏名、得票數及其ノ選擧ニ於ケル有效投票ノ總數其ノ他選擧ノ顚末ヲ地方長官ニ報告スヘシ

當選人ナキトキ又ハ當選人其ノ選擧ニ於ケル議員ノ定數ニ達セサルトキハ選擧長ハ直ニ其ノ旨ヲ告示シ且之ヲ地方長官ニ報告スヘシ

本條ハ當選人ノ定マリタル場合又ハ然ラサル場合ニ選擧長ノ爲スヘキ事務ニ付定メラル

第一項ハ當選人ノ定マリタルトキ選擧長ノ爲スヘキ事務テアル、ソレハ（一）直ニ當選人ニ當選ノ旨ヲ告知スルコト（二）同時ニ當選人ノ氏名ヲ告示スルコト（三）且（イ）當選人ノ氏名（ロ）當選人ノ得票數（ハ）其ノ選擧ニ於ケル有效投票ノ總數（ニ）其ノ他選擧ニ關スル一切ノ顚末ヲ地方長官ニ報告スルコト等テアル

現行法ニ於テハ當選人定マリタルトキ選擧長ハ直ニ當選人ニ其ノ旨ヲ告知シ同時ニ地方長官ニ報告スルコトトナシテ居リ又其ノ氏名ノ告示ハ當選證書ヲ付與

シタル後之ヲ爲スコトトシテ居ル（現行法第七十一條第七十五條參照）改正法ニ於テハ成ルヘク速ニ當選人ノ效力ヲ確定セシムルノ趣旨ヲ以テ當選訴訟ノ出訴期間ヲ當選人氏名ノ告知ノ日ヨリ計算スルノ主義ヲ採用シタノテアルカラ（第八十三條參照）當選證書付與後ニ於ケル氏名告示ノ外當選人定マリタルトキハ選擧長ニ於テ直ニ當選人ニ告知スルト同時ニ其ノ氏名ヲ告示スル事ト爲サレタノテアル

第二項ハ當選人ナキトキ又ハ當選人其ノ選擧ニ於ケル議員ノ定數ニ達セサルトキハ選擧長ハ（一）直ニ其ノ旨ヲ告示スルコト（二）且之ヲ地方長官ニ報告スルコトテアル

當選人ナキトキ又ハ當選人其ノ選擧ニ於ケル議員ノ定數ニ達セサルトキニ於テ法定得票數ニ達シタリトノ理由ニ依テ提起スル當選訴訟ノ出訴期間ハ現行法ニ於テハ之ヲ再選擧ノ告示ノ日ヨリ計算スルコトトシテ居ル、然ルニ改正法ハ再選擧ニ付テモ選擧ノ期間ヲ成ルヘク短縮セシムルノ趣旨ヲ以テ選擧ニ關スル訴訟ノ出訴期間滿了又ハ訴訟繫屬セサルニ至リタル日カラ二十日以內ニ必ス再選擧ヲ行ハシムルコトトシタノテアルカラ法定得票數ニ達シタリトノ理由、第六十九條第六項、第七十條ノ規定ニ該當シナイトノ理由又ハ第七十一條第五項ノ決定違法ナリトノ理由ニ因リ出訴スル當選訴訟ノ如ク選擧長ヲ被告トスル當選訴訟ノ出訴期間ヲ再選擧ノ告示ノ日ヨリ計算スルモノト爲ストキハ其ノ出訴期間(三十日間)ハ選擧ヲ行フヲ得ナイトノ規定ニ矛盾シテクルカラ出訴期間ノ起算點ハ別ニ之ヲ定メ其ノ滿了又ハ訴訟繫屬セサルニ至ルヲ待テ再選擧ノ期日ヲ定ムルノ外ハナイ且成ルヘク速ニ選擧ノ確定ヲ期スルノ趣旨カラ選擧會ニ於テ當選人ナキコト又ハ當選人其ノ選擧ニ於ケル議員ノ定數ニ達セナイコトカ決定シタルトキハ選擧長ハ直ニ之ヲ告示シ其ノ告示ノ日カラ出訴期間ヲ計算スルコトトナシタノデアル、此ノ場合選擧長カラ地方長官ニ報告セシムルノハ地方長官ニ於テ再選擧ノ期日ヲ定ムルカ爲メ是等ノ事實ヲ知ルノ必要アルカラデアル

（參　照）

現行法　第七十一條　當選人定マリタルトキハ選擧長ハ直ニ當選人ニ當選ノ旨ヲ告知シ同時ニ當選人ノ氏名、得票數及選擧人名簿ニ記載セラレタル者ノ總數其ノ他選擧ノ顚末ヲ地方長官ニ報告スヘシ

當選人ナキトキ又ハ當選人議員ノ定數ニ達セサルトキハ選擧長ハ直ニ其ノ旨ヲ地方長官ニ報告スヘシ

第七十五條　當選人當選ヲ承諾シタルトキハ地方長官ハ直ニ當選證書ヲ付與シ其ノ氏名ヲ管内ニ告示シ且之ヲ內務大臣ニ報告スヘシ

府縣制　第三十一條　當選者定マリタルトキハ選擧長ハ直ニ當選者ニ當選ノ旨ヲ告知シ同時ニ當選者ノ住所氏名ヲ告示シ且選擧錄及投票錄ノ寫ヲ添ヘ之ヲ府縣知事ニ報告スヘシ當選者ナキトキハ直ニ其ノ旨ヲ告示シ且選擧錄及投票錄ノ寫ヲ添ヘ之ヲ府縣知事ニ報告スヘシ

當選者當選ノ告知ヲ受ケタルトキハ十日以內ニ其ノ當選ヲ承諾スルヤ否ヲ府縣知事ニ申立ツヘシ

一人ニシテ數選擧區ノ選擧ニ當リタルトキハ最終ニ當選ノ告知ヲ受ケタル日ヨリ十日以內ニ何レノ選擧ニ應スヘキカヲ府縣知事ニ申立ツヘシ

前二項ノ申立ヲ其ノ期限內ニ爲サヽルトキハ當選ヲ辭シタルモノト看做ス

第六條第六項ニ揭クル在職ノ官吏以外ノ官吏ニシテ當選シタル者ハ所屬長官ノ許可ヲ受クルニ非サレハ之ニ應スルコトヲ得ス

前項ノ官吏ニシテ當選シタル者ニ關シテハ本條ニ定ムル期間ヲ二十日以內トス

府縣ニ對シ請負ヲ爲シ又ハ府縣ニ於テ費用ヲ負擔スル事業ニ付府縣知事若ハ其ノ委任ヲ受ケタル者ニ對シ請負ヲ爲ス者若ハ其ノ支配人又ハ主トシテ同一ノ行爲ヲ爲ス法人ノ無限責任社員、役員若ハ支配人ニシテ當選シタル者ハ其ノ請負ヲ罷メ又ハ請負ヲ爲ス者ノ支配人若ハ主トシテ同一ノ行爲ヲ爲ス法人ノ無限責任社員、役員若ハ支配人タルコトナキニ至ルニ非サレハ當選ニ應スルコトヲ得ス

前項ノ役員トハ取締役、監査役及之ニ準スヘキ者竝淸算人ヲ謂フ

市制　第三十二條　當選者定マリタルトキハ市長ハ直ニ當選者ニ當選ノ旨ヲ告知シ（第六條ノ市ニ於テハ區長ヲシテ之ヲ告知セシメ）同時ニ當選者ノ住所氏名ヲ告示シ且選擧錄ノ寫（投票錄アルトキハ併セテ投票錄ノ寫）ヲ添ヘ之ヲ府縣知事ニ報告スヘシ當選者ナキトキハ直ニ其ノ旨ヲ告示シ且選擧錄ノ寫（投票錄アルトキハ併セテ投票錄ノ寫）ヲ添ヘ之ヲ府縣知事ニ報告スヘシ

當選者當選ヲ辭セムトスルトキハ當選ノ告知ヲ受ケタル日ヨリ五日以內ニ之ヲ市長ニ申立ツヘシ

一人ニシテ數選擧區ニ於テ當選シタルトキハ最終ニ當選ノ告知ヲ受ケタル日ヨリ五日以內ニ何レノ當選ニ應スヘキカヲ市長ニ申立ツヘシ其ノ期間內ニ之ヲ申立テサルトキハ市長抽籤シテ之ヲ定ム

官吏ニシテ當選シタル者ハ所屬長官ノ許可ヲ受クルニ非サレハ之ニ應スルコトヲ得ス

前項ノ官吏ハ當選ノ告知ヲ受ケタル日ヨリ二十日以內ニ之ニ應スヘキ旨ヲ市長ニ申立テサルトキハ其ノ當選ヲ辭シタルモノト看做ス第三項ノ場合ニ於テ何レノ當選ニ應スヘキカヲ申立テサルトキハ總テ之ヲ辭シタルモノト看做ス

市ニ對シ請負ヲ爲シ又ハ市ニ於テ費用ヲ負擔スル事業ニ付市長若ハ其ノ委任ヲ受ケタル者ニ對シ請負ヲ爲ス者若ハ其ノ

支配人又ハ主トシテ同一ノ行爲ヲ爲ス法人ノ無限責任社員、役員若ハ支配人ニシテ當選シタル者ハ其請負ヲ罷メ又ハ請負ヲ爲ス者ノ支配人若ハ主トシテ同一ノ行爲ヲ爲ス法人ノ無限責任社員、役員若ハ支配人タルコトナキニ至ルニ非サレハ當選ニ應スルコトヲ得ス第二項又ハ第三項ノ期限前ニ其ノ旨ヲ市長ニ申立テサルトキハ其ノ當選ヲ辭シタルモノト看做ス前項ノ役員トハ取締役、監査役及之ニ準スヘキ者竝淸算人ヲ謂フ

町村制　第二十九條　當選者定マリタルトキハ町村長ハ直ニ當選者ニ當選ノ旨ヲ告知シ同時ニ當選者ノ住所氏名ヲ告示シ且選擧錄ノ寫(投票錄アルトキハ併セテ投票錄ノ寫)ヲ添ヘ之ヲ府縣知事ニ報告スヘシ當選者ナキトキハ直ニ其ノ旨ヲ告示シ且選擧錄ノ寫(投票錄アルトキハ併セテ投票錄ノ寫ヲ添ヘ)之ヲ府縣知事ニ報告スヘシ

當選者當選ヲ辭セムトスルトキハ當選ノ告知ヲ受ケタル日ヨリ五日以內ニ之ヲ町村長ニ申立ツヘシ

一人ニシテ兩級ニ於テ當選シタルトキハ最終ニ當選ノ告知ヲ受ケタル日ヨリ五日以內ニ何レノ當選ニ應スヘキカヲ町村長ニ申立ツヘシ其ノ期間內ニ之ヲ申立テサルトキハ町村長抽籤シテ之ヲ定ム

官吏ニシテ當選シタルモノハ所屬長官ノ許可ヲ受クルニ非サレハ之ニ應スルコトヲ得ス

前項ノ官吏ハ當選ノ告知ヲ受ケタル日ヨリ二十日以內ニ之ニ應スヘキ旨ヲ町村長ニ申立テサルトキハ其ノ當選ヲ辭シタルモノト看做ス第三項ノ場合ニ於テ何レノ當選ニ應スヘキカヲ申立テサルトキハ總テ之ヲ辭シタルモノト看做ス

町村ニ對シ請負ヲ爲シ又ハ町村ニ於テ費用ヲ負擔スル事業ニ付町村長若ハ其ノ委任ヲ受ケタルモノニ對シ請負ヲ爲ス者若ハ其ノ支配人又ハ主トシテ同一ノ行爲ヲ爲ス法人ノ無限責任社員、役員若ハ支配人ニシテ當選シタル者ハ其ノ請負ヲ罷メ又ハ請負ヲ爲ス者ノ支配人若ハ主トシテ同一ノ行爲ヲ爲ス法人ノ無限責任社員、役員若ハ支配人タルコトナキニ至ルニ非サレハ當選ニ應スルコトヲ得ス第二項ノ期限前ニ其ノ旨ヲ町村長ニ申立テサルトキハ其ノ當選ヲ辭シタルモノト看做ス

前項ノ役員トハ取締役、監査役及之ニ準スヘキ者竝淸算人ヲ謂フ

第七十三條　當選人當選ノ告知ヲ受ケタルトキハ其ノ當選ヲ承諾スルヤ否ヤヲ選擧長ニ屆出ツヘシ

一人ニシテ數選擧區ノ當選ヲ承諾スルコトヲ得ス

選擧長第一項ノ規定ニ依ル屆出ヲ受ケタルトキハ直ニ其ノ旨ヲ地方長官ニ報告スヘシ

當選承諾屆出ニ關スル規定テアル　當選人カ(イ)當選ノ告知ヲ受ケタルトキニハ(ロ)其ノ當選ヲ承諾スルヤ否ヤヲ(ハ)選擧長ニ屆出ツルノテアル(第一項)
當選承諾ハ自ラ衆議院議員タルノ資格ヲ獲得シタルコトヲ明認シテコノ資格ヲ引續キ保有スルコトヲ明示スルニ止マル行爲ニシテ選擧ハ固ヨリ契約テハナイカラ承諾ヲ以テ議員タル資格ノ獲得行爲ノ成立ニ必要ナル要素ノ如ク解スヘキモノテハナイ、不承諾ハ一旦獲得シタル資格ヲ其ノ獲得ノ日ニ遡リ喪失セシムヘキ解除條件ヲ成スモノニ過キナイ
一人ニシテ數選擧區ニ於ケル議員トナリ得ナイコトハ自明ノ理テアルカラ數選擧區ノ當選ヲ承諾スルコトハ出來ナイ(第二項)スヘテヲ承諾セサルカ承諾スルナラ一ヲ選ミテ承諾スルノ外ハナイ
選擧長カ當選人カラ當選ニ付承諾又ハ不承諾ノ屆出ヲ受理シタルトキハ速ニ其ノ旨ヲ地方長官ニ報告スルノテアル(第三項)當選人カ當選ヲ承諾シタトキハ地方長官ハ速ニ當選證書ヲ附與スルヲ要シ當選ヲ承諾シナイトキニハ場合ニヨリテハコレカ爲メニ再選擧ヲモ行ハネハナラヌコトニナルカラ其ノ爲メニ選擧長ヲシテ此ノ結果ヲ成ルヘク早ク地方長官ニ報告セシムルノテアル

（參照）

現行法　第七十二條　當選人當選ノ告知ヲ受ケタルトキハ其ノ當選ヲ承諾スルヤ否ヲ選擧長ニ屆出ツヘシ
一人ニシテ數選擧區ノ當選ヲ承諾スルコトヲ得ス
選擧長第一項ノ規定ニ依ル屆出ヲ受ケタルトキハ直ニ其ノ旨ヲ地方長官ニ報告スヘシ

府縣制　第三十一條
市制　第三十二條
町村制　第二十九條
前條參照欄揭載

第七十四條　當選人當選ノ告知ヲ受ケタル日ヨリ二十日以內ニ當選承諾ノ屆出ヲ爲ササルトキハ其ノ當選ヲ辭シタルモノト看做ス

本條カ所謂當選承諾期間ト稱セラルル規定テアル、當選人カ當選ノ通知ヲ受ケタル日ヨリ二十日以內ニ當選承諾ノ屆出ヲ爲サナカツタ場合ハ法律上其ノ當選ヲ辭シタルモノト看做サレルノテアル

當選人カ當選ヲ承諾スルヤ否ヤノ不確定ナル狀態ヲ永續セシムルコトハ徒ニ選擧ノ手續ヲ遲延セシメ公益上不當テアルカラ法律ハ告知ヲ受ケタル日ヨリ二十日ノ猶豫ヲ置キ此間ニ何等屆出ナキモノハ當選人タルノ意思ナキモノト解シテ

カクノ如キ規定ヲ設クルノ必要カアルノテアル

（參　照）

現行法　第七十三條　當選人當選ノ告知ヲ受ケタル日ヨリ二十日以內ニ當選承諾ノ屆出ヲ爲ササルトキハ其ノ當選ヲ辭シタルモノト看做ス

府縣制　第三十一條
市　制　第三十二條
町村制　第二十九條
（第七十二條參照欄掲載）

第七十五條　左ニ掲クル事由ノ一ニ該當スル場合ニ於テハ更ニ選擧ヲ行フコトナクシテ當選人ヲ定メ得ルトキヲ除クノ外地方長官ハ選擧ノ期日ヲ定メ少クトモ十四日前ニ之ヲ告示シ更ニ選擧ヲ行ハシムヘシ但シ同一人ニ關シ左ニ掲クル其ノ他ノ事由ニ依リ又ハ第七十九條第六項ノ規定ニ依リ選擧ノ期日ヲ告示シタルトキハ此ノ限ニ在ラス

一　當選人ナキトキ又ハ當選人其ノ選擧ニ於ケル議員ノ定數ニ達セサルトキ

二　當選人當選ヲ辭シタルトキ又ハ死亡者ナルトキ
三　當選人第七十條ノ規定ニ依リ當選ヲ失ヒタルトキ
四　第八十一條又ハ第八十三條ノ規定ニ依ル訴訟ノ結果當選人ナキニ至リ又ハ當選人其ノ選擧ニ於ケル議員ノ定數ニ達セサルニ至リタルトキ
五　當選人第八十四條ノ規定ニ依ル訴訟ノ結果當選無效ト爲リタルトキ
六　當選人第百三十六條ノ規定ニ依リ當選無效ト爲リタルトキ
第九章ノ規定ニ依ル訴訟ノ出訴期間ハ前項ノ規定ニ依ル選擧ヲ行フコトヲ得ス其出訴アリタル場合ニ於テ訴訟繫屬中亦同シ
第一項ノ選擧ノ期日ハ第九章ノ規定ニ依ル訴訟ノ出訴期

間滿了ノ日、其ノ出訴アリタル場合ニ於テハ地方長官第八十六條第一項ノ規定ニ依リ訴訟繫屬セサルニ至リタル旨ノ大審院長ノ通知ヲ受ケタル日又ハ第百四十三條ノ規定ニ依ル通知ヲ受ケタル日ヨリ二十日ヲ超ユルコトヲ得ス

第一項各號ノ一ニ該當スル事由議員ノ任期ノ終ル前六月以前ニ生シタルトキハ第一項ノ選擧ハ之ヲ行ハス

本條ハ所謂再選擧ニ關スル規定テアル、再選擧ハ當選人ノ不足、當選ノ無效等ニ關シ常ニ當選ナルコトヲ對照トシテ生スルモノテアツテ、カノ議員ノ闕員(死去、辭職退職等)ノ場合ニ起ル補闕選擧トハ明ニ區別セラレナケレハナラナイ

第一如何ナル事由アル場合ニ再選擧ヲ行フヘキカノ問題ト、第二其ノ各事由アル場合ニモ他ノ事情存スル場合ニハ之ヲ絕對的又ハ相對的ニ行ハナイ事ニ定メラレテ居ル其ノ事情ノ問題トニ區別シテ說明シヨウ

第一、如何ナル事由アル場合ニ再選擧ヲ行フヘキカ

(一)其事由ハ第一項ニ第一號カラ第六號迄揭ケラレテ居ル事由卽チ之レテアル

第一號　當選人ナキトキ又ハ當選人其ノ選擧ニ於ケル議員ノ定數ニ達セサルトキ例ヘハ孰レノ議員候補者モ法定得票數ニ達セサルカ又ハ議員定數三名ノ中ニ二名シカ法定得票數者カナイ樣テ場合テアル

第二號　當選人當選ヲ辭シタルトキ又ハ死亡者ナルトキ　第六十九條第四項ノ說明ヲ參照セラレタイ

第三號　當選人第七十條ノ規定ニ依リ當選ヲ失ヒタルトキ　コレ亦第六十九條第四項ノ說明ヲ參照セラレタイ

第四號　選擧訴訟又ハ當選訴訟ニ依リテ當選人ナキニ至リ又ハ當選人其ノ選擧ニ於ケル議員ノ定數ニ達セサルニ至リタルトキ

第五號　第八十四條ノ規定ニ依ル訴訟即チ選擧運動ノ費用ヲ制限額ヲ超過シテ支出シタルニ因リ又ハ選擧事務長或種ノ犯罪ニ依リ刑ニ處セラレタルニ因ル訴訟ノ結果當選人ノ當選無效ト爲リタルトキ

第六號　當選人選擧ニ關スル犯罪ニ依リ當選無效トナリタルトキ

(二)再選擧ハ右ノ一事由發生セハ之ヲ行フヘキモ訴訟ノ結果更ニ當選ノ無效トナル場合アルヲ以テ(例ヘハ當選ヲ辭シ又ハ當選ヲ失ヒタル後ニ當選無效ノ判決ア

ルカ如キ場合)斯クノ如キ場合ハ最終的ニコレヲ合シテ一ノ選擧手續ヲ以テ再選擧ヲ行ハシムル趣旨ニ出ツル爲メ法律ハ當選カ無效ト爲ルカ如キ性質ノ訴訟ノ期間ハ選擧ヲ行ハシメナイコトニ定メテ居ル即チ第九章ノ規定ニ依ル訴訟ノ出訴期間、及ヒ其ノ出訴アリタル場合ニ於テハ訴訟繫屬中選擧ヲ行ハシメナイコトニ定メテ居ル(第二項)

(三)然ラハ選擧ノ期日ハ如何ナル期間ニ之ヲ定ムヘキカ、現行法ハ再選擧ノ期日ヲ定ムルニ何等ノ標準ヲ規定シタモノハナイ、之レ成ルヘク速カニ再選擧ヲ行ハシムルノ必要カアルノト一面ニ於テハ法定得票數以上ノ得票ニ達シタリトノ理由ニ依リ出訴スル當選訴訟ノ出訴期間ヲ再選擧ノ告示ノ日ヲ以テ其ノ起算點ト爲セル等ノ關係カラ一定ノ標準ヲ設クルコトカ却テ不適當タト認メラレタカラテアルカ、改正法ハ總選擧ニ於テ成ルヘク選擧ノ期間ヲ短縮スルノ趣旨ヲ以テ新ニ規定ヲ設ケタルカ再選擧ニ於テモ同一ノ趣意ニ基キ成ル可ク再選擧ノ選擧期間ヲ短縮スルノ目的ヲ以テ規定セラレタノテアツテ第九章ノ規定ニ依ル訴訟ノ出訴期間滿了ノ日、其ノ出訴アリタル場合ハ訴訟繫屬セサルニ至リタル旨ノ通知ヲ受ケタル日、又第百四十三條ノ規定ニ依ル通知ヲ受ケタル日ヨリ二十日ヲ超エナイ期間ニ於テ必ス當選ヲ行ハシムルコトト爲シ又法定得票數以上ノ得票ニ達シタリトノ理由ニ依ル當選訴訟等ノ出訴期間ハ第七十二條ノ規定ニ依ル當選人ナキ旨又ハ當選人其ノ選擧ニ於ケル議員ノ定數ニ達セナイ旨ノ告示ノ日ヨリ起算スルコトト爲シタノテアル、即チ選擧ノ期日ハ(イ)第九章ノ規定ニ依ル訴訟ノ出訴期間滿了ノ日ヨリ(ロ)若シ出訴アリタル場合ニハ訴訟繫屬セサルニ至リタル旨ノ大審院長ノ通知ヲ受ケタル日ヨリ(ハ)當選人カ選擧ニ關スル犯罪ニ因リテ處刑セラレタル場合ニハ關係地方長官カ第百四十三條ノ規定ニヨリ、其ノ裁判所ノ長ヨリ其ノ旨ノ通知ヲ受ケタル日ヨリ起算シ以上何レモ二十日ヲ超エナイ期間內ニ選擧ノ期日ヲ定メネハ爲ラヌコトトサレテ居ル(第三項)

(四)而シテ右ノ期間內地方長官ハ何レノ日カヲ選擧ノ期日ト指定スヘク其ノ指定セラレタ期日ハ少クトモ十四日前ニ之ヲ告示シナケレハナラナイ(第一項)

第二前記本條第一項列擧ノ各事由アル場合ニモ他ノ事情ノ存在スル場合ニハ絕對的又ハ相對的ニ再選擧ヲ行ハナイノテアル、其ノ場合ハ

(一)更ニ選擧ヲ行フコトナクシテ當選人ヲ定メ得ルトキ、言フ迄モナク斯カル場合ハ毫モ再選擧ヲ行フヘキ必要ヲ見ナイノテアル即チ絕對的ニ行ハナイノテアッ

テ其ノ場合ハ

(イ)選擧訴訟(人ニ關スル一部ノ無效)若ハ當選訴訟ノ結果當選人ナキニ至リ又ハ當選人其ノ選擧ニ於ル議員ノ定數ニ達セス且法定數以上ノ得票者アル場合(第六十九條第三項)

(ロ)當選人當選ヲ辭シタルトキ、死亡者ナルトキ、第七十條ノ規定ニ依リ當選ヲ失ヒタルモ之カ補充タルヘキ得票順位者アル場合(第六十九條第四項)

(ハ)當選人第八十四條ノ規定ニ依ル訴訟ノ結果又ハ第百三十六條ノ規定ニ依リ當選無效ト爲リタル場合ニシテ且之カ補充タルヘキ得票順位者(當選承諾屆出期限前)年令順位者(當選承諾屆出期限後)アルトキ(第六十九條第五項)

(ニ)同一人ニ關シ既ニ選擧ノ告示ヲ爲シタルトキ、説明ノ便宜ノ爲メ此場合ヲ稱シテ相對的ト云フノテアル、前記(一)ノ更ニ選擧ヲ行フコトナクシテ當選人ヲ定メ得ル場合ハ選擧ハ絶對ニ行ハナイノテアルカ、茲ニ掲クル同一人ニ關シ既ニ選擧ノ告示アル場合ハ實ハ選擧ハ行ハルルノテアル唯別ノ事由カ後カラ生シテモ既ニ其ノ他ノ事由ニヨリ再選擧ノ告示カ爲サレテアルカラ其ノ事由ニ基キテハ選擧ハ行ハナイト云フニ過キナイ、選擧ト云フ方面カラ見レハ選擧ハ行ハレルノテアルカ別ニ生シタル事由ト云フ其ノ點ヨリ見ルナラ其ノ事由テハ重ネテ行ハナイノテアル、此意味ヲ表サウトシテ假ニ相對的ト云フタノテアル、法文モ亦此意味ニ於テ(一)ノ場合ハ「更ニ選擧ヲ行フコトナクシテ當選人ヲ定メ得ルトキヲ除クノ外」トシテ本文中ニ除外ノ規定トシテ之ヲ置キ(二)ノ場合ハ既ニ其ノ者ニ關シ選擧ノ手續ヲ爲シタルトキハ更ニ再選擧ノ手續ヲ要セナイカラ但書ノ規定トシテ之ヲ除外シテ居ルノテアル、サテ其ノ場合ハ

(イ)同一人ニ關シ他ノ事由ニ依リ既ニ再選擧ノ告示ヲ爲シタルトキ

(I)當選人當選ヲ辭シタルニ因リ再選擧ノ告示ヲ爲シタル後其ノ者選擧犯罪ニ依リ刑ニ處セラレ其ノ當選無效ト爲リタルトキ

(II)選擧人第七十條ノ規定ニ依リ當選ヲ失ヒタルニ因リ再選擧ノ告示ヲ爲シタル後其ノ者選擧犯罪ニ依リ刑ニ處セラレ其ノ當選無效ト爲リタルトキ

(ロ)同一人ニ關シ既ニ補闕選擧ノ告示ヲ爲シタルトキ、議員辭職シ又ハ退職シタルニ因リ補闕選擧ノ告示ヲ爲シタル後其ノ者選擧犯罪ニ因リ刑ニ處セラレ其ノ當選無效ト爲リタルトキ

(三)前記本條第一項列擧ノ一ニ該當スル事由カ議員ノ任期ノ終ル前六ケ月以內ニ生シタルトキハ再選擧ハ行ハナイノテアル、云フ迄モナク絕對的ニ行ハナイ場合

テアル、現行法ハ再選擧ヲ行フヘキ事由ヲ生シタルトキハ必ス之ヲ行フコトト爲シテ居ルカ、改正法ニ於テハ中選擧區制ヲ採用シタ結果現行法ニ比シ選擧區著シク擴大シ從テ選擧ノ煩累モ少クナイノト議員ノ任期終了前六月以内ニモナツテ居ルノテ之カ補闕ヲ爲サナクトモ實際上代議制度ノ運用ニ支障ヲ生スル樣ナ虞ハ少ナイト認メラルルノテ斯樣ナ規定カ設ケラレタ譯テアル、併シ選擧ヲ行フコトナクシテ當選人ヲ定メ得ル場合ニ於テハ前記ノ樣ナ選擧ノ煩ヲ生スルノ弊ハナイカラ常ニ其ノ補充ヲ爲スヘキモノテアル

（參　照）

現行法　第七十四條　左ニ掲クル事由ノ一ニ該當スル場合ニ於テハ更ニ選擧ヲ行フコトナクシテ當選人ヲ定メ得ルトキ又ハ左ニ掲クル其ノ他ノ事由ニ依リ若ハ第七十八條第四項ノ規定ニ依リ選擧ノ期日ヲ告示シタルトキヲ除クノ外地方長官ハ選擧ノ期日ヲ定メ豫メ之ヲ告示シ更ニ選擧ヲ行ハシムヘシ

一　當選人ナキトキ又ハ當選人議員ノ定數ニ達セサルトキ
二　當選人當選ヲ辭シタルトキ又ハ死亡者ナルトキ
三　選擧訴訟若ハ當選訴訟ノ結果ニ依リ當選人ナキニ至リ又ハ當選人議員ノ定數ニ達セサルニ至リタルトキ
四　當選人選擧ニ關スル犯罪ニ依リ刑ニ處セラレ其ノ當選無效トナリタルトキ

選擧訴訟若ハ當選訴訟ノ出訴期間ハ前項ノ規定ニ依ル選擧ヲ行フコトヲ得ス其ノ出訴アリタル場合ニ於テ訴訟繋屬中亦同シ

府縣制　第三十二條
第二十九條
第三十六條
（第六十九條參照欄掲載）

第三十四條　選擧人又ハ議員候補者選擧又ハ當選ノ效力ニ關シ異議アルトキハ選擧ニ關シテハ選擧ノ日ヨリ當選ニ關シテ

ハ第三十一條第一項又ハ前條第二項ノ告示ノ日ヨリ十四日以内ニ之ヲ府縣知事ニ申立ツルコトヲ得
前項ノ異議申立アリタルトキハ府縣知事ハ七日以内ニ之ヲ府縣參事會ノ決定ニ付スヘシ
府縣知事選擧又ハ當選ノ效力ニ關シ異議アルトキハ第一項申立ノ有無ニ拘ラス第三十一條第一項ノ報告ヲ受ケタル日ヨリ三十日以内ニ府縣參事會ノ決定ニ付スルコトヲ得
前二項ノ場合ニ於テハ府縣參事會ハ其ノ送付ヲ受ケタル日ヨリ十四日以内ニ之ヲ決定スヘシ
本條府縣參事會ノ決定ニ不服アル者ハ行政裁判所ニ出訴スルコトヲ得
前項ノ決定ニ關シテハ府縣知事又ハ選擧長ヨリモ亦訴訟ヲ提起スルコトヲ得
第八條第三十二條又ハ第三十六條第一項若ハ第三項ノ選擧ハ之ニ關係アル選擧又ハ當選ニ關スル異議ノ申立期間異議ノ決定確定セサル間又ハ訴訟ノ繫屬スル間之ヲ行フコトヲ得ス

市制　第三十三條
第三十七條
第三十條（第六十九條參照欄掲載）

第三十六條　選擧人選擧又ハ當選ノ效力ニ關シ異議アルトキハ選擧ニ關シテハ選擧ノ日ヨリ當選ニ關シテハ第三十二條第一項又ハ第三十四條第二項ノ告示ノ日ヨリ七日以内ニ之ヲ市長ニ申立ツルコトヲ得此ノ場合ニ於テハ市長ハ七日以内ニ市會ノ決定ニ付スヘシ市會ハ其ノ送付ヲ受ケタル日ヨリ十四日以内ニ之ヲ決定スヘシ
前項ノ決定ニ不服アル者ハ府縣參事會ニ訴願スルコトヲ得
府縣知事ハ選擧又ハ當選ノ效力ニ關シ異議アルトキハ選擧ニ關シテハ第三十二條第一項ノ報告ヲ受ケタル日ヨリ當選ニ關シテハ第三十二條第一項又ハ第三十四條第二項ノ報告ヲ受ケタル日ヨリ二十日以内ニ之ヲ府縣參事會ノ決定ニ付スルコトヲ得
前項ノ決定アリタルトキハ同一事件ニ付爲シタル異議ノ申立及市會ノ決定ハ無效トス
第二項若ハ第六項ノ裁決又ハ第三項ノ決定ニ不服アル者ハ行政裁判所ニ出訴スルコトヲ得
第一項ノ決定ニ付テハ市長ヨリモ訴願ヲ提起スルコトヲ得
第二項若ハ前項ノ裁決又ハ第三項ノ決定ニ付テハ府縣知事又ハ市長ヨリモ訴訟ヲ提起スルコトヲ得
第二十條第三十三條又ハ第三十七條第一項若ハ第三項ノ選擧ハ之ニ關係アル選擧又ハ當選ニ關スル異議申立期間異議ノ

決定若ハ訴訟ノ裁決確定セサル間又ハ訴訟ノ繫屬スル間之ヲ行フコトヲ得ス

町村制　第三十條
第三十四條
第二十七條（第六十九條參照欄掲載）

第三十三條　選擧人選擧又ハ當選ノ效力ニ關シ異議アルトキハ選擧ニ關シテハ選擧ノ日ヨリ當選ニ關シテハ第二十九條第一項又ハ第三十一條第二項ノ告示ノ日ヨリ七日以內ニ之ヲ町村長ニ申立ツルコトヲ得此ノ場合ニ於テハ町村長ハ七日以內ニ町村會ノ決定ニ付スヘシ町村會ハ其ノ送付ヲ受ケタル日ヨリ十四日以內ニ之ヲ決定スヘシ

前項ノ決定ニ不服アル者ハ府縣參事會ニ訴願スルコトヲ得

府縣知事ハ選擧又ハ當選ノ效力ニ關シ異議アルトキハ選擧ニ關シテハ第二十九條第一項ノ報告ヲ受ケタル日ヨリ當選ニ關シテハ第二十九條第一項又ハ第三十一條第二項ノ報告ヲ受ケタル日ヨリ二十日以內ニ之ヲ府縣參事會ノ決定ニ付スルコトヲ得

前項ノ決定アリタルトキハ同一事件ニ付爲シタル異議ノ申立及町村會ノ決定ハ無效トス

第二項若ハ第六項ノ裁決又ハ第三項ノ決定ニ不服アル者ハ行政裁判所ニ出訴スルコトヲ得

第一項ノ決定ニ付テハ町村長ヨリモ訴願ヲ提起スルコトヲ得

第二項若ハ前項ノ裁決又ハ第三項ノ決定ニ付テハ府縣知事又ハ町村長ヨリモ訴訟ヲ提起スルコトヲ得

第十七條第三十條又ハ第三十四條第一項若ハ第三項ノ選擧ハ之ニ關係アル選擧又ハ當選ニ關スル異議申立期間、異議ノ決定若ハ訴願ノ裁決確定セサル間又ハ訴訟ノ繫屬スル間之ヲ行フコトヲ得ス

町村會議員ハ選擧又ハ當選ニ關スル決定若ハ裁決確定シ又ハ判決アル迄ハ會議ニ列席シ議事ニ參與スルノ權ヲ失ハス

第七十六條　當選人當選ヲ承諾シタルトキハ地方長官ハ直ニ當選證書ヲ付與シ其ノ氏名ヲ告示シ且之ヲ內務大臣ニ報告スヘシ

當選證書付與ニ關スル規定テアル

當選人カ當選ノ告知ヲ受ケタルトキハ第七十三條ノ規定ニ依リ承諾スルカ否カヲ屆出ツルノテアルカ、若シ當選ヲ承諾シタルトキハ地方長官ハ(イ)直ニ當選證書ヲ付與シ(ロ)其ノ氏名ヲ告示シ(ハ)且之ヲ内務大臣ニ報告スルノテアル、當選證書トハ當選人ノ當選ヲ證明スル書面テアル、コレヲ付與スルノハ單ニ當選ノ事實ヲ明確ニスルタメノ一ノ手續ニ過キスシテ付與ヲ以テ何等新ナル事實ヲ創設スルモノテハナイ、當選承諾ノ事實ハ承諾シタル時ニ於テ發生シ其ノ當選證書ノ付與アルト否トニヨリテ何等ノ消長ヲ來タスコトハナイ

（參照）

現行法　第七十五條（第七十二條參照欄掲載）

第七十七條　第九章ノ規定ニ依ル訴訟ノ結果選擧若ハ當選無效ト爲リタルトキ又ハ當選人第百三十六條ノ規定ニ依リ當選無效ト爲リタルトキハ地方長官ハ直ニ其ノ旨ヲ告示スヘシ

左ノ場合ニ於テハ地方長官ハ直ニ其ノ旨ヲ告示スルノテアル

(イ)第九章ノ規定ニ依ル訴訟ノ結果選擧若ハ當選無效ト爲リタルトキ

（ロ）當選人カ第百三十六條ノ規定即チ選擧罰則ニ依リ刑ニ處セラレ因テ當選無效ト爲リタルトキ

現行法テハ選擧訴訟若ハ當選訴訟ノ判決ニ依リ選擧若ハ當選無效トナリタルトキ又ハ選擧ニ關スル罰則ニ依リ處罰セラレタル結果當選無效トナツタトキハ地方長官ハ其ノ當選證書ヲ取消シ之ヲ管内ニ告示スルコトト定メラレテ居ル（現行法第七十六條）然ルニ改正法カコノ當選證書取消ノ點ヲ削除シテ居ル理由ハ斯ノ如キ場合ニハ選擧ノ當時ニ遡リ選擧又ハ當選無效ト爲リ當選人ハ當選ナカリシ狀態トナルカラ其ノ當選ヲ證明スルニ止ル當選證書ハ之ヲ取消ス迄モナク當然ニ其ノ效力ヲ失フヘキモノテアツテ特ニ之ヲ取消スノ必要ハナイト認メラルルカラテアル

（參照）

現行法　第七十六條　選擧訴訟若ハ當選訴訟ノ判決ニ依リ選擧若ハ當選無效トナリタルトキ又ハ當選證書ヲ付與シタル後選擧ニ關スル罰則ニ依リ處罰セラレタル結果當選無效トナリタルトキハ地方長官ハ其ノ當選證書ヲ取消シ之ヲ管内ニ告示スヘシ

第八章　議員ノ任期及補闕

本章ハ議員ノ任期及議員ニ闕員ヲ生シタル場合之カ補充ノ規定特ニ補闕選擧ニ

闕シテ定メラル

第七十八條　議員ノ任期ハ四年トシ總選擧ノ期日ヨリ之ヲ起算ス但シ議會開會中ニ任期終ルモ閉會ニ至ル迄在任ス

議員ノ任期ハ之ヲ明定スルノ必要カアルカラ本條ヲ以テ玆ニ之ヲ明ニシタノテアル

議員ノ任期ハ滿四年テアルコレハ暦ニ從フテ數フヘキモノテアラウ、此起算點ハ總選擧ノ期日カラ之ヲ起算スルノテアル、タカラ第七十五條ノ再選擧ニヨリテ議員トナリタル者ノ任期テモ同樣當該ノ總選擧ノ期日カラ起算シテ四年テアルコトハ言フ迄モナイ（補闕議員ノ任期ハ第八十條ニ規定セラル）

右ノ如ク總選擧ノ期日カラ起算スルトセハ場合ニ依リテハ議會開會中ニ任期ノ終ル樣ニナルコトモアルテアラウ、法律ハ此場合ヲ豫想シテ例外ヲ認メテ居ル即チ議會開會中ニ任期終ルモ閉會ニ至ル迄ハ在任スル旨ノ規定ヲ設ケタノテアル尙衆議院解散サレタル場合ニハ衆議院議員全體ノ任期ヲ其期間滿了前ニ消滅セシムルモノテアル

（參照）

現行法　第七十七條　議員ノ任期ハ總選擧ノ期日ヨリ四箇年トス但シ議會開會中ニ任期終ルモ閉會ニ至ル迄在任ス
府縣制　第　七　條　府縣會議員ハ名譽職トス
議員ノ任期ハ四年トシ總選擧ノ日ヨリ之ヲ起算ス
市　制　第十九條　市會議員ハ名譽職トス
議員ノ任期ハ四年トシ總選擧ノ第一日ヨリ之ヲ起算ス
町村制　第十六條　町村會議員ハ名譽職トス
議員ノ任期ハ四年トシ總選擧ノ日ヨリ之ヲ起算ス

第七十九條　議員ニ闕員ヲ生スルモ其ノ闕員ノ數同一選擧區ニ於テ二人ニ達スル迄ハ補闕選擧ハ之ヲ行ハス
議員ニ闕員ヲ生シタルトキハ內務大臣ハ議院法第八十四條ノ規定ニ依ル衆議院議長ノ通牒ヲ受ケタル日ヨリ五日以內ニ地方長官ニ對シ其ノ旨ヲ通知スヘシ
地方長官ハ前項ノ規定ニ依ル通知ヲ受ケタルトキハ其ノ闕員ト爲リタル議員カ第七十四條ノ規定ニ依ル當選承諾屆出ノ期限前ニ於テ闕員ト爲リタル者ナル場合ニ於テ第六十九條第一項但書ノ得票者ニシテ當選人ト爲ラサリシ

者アルトキ又ハ其ノ期限經過後ニ於テ闕員ト爲リタル者ナル場合ニ於テ第六十九條第二項ノ規定ノ適用ヲ受ケタル得票者ニシテ當選人ト爲ラサリシ者アルトキハ直ニ議員闕員ト爲リタル旨ヲ選擧長ニ通知スヘシ

選擧長ハ前項ノ規定ニ依ル通知ヲ受ケタル日ヨリ二十日以內ニ第六十九條第四項乃至第六項ノ規定ヲ準用シ當選人ヲ定ムヘシ

地方長官ハ第二項ノ規定ニ依ル通知ヲ受ケタル場合ニ於テ第三項ノ規定ノ適用アルトキ及同一人ニ關シ第七十五條ノ規定ニ依リ選擧ノ期日ヲ告示シタルトキヲ除クノ外其ノ闕員ノ數同一選擧區ニ於テ二人ニ達スルヲ待チ最後ニ第二項ノ規定ニ依ル通知ヲ受ケタル日ヨリ二十日以內ニ補闕選擧ヲ行ハシムヘシ

補闕選擧ノ期日ハ地方長官少クトモ十四日前ニ之ヲ告示スヘシ

第七十五條第二項乃至第四項ノ規定ハ補闕選擧ニ之ヲ準用ス

本條ハ議員ニ闕員ヲ生シタルトキ場合ニ依リ補闕選擧ヲ行ヒ又ハ行ハサルコトニ關シ定メラレタル規定テアル

議員ニ闕員ヲ生シタルトキハ之カ補充ヲ爲スヘキテアルカラ本條ニ於テ議院法ノ規定ト相俟テ其ノ闕員事實ヲ確知セシムル爲メト速ニ補充セシメンコトヲ期スル爲メトニ由リ一ノ規定ヲ設ケテ居ル、議員ニ闕員ヲ生シタルトキハ議院法第八十四條ニヨリテ衆議院議長ハコレヲ內務大臣ニ通牒スルコトニナツテ居ルノテ、內務大臣カ此通牒ヲ受ケタナラハ其ノ通牒ヲ受ケタ日カラ五日以內ニ地方長官ニ對シテ其ノ旨ヲ通知スルノ規定即チ之レテアル(第二項)現行法テハ「內務大臣ハ地方長官ニ其ノ補闕ノ手續ヲナスヘキ旨ヲ命スヘシ」(現行法第七十八條)ト規定セルモ、改正法ニ於テハ議員ニ闕員ヲ生スルモ補闕選擧ハ之ヲ行ハナイ場合カアルカラ內

務大臣ハ單ニ地方長官ニ對シ議員闕員ト爲リタル旨ノ通知ヲ爲スニ止メシメタノテアル

サテ斯樣ニ議員ノ闕員ヲ生シタルトキハ茲テ生スル問題ハ補充問題テアル、依テ第一補闕選擧ニ依ラスシテ補充シ得ル場合ト、第二補闕選擧ニ依ラサレハ補充シ得サル狀態ニ在ル場合ニ付更ニ(一)補闕選擧ヲ行ハサル場合(二)補闕選擧ヲ行フ場合トニ別テ說明シヨウト思フ

第一、補闕選擧ニ依ラスシテ補充シ得ル場合

(一)地方長官カ前記議員ノ闕員ノ通知ヲ受ケタルトキニ

(イ)其ノ闕員トナツタ議員カ當選承諾屆出期限前(第七十四條)ニ闕員トナツタ者テアル場合ニ法定得票者(第六十九條第一項但書)テ當選人トナラナイ者カ在ルカ、又ハ

(ロ)當選承諾屆出期限經過後ニ於テ闕員トナツタ者テアル場合ニ曩ニ年齡又ハ抽籤ノ爲メニ當選人トナラナカツタ者(第六十九條第二項)カ在ルトキニハ

地方長官ハ速ニ議員闕員トナツタ旨ヲ選擧長ニ通知スルノテアル(第三項)

(二)選擧長カ此通知ヲ受ケタナラハ其ノ通知ヲ受ケタ日カラ二十日以內ニ前ニ說明シタ當選人補充ノ場合ノ第六十九條第四項乃至第六項ノ規定ヲ準用シテ當選

人ヲ定メルノテアル(第四項)
現行法ハ年長又ハ抽籤ニ依リ當選シタ議員カ闕員トナツタトキニ限リ年少又ハ落籤ニヨリ落選シタル者ヲ當選人ト定ムルノテアルケレトモ(現行法第七十八條)改正法ハ當選人ノ補充ニ付第六十九條ニ於テ現行法ニ於テ規定スルモノノ外當選承諾屆出期限前ニ於テハ得票順位者(年齢順位者ヲ含ム)ヲ以テ補充スルノ制度ヲ認メ當選承諾屆出期限後ニ於テハ年齢順位者ハ單ニ年長若ハ抽籤ニ依リ當選シタル當選人ノ缺員トナリタル場合ニ限ラナイテ廣ク他ノ當選人缺員ト爲リタル場合ニ於テモ之カ補充當選人ト爲スコトヲ認メタカラ議員補闕ノ場合ニ於テモ亦改正法第六十九條ノ手續ヲ準用シテ同樣ノ手續ニ依リ當選人ヲ定ムルコトトシタノテアル、其ノ譯ハ中選擧區制ヲ採用シタノテ選擧區域カ擴大シタカラ成ルヘク補闕選擧ノ煩ヲ避ケムトスルニアルノテアツテ、得票順位者(年齢順位者ヲ含ム)ヲ以テ補充スル期間ヲ餘リ長クスルトキハ有效投票ノ最多數ヲ得タル者ヲ以テ當選人ト定メントスル選擧ノ根本主義ニ反シ且動モスレハ議員候補者濫立ノ弊ヲ生スルカラ之ヲ當選承諾屆出期限前ニ限リ一面當選承諾屆出期限後ニ年齢順位者ヲ以テ總テノ議員ノ中何レカ闕員トナリタルトキニモ補充ヲ認メタ理由ハ年齢順位者カ當選人タルコトヲ得ナカツタノハ單ニ年少若ハ抽籤ノ結果ニ基クノミテ之ヲ得票數カラ見レハ當選人トナツタ者ト同數ノ得票アツタ者テ即チ當選人タルニ十分ナル選擧人ノ信任ヲ得タ者タト云フコトカ出來ルカラ苟モ議員ニ闕員ヲ生シタ場合ニハ必スシモ現行法ノ樣ニ特ニ年長若ハ抽籤ニ依リ當選シタル議員ノ闕員ト爲ツタ場合ノミニ限ラナイテ議員中何レカ闕員トナツタ場合テモ年齡順位者ヲ以テ當選人ト定ムルコトハ不當テナイト認メラルルニ由ルノテアル

第二補闕選擧ニ依ラサレハ補充シ得サル狀態ニアル場合

(一)補闕選擧ヲ行ハサル場合

(イ)議員ニ闕員ヲ生スルモ其ノ闕員ノ數カ同一選擧區内ニ於テ二人ニ達スル迄ハ補闕選擧ハ之ヲ行ハナイノテアル(第一項)現行法ニハ斯ノ如キ規定ハナカリシモ改正法ハ中選擧區制ヲ採用シタル結果現行法ニ比シテ選擧區カ著シク擴大シ爲メニ選擧ノ煩累ヲ及ス區域カ廣汎トナツタノミナラス各選擧區ハ必ス三人乃至五人ノ議員定數ヲ有シテ單ニ一人ノ闕員ヲ生シタノミテハ實際上代議制度ノ運用ニ直ニ支障ヲ來タスカ如キ虞ハナイモノト認メラルルカラ成ルヘク補闕選擧

ニ伴フ煩累ヲ避ケムトスルノ目的ヲ以テ斯様ニ定メラレタノテアル
補闕選擧ヲ行ハナイテ補充シ得ル場合ニハ直ニ補充スルノテアルカラ何等此問題ニハ關係ヲ有シナイコトハ言フ迄モナイ

(ロ)議員ノ任期終了前六ケ月以內ニ闕員ヲ生スルモ補闕選擧ヲ行ハナイトシタ(第七項第七十五條第四項)立法趣旨ハ前ニ再選擧(第七十五條)ノ場合ニ於テ述ヘタルト同樣テアツテ實際上選擧ノ任期終了前六月以內ニ至リ議員ニ闕員ヲ生スル場合少キト假ニ多少ノ闕員ヲ生シタトシテ之ヲ其ノ儘ニ放置シテモ其ノ爲メニ代議制度ノ運用上支障ヲ生スル樣ナ虞ノナイノト此ノ如キ場合ニ補闕選擧ヲ行フモ補闕議員ハ直ニ任期終了トナリ其ノ效果少キト中選擧區制ヲ採用シタル結果選擧ノ煩累ヲ及ス區域擴大セルヲ以テ成ル可ク其ノ煩ヲ避ケムトスル等トニ由ルノテアル
コレモ亦補闕選擧ヲ行ハナイテ補充シ得ル場合ニハ毫モ關係ノナイ規定テアル

(ハ)同一人ニ關シ再選擧(第七十五條)ノ規定ニ依リ選擧ノ期日ヲ告示シタルトキ(第五項)內務大臣ヨリ議員闕員ト爲リタル旨ノ通知ヲ受クル前ニ同一人ニ關シ既ニ第七十五條ノ規定ニ依リ再選擧ノ期日ノ告示ヲ爲シタル場合トハ議員辭職シ又ハ退職シタルニ依リ內務大臣ハ其ノ旨地方長官ニ通知ヲ發シタトコロカ其ノ通知ノ

未タ地方長官ニ到達シナイ間ニ於テ辭職又ハ退職シタル者第百三十六條ノ規定ニ依リ當選無效ト爲リ、地方長官ハ裁判所ノ長ノ通知ニ依リテ直ニ再選擧ノ期日ヲ告示シタルトコロ其ノ後内務大臣カラ議員辭職又ハ退職シタル旨ノ通知到着シタル場合即チ此場合テアル、此場合第百三十六條ノ規定ニ依リ當選ハ遡リテ無效トナリ議員ノ辭職又退職ノ事實ハ無カリシ狀態トナルカラ内務大臣ノ通知モ其ノ正當ナル根據ヲ失ヒ無效タルヘキモノテアルカラ當然再選擧ニ依ルヘキモノテアツテ補闕選擧ノ問題ヲ生シナイト爲スヲ理論上正當トスルカ如キモ實際ニ於テハ再選擧ト補闕選擧トノ事由ハ同一人ニ關シ相前後シテ發生スルコトカアル既ニ一ノ事由ニ依リ選擧ノ手續ヲ開始シタル後、後ノ事由ニ依リ既ニ開始シタル選擧ノ手續ヲ取消シ更ニ正當ナル選擧ノ手續ヲ爲スヘキモノトスルノハ徒ラニ無用ナル手續ヲ繰リ返サシムルニ過キヌノテ實益ハナイカラ第七十五條ニ於テモ事由ノ重復シタル場合ニ於テハ既ニ開始シタル手續ニ依ラシムルコトト爲シタル次第テアル、ソコテ補闕選擧ノ場合ニ於テモ同樣ノ趣意ノ規定ヲ設ケタノテアル、選擧ヲ行フコトナクシテ當選人ヲ定メ得ヘキ場合ニ於テモ右ト同樣ノ關係ニ於テ内務大臣ヨリノ通知ノ到達前既ニ補充ニ關スル選擧會ノ日時ヲ告示シタル場合ヲ生スルコトカアラウ、此ノ場合ニ付キ別段ノ規定ノ設ケラレテ居ラナイノハ選擧ノ場合ニ於テハ既ニ開始シタル再選擧ニ依ルカ將タ補闕選擧ニ依ルカニ依リテ選出セラルル當選人ニ相異ヲ生スルコトカアルカラ何レノ手續カ一ニ依リテ當選人ヲ定ムル必要カアルケレトモ、選擧ヲ行フコトナクシテ當選人ヲ定ムヘキ場合ニ於テハ既ニ開始セル補充手續ニ依ルモ本條ノ補充ノ手續ニ依ルモ選出セラルル當選人ハ毫モ異ナルコトハナイカラ其ノ何レノ手續ニ依ルモ實際上何等支障ハナイカラテアル

(二)補闕選擧ヲ行フ場合

(イ)地方長官カ内務大臣カラ議員闕員ノ通知ヲ受ケタル場合ニ於テ前ニ説明シタ如ク補闕選擧ヲ行ハナイテ補充シ得ル場合カ同一人ニ關シテ再選擧ノ期日ヲ告示シタル場合カテナイトキニハ其ノ闕員ノ數カ同一選擧區ニ於テ二人ニ達スルヲ待テ補闕選擧ヲ行フノテアル(第五項)本項ニ於テハ第三項ニ於テ補闕選擧ヲ行フコトナクシテ當選人ヲ定メ得ル場合ニ關シテ之ヲ規定シテ居ルカラ其ノ第三項ノ規定ノ適用アル場合ニハ本項ノ規定ノ適用ナイコトト第一項ニ於テ闕員ノ數同一選擧區ニ於テ二人ニ達スル迄ハ補闕選擧ヲ行ハナイコトト爲セルヲ以テ

同一選擧區ニ於テハ闕員ノ數二人ニ達スルヲ待テ初メテ補闕選擧ヲ行フヘキ旨トヲ明ニシタノテアル、同一選擧區ニ於テ闕員ノ數二人ニ達スルヲ待テト規定シタルハ固ヨリ三人以上ノ補闕選擧ヲ同時ニ行フヘカラスト爲スノ趣旨テハナク闕員ノ數二人ニ達スル迄ハ補闕選擧ヲ行フコトナキモ同時ニ三人以上ノ議員闕員ト爲リタル旨ノ通知ヲ受ケタルトキ又ハ闕員一人ノ通知ヲ受ケ後ニ同時ニ闕員二人以上ノ通知ヲ受ケタルトキノ如キハ同時ニ補闕選擧ノ期日ヲ告示シテ支障ノナイコト論ヲ俟タナイ所テアル

(ロ)補闕選擧ハ如何ナル期間內ニ其期日ヲ定メテ之ヲ行フヘキカ、ソレハ第二項ノ規定ニ從ヒ地方長官カ內務大臣カラ議員闕員ノ通知ヲ受ケタル日カラ二十日以內ニ之ヲ行フノテアル(第五項)

(ハ)所カ所謂選擧訴訟、當選訴訟等第九章ノ規定ニ依ル訴訟ノ出訴期間及其ノ出訴アリタル場合ニ於テ訴訟繫屬中ハ選擧ヲ行フコトヲ得ナイノテアル、ダカラダトヘ通知ヲ受ケテモ此出訴期間、若シ訴訟繫屬中ナラ其ノ訴訟ノ終了迄ハ待タナケレハナラナイ(第七項第七十五條第二項)ソコテ右訴訟ノ出訴期間滿了ノ日、其ノ出訴アリタル場合ニ於テハ地方長官第八十六條第一項ノ規定ニ依リ訴訟繫屬セサルニ至リタ

ル旨ノ大審院長ノ通知ヲ受ケタル日、又ハ第百四十三條ノ規定ニ依ル通知ヲ受ケタル日ヨリ二十日以内ニ選擧ヲ行フノテアル（第七項第七十五條第三項）

補闕選擧ヲ第九章ノ規定ニ依ル訴訟ノ出訴期間又ハ訴訟繫屬中ニ行ハシムルトキハ訴訟ノ結果ニ依リ或ハ其ノ選擧ノ全部カ取消サレ又ハ其ノ補闕選擧ノ原因ト爲ツタ議員カ遡テ其ノ當選ヲ無效トセラルルニ至ル樣ナ場合ヲ生シ得ルカラ現行法ニ於テモ補闕選擧ニ關シ第七十四條（改正法第七十五條）第二項ヲ準用シ出訴期間及訴訟繫屬中ハ選擧ヲ行ハシメナイコトトシテ居リ改正法亦此ノ主義ニ則リテ此ノ場合ニ於ケル補闕選擧ノ期日ニ關シテハ改正法第七十五條第三項ヲ準用シテ出訴期間滿了ノ日又ハ訴訟繫屬セサルニ至リタル日カラ二十日ヲ超ユルコトヲ得ナイ樣ニシテ以テ選擧ノ期間ヲ短縮スルノ趣旨ヲ一貫セムトシタノテアル

（三）以上何レノ場合ニ於テモ地方長官ハ右二十日ノ期間ノ中テ選擧ノ期日ヲ指定シ少クトモ十四日前ニ之ヲ告示スルノテアル（第六項）

（參照）

現行法　第七十八條　議員ニ闕員ヲ生シタルトキハ内務大臣ハ地方長官ニ其ノ補闕ノ手續ヲ爲スヘキ旨ヲ命スヘシ

地方長官ハ第七十四條ノ規定ニ依リ選擧ノ期日ヲ告示シタルトキヲ除クノ外前項ノ規定ニ依ル命ヲ受ケタル日ヨリ二十日以内ニ補闕選擧ヲ行ハシムヘシ但シ第七十條第二項ノ規定ニ依リ當選人トナリタル議員闕員トナリタルトキハ直ニ其

ノ旨ヲ選擧長ニ通知スヘシ
選擧長ハ前項但書ノ規定ニ依ル通知ヲ受ケタル日ヨリ二十日以內ニ第七十條第四項及第五項ノ規定ヲ準用シ當選人ヲ定ムヘシ
補闕選擧ノ期日ハ地方長官豫メ之ヲ告示スヘシ
第七十四條　第二項ノ規定ハ補闕選擧ニ之ヲ準用ス
第七十四條（第七十五條參照欄掲載）
第七十條（第六十九條參照欄掲載）
議院法　第八十四條　何等ノ事由ニ拘ラス衆議院議員ニ闕員ヲ生シタルトキハ議長ヨリ內務大臣ニ通牒シ補闕選擧ヲ求ムヘシ
府縣制　第八條
第三十二條
第三十六條 （第六十九條參照欄掲載）
第三十一條（第七十二條參照欄掲載）
第三十四條（第七十五條參照欄掲載）
市制　第二十條（第六十九條參照欄掲載）
第三十條第二項　前項ノ規定ニ依リ當選者ヲ定ムルニ當リ得票ノ數同シキトキハ年長者ヲ取リ年齡同シキトキハ選擧長抽籤シテ之ヲ定ムヘシ
第三十三條（第六十九條參照欄掲載）
第三十六條（第七十五條參照欄掲載）
町村制　第十七條　町村會議員中闕員ヲ生シタルトキハ三月以內ニ補闕選擧ヲ行フヘシ但シ第二十七條第二項ノ規定ノ適用ヲ受ケタル得票者ニシテ當選者ト爲ラサリシ者アルトキハ直ニ選擧會ヲ開キ其ノ者ノ中ニ就キ當選者ヲ定ムヘシ此ノ場合ニ於テハ第三十條第三項及第四項ノ規定ヲ準用ス
第三十條第五項及第六項ノ規定ハ補闕選擧ニ之ヲ準用ス
補闕議員ハ其ノ前任者ノ殘任期間在任ス

第二十七條
第三十條　（第六十九條參照欄掲載）

第三十三條第八項　第十七條第三十條又ハ第三十四條第一項若ハ第三項ノ選擧ハ之ニ關係アル選擧又ハ當選ニ關スル異議申立期間、異議ノ決定若ハ訴願ノ裁決確定セサル間又ハ訴訟ノ繫屬スル間之ヲ行フコトヲ得ス

第八十條　補闕議員ハ其ノ前任者ノ殘任期間在任ス

補闕議員トハ前條説明シタ如ク議員闕員トナリタル場合之カ補充トシテ新ニ議員ト爲リタル者ヲ謂フノテ、其ノ者ノ任期ハ其ノ前任者ノ殘任期間テアルコトヲ明定セラレテ居ル、之レハ説明ヲ要スル迄モナク一般ニ後任者ノ任期カ前任者ノ殘任期間其地位ニ在ルコトハ事理ノ當然ト云フヘク、誤リナカランコトヲ期スル注意的規定ニ過キナイ

（參照）

現行法　第七十九條　補闕議員ハ其ノ前任者ノ殘任期間在任ス

府縣制　第八條第三項　補闕議員ハ其ノ前任者ノ殘任期間在任ス

市　制　第二十條第三項　補闕議員ハ其ノ前任者ノ殘任期間在任ス

町村制　第十七條第三項　補闕議員ハ其ノ前任者ノ殘任期間在任ス

第九章　訴訟

本章ニハ所謂選擧訴訟、當選訴訟、又ハ選擧費用超過ニ因リ或ハ選擧事務長ノ或種ノ選擧犯罪ニ因リ當選ヲ無效ト爲ス訴訟ニ關シ規定セラル、選擧訴訟ナル用語ハ廣狹二義ニ用ヒラルルカラ注意ヲ要スルノテアル、廣義テハ本章規定ノ一切ノ選擧ニ關スル訴訟ト謂フ意味ニ用セラレ、狹義テハ第八十一條規定ノ選擧ノ效力ニ關シ異議アル場合ノ訴訟ヲ指シテ用ヒラレテ居ル、又第八十三條ノ訴訟モ第八十四條ノ選擧費用超過ニ因リ又ハ選擧事務長ノ或種ノ選擧犯罪ニ因リ當選ヲ無效ト爲ス訴訟モ孰レモ當選ナルコトヲ目的トシテ居ルケレトモ單ニ當選訴訟ト云フトキハ第八十三條ノ訴訟ヲ謂フテ居ルノテアル

改正法ハ本章規定ノ訴訟ハ總テ大審院ニ提起セシメ一審制度ヲ採用シ現行法ヲ改メタノテアル、選擧訴訟ヤ當選訴訟ノ如キハ其訴訟物ハ本來行政事項テアル而モ民事訴訟ノ形式ニ因リテ通常裁判所ニ於テ行ハシムルヲ公益上相當トシテ

斯ク通常裁判所ニ於テ裁斷セシムルコトトシタノテアルカラ通常ノ民事訴訟ト同樣ニ三審制度ニ依ラシムル理由ハ毫モナイ、現行法ニ於テハ控訴院ニ出訴セシメテ其裁判ニ不服アル場合大審院ニ上告セシメ即チ二審制トシタノテアルカ、改正法ニ於テハ之ヲ改メテ一審制トシタノハ言フ迄モナク事ノ性質上ナルヘク早ク其ノ結果ノ確定スルコトヲ欲シタカラテアルノト判決ノ統一ト適正トヲ期セムトスルノ趣旨ニ出タノテアル、又一度當選人ト定リ其ノ當選ヲ承諾シテ議員ト爲ツタ者ニ對シテハタトヘ選擧訴訟ヤ當選訴訟カ提起セラレテモ其ノ判決確定ニ至ル迄ハ其ノ資格ニ些ノ異動ヲ來タスコトナク議院法第八十條ニハ「議員其ノ資格ナキコトヲ證明セラルルニ至ル迄ハ議院ニ於テ位列及發言ノ權ヲ失ハス」トサヘ規定セラレテ居ルカラ場合ニ依リ訴訟カ遷延スルトキハ元來無資格タルヘキ者カ議員權ヲ行使シ得ルノ弊害ヲモ生スル次第テアルカラ斯樣ニ第一審ニシテ終審トシ大審院ノミノ管轄ニ屬セシムルコトトシタ譯テアル

第八十一條　選擧ノ効力ニ關シ異議アル選擧人又ハ議員候補者ハ選擧長ヲ被告トシ選擧ノ日ヨリ三十日以內ニ大審

院ニ出訴スルコトヲ得

本條ハ所謂選擧訴訟ト稱セラルルモノニシテモトヨリ選擧ノ適正ナランコトヲ期スル訴訟テアル

(一)訴ノ原因ハ選擧ノ效力ニ關シ何等カノ異議即チ選擧ノ規定ニ違反シタル爲メ其ノ全部又ハ一部ノ無效ヲ來スヘキ法律上又ハ事實上ノ瑕疵アルコト之レテアル

(二)原告ハ選擧人又ハ議員候補者テアル、此選擧人ハ當該選擧區ニ於ケル選擧人トシテ選擧權ヲ有スルヲ以テ足ルノテアツテ偶々選擧人名簿ニ登錄セラレテ居ラナイ者テモ、當該選擧ニ於テ現ニ投票ヲ爲シタ者テナクテモ原告タリ得ルノテアル、コレ本訴訟ノ目的カ專ラ選擧ノ適正ヲ期スルニ在ル點カラ見テモ明白ナコトテアル、勿論原告タル選擧人ハ自己カ當該選擧區ニ於テ選擧人タル資格ヲ有スルモノナルコトヲ主張シ且立證シナケレハナラナイ、原告トシテ議員候補者ヲモ加ヘタルハ改正法ノ新ニ規定スル所テアル、議員候補者ハ選擧ノ效力ニ關シ最モ利害關係ヲ有スル者テアルニモ拘ラス選擧人テナイ場合モアルカラテアル、

ココニ議員候補者ト云フハ第六十七條ノ規定ニ從ヒタル法律上ノ議員候補者

タルコトハ言フヲ俟タナイ、選擧人ニシテ議員候補者タル場合ニハ孰レノ資格ニ於テ原告タルモ自由テアラウ

(三)被告ハ選擧長テアル、選擧長ヲ被告ト規定スルモ選擧長タル其ノ人個人ニ關シテ何等關係ナキモノテアツテ畢竟法律ハ國ヲ代表セシムル意味テ選擧長タル地位ニ在ル其人ヲ當該選擧訴訟ノ被告ト定メタ譯テアルカラ例ヘハ知事カ選擧長テアル場合ニ訴訟繋屬中ニ知事ノ交迭アリタルトキハ法律上代理人ノ代理權消滅シタルモノトシテ訴訟手續ノ中斷ニ關スル民事訴訟ノ規定ヲ類推適用シ後任ノ知事ヲシテ訴訟手續ノ受繼ヲ爲サシムヘキモノテアラウト解セラル

(四)出訴期間ハ當該選擧ノ施行セラレタル其日ヨリ三十日以內テアル、玆ニ所謂出訴アリト言ヘルノニハ訴狀カ裁判所ニ到達シテ受理セラレタルコトヲ要スル、訴訟ノ結果選擧人又ハ議員等カ其ノ資格ヲ失フニ至ルコトカアルカラ何時迄モ出訴シ得ラルルトスルカ如キハ公益上甚タ不當テアルノテ斯樣ニ選擧ノ日ヨリ三十日以內ト定メタノテアル、ソシテコノ期間ヲ經過セルトキハ最早如何ナル理由カアツテモ訴ノ提起ハ之ヲ許サナイノテアル

(五)管轄裁判所ハ大審院テアル

（參照）

現行法　第八十條　選擧ノ效力ニ關シ異議アル選擧人ハ選擧長ヲ被告トシ選擧ノ日ヨリ三十日以內ニ控訴院ニ出訴スルコトヲ得

前項控訴院ノ判決ニ不服アル者ハ大審院ニ上告スルコトヲ得

府縣制　第三十四條
市　制　第三十六條
町村制　第三十三條
｝第七十五條參照欄揭載

第八十二條　選擧ノ規定ニ違反スルコトアルトキハ選擧ノ結果ニ異動ヲ及ホスノ虞アル場合ニ限リ裁判所ハ其ノ選擧ノ全部又ハ一部ノ無效ヲ判決スヘシ

第八十三條ノ規定ニ依ル訴訟ニ於テモ其ノ選擧前項ノ場合ニ該當スルトキハ裁判所ハ其ノ全部又ハ一部ノ無效ヲ判決スヘシ

第一項　選擧訴訟ハ選擧ノ規定ニ違反スル（後出、判例（一）參照）コトヲ理由トスルモノテアルカ單ニ選擧ノ規定ニ違反スルタケテハ未タ裁判所ハ選擧ノ無效ヲ判決スヘキモノテナク其ノ選擧ノ規定ニ違反シタルカ爲メ選擧ノ結果ニ異動ヲ及ス虞アル場合ニ限リ事情如何(後示)ニ依リ選擧ノ全部又ハ一部ノ無效ヲ判決スヘキモノテアル從テ未タ其ノ法規違背カ選擧ノ結果ニ異動ヲ及スノ虞ナキ場合ナラハ結局選擧ハ必至的ニ在ルヘキトコロニ定マリ目的ハ之ヲ達成シタモノテアルカラ敢テ選擧ノ無效ヲ判決セシムヘキモノテハナイノテアル

如何ナル場合カ選擧ノ結果ニ異動ヲ及スノ虞アル場合テアルカハ全ク當該具體的事實ニ依リ之ヲ判斷スルノ外ハナイ(後出判例(二)乃至(四)參照)要スルニ現ニ選擧ノ結果トシテ存スル狀態ト異ナル狀態ヲ惹起シ得ヘキ虞アリト認メ得ラルル場合テアル即チ選擧ノ結果ニ異動ヲ及スヘシト思料セラルル場合ヲ意味スルモノテアッテ具體的ニ當選者カ當選者タラサル結果ヲ惹起シ得ヘキ事情ノ存在スルコトヲ必要トスルノテアル

尚又異動ヲ及スヘシトノ事實カ選擧ノ一部ニ止マリ他ニ何等ノ影響ヲ及スヘキモノテナイトセラルルトキニハ其ノ一部タケ無效トセハ足ルノテアルカラ法律ハ場合ニヨリテ、全部又ハ一部ノ無效ヲ判決スヘシト規定シタノテアル　全部ノ無效ト云ヘハ當該選擧區ノ選擧全部ヲ無效トスルノテアリ一部ノ無效ト云ヘハ或投票區ノミノ投票ヲ無效トスルノテアル現行法ハ當選ノ結果ニ異動ヲ及スノ虞アル場合ト規定セラレタルモ、改正法ハ選擧ノ結果ニ異動ヲ及スノ虞アル場合ト改メラレタ、要スルニ趣旨ニ於テ左程ノ差ハナイケレトモ當選ト狹ク言ハナイテ廣ク選擧ト言フテ誤リノナイ樣ニシタ迄ノコトテアル

第二項サテ裁判所ハ第八十三條ノ規定ニ從テ起シタル訴訟所謂當選訴訟ノ場合ニ於テモ若シ其ノ選擧カ選擧ノ規定ニ違反シ選擧ノ結果ニ異動ヲ及スノ虞アル場合ナリト認メタナラハ其ノ選擧ノ全部又ハ一部ノ無効ヲ判決シナケレハナラナイ、斯ノ如キ事實カ裁判所ニ顯ハレタル以上ハ成ルヘク選擧ニ關スル法規ノ維持ニ努メ從テ選擧ノ公正ヲ期セシメナケレハナラナイカラ當該訴訟ニ於テ問題ニナツテ居ル當選ノ無效ノミテナク進ンテ全部又ハ一部ノ選擧ノ無效ヲ判決セシムルノテアル、裁判所カ斯ル判決ヲ爲スノハ當選訴訟ノ訴ノ原因トシテ主張スルトコロノモノカ他面ニ於テ同時ニ選擧ノ規定ニ違反シ選擧ノ結果ニ異動ヲ及スノ虞アル場合ニ該當シテ居ルトキテアツテ裁判所カ偶然ノ事情ヨリ斯ル事實ヲ發見シタルカ如キ場合テナイコトハ言フ迄モナイコトテアル

（參　照）

現行法 第八十一條 選擧ノ規定ニ違背スルコトアルトキハ當選ノ結果ニ異動ヲ及ホスノ虞アル場合ニ限リ裁判所ハ其ノ選擧ノ全部若ハ一部ノ無效ヲ判決スヘシ

當選訴訟ニ於テモ其ノ選擧前項ノ場合ニ該當スルトキハ裁判所ハ其ノ全部若ハ一部ノ無效ヲ判決スヘシ

府縣制 第三十五條 選擧ノ規定ニ違反スルコトアルトキハ選擧ノ結果ニ異動ヲ生スルノ虞アル場合ニ限リ其ノ選擧ノ全部又ハ一部ヲ無效トス但シ當選ニ異動ヲ生スルノ虞ナキ者ヲ區分シ得ルトキハ其ノ者ニ限リ當選ヲ失フコトナシ

市制 第三十五條 選擧ノ規定ニ違反スルコトアルトキハ選擧ノ結果ニ異動ヲ生スルノ虞アル場合ニ限リ其ノ選擧ノ全部又ハ一部ヲ無效トス但シ當選ニ異動ヲ生スルノ虞ナキ者ヲ區分シ得ルトキハ其ノ者ニ限リ當選ヲ失フコトナシ

町村制 第三十二條 選擧ノ規定ニ違反スルコトアルトキハ選擧ノ結果ニ異動ヲ生スルノ虞アル場合ニ限リ其ノ選擧ノ全部又ハ一部ヲ無效トス但シ當選ニ異動ヲ生スルノ虞ナキ者ヲ區分シ得ルトキハ其ノ者ニ限リ當選ヲ失フコトナシ又ハ一部ヲ無效トス

大審院判例 (一)衆議院議員選擧法施行令ハ衆議院議員選擧法ノ執行命令ナルヲ以テ施行令第一條ノ規定ニ違背シ不完全ナル設備ヲ爲シタル場所ニ於テ投票ヲ爲サシメタルトキハ其ノ選擧ハ違法ニシテ衆議院議員選擧法第八一條第一項ニ所謂選擧ノ規定ニ違背シタルモノトス(大正六年十二月二十六日判決)

(二)投票記載ノ場所ノ設備不完全ナルモ投票者ノ簡單ナル注意ト相俟チテ他人ノ窺覗又ハ投票交換等ノ不正手段ヲ妨クルコトヲ得ル程度ニアル場合ニ於テハ反證ナキ限リ投票者ハ隱蔽手段ヲ行フ等相當ノ注意ヲ用ヒテ投票ヲ爲シタルモノト推定スルヲ相當トス從テ衆議院議員選擧法第八一條第一項ニ規定スル當選ノ結果ニ異動ヲ及ス虞アル場合ニ該當セサルモノトス(大正六年十二月二十六日判決)

(三)衆議院議員選擧法第八一條第一項ニ規定スル當選ノ結果ニ異動ヲ及ス虞アリヤ否ヤヲ判定スルニハ選擧區内ニ於ケル各當選者及落選者ノ得票數ヨリ無效投票數ヲ控除シ其ノ殘餘ノ得票數ヲ比較シ當選者カ落選シ又ハ落選者カ當選者ト爲ルヘキ事情アラサルヤヲ判定シ之ヲ決定スヘキモノトス(大正六年十二月六日判決)

(四)投票立會人及投票管理者カ選擧ノ規定ニ違背シタル行爲ヲ爲シタルトキト雖モ選擧ノ全體ノ自由公正ヲ阻害スル程度ニ達セサル限リハ選擧ハ無效ニ非ス(大正十四年二月三日判決)

第八十三條 當選ヲ失ヒタル者當選ノ效力ニ關シ異議アル

トキハ當選人ヲ被告トシ第七十二條第一項及第二項ノ告示ノ日ヨリ三十日以內ニ大審院ニ出訴スルコトヲ得但シ第六十九條第一項但書ニ定メタル得票ニ達シタリトノ理由、第六十九條第六項若ハ第七十條ノ規定ニ該當セストノ理由又ハ第七十一條第五項ノ決定違法ナリトノ理由ニ因リ出訴スル場合ニ於テハ選擧長ヲ被告トスヘシ

前項ノ規定ニ依ル訴訟ノ裁判確定前當選人死亡シタルトキハ檢事ヲ被告トス

所謂當選訴訟ノ規定テアル

(一)訴ノ原因ハ當選ノ效力ニ關スル異議即チ當選ノ效力ヲ爭フヘキ法律上又ハ事實上ノ一切ノ事由例ヘハ或ハ當選人ト定メラレタル者ノ當選ヲ無效ナリトスル事由或ハ自己ヲ正當ナル當選人ナリトスル事由ノ如キテアル

(二)原告ハ當選ヲ失ヒタル者テアル、或ハ自己カ正當ナ當選人テアルトカ或ハ他

ノ當選人ハ正當ナル當選人テナイトカノ理由ヲ以テ當選人トナリ得ナカツタ者ニコレカ救濟ヲ認メルノカ本訴訟ノ趣意テアルカラ原告ハ之ヲ當選ヲ失ヒタル者ト爲シタノテアル

(三)被告ハ原則トシテ當選人テアル、原告ノ訴ノ理由ニヨリ必然ニ其ノ當選ノ効力ニ影響ヲ及スヘキ總テノ當選人テアル、若シ被告タル當選人カ訴訟ノ裁判確定前ニ死亡スルモ訴訟ハ其儘完結セス更ニ檢事ヲ被告トシテ訴訟ヲ進行スルノテアル(第二項)檢事ヲ相手方トシタノハ本訴訟ノ結果ハ其ノ死亡シタル當選人ノ當選ノミニ關セス他ニ重大ナル影響ヲ及スヘキ場合少クナイカラ公益上ノ必要上斯ノ如ク公益ノ代表者タル檢事ヲ以テ被告タラシメタノテアル

然ルニ例外トシテ(イ)第六十九條第一項但書ニ定メタル得票即チ所謂法定得票數ニ達シタリトノ理由(ロ)第六十九條第六項(ハ)第七十條ノ規定ニ該當シナイトノ理由即チ選擧ノ期日後ニ於テ被選擧權ヲ有セサルニ至リタルモノトシテ當選ヲ失ハシメラレタルニ對シ之カ不服テアルトノ理由(ニ)第七十一條第五項ノ決定即チ無競爭當選ノ場合ニ於テ議員候補者タル自己カ被選擧權ヲ有シテ居ラナイトノ決定ニ對シコノ決定ハ違法テアルトノ理由、以上ノ理由ニ因リテ出訴スル場合ニ

ハ選擧長ヲ被告トスルノテアル、此等ノ場合ニ於テハ當選ヲ失ヒタル者ハ全ク選擧長ノ措置ニ對シテ不服ヲ有スル者テアルカラ他ノ當選人ヲ此場合ノ當選訴訟ノ被告トスルノハ其ノ理由ニ乏シク場合ニヨリテハ當選人ノナイコトモアルカラ其樣ノ場合ニハ被告ト爲スヘキモノカナイ如キ結果ニモナルカラノコトテアル、選擧長カ死亡シタル場合ハ其地位ヲ襲ヒタル次ノ選擧長カ被告トナルカラ前ニ説明シタ如キ檢事ヲ被告トスル如キコトヲ要セナイノハ云フヲ俟タナイトコロテアル

(四)出訴期間ハ第七十二條第一項及第二項ノ告示ノ日即チ當選人定マリタル場合其ノ當選人ノ氏名ヲ告示シタル日又ハ當選人ナキトキ又ハ當選人其ノ選擧ニ於ル議員ノ定數ニ達セサルトキ其ノ旨ノ告示ノ日カラ三十日以內テアル、現行法テハ當選訴訟ノ出訴期間ハ第七十五條(改正法第七十六條)ニ依リ當選證書ヲ付與シタル氏名告示ノ日又ハ選擧長ヲ被告ト爲ス場合ニ於テハ第七十四條(改正法第七十五條)再選擧ノ告示ノ日カラ起算スルコトト爲セルモ、改正法テハ訴訟ハ成ルヘク速ニ之ヲ解決セシメムトスルノ趣旨カラ第七十二條ニ於テ當選人定マリタルトキハ直ニ其ノ氏名ヲ當選人ナキトキ又ハ當選人定數ニ達セナイトキハ其ノ旨ヲ告示セシムルコ

トト爲シタル次第テアッテ當選訴訟ノ出訴期間ノ起算點ニ付此告示ノ日ヲ利用シテ當選人ノ氏名告示ノ日又ハ當選人ナキ旨又ハ當選人定數ニ達セナイ旨ノ告示ノ日カラ其ノ出訴期間ヲ起算スルコトニ改メタノテアル

(五)管轄裁判所ハ大審院テアル

(參照)

現行法 第八十二條 當選ヲ失ヒタル者當選ノ效力ニ關シ異議アルトキハ當選人ヲ被告トシ第七十五條ノ氏名告示ノ日ヨリ三十日以内ニ控訴院ニ出訴スルコトヲ得但シ第七十條第一項但書ニ定メタル得票ニ達シタリトノ理由ニ由リ出訴スル場合ニ於テハ選擧長ヲ被告トシ第七十四條ノ告示ノ日ヨリ三十日以内ニ出訴スヘシ

前項控訴院ノ判決ニ不服アル者ハ大審院ニ上告スルコトヲ得

當選訴訟ノ裁判確定前當選人死亡シタルトキハ檢事ヲ被告トス

府縣制 第三十四縣
市 制 第三十六條
町行制 第三十三條
(第七十五條參照欄掲載)

第八十四條 第百十條ノ規定ニ依リ當選ヲ無效ナリト認ムル選擧人又ハ議員候補者ハ當選人ヲ被告トシ第七十二條第一項ノ告示ノ日ヨリ三十日以内ニ大審院ニ出訴スルコトヲ得

第百三十六條ノ規定ニ依リ選擧事務長カ第百十二條又ハ第百十三條ノ罪ヲ犯シ刑ニ處セラレタルニ因リ當選ヲ無效ナリト認ムル選擧人又ハ議員候補者ハ當選人ヲ被告トシ其ノ裁判確定ノ日ヨリ三十日以內ニ大審院ニ出訴スルコトヲ得

本條ハ改正法ノ新ニ規定シタルトコロノモノテアル、第一項ハ選擧運動費用ノ制限額超過ニ關スル訴訟テ第二項ハ選擧事務長カ第百十二條又ハ第百十三條ノ罪ヲ犯シ刑ニ處セラレタル場合當選人ノ當選無效ニ關スル訴訟テアル

第一項ハ第百十條ニ於テ次ノ如キ趣旨ノ規定カ設ケラレテ居ル、議員候補者ノ爲メ支出セラレタル選擧運動ノ費用カ法定制限額ヲ超エタル場合ニハ其ノ議員候補者ノ當選ヲ無效ト爲スノテアルカ議員候補者若ハ推薦屆出者カ選擧運動費用ノ支出責任者テアル選擧事務長若ハ之ニ代テ其ノ職務ヲ行フ者ノ選任及監督ニ付相當ノ注意ヲ爲シ且選擧事務長若ハ之ニ代テ其ノ職務ヲ行フ者ニ於テ選擧運動費用ノ支出ニ付過失カナカツタトキハ此ノ限リテナイト、此ノ場合ニ關シテ果シ

テ費用ノ制限超過ナル事實カ存スルヤ否ヤ若シ超過スルトセハ免責要件ニ該當スルノ事實カ存スルヤ否ヤ等ハ直接、選擧ノ執行ニ關スル事項テナイノミナラス極メテ複雜ナル事實ノ審理ヲ必要トスルモノテアルカラ選擧長又ハ地方長官ヲシテ之ヲ決定セシムルノハ妥當テナイ宜シク裁判所ヲシテ審判セシムルノカ最モ適當テアルト認メラレ茲ニ此規定カ設ケラレタノテアル

(一)訴ノ原因ハ第百十條ノ規定ニヨリ當選人ハ選擧運動ノ費用ノ法定額ヲ超過シタルニヨリ其ノ當選ハ無效タト云フノテアル、本訴訟ニ於テハ恐ラク此法定額ヲ超過シタルヤ否ヤノ點ニ於テ爭ハレ次テ法定額ヲ超過シタリトスルモ果シテ議員候補者ヤ推薦屆出者カ選擧事務長又ハ之ニ代テ其ノ職務ヲ行フ者ノ選任及監督ニ付相當ノ注意ヲ爲シ且選擧事務長又ハ之ニ代テ其ノ職務ヲ行フ者ニ於テ選擧運動ノ費用ノ支出ニ付過失カナカツタカ否カカ爭點トナルコトテアラウ

(二)原告ハ選擧人又ハ議員候補者テアル

(三)被告ハ當選人テアル

(四)出訴期間ハ第七十二條第一項ノ告示即チ當選人ノ氏名告示ノ日ヨリ三十日以内テアル

(五)管轄裁判所ハ大審院テアル

第二項第百三十六條ヲ見ルト選擧事務長カ第百十二條又ハ第百十三條ノ罪ヲ犯シ刑ニ處セラレタル場合モ亦當選人ノ當選ハ無效テアルカ、選擧事務長ノ選任及監督ニ付相當ノ注意ヲ爲シタルトキハ此ノ限テナイト規定セラレテ居ル、此場合ニ於テ選擧事務長ノ選任及監督ニ付相當ノ注意ヲ爲シタカ否カハ刑事訴訟ノ範圍内ニ屬セナイノミテナク直接、選擧ノ執行ニ關スル事項テモナク且複雜ナル事實ノ審理ヲ必要トスルモノテアルカラ刑事訴訟ニ於テ併セテ之ヲ判決セシメ又ハ選擧長、地方長官ヲシテ決定セシムルカ如キハ何レモ妥當テナイノテ前項ノ訴訟ト同樣民事裁判所ヲシテ審判セシムルコトトシテ此規定カ設ケラレタノテアル(一)訴ノ原因ハ第百三十六條ノ規定ニヨリ選擧事務長カ第百十二條又ハ第百十三條ノ罪ヲ犯シ刑ニ處セラレタル爲メ當選ハ無效テアルト云フノテアル此ノ場合ニ於テ選擧事務長ノ選任及監督ニ付相當ノ注意ヲ爲シタカ否カカ主タル爭點ナルノテアル

(二)原告ハ選擧人又ハ議員候補者テアル

(三)被告ハ當選人テアル

(四)出訴期間ハ其ノ選擧事務長ニ對スル刑事裁判確定ノ日ヨリ三十日以内テアル、此場合ノ出訴期間ヲ右ノ如ク定メタノハ他ノ訴訟ト異リ此場合ニ於テハ選擧事務長カ刑ニ處セラレ其ノ裁判確定スルニ依テ始メテ當選無效ノ問題ヲ生スルカラテアル

(五)管轄裁判所ハ大審院テアル

前述第一項第二項ノ訴訟ニ於テ原告ヲ選擧人又ハ議員候補者トシ當選ヲ失ヒタル者ト爲サナカツタノハ、當選訴訟ハ正當ニ當選人タルヘキ者ノ權利ヲ保護スルコトヲ目的ト爲ス訴訟テアルカ本條ノ訴訟ハ公正テナイ選擧運動ニ依テ當選シタル當選人ニ對シ當選無效ト云フ制裁ヲ加ヘムトスル公益上ノ必要ニ出ツルモノテアルカラテアル

此等ノ訴訟カ公益上ノ必要ニ出ツルニ拘ラス訴訟繋屬中被告カ死亡シタル場合檢事ヲ被告ト爲スノ規定ヲ設ケナカツタノハ本訴ハ當選訴訟ニ於ケルト異リテ專ラ當選人タル個人ニ對シテ制裁ヲ加ヘムトスル趣旨ノモノテアルカラ其ノ者カ死亡シタル場合ニ於テハ目的カ消滅スルノテアルカラ訴訟ハ其儘終結セシムルノヲ適當ト認メタカラノコトテアル

第一項第二項ノ訴訟ハ何レモ第一審ニシテ終審トシ大審院ノ管轄ニ屬セシメタノハ他ノ選擧訴訟、當選訴訟ト全ク同樣ノ目的ニ出タノテアツテ訴訟ノ解決ヲ速ナラシメ且判決ノ統一ト適正ヲ期セムトスルノ趣旨テアル

玆ニ注意スヘキコトハ第百十四條ノ規定ニ因リ又第百三十六條ノ選擧事務長カ第百十二條又ハ第百十三條ノ罪ヲ犯シ刑ニ處セラレタルニ因リ當選人ノ當選カ無效トナルニハ必ス訴訟ノ結果ニ依ラナケレハナラナイコト之レテアル、故ニ假リニ裁判外ニ於テ選擧運動ノ費用カ法定制限額ヲ超過シタ事實カ明瞭トナリ又ハ選擧事務長カ選擧犯罪テ刑ニ處セラレタル事實カ在リ而カモ其ノ選任監督ニ付重大ナル過失ノ存在シタコト迄モ明カニナツタ樣ナ場合テモ終ニ出訴期間ヲ徒過シテ了ツタ樣ナ場合ニハ當選人ノ當選ハ確定シテ了フノテアル

（參照）

府縣制　第三十四條ノ二　衆議院議員選擧法第百十條ノ規定ノ準用ニ依リ當選ヲ無效ナリト認ムルトキハ選擧人又ハ議員候補者ハ當選者ヲ被告トシ第三十一條第一項告示ノ日ヨリ三十日以內ニ控訴院ニ出訴スルコトヲ得

衆議院議員選擧法第百三十六條ノ規定ノ準用ニ依リ選擧事務長カ同法第百十二條又ハ第百十三條ノ規定ノ準用ニ依ル罪ヲ犯シ刑ニ處セラレタルニ因リ當選ヲ無效ナリト認ムルトキハ選擧人又ハ議員候補者ハ當選者ヲ被告トシ其ノ裁判確定ノ日ヨリ三十日以內ニ控訴院ニ出訴スルコトヲ得

前二項控訴院ノ判決ニ不服アル者ハ大審院ニ上告スルコトヲ得
衆議院議員選擧法第八十五條、第八十七條及第百四十一條ノ規定ハ前三項ノ規定ニ依ル訴訟ニ之ヲ準用ス

第八十五條　裁判所ハ本章ノ規定ニ依ル訴訟ヲ裁判スルニ當リ檢事ヲシテ口頭辯論ニ立會ハシムヘシ

本條ハ本章規定ノ訴訟ニハ檢事ヲ立會ハシムヘキコトヲ明ニシタ規定テアル通常ノ民事訴訟ニ於テモ其ノ訴訟カ一般的ニ公益上何等カノ影響ヲ及スヘキモノト思料セラルルモノニハ檢事ヲ立會ハシムヘキ旨ノ規定カアル（民事訴訟法第四十二條參照）況ヤ本章規定ノ訴訟ノ如キ公益上最モ重大ナル性質ヲ有スル訴訟ニ所謂公益ノ代表者ト稱セラルル檢事ヲ立會ハシムルコトノ必要ナルコトハ殆ト言フヲ俟タナイ所テアル、而テ法文ニハ何等規定ハナイカ立會ノ檢事ニシテ若シ訴訟ニ付意見アラハ之ヲ述ヘ得ルテアラウ、只裁判所ハ其意見ニ拘束セラレサルコト勿論テ

アル

（參照）

現行法 第八十三條 裁判所ハ選擧訴訟若ハ當選訴訟ヲ裁判スルニ當リ檢事ヲシテ口頭辯論ニ立會ハシムヘシ

民事訴訟法 第四十二條 檢事ハ左ノ訴訟ニ付キ意見ヲ述フル爲メ其口頭辯論ニ立會フ可シ

第一 公ノ法人ニ關スル訴訟
第二 婚姻ニ關スル訴訟
第三 夫婦間ノ財産ニ關スル訴訟
第四 親子若クハ養親子ノ分限其他總テ人ノ分限ニ關スル訴訟
第五 無能力者ニ關スル訴訟
第六 養料ニ關スル訴訟
第七 失踪者及ヒ相續人斷缺ノ遺産ニ關スル訴訟
第八 證書ノ僞造若クハ變造ノ訴訟
第九 再審

檢事ノ陳述ハ當事者ノ辯論終リタルトキ之ヲ爲ス
當事者ハ檢事ノ意見ニ對シ事實ノ更正ノミニ付陳述ヲ爲スコトヲ得

第八十六條 本章ノ規定ニ依ル訴訟ノ提起アリタルトキハ大審院長ハ其ノ旨ヲ內務大臣及關係地方長官ニ通知スヘ

シ訴訟ノ繫屬セサルニ至リタルトキ亦同シ
本章ノ規定ニ依ル訴訟ニ付判決アリタルトキハ大審院長ハ其ノ判決書ノ謄本ヲ內務大臣ニ送付スヘシ帝國議會開會中ナルトキハ併セテ之ヲ衆議院議長ニ送付スヘシ

本條ハ本章規定ノ訴訟ニ關シ大審院長ノ爲スヘキ通知等其ノ他ノ行政事務ニ付定メラレタモノテアル
(一)本章規定ニ依ル訴訟ノ提起カアツタトキ
(二)訴訟カ繫屬セサルニ至リタルトキ
右ノ場合ハ何レモ其ノ都度其ノ旨ヲ內務大臣及當該訴訟ノ目的トナレル選擧ニ關係アル地方長官ニ通知スルノテアル、斯ノ如ク訴訟ノ提起アリタルコト及其ノ繫屬セサルニ至リタルコトヲ大審院長ヨリ關係地方長官ニモ通知セシムルノハ再選擧及補闕選擧ノ期日ヲ定ムルニ必要アルカ爲メテアル
(三)判決アリタルトキハ其ノ判決書ノ謄本ヲ內務大臣ニ送付スルノテアルカ若シ帝國議會開會中テアルトキニハ併セテ之ヲ衆議院議長ニモ送付スルノテアル

（參照）

現行法　第八十四條　選擧訴訟若ハ當選訴訟ノ出訴アリタルトキハ裁判所ハ其ノ旨ヲ內務大臣ニ通知スヘシ訴訟ノ繫屬セサルニ至リタルトキ亦同シ

裁判所ニ於テ選擧訴訟若ハ當選訴訟ヲ判決シタルトキハ其ノ判決書ノ謄本ヲ內務大臣ニ送付スヘシ若帝國議會開會中ナルトキハ併セテ之ヲ衆議院議長ニ送付スヘシ

第八十七條　本章ノ規定ニ依ル訴訟ヲ提起セムトスル者ハ保證金トシテ三百圓又ハ之ニ相當スル額面ノ國債證書ヲ供託スルコトヲ要ス

原告敗訴ノ場合ニ於テ裁判確定ノ日ヨリ七日以內ニ裁判費用ヲ完納セサルトキハ保證金ヲ以テ之ニ充當シ仍足ラサルトキハ之ヲ追徵ス

本條ハ保證金供託ニ關スル規定テアル

第一項本章ノ規定ニ依ル訴訟ヲ提起セムトスル者ハ保證金トシテ(イ)現金三百圓又ハ(ロ)之ニ相當スル額面ノ國債證書ヲ供託スルコトヲ要スルノテアル、公益上重大ナル訴訟ナレハ其ノ提起ヲ愼重ナラシメ之カ擔保ヲ負ハシムルノ意味テ保證金ヲ供託セシムルノテアラウ、保證金供託ハ訴提起ノ要件ト解スヘキモノテアルカラ供託ナクンハ訴ハ却下セラルヘキモノト解セラルルノテアル

第二項原告カ敗訴シタル場合ニ於テ裁判確定ノ日カラ七日以内ニ裁判費用ヲ完納シナイトキニハ保證金ヲ以テ之ニ充當スルノテアル而シテソレテモ尙足ラナイ場合ニハ其ノ不足額ハ之ヲ追徵スルノテアル

(參照)

現行法　第八十五條　原告人ハ訴狀ヲ提出スルト同時ニ保證金トシテ三百圓又ハ之ニ相當スル額面ノ公債證書ヲ供託スヘシ

原告人敗訴ノ場合ニ於テ裁判確定ノ日ヨリ七日以內ニ裁判費用ヲ完納セサルトキハ保證金ヲ以テ之ニ充當シ仍足ラサルトキハ之ヲ追徵ス

第十章　選擧運動

本章ハ改正法ノ新ニ設ケタル規定テアル、從來ノ選擧ノ際ニ生シタル種々ノ弊害ニ徵シテ茲ニ此ノ嚴格ナル制限的規定ヲ設ケ以テ選擧カ公明ニ且嚴正ニ行ハルルコトヲ期セントスルニ在ル

先ツ選擧運動員ヲ選擧事務長、選擧委員、選擧事務員ニ分ケテ一切ノ選擧運動ハ總テ選擧事務長ヲ中心トシテ何事モ選擧事務長ノ指揮ニ出テシメ選擧委員、選擧事務員ヲシテ之ヲ補助セシムルコトト爲シ從テ所謂第三者ニハ演說又ハ推薦狀ニ依ルノ外選擧運動ヲ爲スコトハ一切之ヲ禁止シタノテアル

次ニ選擧事務所又ハ休憩所ノ設置ニモ制限ヲ設ケ更ニ從來最モ甚シク行ハレタル所謂戶別訪問ハ嚴ニ之ヲ禁止シ所謂普通選擧ニ依ル新時代ノ選擧運動ハ宜シク堂々ト言論ト文章トニヨリテ之ヲ爲サシメントノ趣意ニ外ナラナイノテアル

尙選擧運動ノ爲メノ宣傳用ノ文書圖畫ニ關シテモ之ニ制限ヲ加ヘルコトカ出來ルコトト爲サレタノテアル

選擧運動トハ特定ノ議員候補者（候補者タラムトスル者ヲ含ム）ニ對スル投票又ハ當選ヲ目的トシテ爲サルル一切ノ行爲ヲ謂フノテアル

（參　照）

府縣制　第三十九條　府縣會議員ノ選擧ニ付テハ衆議院議員選擧法第十章及第十一章竝第百四十條第二項及第百四十二條ノ規定ヲ準用ス但シ議員候補者一人ニ付定ムヘキ選擧事務所ノ數選擧委員及選擧事務員ノ數竝選擧運動ノ費用ノ額ニ關シテハ勅令ノ定ムル所ニ依ル

第八十八條　議員候補者ハ選擧事務長一人ヲ選任スヘシ但シ議員候補者自ラ選擧事務長ト爲リ又ハ推薦屆出者（推薦屆出者數人アルトキハ其ノ代表者）議員候補者ノ承諾ヲ得

テ選擧事務長ヲ選任シ若ハ自ラ選擧事務長ト爲ルコトヲ妨ケス
議員候補者ノ承諾ヲ得スシテ其ノ推薦ノ屆出ヲ爲シタル者ハ前項但書ノ承諾ヲ得ルコトヲ要セス
議員候補者ハ文書ヲ以テ通知スルコトニ依リ選擧事務長ヲ解任スルコトヲ得選擧事務長ヲ選任シタル推薦屆出者ニ於テ議員候補者ノ承諾ヲ得タルトキ亦同シ
選擧事務長ハ文書ヲ以テ議員候補者及選任者ニ通知スルコトニ依リ辭任スルコトヲ得
選擧事務長ノ選任者(自ラ選擧事務長ト爲リタル者ヲ含ム以下之ニ同シ)ハ直ニ其ノ旨ヲ選擧區内警察官署ノ一ニ屆出ツヘシ
選擧事務長ニ異動アリタルトキハ前項ノ規定ニ依リ屆出

ヲ爲シタル者直ニ其ノ屆出ヲ爲シタル警察官署ニ其ノ旨ヲ屆出ツヘシ

第九十五條ノ規定ニ依リ選擧事務長ニ代リテ其ノ職務ヲ行フ者ハ前項ノ例ニ依リ屆出ツヘシ其ノ之ヲ罷メタルトキ亦同シ

本條ハ選擧事務長ノ選任、解任ニ關シ及其等ノ異動アリタル場合ノ屆出ニ關シテ規定セラル

選擧事務長トハ特定ノ議員候補者ノ選擧運動員中統率ノ任ニ在リテ選擧運動並ニ其ノ費用支出ノ中樞ヲ爲ス者テアル、 選擧事務長テナケレハ選擧事務所ノ設置、選擧委員若ハ選擧事務員ノ選任、選擧運動費用ノ支出等ヲ爲スコトカ出來ナイタトヘ議員候補者(自ラ選擧事務長タル場合ハ格別)ト雖自ラ直接右ノ如キ行爲ヲ爲スコトハ出來ナイ、

第一、選擧事務長ノ選任、(第一項第二項)

(一)選任者ハ通常議員候補者テアル　選擧事務長ハ甚タ重要ナル地位ニ在ル者タ

カラ議員候補者躬ラ之ニ當ラシムヘシトノ說ナキニアラサレトモ從來トテモ議員候補者ハ所謂參謀長及會計主任ナル者ヲ置キテ自身其ノ衝ニ當ル者ハ稀テアツテ又實際候補者自ラ之ニ當ラシムルノハ事情甚タ困難ナルモノカアツテ議員候補者ニ對シテ一律ニ此等ノ權限並義務ノ履行ヲ强ユルノハ寧ロ難キヲ責ムルモノテアルカラ玆ニ本法カ選舉事務長ナル制度ヲ認メテ原則トシテ候補者以外ノ者ヲ選任セシムルコトト爲シタノテアル

議員候補者カ選舉事務長ヲ選任セス又次ニ述フル如キ方法ニ於テモ結局選舉事務長ノ無イ樣ナ場合ニハ、前ニモ述ヘタ樣ニ選舉事務長テナケレハ爲シ能ハヌ事項カアリ殆ト選舉運動ハ出來ナイ結果ニナルテアラウカ、是レモトヨリ議員候補者其人ノ任意ニ出ツルトコロナレハ法律ハ敢テ選舉事務長ノ選任ヲ强制スルコトナク單ニ議員候補者ハ選舉事務長一人ヲ選任スヘシト規定スルニ止マリ之ヲ置カサル場合ニ對スル制裁等ノ規定ハナイ、唯選舉事務長テナケレハ爲シ能ハヌ選舉事務所ノ設置、選舉委員若ハ選舉事務員ノ選任、選舉運動費用ノ支出等ノ行爲ヲ選舉事務長ニアラサル者カ爲シタ場合ニハ處罰セラルルノテアル（第百三十二條第百三十四條參照）

（二）議員候補者自ラ選舉事務長ト爲リ得ラルルノテアル、議員候補者自ラ選舉事務長タルコトヲ欲スル場合ニハ之ヲ否認スヘキ理由カナイカラ此ノ場合ニ於テハ自ラ選擧事務長トナルコトヲ妨ケサルヘキ旨ノ規定ヲ設ケタル譯テアル

(三)推薦屆出者カ選任者タルコトモ妨ケナイ、議員候補者カ選擧事務長ヲ選任セス且自己モ亦之ニ當ラサル場合ニ於テハ其ノ議員候補者ハ概ネ積極的ニ選擧運動ヲ爲スヘキ意思ヲ有セナイモノテアルカラ選擧事務長ノ選任ヲ强制スヘキモノテハナイ、然シ議員候補者自ラ積極的ニ選擧運動ヲ爲スヘキ意思カナイトスルモ其ノ推薦屆出者ハ議員候補者ノ爲ニ積極的ニ選擧運動ヲ爲サムトスル意思ヲ有スト認ムヘキ場合カ多イテアラウカラ此ノ場合ニ推薦屆出者ノ意思ヲ斥クヘキ何等ノ理由カ存在シナイノテアル

推薦屆出者カ選擧事務長ヲ選任スルニハ

(イ)原則トシテ議員候補者ノ承諾ヲ得ルコトヲ要ス、推薦屆出者カ選擧事務長ヲ選任スルニ該リ議員候補者ノ意思ニ反シテ迄モ選擧事務長ヲ選任セシムルコトハ議員候補者ノ爲ニ場合ニ依リテハ却テ不利益ヲ生セシムル虞カアルテアラウソレ故原則トシテ豫メ其ノ承諾ヲ得ルコトヲ以テ其ノ要件ト爲シタノテアル、其ノ承諾ノ方法ニ於テハ何等ノ制限カナイ、文書ニヨルト口頭ニヨルト明示ナ

ルト默示ナルト又選擧事務長ヲ置クニ付概括的承諾ヲ與フルト又特定人ヲ之ニ任スルニ付具體的承諾ヲ與フルトハ敢テ之ヲ問ハナイノテアル

(ロ)例外ノ場合ニハ承諾ヲ得ルコトヲ要セナイ(第二項) ソレハ最初議員候補者ヲ推薦屆出ツルニ該リテ被推薦者ノ承諾ヲ得ルコトナクシテ爲シタ場合テアル、既ニ議員候補者其人ノ承諾ヲ得ナイテモ其人ヲ議員候補者トシテ推薦屆出ツルコトヲ得シメタノテアルカラ其ノ推薦屆出者カ選擧事務長ヲ選任スルニ際シテモ亦承諾ヲ要セナイモノトシナケレハ自己單獨ノ意思ニ依ル推薦屆出ノ制度ヲ認メタ精神ニ背馳スルノ結果トナルテアラウ、因テ右ノ場合ハ承諾ヲ要セナイト定メタノテアル

(ハ)推薦屆出者數人アルトキハ其ノ代表者カ選任者トナル、右ノ承諾ヲ得テ又ハ得スシテ選任スル場合ニ於テ若シ推薦屆出者カ數人アルトキニハ內一名ノ代表者ヲシテ選任ノ任ニ當ラシムルノテアル、選擧事務長ノ選任者ニハ、選任シタ場合其ノ他選擧事務長ニ異動ノアツタ場合ニハ警察官署ニ屆出シメ又ハ選擧事務長ニ故障アル場合ニハ代リテ其ノ職務ヲ行ハシムル等ノ義務ヲ負ハシメテ居ルカラ其ノ法定義務者ヲ明瞭ナラシムルノ必要カアルノテアル

(四)推薦屆出者自ラ選擧事務長タルコトヲモ妨ケナイ、推薦屆出者カ場合ニヨリ選任者トナルコトヲ妨クヘキ何等ノ理由ノナイコトハ既ニ前ニ述ヘタカ、然ラハ竿頭一歩ヲ進メテ推薦屆出者其人自身選擧事務長タラントスルコトヲモ何等之ヲ斥クヘキ理由カナイ、サテ此場合ニ於テノ承諾ノ有無、推薦屆出者數人アルトキノ處置ハ推薦屆出者カ選任者タル場合ト同樣テアル、コノ推薦屆出者自ラ選擧事務長ト爲ル場合ハ畢竟推薦屆出者カ選擧事務長ヲ選任スルノ一變型ニ過キナイノテアル、即チ

(イ)原則トシテ選擧事務長ト爲ルニ付議員候補者ノ承諾ヲ得ルコトヲ要スル

(ロ)例外トシテ議員候補者ノ承諾ヲ得スシテ其ノ推薦屆出ヲ爲シタル者ハ選擧事務長ト爲ルニ付其ノ承諾ヲ得ルコトヲ要セナイ(第二項)

(ハ)推薦屆出者數人アルトキハ内一名代表者トナッテ其者カ選擧事務長トナル、選擧事務長ハ一人ノ外有リ得ナイノテアルカラ數人ノ推薦屆出者アルトキハ内一名カ爲ルヨリ外途ノナイコトハ言フヲ俟タナイ、推薦屆出者數人アルトキ其ノ代表者カ推薦屆出者中ノ或者ヲ選擧事務長ニ選任スルカ如キ場合ハ結果ニ於テ同樣テアルケレトモ形式ニ於テハ代表選任者カ選任スル場合テアルカラ前ニ

説明シタ(三)ノ場合ニ該當スルモノテアツテ此場合ト混同シテハナラナイ

以上(一)乃至(四)ニ説明シタ方法テ選擧事務長カ設ケラルルノテアルカ言フ迄モナク選擧事務長ハ議員候補者毎ニ唯一人ヲ許スノミテアル法文ニモ一人ヲ選任スヘシト明定シテ居ル、選擧運動ヲ統轄シテ其中樞ヲ爲スヘキモノカ二人アリ得ナイ、コレヲ一人ニ限ルノ理由ハ多ク説明ノ必要ヲ見ナイ

第二、選擧事務長ノ解任及辭任(第三項第四項)

(一)解任、コレニ付テ解任者ト解任ノ方式トニ區別シテ説明シヨウ

(イ)解任者ニ付テハ議員候補者ト其ノ選任ヲ爲シタル推薦屆出者トカアリ得ル

(1)議員候補者ハ自己ノ選任シタルト推薦屆出者カ議員候補者ノ承諾ヲ得テ若ハ其ノ承諾ヲ得スシテ選任シタルトヲ問ハス何時ニテモ選擧事務長ヲ解任スルコトカ出來ル、　選擧運動ハ議員候補者ノ當選ヲ目的トスル運動テアツテ其ノ中樞ヲ爲ス選擧事務長ノ如何ハ議員候補者ノ當落ニ影響スルコト頗ル大ナルモノカアルノテ、或ハ其ノ選擧事務長ヲ先ツ解任シテ自ラ選擧事務長ト爲リ、或ハ又自己ノ欲スル者ヲ以テ之ニ充テタリスルコトカ自由ニ爲シ得ラルル爲メ如何ナル方法テ選任セラレタ選擧事務長テモ議員候補者ハ何時ニテモ之ヲ解任スルコトカ

選任シタル選擧事務長ヲ、

(2)推薦屆出者ハ議員候補者ノ承諾ヲ得テ若ハ其ノ承諾ヲ得スシテ選任シタル選擧事務長ヲ、議員候補者ノ承諾ヲ得テ解任スルコトカ出來ル、推薦屆出者カ解任スル場合ハ常ニ議員候補者ノ承諾ヲ要スルノテアル、當初選任ノ場合之カ承諾ヲ要セスシテ選任シタ者テアツテモ解任ノ場合ニハ必ス承諾ヲ要スルノテアル、一度議員候補者ノ爲メ選擧事務長ヲ定メタル以上議員候補者ノ意思如何ヲ問フコトナク任意ニ選擧事務長ヲ解任シ選擧運動ヲ中止シ若ハ其ノ中樞ヲ變更スルコトヲ認ムルハ議員候補者ノ利益ヲ省ミナイコト甚タシイモノト言ハナケレハナラナイカラ選擧運動開始ノ場合トハ大ニ其ノ趣ヲ異ニシテ推薦屆出者カ解任スル場合ハ常ニ議員候補者ノ承諾ヲ要スルモノト爲サシメタノテアル

(ロ)解任方式、議員候補者又ハ推薦屆出者カ選擧事務長ヲ解任スルニハ文書ヲ以テ通知スルコトニ依テ之ヲ爲スノテアル、即チ文書ニ依ル一方的意思表示ニ依リテ之ヲ爲スノテアル、文書ヲ以テ爲スコトヲ要件トシタノハ選擧事務長ノ地位ノ重大ナルニヨリ解任ノ時期ヲ明瞭ニセシメントスルト共ニ選擧事務長更迭ニ付新舊兩者間ノ責任ノ限界ニ關シテ紛爭ヲ生シタル場合ニ於ケル證憑ト爲ス

ノ趣旨カラテアル

(二)辭任、選擧事務長ハ文書ヲ以テ議員候補者及選任者ニ通知スルコトニ依リテ辭任スルコトカ出來ル、コレ亦文書ヲ以テスル一方的意思表示ニ依ツテ之ヲ爲スコトヲ得シメタノテアル、文書ヲ以テ爲スコトヲ要件トシタノハ前記解任ノ場合ト同趣旨即チ其時期ニ關シ後日ノ紛爭ヲサケンカ爲メテアル、辭任ノ意思表示ハ議員候補者ト選任者ト兩方ニ爲サネハナラナイ、推薦屆出者ノ選任シタル選擧事務長ト雖モ其ノ辭任ノ場合其ノ事實ヲ議員候補者ノ利益ノ爲メニ明瞭ニ知得セシムルヲ要スルカラテアル

第三、選擧事務長ノ選任其他異動アリタル場合ノ屆出(第五項乃至第七項)、選擧事務長ニ關スル選任、解任、辭任等其他一切ノ異動ヲ警察官署ニ屆出シムルコトトシタノハ一ニ警察取締上ノ必要ニ出テタモノテアル

(一)屆出ヲ爲スヘキ場合

(イ)選擧事務長ノ選任アリタルトキ

(ロ)選擧事務長ニ異動アリタルトキ即チ(1)更迭、(2)解任若ハ辭任アリテ其ノ後任者定マラサルトキ　(3)死亡シタルトキテアル

(ハ)第九十五條ノ規定ニ依リ即チ選擧事務長故障アルトキ選擧事務長ニ代リテ其ノ職務ヲ行ヒ又ハ之ヲ罷メタルトキ

(二)屆出義務者

(イ)選任又ハ異動アリタルトキハ選任者テアル、議員候補者又ハ推薦屆出者自ラ選擧事務長ト爲ツタ場合ニハ所謂選任者ナル者カナイコトニナルカ、サリトテ此場合屆出ヲ爲サシメナイノハ選擧取締上支障ヲ生スルカラ選任者ノ意義ニハ「自ラ選擧事務長ト爲リタル者」ヲ含マシメタノテアル

(ロ)第九十五條ノ規定ニ依リ選擧事務長ニ代リテ其ノ職務ヲ行ヒ又ハ之ヲ罷メタルトキハ、代リテ其職務ヲ行フ者テアル、推薦屆出者自ラ選擧事務長ト爲リ死亡シタル場合ニ議員候補者カ第九十五條ノ規定ニ從テ代リテ其職務ヲ行ヒ得ル場合ハ其ノ屆出カ出來ルカ、若シ議員候補者又ハ議員候補者ノ承諾ヲ得スシテ推薦屆出ヲ爲シタル者、自ラ選擧事務長ト爲リタル後死亡シタルトキハ選擧運動ノ目的消滅シ屆出モ亦必要ヲ認メナイノテアル

(三)屆出ツヘキ警察官署

(イ)最初ニ選擧事務長ヲ定メタル場合ノ屆出警察官署ハ當該選擧區内ニ於ケル警察官署ノ中任意ニ其一ヲ選定シ得ルノテアル
(ロ)然シ其後ノ異動又ハ第九十五條ノ規定ニヨリ選擧事務長ニ代リテ其ノ職務ヲ行ヒ又ハ之ヲ罷メタルコトニ付テノ屆出ハ必ス最初選擧事務長ヲ定メテ屆出ヲ爲シタル其ノ警察官署ニ屆出ヲ爲サネハナラナイ、コレ警察取締上事務ノ不整理不統一ヲ防カン爲メ斯クハ同一人ニ關スル各種ノ屆出ヲ集中セシメタニ過キナイ

第八十九條　選擧事務長ニ非サレハ選擧事務所ヲ設置シ又ハ選擧委員若ハ選擧事務員ヲ選任スルコトヲ得ス
選擧事務長ハ文書ヲ以テ通知スルコトニ依リ選擧委員又ハ選擧事務員ヲ解任スルコトヲ得
選擧委員又ハ選擧事務員ハ文書ヲ以テ選擧事務長ニ通知スルコトニ依リ辭任スルコトヲ得
選擧事務長選擧事務所ヲ設置シ又ハ選擧委員若ハ選擧事

務員ヲ選任シタルトキハ直ニ其ノ旨ヲ前條第五項ノ屆出アリタル警察官署ニ屆出ツヘシ選擧事務所又ハ選擧委員若ハ選擧事務員ニ異動アリタルトキ亦同シ

本條ニハ選擧事務長ノ爲シ得ヘキ選擧事務所ノ設置選擧委員又ハ選擧事務員ノ選任解任及此等ニ關スル屆出ニ付規定セラル

(一)選擧事務長ノ選擧事務所設置權限(第一項) 選擧事務長テナケレハ選擧事務所ヲ設置スルコトカ出來ナイ、玆ニ言フ選擧事務長ハ前條ニ於テ說明シタ如キ方法ニ從テ定マリタル選擧事務長タルハ言フヲ俟タナイ所テアルカ而カモ其ノ事實上選任セラレ又ハ自ラ選擧事務長ト爲ルモ未タ屆出無キ前ニ於テハ之ヲ設置シ得ナイト解シナケレハナラナイ、何トナレハ警察官署ハ選擧事務長ノ選任ノ屆出ヲ受理シテ初メテ本條ノ定ムル權能ヲ正當ニ行使シ得ル選擧事務長ノ何人ナルカヲ知ルモノテアルカラテアル

選擧事務所トハ選擧運動ノ事務ヲ行フ一切ノ場所的設備ヲ謂フ

(二)選擧事務長ノ選擧委員若ハ選擧事務員選任權限(第一項) 選擧事務長テナケレ

ハ選擧委員若ハ選擧事務員ヲ選任スルコトカ出來ナイ

前述ト同樣茲ニ言フ選擧事務長モ警察官署ニ屆出ラレタル者ナルコトヲ要スルノテアル

選擧委員トハ特定ノ議員候補者ノ爲メニ選擧事務長ニ從屬シテ選擧運動ノ樞機ニ參劃スル者テ、選擧事務員トハ特定ノ議員候補ノ爲メニ選擧事務長ニ從屬シテ選擧運動ノ庶務處理ニ任スル者テアル右ノ區別ノ認メラレタノハ從來ノ選擧ノ實際ニ徵シテ斯ノ如ク定ムルノカ妥當ナリトセラレタルニ因ルモノテ法律上ニ於テハ前者カ第九十七條ニ依リ單ニ實費ノ辨償ヲ受ケ得ルニ止マルモ後者ハ之ニ加ヘテ報酬ヲ受ケ得ルノ差異カアルノテアル

以上(一)(二)ノ權限ヲ選擧事務長ニ限定シタノハ此等ノ行爲ハ最モ有効ナル運動方法テアツテ當選ヲ得ントスル一切ノ行爲ノ中心ヲ爲スモノテアルカラ、選擧運動ノ中樞ヲ爲スモノトセラレタ選擧事務長ニ此等ノ重要ナル權能ヲ附與シ其ノ責任ヲモ之ニ負擔セシメントスルニアルノテアル

(三)選擧委員又ハ選擧事務員ノ解任及辭任(第二項第三項) (イ)解任、選擧事務長ハ文書ニ依リ通知即チ文書ヲ以テ爲ス一方的意思表示ニ依リテ選擧委員又ハ選擧事務員ヲ解

任スルコトカ出來ル、既ニ其ノ選任ヲ選擧事務長ノ權限ニノミ委ネタ以上之カ解任ヲ議員候補者若ハ推薦屆出者ニ認メムトスルハ妥當ヲ缺クモノト言ハナケレハナルマイ

(ロ)辭任、選擧委員又ハ選擧事務員ハ文書ヲ以テ選擧事務長ニ通知スルコトニ依リテ辭任スルコトカ出來ル

右解任、辭任ノ意思表示ハ必ス文書ヲ以テ爲スコトヲ要スル點ハ前條選擧事務長ニ關シテ説明シタルト同樣ナ理由テアル

(四)屆出(第四項)　(イ)選擧事務所ヲ設置シタルトキ

(ロ)選擧委員若ハ選擧事務員ヲ選任シタルトキ

(ハ)選擧事務所又ハ選擧委員若ハ選擧事務員ニ異動アリタルトキ　以上(イ)(ロ)(ハ)ノ場合ハ選擧事務長ハ警察官署ニ屆出スルコトヲ要スルノテアル、屆出義務者ハ選擧事務長テアル、屆出ラルヘキ警察官署ハ前條第五項ノ屆出アリタル警察官署即チ當初選擧事務長選任ノ際屆出テタル其ノ警察官署テアル

右屆出ヲ必要トシタ理由及其ノ警察官署ヲ前條第五項ノ屆出アリタル警察官署ニ指定シタ理由ハ前條ニ於テ選擧事務長ニ關シテ説明シタトコロト同樣テアル

第九十條　選擧事務所ハ議員候補者一人ニ付七箇所ヲ超ユルコトヲ得ス

選擧ノ一部無效ト爲リ更ニ選擧ヲ行フ場合又ハ第三十七條ノ規定ニ依リ投票ヲ行フ場合ニ於テハ選擧事務所ハ前項ニ揭クル數ヲ超エサル範圍內ニ於テ地方長官(東京府ニ在リテハ警視總監)ノ定メタル數ヲ超ユルコトヲ得ス

地方長官(東京府ニ在リテハ警視總監)前項ノ規定ニ依リ選擧事務所ノ數ヲ定メタル場合ニ於テハ選擧ノ期日ノ告示アリタル後直ニ之ヲ告示スヘシ

本條ハ選擧事務所ノ數ヲ制限シタル規定テアル

(一)原則トシテ選擧事務所ハ議員候補者一人ニ付七箇所ヲ超ユルコトヲ得ナイ(第一項)無制限ニ選擧事務所ヲ設クルノハ種々ノ不正行爲其他ノ弊害ヲ生シ易ク選擧ノ公正ヲ期シ難キ事態ヲ惹起スルノ虞カアルノテ其數ヲ制限スヘシトハ夙ニ

唱導セラレテ居タ所テアル、サリトテ選擧運動ノ本據テアル選擧事務所ノ數ヲ極端ニ少ナカラシムルモ亦公正ナル選擧運動ノ方法ヲ阻害スルニ至ルテアラウ、改正法ハ本條ニ於テ劃一的ニ議員候補者一人ニ付七箇所以内ニ限定シタノテアル其ノ根據ハ改正理由書ニ依レハ次ノ如ク説明セラレテ居ル、其ノ根據ハ理論ニ依ルヨリハ寧ロ實際ノ情況ニ依リタルモノテアツテ從來ノ選擧ノ實際ニ鑑ミ且本法ニ依ル選擧區、選擧人數、及選擧運動方法並ニ其ノ費用ニ對スル制限規定等ノ關係ヲ參酌シテ議員候補者一人ニ付凡ソ一郡市區毎ニ選擧事務所一箇所ノ比率ヲ標準ト爲スヲ最モ適當ト認メ全國郡市區數ヲ選擧區數ニ配分スルト一選擧區ニ對シテ約六郡市區ノ割合ト爲ルカラ其レ故ニ六選擧事務所ニ加ヘテ尚選擧事務所一箇所ノ餘裕ヲ存セシメテ其ノ數ヲ七箇所ト爲シタト謂フノテアル、選擧事務所ノ數ヲ制限スルノ標準ニ關シテ選擧區ノ大小、其ノ地理上ノ差異、選擧人ノ多寡、又ハ郡部市部ノ區別等ヲ基準トスヘシトノ説カアツタノテアルケレトモ孰レモ一得一失アリ俄カニ首肯シ難キモノアリト認メラレ採用セラレナカツタノテアル

數ニ於テ制限セラレテ居ルノミテアルカラ其ノ七箇所ノ事務所ノ設置方法ハ如

何様テアラウトモ自由テアル、或ハ一地方ニ多ク他方ニ少ク或ハ其相互間ノ距離ノ遠近、或ハ權限ニ主從ノ區別ヲ存スル等之ヲ問ハナイノテアル、只場所的制限トシテハ第九十一條ノ規定ノ存スルコトヲ注意セネハナラナイ

(二)例外トシテ、選擧ノ一部無效トナリ更ニ選擧ヲ行フ場合、又ハ第三十七條ノ規定即チ天災其ノ他避クヘカラサル事故ニ因リ投票ヲ行フコトヲ得サルトキ又ハ更ニ投票ヲ行フ必要アルトキ行フ投票ノ場合ニ於テハ選擧事務所ハ七箇所ヲ超ヘナイ範圍內テ地方長官(東京府ニ在リテハ警視總監)ノ定メタル數ヲ超ユルコトカ出來ナイ(第二項)右ノ場合ニ於テハ其ノ選擧又ハ投票ノ行ハルル區域狹少テアッテ選擧人ノ數モ寡少テアラウシ又選擧運動モ之ニ應シテ小範圍ニ止マルテアラウカラ此ノ場合ニ於テハ一般ノ選擧ノ場合トノ均衡ヲ保チテ、原則タル七箇所以內ニ於テ適當ノ數ニ減少スルコトハ公平ノ觀念ニ出ツルモノナリト認メラレタ譯テアル、ソシテ具體的ノ場合ニ應シテ其ノ數ヲ現實ニ何箇所ト認定スルノ權限ヤ其ノ處分ノ權限ヲ地方長官(東京府ニ在リテハ警視總監)ニ委任シタノハコレ亦選擧ノ實際ニ適シ妥當ナル事ト認メラレタルニ因ルノテアル、

右ノ如クニ地方長官(東京府ハ警視總監)カ自己ノ裁量ニ基イテ選擧事務所ノ數ヲ

定メタトキニハ直ニ一般ニ周知セシムルノ必要カアルカラ選舉期日又ハ投票期日ノ告示後直ニ其ノ認定シタル數ヲ告示スルヲ要スル(第三項)

地方長官カ右ノ選舉事務所ヲ定ムル行政處分ヲ爲シ其ノ告示ヲナシタルトキハ當該選舉ニ當リテハ法律ニ定ムル制限ト同一ノ效果ヲ有スルモノテアルコト論ヲ俟タナイ

第九十一條　選舉事務所ハ選舉ノ當日ニ限リ投票所ヲ設ケタル場所ノ入口ヨリ三町以內ノ區域ニ之ヲ置クコトヲ得ス

本條ハ選舉事務所設置ノ場所的制限テアル、即チ(イ)選舉ノ當日ニ限リ(ロ)投票所ヲ設ケタル場所ノ入口ヨリ三町以內ノ區域ニ選舉事務所ヲ設置スルコトヲ得ナイノテアル、選舉ノ當日ニ限リタルモノテアルカラ其ノ前日迄ハ此區域內ニ之ヲ設ケ得ルコトハ言フヲ俟タナイ

投票所ヲ設ケタル場所ノ入口ト明定シタルハ實際問題ノ場合ニ於テ其ノ基準ヲ明ニシテ置カネハ紛爭ノ對照トナルノ虞カアルカラテアル、入口トハ言フ迄モナ

ク人ノ出入スル所テアッテ正門、裏門、脇門等アルトキハ總テ其等ノ門ノ兩端ヨリ起算スヘキモノテアル

選擧ノ當日ハ投票所附近ハナルヘク靜謐ヲ保チ以テ選擧ノ公正ヲ期スヘク從來ノ如ク投票所附近ニ事務所ヲ設ケ選擧人等ニ對シ議員候補者又ハ選擧運動員等カ叩頭ヲ爲スノ風アルハ甚タシク公益上弊害アルノミナラス往々氣勢ヲ示サントスルノ行爲ニ出テ爲ニ附近ノ安寧ヲ害スルニ至ルノ虞カアルノテ本條ノ如キ規定カ設ケラルルニ至ッタノテアル

第九十二條　休憩所其ノ他之ニ類似スル設備ハ選擧運動ノ爲之ヲ設クルコトヲ得ス

本條ノ規定ノ立法精神ハコレ亦選擧ノ公正ヲ保持スル所以ニシテ從來往々實際ニ徵シテ休憩所其他之ニ類似ノ設備ハ或ハ以テ氣勢ヲ揚ケンカ爲ニシ或ハ以テ選擧人等ノ歡心ヲ得ムカ爲ニシ其ノ弊害少ナカラサルモノカアッタノテ既ニ本法第九十條ニ於テ選擧事務所ノ數ヲ制限シタル以上其趣旨ヲ徹底センカ爲メ茲ニ此ノ規定ヲ見タ次第テアル

休憩所トハ休息シ若ハ立寄ルコトヲ得ヘキ一切ノ設備ノ謂テアツテ之ニ類似スル設備トハ其ノ名稱及設備ノ如何ヲ問ハス休憩所ノ實質ヲ具ヘ若ハ之ニ紛ハシキ裝置ヲ爲シタ場所ヲ總括スルノ謂テアル、特定ノ設備カ休憩所テアルカドウカ又ハ之ニ類似ノ設備テアルカトウカハ各事實ニ付具體的ニ定ムルノ外ハナイ休憩所其他之ニ類似スル設備ハ選擧運動ノ爲メ之ヲ設クルコトカ出來ナイノテアルカラ選擧運動ノ爲メニ設ケラレタモノテナケレハ本條ノ制限ニ關係ナイノテアル、選擧運動ノ爲メニ設置セラルルトキハ議員候補者、選擧事務長又ハ所謂第三者タル選擧運動者其ノ他何人ノ設置スルモノタルヲ問フコトナク本條ハ之ヲ包含スルモノテアル

第九十三條　選擧委員及選擧事務員ハ議員候補者一人ニ付通シテ五十人ヲ超ユルコトヲ得ス

第九十條第二項及第三項ノ規定ハ選擧委員及選擧事務員ニ關シ之ヲ準用ス

本條ハ選擧委員及選擧事務員ノ數ヲ制限シタル規定テアル、選擧事務所ノ數ヲ制

限シタト同趣旨ノ規定デアツテ、此等法定運動員ハ所謂第三者ナル運動員トハ異ナリ本法ノ制限範圍内ニ於テハ各種ノ選擧運動ヲ爲シ得ルノデアルカラ此等ヲ無制限ニ選任スルノ結果往々生シ易イ選擧犯罪ノ誘發ヲ防止スルト同時ニ選擧ノ公正ヲ保持スルコトヲ期シ併セテ選擧運動ノ費用ヲモ間接ニ制限セムトスルモノデアル

(一)原則トシテ選擧委員及選擧事務員ハ議員候補者一人ニ付通シテ五十人ヲ超ユルコトカ出來ナイ(第一項)通シテ五十人ヲ超ユルコトカ出來ナイノデアルカラ具體的ノ場合ニ其ノ五十人ヲ如何樣ニ選擧委員ト選擧事務員トニ割當ツルトモソレハ自由デアル

改正法理由書ニ依レハ選擧委員及選擧事務員ノ數ヲ制限スルニ當リ劃一的ニ議員候補者一人ニ付選擧委員及選擧事務員ヲ通シテ五十人以内ニ限定シタ其ノ根據ハ理論ニ依ルヨリハ寧ロ實際ノ狀況ニ依リタルモノデアル、一選擧事務所ニ於テ選擧運動ノ事務ニ從事スヘキモノヲ七八人宛ノ割合ト爲シ内五人ハ選擧運動ノ庶務ニ從事スヘキ選擧事務員トシ他ノ二人ハ事實上選擧事務員ヲ監督シ且選擧運動ノ樞機ニ參劃スル選擧委員トシテ配置スルコトトセハ本法ニ依ル選擧區、選

擧人數、及運動方法ニ對スル制限規定等ノ關係ヲ考慮スルモ選擧運動ヲ爲スニ付支障ナカルヘシト認定シタルモノテアルト謂フノテアル

(二)例外トシテ選擧ノ一部無效ト爲リ更ニ選擧ヲ行フ場合又ハ第三十七條ノ規定即チ天災其ノ他避クヘカラサル事故ニ因リ投票ヲ行フコトヲ得サルトキ更ニ投票ヲ行フ場合ニハ議員候補者一人ニ付選擧委員及選擧事務員ノ數ヲ通シテ五十人ヲ超エナイ範圍内ニ於テ地方長官(東京府ニ於テハ警視總監)ノ定メタ數ヲ超ユルコトカ出來ナイ(第九十條第二項第二項)

地方長官(東京府ニ在リテハ警視總監)カ右ノ場合ニ其ノ數ヲ定メタルトキハ選擧期日又ハ投票期日後直ニ告示スルコトヲ要スルノテアル(第九十條第二項第三項)

右ノ例外ノ場合ニ於テハ一般ノ選擧ノ場合ヨリモ選擧區域ハ狹ク選擧人ノ數ハ小數テアラウシ各場合ニ應シテ種々ノ程度ノ差異カアラウカラ其ノ爲メニ本條第二項ニ於テ選擧事務所ノ數ヲ同樣地方長官ノ裁量ニヨリテ定メシメタ規定ヲ準用シタノテアルカ其趣旨ハ同一ノ理由ニ出ツルノテアル

第九十四條　選擧事務長選擧權ヲ有セサル者ナルトキ又ハ

第九十九條第二項ノ規定ニ依リ選擧運動ヲ爲スコトヲ得サル者ナルトキハ地方長官(東京府ニ在リテハ警視總監)ハ直ニ其ノ解任又ハ退任ヲ命スヘシ

第八十九條第一項ノ規定ニ違反シテ選擧事務所ノ設置アリト認ムルトキハ地方長官(東京府ニ在リテハ警視總監)ハ直ニ其ノ選擧事務所ノ閉鎖ヲ命スヘシ第九十條第一項又ハ第二項ノ規定ニ依ル定數ヲ超エテ選擧事務所ノ設置アリト認ムルトキハ其ノ超過シタル數ノ選擧事務所ニ付亦同シ

前條ノ規定ニ依ル定數ヲ超エテ選擧委員又ハ選擧事務員ノ選任アリト認ムルトキハ地方長官(東京府ニ在リテハ警視總監)ハ直ニ其超過シタル數ノ選擧委員選擧事務員ノ解任ヲ命スヘシ選擧委員又ハ選擧事務員選擧權ヲ有セサル

者ナルトキ又ハ第九十九條第二項ノ規定ニ依リ選擧運動ヲ爲スコトヲ得サル者ナルトキ其ノ選擧委員又ハ選擧事務員ニ付亦同シ

本條ハ法定選擧運動員カ法定ノ資格又ハ法定數ニ抵觸スル場合地方長官ノ解任又ハ退任命令及選擧事務所ノ違法設置又ハ法定數超過ノ場合地方長官ノ閉鎖命令ニ關シテ規定セラレタモノテアル

本條規定ノ各違法事實カ發生シタルトキニハ一面刑罰ヲ以テ處分セラルルトコロナレトモ（第百三十條第百三十一條參照）一面本條ニ於テ直接、行政處分ニ因リ之ヲ强制シ其命令ニ從ハサル者ニハ更ニ刑罰ヲ以テ臨ミ（第百二十九條參照）以テ之等ノ事實ノ發生ヲ嚴ニ防止セムトスルニアルノテアル

本條ニ於テ解任、退任又ハ閉鎖命令ヲ爲ス者ハスヘテ地方長官テアリ東京府ニ在リテハ警視總監テアル以下本條ノ說明ニ於テ地方長官ト云フトキ東京府ニ於テハ警視總監ナルコト同樣テアル

本條ニ基キテ地方長官カ爲ス解任、退任、又ハ閉鎖命令ニ從ハナイトキハ前述ノ如

ク刑罰ヲ科シテ之ニ制裁ヲ加ヘテ居ルケレトモ其ノ命セラレタル行爲ヲ爲サナイトキハ行政執行法上ノ强制手段ニ出ルコトヲ妨ケナイノテアル

第一、選擧事務長、選擧委員、選擧事務員ノ解任又ハ退任命令ニ付テ

(一)選擧事務長ノ解任又ハ退任命令(第一項)解任又ハ退任ヲ命スヘキ場合ハ(イ)選擧事務長選擧權ヲ有セサルモノナルトキ(第九十九條參照)(ロ)選擧事務長カ其ノ關係區域內ニ於テ選擧事務ニ關係アル官吏又ハ吏員ナルトキ

解任ヲ命スルトハ選擧事務長ノ選任者ニ對シテ之カ解任ヲ命スルノテアリ、退任ヲ命ストハ選任者ナク自ラ選擧事務長トナリタル者ニ對シ退任ヲ命スルノテアル

(二)選擧委員又ハ選擧事務員ノ解任(第三項)解任ヲ命スヘキ場合ハ

(イ)前條ノ規定ニヨル原則的又ハ例外的ニ定メラレタル數ヲ超ヘテ選擧委員又ハ選擧事務員ノ選任アリト地方長官カ認メタトキハ直ニ其ノ超過シタル數ノ選擧委員又ハ選擧事務員ノ解任ヲ命スルノテアル、此ノ場合ノ解任命令ハ選擧事務長ニ對シテノミ命スヘキモノテアル、此等ノ法定運動員ニ對シテ解任權ヲ有スル者ハ選擧事務長ノミテアルカラテアル(第八十九條第二項)選擧事務長以外ノ者ノ選任シタ

ル選擧委員又ハ選擧事務員ハ法律上ノ適法ナル運動員テナイカラ之ヲ選擧委員若ハ選擧事務員ノ定數中ニ加算スヘキモノテナク若シ選擧事務長以外ノ者カ事實上選擧委員又ハ選擧事務員ト同一ノ者ヲ置キタルトキハ其ノ選任行爲ハ處罰セラルルモ（第百三十一條參照）其ノ解任ヲ命スルコトハ出來ナイ、ダカラ命令ニ從ハナイトテ第百二十九條ヲ以テハ處罰出來ナイカ、然シ若シ選擧運動ニ付實物又ハ實費ノ辨償ヲ爲シ或ハ報酬ヲ與フルトキハ雙方共ニ第百十二條及第百十三條ニ定ムル刑ニ處セラルルノテアル

（ロ）選擧委員若ハ選擧事務員カ選擧權ヲ有セサルトキ

（ハ）選擧委員若ハ選擧事務員カ其ノ關係區域内ニ於テ選擧事務ニ關係アル官吏又ハ吏員ナルトキ

右（ロ）及（ハ）ノ場合ニ於テ解任命令ノ命セラルヘキ者ハ此等ノ者ニ對シテ解任權ヲ有スル選擧事務長ナルコトハ前ニ説明シタ所ニ同シテアル

第二、閉鎖命令ニ付テ（第二項）

（イ）選擧事務長テナイ者カ選擧事務所ヲ設置シタルトキニハ地方長官ハ直ニ其ノ選擧事務所ノ閉鎖ヲ命スルノテアル、閉鎖命令ノ命セラルヘキ者ハ當該事務所ヲ

設ケタル者テアル、選擧事務長テナイ者ト云ヘハ議員候補者推薦屆出者、選擧委員、選擧事務員及所謂第三者タル選擧運動者テアル此等ノ者ニ依リテ選擧事務所ノ設置カアツタカトウカハ一ニ地方長官ノ認定ニ依ルノテアル、何等ノ名義ヲ以テスルニ拘ラス選擧運動ニ關シテ何等カノ場所的設備ヲ設ケ之ヲ中心トシテ相當連續シテ行動スル事實アルトキハコレヲ以テ選擧事務所ノ設置アツタト認定スルヲ妨ケナイテアラウ

(ロ)選擧事務所カ原則的又ハ例外的法定數ヲ超エテ設置セラレタリト地方長官カ認定シタルトキハ其ノ超過シタル數ノ選擧事務所ノ閉鎖ヲ命スルノテアル、此場合閉鎖命令ノ發セラルルノハ選擧事務長ニ對シテテアルコト言フヲ俟タナイ

第九十五條　選擧事務長故障アルトキハ選任者代リテ其ノ職務ヲ行フ

推薦屆出者タル選任者モ亦故障アルトキハ議員候補者ノ承諾ヲ得スシテ其ノ推薦ノ屆出ヲ爲シタル場合ヲ除クノ外議員候補者代リテ其ノ職務ヲ行フ

本條ハ選擧事務長故障アルトキ其ノ職務代行ニ關スル規定テアル
選擧事務長ハ選擧運動ノ中樞ヲ爲シ且主タル責任者テアルカラ故障ノ爲メ其ノ曠缺ヲ來タスニ至レハ充分ナル選擧運動ヲ爲シ難キノミナラス一面ニ於テ其間ニ生シタル凡テノ事項ニ付其ノ責任者ヲ捕捉スルコトカ出來ス選擧取締ニ關スル本法ノ主旨ヲ貫徹スルコトヲ得サルニ至ルノテ玆ニ代テ其ノ職務ヲ行フ者ヲ定ムルノ必要カラ生シタルノ規定テアル
選擧事務長ノ故障トハ死亡、退職、病氣、其ノ他原因ノ如何ヲ問ハス一度選擧事務長定マツタ後當該選擧事務長カ事實上選擧運動ノ統一アル活動ニ支障アリト認メラルル程度ノ期間連續シテ其ノ職務ヲ行フコトノ出來ナイ場合ヲ汎稱スルノテアル、ソシテ其ノ故障アリヤ否ヤハ本條ノ規定ニ依リ其ノ職務ヲ代行スル者ノ認定ニ依ルヘク其ノ認定ノ適否ニ關シ爭アルトキハ最後ノ斷定ヲ裁判所ノ判定ニ俟ツノ外ハナイ
一、選擧事務長故障アルトキハ選任者代リテ其ノ職務ヲ行フノテアル(第一項)職務代行ノ責任ヲ選任者ニ負擔セシメタノハ其ノ選任者ハ自已ノ選任シタル者ニ故障アル場合其ノ者ニ代テ責ニ任スヘキハ條理上當然テアルカラテアル、又若シ自

ヲ其ノ任ニ當ルヲ欲セナイトキハ他ノ者ヲ選任スルノ權限ヲ有シ居ルノテアルカラ毫モ不都合ナ事ハナイ

二、選擧事務長故障アリ且推薦届出者テアル選任者モ亦故障アルトキハ

（イ）其ノ選任者タル推薦届出者カ議員候補者ノ承諾ヲ得テ推薦届出ヲ爲シタル者テアル場合ナラ議員候補者カ代テ其ノ職務ヲ行フ、議員候補者カ其ノ推薦届出及選擧事務長選任ニ付承諾ヲシテ選擧事務長ノ選任ニ參與シテ居ルモノテアルカラ其ノ職務代行ノ責ニ任スヘキモノト認ムルノハ前ニ述ヘタ理由カラ類推シテ當然タト謂ヒ得ルテアラウ

（ロ）其ノ選任者タル推薦届出者カ議員候補者ノ承諾ヲ得スシテ推薦届出ヲ爲シタル者テアル場合ハ職務ヲ行フ者ハナクナル、此ノ場合議員候補者ハ其ノ推薦届出及選擧事務長ノ選任ニ付承諾等ノ意思ヲ表示シタルモノテナイカヲ何等責ニ任スヘキ筋合テハナイノテアル、事實上選擧運動ハ中止スルノ外途カナイコトニナルノテアル

第九十六條　議員候補者、選擧事務長、選擧委員又ハ選擧事務

員ニ非サレハ選擧運動ヲ爲スコトヲ得ス但シ演說又ハ推薦狀ニ依ル選擧運動ハ此ノ限ニ在ラス

本條ハ所謂第三者ハ演說又ハ推薦狀ニ依ルノ外選擧運動ヲ爲スヲ得サル旨ノ規定テアル

法律カ法定ノ選擧運動者ニ關スル規定ヲ設ケ其ノ數迄ヲモ制限シテ居ルノテアルカラ之カ法律ノ趣旨ヲ貫徹セムニハ勢ヒ本條ノ如キ規定ヲ見ネハ止マナイ次第テアル

一、議員候補者、選擧事務長、選擧委員又ハ選擧事務員ニ非サル者ハ原則トシテ選擧運動ヲ爲スコトヲ得ナイノテアル、「議員候補者、選擧事務長、選擧委員、又ハ選擧事務員ニ非サル者」トハ特定ノ議員候補者及之ニ從屬スル選擧事務長、選擧委員又ハ選擧事務員ニ非サル者ノ謂ニシテ所謂第三者即チ一般篤志者ヲ廣ク指稱スルノテアル、タカラ特定ノ議員候補者側ノ法定運動員テモ他ノ議員候補者側ヨリ謂フトキハ所謂第三者ノ地位ニ在ルモノト云ハナケレハナラナイ

二、然シ所謂第三者テモ例外トシテ演說又ハ推薦狀ニ依ル選擧運動ニ限リ之ヲ爲スモ妨ケナイノテアル、演說又ハ推薦狀ニ依ル選擧運動トハ演說ノ方法ニ依リ

又ハ推薦狀ニ署名シテ候補者ノ人格識見才能等ヲ激賞シ議員トシテ選擧セラルヘキ充分ナル價値アル者ナルコトヲ吹擧スルコトヲ謂フノテアル、依テ演說又ハ推薦狀ニ依ル選擧運動ト謂フ以上ハ演說ヲ爲シ又ハ推薦狀ヲ起草シ署名ヲ爲シ之ヲ發送スル行爲夫レ自體ハ勿論ノコト其ノ爲メニ必要ニシテ且緊密ナル關係ヲ有スル行爲ヲモ包含スルノ意味テアル、又演說又ハ推薦狀ニ依ル選擧運動ハ自由ニ爲シ得ルノテアルカラ所謂第三者カ議員候補者又ハ法定選擧運動員等ト意思相通シテ爲スト否トハ孰レトモ之ヲ問ハナイノテアル

所謂第三者ニ演說又ハ推薦狀ニ依ル選擧運動ニ限リ之ヲ許シタノハ此種ノ選擧運動ハ文化ノ發達セル國民ニ對シテハ最モ有效ナル方法ニシテ而カモ弊害ノ尠キモノナレハ法律カ法定運動員ト其ノ數トヲ定メテ居ルニ拘ラス此ノ運動方法タケハ所謂第三者ニ許スモ不當テナイト認メタルニ因ルノテアリ且法律ハ將來ノ選擧運動ハ專ラ言論ト文章トニ依リテ行ハレンコトヲ期スルノ趣旨ニ出ツルニモ因ルノテアル

第九十七條　選擧事務長、選擧委員又ハ選擧事務員ハ選擧運

動ノ爲ニ要スル飮食物、船車馬等ノ供給又ハ旅費、休泊料其ノ他ノ實費ノ辨償ヲ受クルコトヲ得演說又ハ推薦狀ニ依リ選擧運動ヲ爲ス者其ノ運動ヲ爲スニ付亦同シ

選擧事務員ハ選擧運動ヲ爲スニ付報酬ヲ受クルコトヲ得

本條ハ選擧運動ニ對スル實費ノ辨償又ハ報酬ニ關スル規定テアル

法律カ選擧運動ニ關スル規定ヲ新ニ設ケ主トシテ專ラ之ニ當ル者ヲ限定シタカラニハ他方ニ於テ少クトモ其ノ運動ノ爲ニ要スル實費ノ辨償又ハ相當ノ報酬ヲ與フルコトヲ定ムルニ至ルヘキハ事理ノ已ムヲ得サルニ出ツルモノカアルノテアル

金錢其ノ他財產上ノ利益ノ授受ニ依リ人ノ欲心ヲ誘發シテ當選ヲ得若ハ得セシメ又ハ得シメサラムトスル所爲ハ本法第百十二條第百十三條ニ於テ處罰セラルルトコロテアルカ從來選擧法ノ同趣旨ノ處罰規定ニ於テ所謂財產上利益トハ財產上利得ノ意味テアルト解セラレ選擧運動ノ爲ニ要スル旅費、休泊料、辨當代等ノ實費ハ所謂右ノ財產上ノ利益ナル觀念ニ包含セラレナイモノトシテ其ノ授受ニ

關シ處罰ノ規定ノ適用ヲ除外シテ居タノテアルカ本法ハ茲ニ一面解釋上ノ疑義ヲ避クルト共ニ社會ノ通念ニ從ヒ其ノ實情ニ適合セム爲メ本條ヲ設クルニ至ツタモノテアル

本條ニ規定シタル以外ノ者ハ名義ノ如何ニ拘ラス選擧運動ヲ爲スニ付金錢其ノ他財産上ノ利益ヲ受クルトキ又ハ本條掲記ノ者テアツテモ法ノ豫期スル範圍ヲ逸脱シテ金錢其ノ他財産上ノ利益ヲ領得シタトキハ共ニ違法ノ行爲トナリ第百十二條又ハ第百十三條ノ規定ニ依テ處罰セラルルテアラウ、然シ或ハ給仕トカ或ハ小使トカト稱スル類ノ如ク全ク自己ノ意思ニ依テ選擧運動ヲ爲ス者テナク單ニ議員候補者及其ノ他ノ選擧運動者ニ使役セラレテ專ラ機械的勞務ヲ提供スルノミニ過キナイ者ニ付テハ本條及第百十二條又ハ第百十三條ノ規定ノ趣旨ヨリ解釋シテ處罰規定ノ適用ナク全ク放任セラルルモノテアル併シ此等ノ者ニ支給スル金錢其他ノ財産上ノ利益カ選擧運動ノ費用ノ計算ニ加ヘラルヘキコトハ言フ迄モナイコトテアラウ

第一項ハ實物ノ供給又ハ實費ノ辨償ヲ受ケ得ル者ヲ限定シテ居ル

(一)之ヲ受ケ得ル者ハ選擧事務長、選擧委員、選擧事務員、所謂第三者タル演說又ハ推

薦狀ニ依リ選擧運動ヲ爲ス者即チ之レテアル、換言スレハ法律カ選擧運動ヲ爲スコトヲ許シテ居ル範圍内ノ一切ノ者ト言ヒ得ラルルノテアル

演說又ハ推薦狀ニ依リ選擧運動ヲ爲ス者カ實費ノ辨償ヲ受クルコトヲ得ルノハ言フ迄モナク嚴格ニ選擧運動トシテ演說ヲ爲シ又ハ推薦狀ノ作成及頒布ヲ爲シタル場合ニ限リ之カ爲メ要シタル實費ノ辨償ヲ受ケ得ルニ止マルノテアル、其ノ他ノ運動ハ禁止セラレテ居ルノテアルカラ違法運動ニ對スル實費ノ辨償ナルモノハ觀念上存在シ得ナイ

(二)實物ノ供給又ハ實費ノ辨償トハ如何ナル種類ノモノナルカ法律ハ例示的ニ掲ケ左ノ如ク規定シテ居ル「選擧運動ノ爲ニ要スル飮食物、船車馬等ノ供給、又ハ旅費、休泊料其ノ他ノ實費ノ辨償」即チ之テアル法律カ斯ノ如クニ例示的ニ規定シタノハ專ラ實際ノ場合ヲ顧慮シテ之ニ適合セシメムコトヲ期セムカ爲テアッテ到底具體的ニ生シ得ベキ場合ヲ悉ク掲ケ得ラレサルヲ以テ實際問題トシテ實物ノ供給又ハ實費辨償ト見ルヘキヤ否ハ一一ニ當該具體的事實ノ個々ニ付判斷スルノ外ハナイ

第二項ハ報酬ヲ受ケ得ル者ヲ選擧事務員ニ限定シテ居ル、報酬トハ勞務ニ對スル

對價テアッテ觀念上必ス利得又ハ利益ナル意義ヲ有シテ居テ前項ニ說明シタ實物又ハ實費辨償ノ意義ニ止ルモノトハ其ノ趣ヲ異ニシテ居ルノテアル、何故ニ選擧事務員ノミニ限テ報酬ヲ受ケ得ルモノトシタカト云フニ選擧事務員ハ他ノ法定運動員ヤ演說又ハ推薦狀ニ依ル運動員タル、所謂第三者カ或ハ主腦的公共的ニ或ハ個人的情義ニヨリ又ハ義俠的ニ運動ヲ爲スモノトハ稍其ノ性質ヲ異ニシ世間普通ノ事務員ト敢テ異ナルトコロカナイカラ之ニ對シテノミ勞務ノ對價タル相當ノ報酬ヲ受クルコトヲ得セシムルノハ寧ロ社會ノ實情ニ適シ且何等ノ弊害ハナイモノト認メラレタルカ故テアル

法文ニハ何等ノ制限ハ見ヘナイカ其ノ報酬ハ相當額ヲ出ツルコトヲ得ナイノハ當然テアル、之レ前ニ說明シタ本條ノ精神ニ照シテ明カナル事テアラウ

第九十八條　何人ト雖投票ヲ得若ハ得シメ又ハ得シメサルノ目的ヲ以テ戶別訪問ヲ爲スコトヲ得ス

何人ト雖前項ノ目的ヲ以テ連續シテ個個ノ選擧人ニ對シ面接シ又ハ電話ニ依リ選擧運動ヲ爲スコトヲ得ス

本條ハ所謂戸別訪問又ハ之ニ類似ノ選擧運動方法ヲ禁止セル規定テアル
抑モ選擧ハ人物識見又ハ主義政策ノ合致ヨリ議員候補者ハ自己ノ信任ヲ問ヒ選擧人ハ投票スヘキ議員候補者ヲ定ムヘキモノテアルノニ從來ノ選擧ノ實際ニ顯ハレタル所謂戸別訪問ノ如キハ情實ニ基キ感情ニ依テ當選ヲ左右セムトスルノテアルカラ本法ハ茲ニ本條ヲ設ケテ斯ル行爲ヲ禁シ一ニ選擧ノ公正ヲ期セムトシタモノテアル

(一)禁止セラルル者ノ範圍ニハ何等ノ制限ナク絶對的テアツテ何人ト雖モ本條所定ノ行爲ヲ爲スコトハ出來ナイノテアル、苟モ本條所定ノ目的ヲ以テ本條所定ノ行爲ヲ爲ス者ハ總テ本條ノ規定ニ違反シタル者ト言ハナケレハナラナイ(第百二十九條參照)

(二)本條所定ノ行爲ハ所定ノ目的ヲ以テ爲スコトヲ要スルノテアル、其ノ目的トハ即チ投票ヲ得若ハ得シメ又ハ得シメサルノ目的之レテアル、投票ヲ得ルノ目的トハ議員候補者カ自己ノ爲ニ其ノ投票ヲ得ントスルノ目的テアリ投票ヲ得シムルノ目的トハ他人ノ爲ニスルモノテアルカラ議員候補者以外ノ選擧運動者カ候補者ノ爲ニ其ノ投票ヲ得サセムトスルノ目的テアリ、投票ヲ得シメサルノ目的トハ直接ニ之ヲ得又ハ得シメムトスルノテハナク他人ノ得票ヲ妨害スルモノテ議員候補者カ自分ノ得票ヲ拒止スル場合ヲ除クトキハ何人ト雖モ何人ノ得票ニ對シテモ之ヲ爲スコトカ出來ルモノテ他人ノ得票ヲ得サセナイトスルノ目的テアル要スルニ前二者カ積極的ニ投票ヲ得ムトスルニ對シ後者ハ消極的ニ投票ヲ得ムトスルニアルノテアル

本條所定ノ行爲ハ此ノ目的ニ基キ爲サルルヲ以テ足リ此ノ目的ヲ相手方ニ表示スルノ方法ハ之ヲ問ハナイノテアリ相手方カ其ノ意思表示ニ應シタルト否トモ亦之ヲ問ハナイノテアル、此ノ目的ヲ伴ハナイ行爲ナラハ本條ノ禁止行爲トナラナイノテアル

(三)禁止行爲ハ戸別訪問及之ニ類似スル行爲テアル所ノ本條第二項ノ連續シテ戸々ノ選擧人ニ對シ面接シ又ハ電話ニ依リ選擧運動ヲ爲スコト之レテアル

戸別訪問トハ連續シテ戸々ニ就キ訪問スル行爲ヲ謂フノテ從來ノ選擧ノ實際ニ顯ハレタル現象ヲ指シ斯樣ニ名ツケラレタルモノテアルカラ特定ノ場合ニ果シテ戸別訪問ナリヤ否ヤハ此ノ社會ノ通念ニ從テ決シナケレハナラナイ、戸トハ人ノ居住又ハ現在スル邸宅ヲ謂ヒ、戸々ニ就クトハ二戸以上ノ戸ヲ指シ其隣接スルコトハ之ヲ必要トシナイ、訪問トハ他人ノ邸宅ニ立入リテ面會ヲ求ムル行爲テ面

會ヲ求ムル行爲ハ必スシモ積極的ニ之ヲ希望スルコトヲ要シナイノテ家人ニ面接シ或ハ來意ヲ傳達シ得ル名刺手紙ヲ殘ス等其ノ他何等カノ方法ヲ以テ之ヲ示ストキハ訪問ナル事實カアルモノト認定スヘキテアル、ソシテ連續シテトハ戸々ニ就キ訪問スル行爲ノ連續スル態様ヲ云フノテアル

連續シテ戸々ノ選擧人ニ對シ面接シ又ハ連續シテ戸々ノ選擧人ニ對シ電話ヲ使用スルコトハ戸別訪問ヲ禁止スル趣旨ニ基キ當然之ヲ禁止シナケレハ法ノ目的ハ達セラレナイノテアル

連續シテ個々ノ選擧人ニ對シ面接スルトハ例ヘハ官公署、會社、銀行又ハ集會ノ場所等ニ立入リ又ハ之等ノ場所ノ入口等ニ於テ之ニ出入スル個々ノ選擧人ニ面接スルカ如キノ類テ個々ニ就クトハ二人以上ノ選擧人ヲ指シ其ノ同時ニ同一場所ニ在ルト否トヲ問ハナイ時ヲ異ニシ場所ヲ別ニスルモ宜イノテ面接トハ直接對話者間ノ關係ニ立チ得ル狀態ニ在ルヲ云フノテ連續トハ個々ノ選擧人ニ面接スル行爲ノ連續スル態様テアル

連續シテ個々ノ選擧人ニ對シ電話ヲ使用スルコトハ最モヨク戸別訪問ニ類似スルノテアル選擧人ニ面接スル場合ハ必ス選擧人ニ面會スルコトヲ要スルノテア

ルケレトモ電話ニ依ル場合ハ必スシモ選擧人ト直接電話ヲ以テ對話スルコトヲ要セナイノテ選擧人ノ家族使用人ト對話スルヲ以テモ足ルノテアル、連續ノ意味個々ノ意味ハ前ニ説明シタトコロト同一テアル

第九十九條　選擧權ヲ有セサル者ハ選擧事務長、選擧委員又ハ選擧事務員ト爲ルコトヲ得ス

選擧事務ニ關係アル官吏及吏員ハ其ノ關係區域內ニ於ケル選擧運動ヲ爲スコトヲ得ス

本條ハ法定選擧運動員ニ對スル資格ト選擧事務ニ關係アル官公吏員ノ其ノ關係區域內ニ於ケル選擧運動ノ禁止トニ付キ規定セラル共ニ選擧ノ公正ヲ期シ選擧運動ノ弊害ヲ除去セムトスルニ在ルノテアル

第一項、選擧權ヲ有セナイ者ハ選擧事務長、選擧委員、選擧事務員ト爲ルコトヲ得ナイ、選任後中途ニシテ選擧權ヲ失フニ至ラハ爾後其任務ニ從事スルコト能ハサルハ論ヲ俟タナイ、若シ選擧權ノ無イ者カ右ノ運動員タル場合ニハ既ニ説明シタ如ク地方長官ヨリ退任又ハ解任ヲ命セラルルノテアル（第九十四條參照）

第二項選擧事務ニ關係アル官吏及吏員ハ其ノ關係區域内ニ於ケル選擧運動ヲ爲スコトヲ得ナイ、選擧事務ニ關係アル官吏及吏員トハ既ニ第八條ニ於テ說明シタ如ク當該選擧事務ニ直接關係アル官公吏ヲ謂フノテアツテ其ノ關係區域内ト言フカラニハ或ハ其ノ事務カ投票、開票、選擧會ノ各事務ニ分類セラルル以上此等ノ事務ニ直接關係アル地域即チ投票區、開票區、選擧區ノ地域ニ自ラ分類セラレテ考フルコトカ出來ルノテアル、關係區域内ニ於ケル選擧運動トハ當該區域内ニ於テ爲ス選擧運動ハ勿論其ノ區域外ニ於テ爲ス選擧運動ト雖苟モ其ノ效果カ當該區域内ニ於テ其ノ發生ヲ見ル樣ナ總テノ選擧運動即チ其ノ關係區域内ノ當選ヲ得若ハ得シメ又ハ得シメサル等選擧ニ影響ヲ及スヘキ一切ノ選擧運動ヲ包含スルモノテアル

第百條　内務大臣ハ選擧運動ノ爲頒布シ又ハ揭示スル文書圖畫ニ關シ命令ヲ以テ制限ヲ設クルコトヲ得

本條ハ選擧運動ノ爲メ使用スル文書圖畫ノ制限ニ關スル規定テアル、秩序ノ維持ト選擧ノ公正ヲ期シ併セテ選擧運動ノ費用ノ制限ニ資セムトスルニ出ツルノテアル

制限ヲ爲ス方法ニ付テハ之ヲ内務大臣ノ命令ヲ以テ規定スルコトヲ定メラレタ

ノテアル、全國的ニ行ハルル衆議院議員選擧ノ性質上之ヲ地方長官ニ一任シテ各地方毎ニ法規ヲ異ニスルノハ理論上ニ於テモ選擧ノ實際ニ於テモ不適當タト認メラレタルカ爲メテアル

制限ノ目的物ハ即チ選擧運動ノ爲メ頒布シ又ハ掲示スル文書圖畫テアル、頒布トハ配布スルコトテアリ掲示トハ多數人ノ見得ヘキ一定ノ場所ニ置クコトテアル、尙文書トハ文字又ハ之ニ代ルヘキ發音的記號ヲ以テアル物質上ニ密着シテ現ハサレタル意思表示テアリ、圖畫トハ或物體ノ上ニ之ト化體シテ表ハサレタル形象テアル、而テ頒布シ又ハ掲示スル文書圖畫ニ關シ制限ノ設ケラルルノハ其レカ選擧運動ノ爲メニ爲サルル物ニ限ルノテアル

第十一章　選擧運動ノ費用

本章ハ前章ト相俟テ選擧ノ公正ヲ期セムカ爲ニ設ケラレタル新シキ規定テアル、如何ニ選擧運動ノ方法ニ關シテ嚴格ナル規定ヲ設クルモ其源泉タル費用ニ付テノ制限規定ナクンハ之ヲ徹底シ難イノテアル、コレカ爲メニ本章ニ於テ選擧運動費用ノ支出責任者ヲ明ニシ費用ノ總額ヲ限定シ尙其支出額ヲ明細ナラシムル爲メノ諸種ノ規定ヲ設ケ更ニ費用カ法定額ヲ超過シタル場合ニハ一定ノ免責要件

ノモトニ當選ヲ無效ト爲スノ規定迄モ設ケラレタノテアル

選擧運動ノ費用トハ特定ノ選擧ニ於テ特定人ノ當選ヲ期シテ爲ス運動ニ關シ消費シ若ハ使用スル一切ノ金錢並ニ金錢以外ノ財產上ノ利益ヲ總稱スルノテアル

（參照）

府縣制　第三十九條　府縣會議員ノ選擧ニ付テハ衆議院議員選擧法第十章及第十一章並第百四十條第二項及第百四十二條ノ規定ヲ準用ス但シ議員候補者一人ニ付定ムヘキ選擧事務所ノ數、選擧委員及選擧事務員ノ數並選擧運動ノ費用ノ額ニ關シテハ勅令ノ定ムル所ニ依ル

第百一條　立候補準備ノ爲ニ要スル費用ヲ除クノ外選擧運動ノ費用ハ選擧事務長ニ非サレハ之ヲ支出スルコトヲ得ス但シ議員候補者、選擧委員又ハ選擧事務員ハ選擧事務長ノ文書ニ依ル承諾ヲ得テ之ヲ支出スルコトヲ妨ケス

議員候補者、選擧事務長、選擧委員又ハ選擧事務員ニ非サル者ハ選擧運動ノ費用ヲ支出スルコトヲ得ス但シ演說又ハ推薦狀ニ依ル選擧運動ノ費用ハ此ノ限ニ在ラス

本條ハ選擧運動ノ費用ノ支出者ヲ限定シタル規定テアル

本條ニ所謂選擧運動ノ費用ニハ立候補準備ノ爲メニ要スル費用ヲ包含シナイノテアル、立候補準備ノ爲ニ要スル費用トハ第六十七條第一項乃至第三項ノ屆出ヲ爲シ議員候補者ナル資格ヲ得ル前ニ於テ議員候補者ト爲リ當選ヲ得、若ハ得シメ、又ハ得シメサラムトシテ運動ヲ爲スニ當リ、要シタル一切ノ費用テアル、此ノ立候補準備ノ爲ニ要スル費用ハ實質ニ於テ選擧運動ノ費用ナレトモ法律ハ形式的ニ選擧運動ノ費用ト立候補準備ノ爲メニ要スル費用トヲ第六十七條ノ屆出ノ前後ニ於テ區別シテ居ルノテアル

而テ立候補準備ノ爲メニ要シタル費用ト雖モ選擧運動費用ノ總額ニハ加算セラルヘキ場合カアリ得ルノテアル（第百四條第五號參照）

（一）選擧運動ノ費用ノ支出者ハ原則トシテ選擧事務長ニ限ル（第一項本文）コレ費用ノ總額ヲ限定シテ其收支ヲ明カナラシメ其ノ超過支出ニ對シテハ刑罰並當選無效ノ制裁ヲ加ヘシメタノテアルカラ其ノ支出責任者ヲ一定シテ此ノ者ニ費用ニ關スル一切ノ權限ト義務トヲ負擔セシムルコトノ必要ヨリ生シタルモノテアル

ココニ支出トハ通常現實ニ支拂ヲ爲スコトヲ謂フノテアルカ第百三條ノ規定ノ結果其ノ支拂ノ義務ヲ負擔シタル場合モ亦支出ノ觀念ニ包含セラルルモノテアル

(二)例外トシ選擧事務長以外左ノ者等カ支出スルコトカ出來ル

(イ)議員候補者、選擧委員又ハ選擧事務員ハ選擧事務長ノ文書ニ依ル承諾ヲ得テ之ヲ支出スルコトヲ妨ケナイ(第一項但書)悉クノ費用ヲ總テ選擧事務長ニ於テ直接支出セシムルコトト爲スハ甚シク難キヲ强ユルノ感カアルノテ場合ニヨリ右ノ者等ニ支出スルコトヲ許シタノテアルカ必ス事務長ノ文書ニ依ル承諾ヲ要スルノテアル、コノ承諾ノ形式ニ付必ラス書面ニ依ルコトト爲サシメタノハ後日ノ爭ニ具フルト共ニ取締ノ便宜ニ基クノテアル、而テコノ承諾ハ必スシモ個々ノ支出ニ付其ノ都度承諾ヲ要スルモノト限ラス費途ヲ概括的ニ定メ之ニ要スル一定額ノ支出額ノ承諾ヲ求ムルコトモ差支ヘナイト解セラルルノテアル

(ロ)演說又ハ推薦狀ニ依ル選擧運動ノ費用ニ限リ所謂第三者之ヲ支出スルコトカ出來ル(第二項) 議員候補者、選擧事務長、選擧委員又ハ選擧事務員ニ非サル者所謂第三者ハ選擧運動ノ費用ヲ支出スルコトハ原則トシテ之ヲ許サナイノテアル、只所謂第三者ハ演說又ハ推薦狀ニ依ル選擧運動タケハ之ヲ爲スコトヲ許サレテ居ルノテアルカラ從テ此ノ運動ノ爲メノ費用ニ限テハ自由ニ之ヲ支出スルコトヲ許サナケレハ不合理ナ譯テアルカラソレテ此費用ニ限リ支出スルコトヲ得ル次

第テアル

第百二條　選擧運動ノ費用ハ議員候補者一人ニ付左ノ各號ノ額ヲ超ユルコトヲ得ス

一　選擧區內ノ議員ノ定數ヲ以テ選擧人名簿確定ノ日ニ於テ之ニ記載セラレタル者ノ總數ヲ除シテ得タル數ヲ四十錢ニ乘シテ得タル額

二　選擧ノ一部無效ト爲リ更ニ選擧ヲ行フ場合ニ於テハ選擧區內ノ議員ノ定數ヲ以テ選擧人名簿確定ノ日ニ於テ關係區域ノ選擧人名簿ニ記載セラレタル者ノ總數ヲ除シテ得タル數ヲ四十錢ニ乘シテ得タル額

三　第三十七條ノ規定ニ依リ投票ヲ行フ場合ニ於テハ前號ノ規定ニ準シテ算出シタル額但シ地方長官(東京府ニ在リテハ警視總監)必要アリト認ムルトキハ之ヲ減額スルコ

トヲ得

地方長官(東京府ニ在リテハ警視總監)ハ選擧ノ期日ノ公布又ハ告示アリタル後直ニ前項ノ規定ニ依ル額ヲ告示スヘシ

本條ハ選擧運動ノ費用ノ總額ヲ限定シタル規定テアル

其ノ總額ノ限定ハ議員候補者一人ニ付之ヲ定メラルルノテアル、コレ言フ迄モナク選擧運動費用ハ特定ノ議員候補者ノ當選ヲ目的トシテ積極的運動又ハ消極的運動ヲ爲ス爲メニ要スル費用ノ總額テアルカラ選擧運動費用ノ個別性ハ特定議員候補者ヲ中心トシテ觀察スルノ外ハナイカラテアル

法律ハ總額ヲ定ムルニ付場合ヲ三ニ區別シテ之ヲ規定シテ居ル第一號ニ於テ一般ノ場合第二號ニ於テ選擧ノ一部無效ト爲リ更ニ選擧ヲ行フ場合第三號ニ於テ第三十七條ノ規定ニ依リ投票ヲ行フ場合即チ之レテアル

第一號、一般ノ場合ノ總額算出ノ規定テアツテソレハ選擧區内ノ議員ノ定數ヲ以テ選擧人名簿確定ノ日ニ於テ之ニ記載セラレタル者ノ總數ヲ除シテ得タル數ヲ四十錢ニ乘シテ得タル額之レテアル、例ヘハ或選擧區ノ議員定數四人其ノ選擧區

ノ選擧人名簿確定ノ日ニ於テ之ニ記載セラレタル者ノ總數十萬人トセハ十萬ヲ四テ割ツテ得タル數ハ二萬五千テアル之ヲ四十錢ニ乘スレハ一萬圓トナル此ノ一萬圓カ其ノ選擧區ニ於ケル選擧運動ノ費用ノ限定額テアル

改正理由書ニ依レハ其ノ總額ヲ算定スル方法トシテ「選擧區內ノ議員定數ヲ以テ選擧人名簿確定ノ日ニ於テ之ニ記載セラレタル者ノ總數ヲ除シテ得タル數ヲ四十錢ニ乘シテ得タル額」ト爲シタルノハ從來ノ選擧ノ實際ニ徴スルト共ニ本法ニ定ムル中選擧區制ニ依ル議員候補者ト選擧人ノ數トノ割合ヲ考察シ且選擧運動ノ費用ノ直接關接制限及選擧運動ノ費用ノ負擔ヲ輕減セシメムトスル趣旨ニ基ク無料郵便並演說會場ニ公立學校設備ヲ利用シ得ル特典（第百四十條參照）等ヲ考慮シテ定メタノテアツテ斯ノ如クニシテ算定シタル金額ハ議員候補者一人ニ付凡ソ一萬二千圓トナルノテアル、總額算定標準ニ「選擧區ノ議員定數ヲ以テ選擧人總數ヲ除シテ得タル數」ト「四十錢」トヲ採リタルハ全ク立法ノ便宜ニ依ルモノテ幾多ノ選擧ノ結果選擧區ノ議員定數ニ一人ヲ加ヘタル數ヲ以テ選擧人ノ總數ヲ除シテ得タル數ノ有效投票ヲ得レハ當選ハ常ニ安全ナリトセラルルヲ以テ此ノ當選安全率ヲ參酌シテ之レヨリモ較々多數ノ得票ヲ得ルトキハ當選ノ安全ハ益々確實ナリト認メ其ノ選擧區ノ議員定數ヲ以テ選擧人總數ヲ除シテ得タル數ヲ一ノ標準ト爲シ而シテ選擧運動ノ目的物タル選擧人ヲ此ノ數ニ限定スレハ選擧運動ニ必要缺クヘカラスト認メラルル選擧事務所及法定ノ選擧運動者ノ爲メニ要スヘキ費用及宣言書演說會場ノ費用其ノ他ヲ總計シ此ノ數ニテ除シ選擧人一人當ノ金額ヲ求メテ得タル數字ハ即チ金四十錢タト謂フノテアル

選擧人名簿確定後ニ於テモ多少ノ異動ハアルコトモアラウカ法定額起算ノ標準カ異動スルコトハ甚タ當ヲ得ナイ譯テアルカラ選擧人名簿確定ノ日(第十七條參照)ニ於テ之ニ記載セラレタル者ノ總數ト定メラレタ次第テアル

第二號、選擧ノ一部無效ト爲リ更ニ選擧ヲ行フ場合ニ於テハソレハ選擧區內ノ議員ノ定數ヲ以テ選擧人名簿確定ノ日ニ於テ關係區域內ノ選擧人名簿ニ記載セラレタル者ノ總數ヲ除シテ得タル數ヲ四十錢ニ乘シテ得タル額之レテアル、此ノ場合ハ通例其ノ選擧ノ行ハルヘキ區域狹少テ選擧人ノ數モ亦少數タカラ其ノ費用モ少額テアルコトハ當然ナ事テアラウカラ斯樣ニ關係區域內ノ選擧人數ヲ標準ト爲スヲ適當タト認メラレタノテアル

第三號、第三十七條ノ規定ニ依リ投票ヲ行フ場合ニ於テモ亦前號ト同樣ニ其ノ投

票ノ行ハルヘキ關係區域內ノ選擧人名簿記載者ノ總數ヲ標準トシテ算出スルノテアル」コレ前號ト同樣選擧費用ハ少額ニテ足ルテアラウカラノ事テアル、而テ此ノ場合ニ於テハ原則トシテ前ノ選擧期日ト接近シテ居テ前ニ爲サレタ選擧運動ノ效果ハ依然消滅セス又運動ノ期間ハ極メテ短期間テアルカラ費用ハ一層少額テ足ルテアラウ、トコロカ若シ市又ハ市ノ區ヲ投票區ト定ムルトキ本條ニ定ムル標準ニ依リ其ノ費用ヲ算出スルトセハ過大ノ額トナツテ費用制限ノ趣旨ニ悖ルカラ之レニ相當ノ制限ヲ加フルノ必要上茲ニ但書ヲ設ケテ地方長官(東京府ニ在リテハ警視總監)カ必要アリト認定シタ場合ニハ之ヲ適當ノ額迄減額スルコトカ出來ルコトト爲サレタノテアル

以上第一號乃至第三號ノ何レノ場合ニ於テモ選擧運動ノ費用ノ法定額ハ豫メ一般ニ之ヲ周知セシムルノ必要カアルノテ地方長官(東京府ニ在リテハ警視總監)ハ選擧ノ期日ノ公布又ハ告示アリタル後直ニ其ノ各場合ニ於ケル(第三號ノ場合ニ於テ若シ減額シタナラハ勿論其ノ認定ニヨル法定額)其ノ法定額ヲ告示スルコトヲ要スルノテアル

第百三條　選擧運動ノ爲財產上ノ義務ヲ負擔シ又ハ建物、船

馬車、印刷物、飲食物其ノ他ノ金錢以外ノ財產上ノ利益ヲ使用シ若ハ費消シタル場合ニ於テハ其ノ義務又ハ利益ヲ時價ニ見積リタル金額ヲ以テ選擧運動ノ費用ト看做ス

本條ハ財產上ノ義務又ハ財產上ノ利益ヲ時價ニ見積リ選擧運動ノ費用ト看做スヘキ旨ノ規定テアッテ運動ノ費用ヲ單ニ現金ノ支出ニ限リ此種ノモノヲ看過スルナラハ費用制限ノ本旨ヲ全ウスルコトハ出來ナイテアラウカラ玆ニ本條ノ如キ規定ヲ必要トシタノテアル、サテ選擧運動ノ費用ト看做サルモノハ

(一)先ッ選擧運動ノ爲メ財產上ノ義務ヲ負擔シタル場合テ即チ金錢債務ハ勿論其ノ他契約ヲ締結シテ贈與、交換、各種ノ貸借等ヲ爲ス義務ヲ負擔シ又ハ相殺、免除等ニ依リテ相手方ニ對シテ有スル債權ヲ消滅スルコト又地上權、永小作權等ノ他物權ヲ設定シテ相手方ニ利益ヲ供與スルコト等テアル

(二)次ニ建物、船馬車、印刷物、飲食物其ノ他ノ金錢以外ノ財產上ノ利益ヲ使用シ若ハ費消シタル場合テアル即チ一切ノ物又ハ權利ニシテ財產的價値ニ見積リ得ヘキモノヲ使用シ若ハ費消シタ場合テアッテ財產上ノ義務ヲ負擔スルコトニ相對シ

此ノ場合ハ財産上ノ權利ヲ行使スルコトヲ意味スルノテアル、玆ニ建物、船馬車、印刷物、飮食物等ト掲記シタノハ其ノ主ナルモノヲ例示的ニ掲ケタルニ過キナイノテモトヨリ此ノ外幾多ノモノカアリ得ルノテアル

(三)右ノ義務又ハ利益ヲ選擧運動ノ費用ト看做スニ付テハ之ヲ時價ニ見積リタル金額ヲ以テ爲スノテアル、ダカラ

(イ)金錢ニ見積リ得ルモノテナケレハナラナイノテアル、即チ右ノ義務又ハ利益ハ財産トシテ之カ價値ヲ見積リ得ルモノテナケレハナラナイ

(ロ)時價ニ見積リテ爲スノテアル、時價ニ見積リタル金額ト謂フノハ負擔セラレタル財産上ノ義務又ハ使用若ハ費消セラレタル財産上ノ利益ヲ何人ニ對シテモ有スル價格即チ通常價格ニ見積リタル金額テアル、場合ニ依リテハ當事者間ノ特別ナル事情ニ基キ特別ナル價額タルコトヲ妨ケナイケレトモ特殊ナル感情ニ基ク所謂感情價格ハ之ヲ除外シナケレハナラナイ、而シテコノ見積リヲ爲ス時期ニ付テハ明文ハナイケレトモ其ノ義務ヲ負擔シ利益ヲ使用若ハ費消シタル時ト解スヘク、此ノ算定ヲ爲ス者ハ選擧事務長テアルケレトモ最後ノ判斷ハ裁判所ニ俟ツノ外ハナイノテアル

第百四條　左ノ各號ニ揭クル費用ハ之ヲ選擧運動ノ費用ニ非サルモノト看做ス
一　議員候補者カ乘用スル船車馬等ノ爲ニ要シタル費用
二　選擧ノ期日後ニ於テ選擧運動ノ殘務整理ノ爲ニ要シタル費用
三　選擧委員又ハ選擧事務員ノ支出シタル費用ニシテ議員候補者又ハ選擧事務長ト意思ヲ通シテ支出シタル費用以外ノモノ但シ第百一條第一項ノ規定ノ適用ニ付テハ此ノ限ニ在ラス
四　第六十七條第一項乃至第三項ノ屆出アリタル後議員候補者、選擧事務長、選擧委員又ハ選擧事務員ニ非サル者ノ支出シタル費用ニシテ議員候補者又ハ選擧事務長ト意思ヲ通シテ支出シタル費用以外ノモノ但シ第百一條第二項

ノ規定ノ適用ニ付テハ此ノ限ニ在ラス
五　立候補準備ノ爲ニ要シタル費用ニシテ議員候補者若ハ選擧事務長ト爲リタル者ノ支出シタル費用又ハ其ノ者ト意思ヲ通シテ支出シタル費用以外ノモノ

本條ハ選擧運動費用中本法ノ制限ニ依ラシメナイモノヲ規定シタノテアル、實質上ハ選擧運動費用テアツテモ之ヲ費用ニ非スト看做スノカ妥當テアルト認メラルルモノカアルノテ茲ニ第一號カラ第五號迄ノ費用ハ之ヲ選擧運動ノ費用ニ非スト看做ス旨ノ規定カ設ケラレタノテアル

第一號　議員候補者カ乘用スル船馬車等ノ爲ニ要シタル費用、議員候補者ノ必要且當然ノ自由行動迄モ束縛スルカ如キ結果トナルノハ甚タ苛酷テアルカラ其ノ乘用スル船車馬ノ類ニ要スル費用ハ之ヲ制限外ニ放任シタノテアル

第二號　選擧ノ期日後ニ於テ選擧運動ノ殘務整理ノ爲ニ要シタル費用、選擧ノ期日迄ニ生シタル選擧運動ノ費用ハ之ヲ精算シテ屆出ツルノテアルカ(第百六號)ソレノミナラス期日後殘務整理ノ爲ニ多少ノ費用ヲ要スルコトハ疑ナク之レハ

選擧運動ノ費用中ニ加算セシメサルヲ妥當トシタノテアル、然シ殘務整理ノ範圍內ニ屬セナイ選擧運動ノ費用ハ假令其支出カ選擧期間後ニアツテモ既ニ第百三條ノ規定ニ從テ其選擧ノ期日前其ノ支出ノ原因カ生シタル時ニ於テ選擧運動ノ費用ト看做サルル次第テアル

第三號　選擧委員又ハ選擧事務員カ議員候補者又ハ選擧事務長ト意思ヲ通シテ支出シタル費用テナイ費用

選擧委員又ハ選擧事務員カ獨斷專行ニテ支出シタル費用ト雖モ選擧運動費用タルヲ免カレナイケレトモ議員候補者ヤ選擧事務長カ毫モ與リ知ラサル支出ニ付キテハ之ヲ制限外ニ置カナケレハ議員候補者ヤ選擧事務長ニ甚シク不利益ヲ蒙ムラシムル結果トナルカラテアル、而テ斯クノ如ク獨斷專行ヲ以テ費用支出ヲ爲スハモトヨリ第百一條ニ違反スル行爲テアルカラ處罰セラルルコトハ論ヲ俟タナイ、或選擧委員又ハ選擧事務員カ故ラニ犧牲トナツテ第百一條ノ規定ヲ無視シテ議員候補者ノ爲メニ計ラウトスル如キ場合モナキニシモ非ステ斯クテハ費用ノ制限ヲ爲シタ本旨ニ悖ルノテアルカラ第百一條規定違反者ハ重ク處罰セラレテ居ルノテアル（第百三十四條）

然シ右ノ運動員等カ議員候補者又ハ選擧事務長ト意思ノ聯絡ノモトニ支出シタル費用ハ之ヲ制限外ニ置クノ要ヲ見ナイ、何トナレハ意思ノ聯絡アルカ故ニ議員候補者又ハ選擧事務長自身支出シタルモノト同一視シテ不合理テナイカラテアル、此ノ場合ニ於テモ亦同樣文書ニ依ル承諾ヲ得テ支出シタノテハナイカラ選擧委員又ハ選擧事務員カ第百一條ノ違反者タルヲ免ヌカレナイ、議員候補者ト意思ヲ通シテ支出シ選擧事務長カ其支出ヲ知ラサルコトニ付過失ナキトキハ此ノ支出額ヲ加算シテ制限額超過支出トナル場合テモ選擧事務長ハ法定額支出者トシテ處罰セラルルコトハナイケレトモ議員候補者ハ其ノ爲ニ當選失效ノ制裁ヲ免カレナイコトカアルノテアル

第四號、議員候補者トシテノ屆出アリタル後第三者カ其ノ議員候補者又ハ選擧事務長ト意思ヲ通シテ支出シタル費用テナイ費用

第三者ハ演說又ハ推薦狀ニ依ル選擧運動ノ費用ハ獨立シテ自由ニ之ヲ支出シ得ルノテアルカラ此ノ費用ハ之ヲ選擧運動費用トハ看做サナイノテアル、然ルニ第三者カ議員候補者又ハ選擧事務長ト意思ヲ通シテ選擧運動ノ費用ヲ支出スル場合ニハ意思ノ聯絡アルカ故ニ事實上ノ效果ヨリ見テ議員候補者又ハ選擧事務長

自ラ支出シタルモノト同一視シテ之ヲ法定額内ニ加算セラルルノテアル、而テ此ノ場合第三者ハ第百一條第二號ノ違反即チ支出スヘキ權限ナキニ拘ラス支出シタリトシテ處罰セラルルヲ免カレナイノテアル

第五號　立候補準備ノ爲ニ要シタル費用ニシテ後ニ議員候補者若ハ選擧事務長ト爲ツタ者ノ支出シタ費用テナイ費用及第三者カ此二者ト意思ヲ通シテ支出シタル費用テナイ費用

立候補準備ノ爲メニ要シタル費用トハ曩ニ說明シタ如ク第六十七條ノ規定ニ依ル屆出前ニ、議員候補者ト爲リ當選ヲ得ントスル積極的及消極的運動ノ爲ニ要シタル一切ノ費用ヲ謂フノテアツテ此ノ屆出前ニ於テハ未タ其ノ支出ニ付テ責任ヲ負擔セシムヘキ者モナイカラ之ヲ法定額ノ範圍外ニ置クモノト爲シタノテアル、然シ其支出カ後ニ議員候補者ト爲リ若ハ選擧事務長ト爲ツタ者ノ支出テアルカ又ハ此ノ二者ト意思ヲ通シテ他人カ議員候補者ト爲リタル者ノ爲ニ支出シタモノテアル場合ニハ其費用ハ法定額中ニ通算セラルルノテアル、コレヲシモ放任スルトキハ濫ニ名ヲ立候補準備ニ籍リテ費用ヲ支出シ本法ノ費用制限ノ趣旨ヲ紊ルニ至ル虞カアラウト思ハル

第百五條　選擧事務長ハ勅令ノ定ムル所ニ依リ帳簿ヲ備ヘ之ニ選擧運動ノ費用ヲ記載スヘシ

本條ハ選擧運動ノ費用ヲ記載セシムル爲メ帳簿ヲ備ヘシムル規定テアル選擧運動ノ費用ノ明細ハ之ヲ帳簿ニ記載セシメナケレハ其ノ取締ノ目的ハ達スルコトカ出來ナイ、依テ選擧事務長ニ對シ帳簿ヲ備ヘシメテ之ニ選擧運動ノ費用ヲ記載セシムルコトトシタノテアル

唯其帳簿ニ關スル形體、種類、其ノ記載ノ方法形式等ハ之ヲ如何樣ニ爲スヘキカハ一ニ勅令ヲ以テ定ムル規定ニ據ラシムルコトトセラレタノテアル（施行令第六十一條）若シ一定ノ帳簿ヲ備ヘス又ハ帳簿ニ記載ヲ爲サス若ハ虚僞ノ記入ヲ爲シタルトキハ處罰セラルルノテアル（第百三十二條參照）

第百六條　選擧事務長ハ勅令ノ定ムル所ニ依リ選擧運動ノ費用ヲ精算シ選擧ノ期日ヨリ十四日以内ニ第八十八條第五項ノ屆出アリタル警察官署ヲ經テ之ヲ地方長官（東京府ニ在リテハ警視總監）ニ屆出ツヘシ

地方長官(東京府ニ在リテハ警視總監)ハ前項ノ規定ニ依リ屆出アリタル選擧運動ノ費用ヲ告示スヘシ

本條ハ選擧運動ノ費用ヲ精算シ屆出ツルコトヲ要スル規定テアル

(一)選擧運動ノ費用ヲ精算シ之ヲ屆出ツヘキ義務者ハ選擧事務長テアル、即チ選擧期日當日ノ選擧事務長テアル、當日事務長ヲ欠キ新タナル事務長當日選任ナキ場合ニハ第九十五條規定ノ者カ義務者トナルノテアル、精算ノ方法、書式等精算ニ關スル細目ハ別ニ之ヲ勅令ノ定ムル所ノ規定ニ據ラシムルコトトシタノテアル

(二)屆出ノ相手方ハ當該ノ地方長官(東京府ニ在リテハ警視總監)テアル、但シ第八十八條第五項ノ屆出アリタル即チ當初選擧事務長ノ選任ノ屆出ヲ爲シタル警察官署ヲ經ルコトヲ要スルノテアル、コレ選擧運動ニ關スル諸種ノ屆出ヲ一ノ警察官署ニ屆出シメテ取締ノ統一ヲ圖リ來リタル爲メナルト共ニ選擧期間最モ實狀ニ通シタル警察官署ヲシテ豫メ審査セシメントスルノ趣旨テアル

(三)屆出ノ期間ハ選擧ノ期日カラ十四日以內テアル、ココニ選擧期日ト謂フノハ云フ迄モナク總選擧及補闕選擧ノ期日、選擧ノ一部無效トナリ更ニ選擧ヲ行ヒタル

場合ニ於ケル選擧ノ期日又ハ第三十七條ノ規定ニ依リ投票ヲ行ヒタル場合ニ於ケル投票期日ヲ總稱スルモノテアル、尙屆出ヲ怠リ又ハ虛僞ノ屆出ヲ爲シタルトキニハ處罰セラルルノテアル（第百三十五條參照）

（四）右ノ如クニシテ屆出ラレタル選擧運動ノ費用ハ地方長官（東京府ニ在リテハ警視總監）ハ之ヲ一般ニ周知セシムル爲メ告示スルノテアル、斯ノ如ク精算シテ屆出シメ更ニ之ヲ公知セシムルノハ取締ヲ完ウシ選擧ノ公正ヲ期セムトスルニアルノテアル

第百七條　選擧事務長ハ前條第一項ノ屆出ヲ爲シタル日ヨリ一年間選擧運動ノ費用ニ關スル帳簿及書類ヲ保存スヘシ

前項ノ帳簿及書類ノ種類ハ勅令ヲ以テ之ヲ定ム

本條ハ帳簿及書類保存ニ關スル規定テアル、コレ行政上ノ取締ノ爲メト選擧犯罪ノ證憑保全ノ目的トニ出テシメタノテアル

（一）保存義務者ハ選擧事務長テアル即チ選擧期日當日ノ選擧事務長其人テアル、前

條ノ選擧事務長ト同一ノ意味ヲ有スルノテアル、一體選擧期日後選擧事務長ナル者ハ理論上在リ得ナイノテアルカ法文ハ斯ノ如ク法定ノ義務ヲ負ハシムル場合ニ其ノ義務範圍內テ其人ヲ便宜上尙選擧事務長ト言フテ居ルノテアル、保存義務遂行中選擧事務長(選擧期日當日ニ於テ第九十五條規定ニヨリ職務代行ヲ爲シタル者ヲ含ム)カ死亡シタ場合ニハ保存義務者ハ無クナルノテアルカ其者カ此任務ヲ選擧期日後辭セムト爲スモ能ハナイノテ其人ニ對スル法律上ノ强制義務テアルカラテアル、若シ此ノ規定ニ違反シテ保存シナケレハ處罰セラルルノテアル(第百三十五條參照)

(二)保存ノ目的物ハ選擧運動ノ費用ニ關スル帳簿及書類テアル、其ノ帳簿及書類ニ關シテハ如何ナル種類ノ物ニ限テ之ヲ保存スヘキカハ勅令ヲ以テ定ムルコトト爲サレタノテアル、尙保存スヘキ帳簿又ハ書類ニ虛僞ノ記入ヲ爲シタルトキニハ刑罰ヲ科セラルルノテアル(第百三十五條參照)

(三)保存期間ハ前條ニ依リテ費用精算ノ屆出ヲ爲シタル日ヨリ一年間テアル、甚シク長期ニ亘リテ保存義務ヲ負ハシムル必要ハナイ、選擧犯罪ニ付最モ長イ時效ハ一年ト爲サレテ居ル(第百三十八條參照)斯樣ナ規定トノ權衡上一年ヲ以テ相當ナリト認メ

タノテアル

第百八條　警察官吏ハ選擧ノ期日後何時ニテモ選擧事務長ニ對シ選擧運動ノ費用ニ關スル帳簿又ハ書類ノ提出ヲ命シ、之ヲ檢査シ又ハ之ニ關スル說明ヲ求ムルコトヲ得

本條ハ帳簿檢査ニ關スル規定テアル、コレ選擧運動取締ヲ完ウセム爲メ行政警察取締上設ケラレタルモノテアル、モトヨリコレニ基キ其ノ結果司法處分ヲ見ルニ至ルコトハアリ得ルノテアル

(一)本條處分權能者ハ警察官吏テアル

(二)處分ノ相手方ハ選擧事務長タリシ者テアル、處分ノ目的物ハ必スシモ前條ノ範圍内ノ帳簿及書類ニ限ラナイカラ當該目的物ニ對シ責任ヲ有シタル範圍内ニ於ケル選擧事務長(第九十五條ノ規定ニ依リ職務ヲ代行シタル者ヲ含ム)タリシ者ハコレカ義務ヲ負フノテアル

(三)處分ヲ爲シ得ル時期ハ選擧ノ期日後何時ニテモ爲シ得ルノテアル

(四)處分ノ内容ハ即チ選擧運動ノ費用ニ關スル帳簿又ハ書類ノ提出ヲ命シタリ檢閱ヲ爲スコトカ出來タリ又場合ニ依リテハ之ニ關スル說明ヲ求ムルコトカ出來

ルノテアル

若シ此ノ提出若ハ檢査ヲ拒ミ若ハ之ヲ妨ケ又ハ說明ノ求ニ應セナイトキハ刑罰ヲ以テ臨マルルノテアル(第百三十五條參照)

第百九條　選擧事務長辭任シ又ハ解任セラレタル場合ニ於テハ遲滯ナク選擧運動ノ費用ノ計算ヲナシ新ニ選擧事務長トナリタル者ニ對シ、新ニ選擧事務長トナリタル者ナキトキハ第九十五條ノ規定ニ依リ選擧事務長ノ職務ヲ行フ者ニ對シ選擧事務所、選擧委員、選擧事務員其ノ他ニ關スル事務ト共ニ其ノ引繼ヲナスヘシ第九十五條ノ規定ニヨリ選擧事務長ノ職務ヲ行フ者事務ノ引繼ヲ受ケタル後新ニ選擧事務長定リタルトキ亦同シ

本條ハ選擧事務長ノ事務引繼ニ關スル規定テアル、選擧事務長ハ其ノ專屬ノ權能ヲ有スルト共ニ法定ノ責任ヲ負フヘキ者テアルカラ之カ更迭アリタル場合ニハ

遲滯ナク其ノ事務ノ引繼ヲ爲サシメテ遺漏ナキコトヲ期シタノテアル
(一)事務ノ引繼ヲ爲スヘキ場合ハ一言ニシテ盡クセハ選擧事務長更迭アリタル總テノ場合ニシテ即チ(イ)選擧事務長辭任シ又ハ解任セラレ新ニ選擧事務長ト爲リタル者アル場合(ロ)新ニ選擧事務長ト爲リタル者ナク第九十五條ノ規定ニ依リ選擧事務長ノ職務ヲ行フ者アル場合(ハ)第九十五條ノ規定ニ依リ選擧事務長ノ職務ヲ行フ者事務ノ引繼ヲ受ケタル後新ニ選擧事務長定マリタル場合等テアル
(二)引繼ヲ爲スヘキ其ノ事務ハ選擧事務長ノ事務一切ニシテ法律ハ特ニ注意的ニ左ノ點ヲ强調シテ居ルノテアル即チ選擧運動ノ費用ノ計算ヲ爲シ、選擧事務所、選擧委員、選擧事務員ニ關スル事務之レテアル
尚引繼ハ遲滯ナク之ヲ爲スコトヲ要スルノテアル

第百十條　議員候補者ノ爲支出セラレタル選擧運動ノ費用カ第百二條第二項ノ規定ニ依リ告示セラレタル額ヲ超エタルトキハ其ノ議員候補者ノ當選ヲ無效トス但シ議員候補者及推薦屆出者カ選擧事務長又ハ之ニ代リテ其ノ職務

ヲ行フ者ノ選任及監督ニ付相當ノ注意ヲ爲シ且選擧事務長又ハ之ニ代リテ其ノ職務ヲ行フ者ニ於テ選擧運動ノ費用ノ支出ニ付過失ナカリシトキハ此ノ限ニ在ラス

本條ハ選擧運動費用ノ法定額超過ノ場合ニ於テ免責事由ナキトキハ當選無效トナルトノ規定テアル、法定額超過ノ場合ニ單ニ刑罰ヲ科スルノミニテハ選擧事務長タル者時ニ之ヲ豫期シテ犧牲ニ甘スルコトナイトモ限ラナイカラ勢ヒ費用制限ノ趣旨ヲ徹底セムニハ斯ノ如キ規定ヲ設クルコトノ必要ニ迫マラルルノテアル

(一)議員候補者ノ爲メ支出セラレタル選擧運動ノ費用カ第百二條第二項ノ規定ニ依リ告示セラレタル額即チ法定額ヲ超エタルトキハ其ノ議員候補者ノ當選ハ無效トナルノテアル

(二)然ルニ茲ニ所謂免責事由ノ定メカアルノテアル、ソレハ

(イ)議員候補者及推薦屆出者カ選擧事務長又ハ之ニ代リテ其ノ職務ヲ行フ者ノ選任及監督ニ付相當ノ注意ヲ爲シ

(ロ)且選擧事務長又ハ之ニ代リテ其ノ職務ヲ行フ者ニ於テ選擧運動ノ費用ノ支出

ニ付過失ナカリシトキハ當選ハ無效トナラナイノテアル、(イ)又(ロ)何レカ一方ヲ缺クトキハ當選無效タルヲ免ヽカレナイノテアル

相當ノ注意トハ普通人カ用フル程度ノ注意テアリ選任及監督ノ何レニ付テモ相當ノ注意ヲ要スルノテアル、過失トハ通常人カ普通ニ用フル程度ノ注意ヲ怠ルコトヲ謂フノテアル

尙第八十四條ノ場合ニ於テ說明シタ如ク本條ニ依リ當選無效トナルニハ必ス訴訟ノ結果確定判決ヲ俟テ其ノ無效カ定マルノテアル(第八十四條參照)

第十二章　罰則

改正法ニ於ケル罰則ハ現行法規定ノ字句ヲ多少修正シタルノミニテ、全部之ヲ廢シ新ニ選擧運動及選擧運動ノ費用ニ關スル規定ノ違反行爲ヲ處罰スル規定ヲ設ケタノテアル、コレ選擧運動及選擧運動ノ費用ニ付新ナル規定カ設ケラレタル當然ノ結果トシテ其ノ違反行爲ヲ處罰セムトスルニアルノテアル

改正法ニ於テハ現行法ニ比シ刑罰カ一般ニ重ク爲サレテ居ル、コレ從來ノ選擧ノ實際ニ鑑ミ選擧界ノ腐敗ヲ革正セムトスルノ意圖テアラウ

次ニ本章規定ノ選擧ニ關スル犯罪ノ時效ハ原則トシテハ現行法ト同樣六月テアルカ、犯人カ逃亡シタル場合ト投票僞造及投票數增減ノ罪ノ場合トハ時效期間一年ト爲サレテ居ル

尙犯罪行爲テハナイカコレニ附帶シテ或ハ當選ヲ無效トナシ、或ハ一定期間選擧權ヲ奪フ旨ノ規定カ之レニ多少ノ改正ヲ加ヘラレテ現行法ト同樣本章ニ於テ設ケラレテ居ル

第百十一條　詐僞ノ方法ヲ以テ選擧人名簿ニ登錄セラレタル者又ハ第二十五條第二項ノ場合ニ於テ虛僞ノ宣言ヲ爲シタル者ハ百圓以下ノ罰金ニ處ス

本條所罰行爲トシテ二個ノ異ナリタル場合ノ行爲カ併セテ同一刑罰ノモトニ規定セラレテ居ル

其ノ一ハ詐僞ノ方法ヲ以テ選擧人名簿ニ登錄セラレタルコトテアル、詐僞ノ方法ヲ以テトハ眞實ニ反スル事實ヲ眞實ナル如クニ裝フテ相手方ヲ錯誤ニ陷レ、又ハ相手方カ既ニ錯誤ニ在ルトキ之ヲ利用シテ其ノ錯誤ニ基キテ相手方ニ行動セシ

ムルコトヲ謂フノテアル、タトヘ確定判決ヲ以テ選擧人名簿ニ登錄セラレタルモノト雖モ裁判所ヲ欺罔シテ判決ヲ得タルカ如キ場合ニハ本條ノ違反行爲トナルヲ免カレナイ

次ニ選擧人名簿ニ登錄セラレタルコトヲ要スルノテアル、登錄セラルル以前ニ發覺シタル場合即チ未遂ニ終リタルカ如キトキハ或ハ其ノ手段等ニ於テ他ノ犯罪ニ觸ルルコトアリト雖モ本條ノ違反トハナラナイ

其ノ二ハ第二十五條第二項ノ場合ニ於テ虛僞ノ宣言ヲ爲シタルコトテアル、第二十五條第二項トハ即チ投票管理者カ投票ヲ爲サムトスル選擧人ノ本人ナリヤ否ヤヲ確認スルコトカ出來ナイ場合ニ其ノ本人ナルコトヲ宣言セシムルノテアルカ、此ノ場合ニ於テ虛僞ノ宣言ヲ爲スコトカ即チ本條ニヨリ處罰セラルルノ行爲テアル、虛僞ノ宣言トハ眞實ニ反シテ宣言スルノ意ニシテ即チ本人ニアラサルニモ拘ラス本人ナル旨ヲ宣言スルコトヲ謂フノテアル

本條刑罰ハ百圓以下ノ罰金テアル

（參　照）

現行法　第八十六條　詐僞ノ方法ヲ以テ選擧人名簿ニ登錄セラレタル者又ハ第三十四條第二項ノ場合ニ於テ虛僞ノ宣言ヲ爲

シタル者ハ五十圓以下ノ罰金ニ處ス

第百十二條　左ノ各號ニ掲クル行爲ヲ爲シタル者ハ二年以下ノ懲役若ハ禁錮又ハ千圓以下ノ罰金ニ處ス

一　當選ヲ得若ハ得シメ又ハ得シメサル目的ヲ以テ選擧人又ハ選擧運動者ニ對シ金錢、物品其ノ他ノ財産上ノ利益若ハ公私ノ職務ノ供與、其ノ供與ノ申込若ハ約束ヲ爲シ又ハ饗應接待、其ノ申込若ハ約束ヲ爲シタルトキ

二　當選ヲ得若ハ得シメ又ハ得シメサル目的ヲ以テ選擧人又ハ選擧運動者ニ對シ其ノ者又ハ其ノ者ノ關係アル社寺、學校、會社、組合、市町村等ニ對スル用水、小作、債權、寄附其ノ他特殊ノ直接利害關係ヲ利用シテ誘導ヲ爲シタルトキ

三　投票ヲ爲シ若ハ爲ササルコト、選擧運動ヲ爲シ若ハ止メタルコト又ハ其ノ周旋勸誘ヲ爲シタルコトノ報酬ト爲

ス目的ヲ以テ選擧人又ハ選擧運動者ニ對シ第一號ニ揭クル行爲ヲ爲シタルトキ

四　第一號若ハ前號ノ供與、饗應接待ヲ受ケ若ハ要求シ第一號若ハ前號ノ申込ヲ承諾シ又ハ第二號ノ誘導ニ應シ若ハ之ヲ促シタルトキ

五　前各號ニ揭クル行爲ニ關シ周旋又ハ勸誘ヲ爲シタルトキ

本條ハ選擧人又ハ選擧運動者ニ對スル買收行爲ヲ規定シ次條ハ議員候補者ニ對スル買收行爲ヲ規定シテ居ル、現行法ハ第八十七條ニ於テ總テノ買收行爲ニ關スル規定ヲ設ケテ居ルカ、改正法ハ新ニ議員候補者ノ屆出ヲ認メタノテ議員候補者ニ對スル買收行爲ハ獨立シテ規定スルヲ相當ト認メラレタノテアル

(第一)本條ニハ第一號ヨリ第五號迄場合ヲ別テ規定セラレテ居ル、詳シクハ後ニ說明スルカ大體ノ觀念ヲ與ヘテオカウ即チ第一號、第二號ハ豫メ利ヲ以テ選擧人又ハ選擧運動者ヲ誘フノ行爲テアツテ第一號ハ所謂狹義ノ買收行爲テアリ第二號

ハ所謂利害關係利用行爲テアル、第三號ハ事後ニ於テ選擧人又ハ選擧運動者ニ報酬ヲ與フル行爲テアリ、第四號ハ以上ノ利益ヲ受諾シ又ハ求ムル行爲テアリ、第五號ハ以上ノ利益授受ノ行爲ニ關スル周旋勸誘ヲ爲シタル行爲テアル

(第二)本條規定ノ行爲カ犯罪タルニハ一定ノ目的ヲ以テ爲サルルコトヲ要シ所謂目的罪ト稱セラルルモノテアル、其ノ目的ハ次ノ如キモノテアル

(イ)當選ヲ得若ハ得シメ又ハ得シメサル目的(第一、二號第四、五號)

當選ヲ得ル目的トハ議員候補者自ラ當選ヲ得ントスルノ目的テアリ、當選ヲ得シム目的トハ議員候補者以外ノ選擧運動者カ議員候補者ヲシテ當選ヲ得シメントスルノ目的テアリ、當選ヲ得シメサル目的トハ直接ニ之ヲ得又ハ之ヲ得シメムトスルニ非スシテ他人ノ當選ヲ妨害スルノ意ニシテ他人ヲ當選セシメサラムトスルノ目的テアル

(ロ)投票ヲ爲シ若ハ爲ササルコト選擧運動ヲ爲シ若ハ止メタルコト又ハ其ノ周旋勸誘ヲ爲シタルコトノ報酬ト爲ス目的(第三、四、五號)

投票ヲ爲シタルコトノ報酬ト爲ス目的トハ投票ヲ爲シタルカ故ニ之ニ對シテノ報酬ト爲サムトスルノ目的テアリ、投票ヲ爲ササルコトノ報酬ト爲ス目的トハ投

票ヲ爲サザリシカ爲ニ之ニ對スル報酬ト爲サムトスルノ目的テアリ、選擧運動ヲ爲シタルコトノ報酬ト爲ス目的トハ選擧運動ヲ爲シタルカ故ニ之ニ對シテノ報酬ト爲サムトスルノ目的テアリ、選擧運動ヲ止メタルコトノ報酬ト爲ス目的トハ選擧運動ヲ止メタルカ故ニ之ニ對シテノ報酬ト爲サムトスルノ目的テアル、又投票ヲ爲シ若ハ爲サザルコト、選擧運動ヲ爲シ若ハ止メタルコトノ周旋勸誘ヲ爲シタルコトノ報酬ト爲ス目的トハ之ヲ爲シ若ハ爲サス又ハ止メタルコトニ付其ノ斡旋ヲ爲シ勸說ニ努メ誘導ニ盡シタルコトノ報酬ト爲ス目的ヲ謂フノテアル

以上ノ目的ヲ以テ爲シタルモノナリヤ否ヤハ具體的ノ案件ニ付或ハ其ノ額其ノ授受方法、場所、日時、或ハ授受當事者ノ意思等其ノ他一切ノ情況ヲ綜合シテ認定スルノ外ハナイ（判例（一）參照）

（第三）本條ニ於テ買收行爲ヲ爲ス者即チ利益ヲ供シ誘導ヲ爲ス者ハ何人ト雖モ犯罪ノ主體タリ得ルノテアル、ソシテ買收セラルル者即チ利益誘導ヲ受クル者ハ常ニ選擧人選擧運動者ニ限ルノテアル從テ利益誘導ヲ受ケ若ハ求ムル者ノ側ヨリ之ヲ見テ其ノ者ヲ罰セムトシタル第四號ノ犯罪ノ主體ハ選擧人選擧運動者テアル

本條ニ選擧運動者ト謂フハ啻ニ選擧事務長其ノ他ノ法定運動員ニ限ルコトナク苟モ事實上特定ノ議員候補者ノ爲メ選擧運動ニ從事スル者ハ總テ之ヲ包括スルノテアル、ソシテ玆ニ從事スルトハ必スシモ現ニ從事シ居ル者ニ限ラス將來從事セムコトヲ承諾シタル場合ヲ包含スヘク尚未タ承諾セサルモ請託ヲ受ケタルノミノ場合ニテモ之ヲ請託者ノ方面ヨリ見テ選擧運動者タルコトヲ失ハナイノテアル（判例(二)乃至(四)參照）

（第四）サテ本條各號ノ行爲ニ付說明シヨウ

第一號　目的ハ當選ヲ得若ハ得シメ又ハ得シメサル目的ヲ以テ爲サルルヲ要シ被買收者ハ選擧人又ハ選擧運動者テアルコト既ニ述ヘタトコロテアル、買收行爲ハ左ノ如ク(イ)乃至(ニ)ニ揭クル所ノモノ即チ之テアル

(イ)金錢、物品其ノ他ノ財產上ノ利益供與

供與トハ提供贈與ノ意ニシテ之ヲ其ノ所得ニ歸セシムルコトヲ謂ヒ、被供與者カ如何ナル目的ニ費消スルカハ之ヲ問ハナイノテアル、故ニ只單純ナル買收費寄託ノ如キハココニ所謂金錢供與ト云フヲ得ナイノテアル、然シ受託者カ買收ヲ爲シタルトキ寄託者ハ場合ニ依テハ買收ノ敎唆又ハ幇助ニ問ハルルコトカアルテア

ラウ、又供與ノ方法カ直接ナルト間接ナルトノ如キハコレヲ問ハナイノテアル（判例五參照）物品供與トハ例ヘハ電車乘車劵ヲ供與スルカ如キ之レテアル

財産上ノ利益トハ經濟的價値アル利益ヲ意味スルモノテアツテ或ハ債務ノ免除ヲ受クルカ如キ金借ヲ爲スカ如キハ孰レモ財産上ノ利益ト謂フコトヲ得ルノテアル（判例六、七八、參照）

（ロ）公私ノ職務ノ供與

公私ノ職務ノ供與トハ公的又ハ私的ノ職務ヲ與フルコトヲ謂フノテアツテ地位ノ高下、就職期間ノ長短等ハ問フトコロテナイ、又或職務ニ就クニアラスシテ其ノ職務ト極テ密接ナル關係ヲ生スルカ如キ狀態ニ置カルルカ如キモ場合ニヨリテ財産上ノ利益ノ供與トナルカ又ハ次號ノ特殊ノ直接利害關係トナルコトカアルテアラウ

（ハ）金錢、物品其ノ他ノ財産上ノ利益若ハ公私ノ職務ノ供與ノ申込若ハ約束

（イ）及（ロ）ニ揭ケタルモノノ申込ヲ爲シ又約束ヲ爲スコトテアル、申込トハ選擧人又ハ選擧運動者ニ對シ供與ノ意思ヲ表示シタルコトヲ意味シ、約束トハ意思ノ合致ニ因リ供與スヘキコトヲ承合フノ意味テアル、申込若ハ約束ニ於テハ其ノ供與ノ

目的物ハ必スシモ確定的ノモノタルコトヲ要セナイ、例ヘハ單ニ相當ノ金錢ヲ供與スヘシトカ或ハ將來或種ノ財産上ノ利益ヲ與フヘシトカ或ハ相當ノ就職先ヲ提供スヘシト申込ミ若ハ約束スルヲ以テ足ルノテアル

(二)饗應接待、其ノ申込若ハ約束

饗應接待トハ酒食ヲ提供シテ之ヲ款待スルノ意味テアル、モトヨリ報酬謝禮ノ趣旨ヲ以テ爲サルルコトヲ要スルノテ、單ナル好意上又ハ社交上ノ儀禮ニ止マル場合ノ如キハ罪トナラサルコト云フ迄モナイ(判例九参照)其ノ申込若ハ約束ヲ爲シタル場合モ亦犯罪タルコトハ前ニ説明シタル其ノ他ノ利益供與ノ申込若ハ約束ヲ爲シタル場合ト異ナラナイ

第二號　前號ト同樣ノ目的ヲ以テ爲サルルコトヲ要シ被買收者モ亦前號ト同樣選擧人又ハ選擧運動者テアル、本號ノ行爲ハ

(イ)選擧人又ハ選擧運動者ニ對スル用水、小作、債權寄附其ノ他特殊ノ直接利害關係ヲ利用シテ誘導ヲ爲シタルコト

(ロ)選擧人又ハ選擧運動者ノ關係アル社寺、學校、會社、組合、市町村等ニ對スル用水、小作、債權、寄附其ノ他特殊ノ直接利害關係ヲ利用シテ誘導ヲ爲シタルコト

以上ノ關係ヲ利用シテ誘導ヲ爲ストハ以上ノ關係ニ乘シ又ハ之ヲ手段ニ供シテ以テ選擧人又ハ選擧運動者ヲ勸誘導致スルコトテアル、用水即チ水運、水利、小作、債權、寄附ト法文カ列記シタルハモトヨリ其ノ著シキモノヲ例示的ニ揭ケタルモノナレハコレト同種ノモノヲ利用シタルトキハ勿論問題トナルノテアル、只ソレラノモノモ用水小作、債權、寄附ノ如クニ特殊ノ直接利害關係アルモノニ其ノ範圍ヲ限ラルルコトヲ注意シナケレハナラナイ

特殊ノ直接利害關係トハ其ノ利害關係カ普偏的ノモノテナク或ハ場所的即チ一地方ニ於テ特殊ナル或ハ關係自體ニ於テ特殊ナルモノテアツテ且選擧人、選擧運動者又ハ其ノ關係アル團體ニ直接利害ヲ及スヘキ事項ヲ謂フノテアル、然シ其ノ利害ノ性質カ私的ノモノナルカ公的ノモノナルカ又其ノ事項カ現在ノモノナルト將來發生ノ可能性ヲ有スルモノナルトハ凡テ之ヲ問ハナイノテアル(判例十參照)結果シテ特殊ノ直接利害關係ナリヤ否ヤハ各個ノ具體的事實ニ就テノ判斷ニ讓ラサルヲ得ナイ

現行法ノ規定トシテハ(現行法第八十七條第一項第四號)單ニ利害ノ關係ト定メラレテアル爲メ、其ノ利害關係ノ範圍ニ付テ動モスレハ疑ヲ生シタノテアルカ、多クノ裁判例ハ其ノ

範圍ヲ直接ナル利害關係ノモノノミニ限テ居ル（判例十一、十二、十三參照）改正法ハ茲ニ其ノ疑ハシキ點ヲ避クル爲メ利害關係ノ範圍ヲ明確ニ限定シテ其ノ利害關係ハ選擧人選擧運動者又ハ其ノ者ノ屬スル團體ニ直接利害ヲ及ホスモノタルコトヲ要スル趣旨ヲ明ニシタノテアル

實際ノ例トシテ最モ多ク此場合ノ問題トナルノハ或ル具體的政策問題ニ付其ノ政見ヲ發表シテ選擧人又ハ選擧運動者ノ贊同ヲ求ムル場合ニ於テ、其ノ政見カ國家ノ政策問題タルヤ、將又地方ニ於ケル住民ニ對シ特殊ノ關係ヲ有シ且選擧人、選擧運動者又ハ其ノ者ノ關係アル團體ニ直接利害ヲ及ホスヘキ問題タルヤニ在ルノテアル、コノ解決ハモトヨリ具體的ノ事實問題ニ付各個ニ判斷スルノ外ハナイカ一般的ニ言ヘハ其ノ政策問題カ客觀的ニ見テ主トシテ國家ノ政策問題テアルトキニハ其ノ結果カ延イテ一地方ノ利害ニ影響ヲ及ホス場合テモ、之ハ本罪ニ問擬スルコトハ出來ナイテアラウカ、其ノ政見トシテ發表セラルル政策問題カ客觀的ニ見テ主トシテ一地方ノ住民ニ對シテ特殊ナルモノテアリ、且選擧人選擧運動者又ハ其ノ者ノ關係アル團體ニ直接利害ヲ及ホスヘキ場合テアルナラハ其ノ結果カ延イテ多少國家ノ利害ニ影響ヲ及ホスヘキモノアリト雖モ本罪ニ觸ルルモ

ノト言フテヨカラウト思フ

第三號ハ前ニモ一言シタ如ク事後ニ於テ選擧人又ハ選擧運動者ニ報酬ヲ與フル行爲テアルカラ其ノ目的ハ即チ投票ヲ爲シ若ハ爲サヽルコト、選擧運動ヲ爲シ若ハ止メタルコト、又ハ其ノ周旋勸誘ヲ爲シタルコトノ報酬ト爲ス目的ヲ以テ爲サルルコトヲ要スルノテアル、報酬ヲ受クル者ハコレ亦同様ニ選擧人又ハ選擧運動者テアル、其ノ行爲ハ第一號ニ揭ケタルト同一テアルカラ第一號ヲ參照セラレタイ（判例十四參照）

第四號ハ第一號乃至第三號ノ利益ヲ受諾シ又ハ求ムル行爲テ選擧人又ハ選擧運動者ノ側ヨリ見テ之ヲ犯罪ノ主體トナシタル規定テアル、其ノ受諾セラレ又ハ求メラルル行爲カ前記第一乃至第三號ニ於テ説明シタル如キ當該ノ目的ヲ以テ爲サレタルモノナルコトヲ要スルハ論ヲ俟ナイ所テアル各個ノ行爲ニ付テハ前述迄ノ説明ヲ見ラレタイ、左ニ大體區別シテ見ヨウ

(イ)當選ヲ得若ハ得シメ又ハ得シメサル目的ヲ以テ爲サルル金錢、物品其ノ他ノ財産上ノ利益若ハ公私ノ職務ノ供與、饗應接待ヲ受ケ若ハ要求シタルコト

(ロ)投票ヲ爲シ若ハ爲ササルコト、選擧運動ヲ爲シ若ハ止メタルコト、又ハ其ノ周旋

勸誘ヲ爲シタルコトノ報酬ト爲ス目的ヲ以テ爲サルル金錢、物品其ノ他ノ財産上ノ利益若ハ公私ノ職務ノ供與、饗應接待ヲ受ケ(判例十四參照)若ハ要求シタルコト
(ハ)當選ヲ得若ハ得シメ又ハ得シメサル目的ヲ以テ爲サルル金錢、物品其ノ他ノ財産上ノ利益若ハ公私ノ職務ノ供與饗應接待ノ申込ヲ承諾スルコト
(ニ)投票ヲ爲シ若ハ爲ササルコト、選擧運動ヲ爲シ若ハ止メタルコト、又ハ其ノ周旋勸誘ヲ爲シタルコトノ報酬ト爲ス目的ヲ以テ爲サルル金錢、物品其ノ他ノ財産上ノ利益若ハ公私ノ職務ノ供與、饗應接待ノ申込ヲ承諾シタルコト
(ホ)當選ヲ得若ハ得シメ又ハ得シメサル目的ヲ以テ爲サレ自己(選擧人又ハ選擧運動者)又ハ自己(選擧人又ハ選擧運動者)ノ關係アル團體(社寺、學校、會社、組合、市町村等)ニ對スル用水、小作、債權、寄附其ノ他特殊ノ直接利害關係ヲ利用シテ爲サルル誘導ニ應シ若ハ之ヲ促シタルコト

以上、現實ニ利益報酬ヲ受ケ、又ハ將來ノ利益報酬ノ申込ヲ承諾シ、又ハ利用關係ノ誘導ニ應スルノ行爲ハ孰レモ受動的ノ行爲テアルカ、利益報酬ヲ要求シ、利害關係利用誘導ヲ促ス行爲ハ、選擧人選擧運動者側ヨリノ積極能動的ノ行爲テアッテ、之ニ對シ相手方カ應シタルト否トヲ問ハス、要求シ又ハ促シタルノミヲ以テ犯罪ハ

成立スルノテアル、其ノ要求ヲ容レ其ノ促サレタルトコロニ應シテ夫々行爲ヲ爲シタル者モ亦第一號乃至第三號ニ依テ處罰セラルヘキハ言フ迄モナイトコロテアル

第五號　以上第一號乃至第四號ニ掲クル夫々ノ目的ヲ以テ爲サルル一切ノ行爲ニ關シテ之カ周旋又ハ勸誘ヲ爲シタルコト、周旋又ハ勸誘ヲ爲ストハ以上ノ利益授受ノ行爲ニ關シテ之カ斡旋ヲ爲シ勸説誘導ニ盡スノ意テアッテ、例ヘハ當選ヲ得ン爲メ選擧人又ハ選擧運動者ニ對シ金錢ヲ供與セントスル者ノ爲ニ或ハ選擧運動者ヲ求メ或ハ之ヲ紹介シ或ハ之ニ勸説シテ選擧運動者タラシムル行爲ノ如キ、又ハ利益供與ヲ要求シ居ル選擧人又ハ選擧運動者ノ爲ニ其要求ノ相手方ヲ求ムルカ如キ、又ハ選擧人選擧運動者ニ對シ利益ヲ供與セシメムコトヲ勸説スルカ如キ、或ハ選擧人選擧運動者ヨリ利益ノ供與ヲ要求スル樣誘導スルカ如キコレテアル近時ノ通俗語ヲ以テスレハ此種ノ輩ヲ稱シテ選擧ブローカート呼ンテモヨイカモシレナイ、此種ノ輩カ選擧界ヲ毒スルノ大ナルモノアルハ多言ヲ要シナイ

其ノ周旋又ハ勸誘ヲ爲スハ多クハ有償的即チ對價ヲ得テ爲サルルモノテアラウ

カ、法律ハ有償無償ヲ問ハス之ヲ處罰シテ居ルノテアル

(第五)刑罰ハ二年以下ノ懲役若ハ禁錮又ハ千圓以下ノ罰金テアル

(參　照)

現行法　第八十七條　左ノ各號ニ掲クル行爲ヲ爲シタル者ハ一年以下ノ禁錮又ハ二百圓以下ノ罰金ニ處ス

一、議員候補者カ投票ヲ得ル目的ヲ以テ選擧人又ハ選擧運動者ニ對シ金錢、物品、手形其ノ他ノ財産上ノ利益又ハ公私ノ職務ノ供與又ハ供與ノ約束ヲ爲シ又ハ其ノ供與ノ申込ヲ爲シタルトキ

二、議員候補者カ投票ヲ得ル目的ヲ以テ選擧人又ハ選擧運動者ニ對シ酒食遊覽等其ノ方法及名義ノ何タルヲ問ハス饗應接待若ハ其ノ饗應接待ノ約束ヲナシ又ハ其ノ饗應接待ノ申込ヲ爲シタルトキ

三、議員候補者カ投票ヲ得ル目的ヲ以テ選擧人ニ對シ投票所ニ往復スル爲ノ船車馬ノ類ノ供給旅費休泊料ノ類ノ代辨若ハ其ノ供給代辨ノ約束ヲ爲シ又ハ其ノ供給代辨ノ申込ヲ爲シタルトキ

四、議員候補者カ投票ヲ得ル目的ヲ以テ選擧人又ハ選擧運動者ニ對シ選擧人若ハ選擧運動者又ハ其ノ關係アル社寺、學校、會社、組合、市町村ニ對スル用水、小作、債權、寄附其ノ他ノ利害關係ヲ利用シテ誘導ヲ爲シタルトキ

五、議員候補者若ハ選擧運動者カ投票ヲ爲サシムル目的ヲ以テ又ハ選擧運動者カ議員候補者ノ爲ニ投票ヲ爲サシムル目的ヲ以テ第一號乃至第三號ノ供與饗應接待供給代辨若ハ其ノ約束ヲナシ又ハ第一號乃至第三號ノ申込若ハ前號ノ誘導ヲ爲シタルトキ

六、議員候補者又ハ選擧運動者カ議員候補者ヲシテ議員候補者タルコトヲ止メシメ又ハ選擧運動者ヲシテ選擧運動ヲ止メシムル目的ヲ以テ其ノ者ニ對シ第一號ノ供與ノ約束若ハ其ノ供與ノ申込ヲ爲シタルトキ又ハ其ノ者若ハ其ノ者ニ關係アル社寺、學校、會社、組合、市町村等ニ對スル用水、小作、債權、寄附其ノ他利害ノ關係ヲ利用シテ誘導ヲナシタルトキ

七、投票ヲ爲シ若ハ爲サヽルコト議員候補者タルコトヲ止メタルコト選擧運動ヲナシ若ハ止メタルコト又ハ其ノ周旋勸誘ヲ爲シタルコトノ報酬ト爲ス目的ヲ以テ議員候補者又ハ選擧運動者カ選擧人議員候補者又ハ選擧運動者ニ對シ第一號

二號ノ饗應接待其ノ供與若ハ饗應接待ノ約束又ハ其ノ供與若ハ饗應接待ノ申込ヲ爲シタルトキ
八、第一號乃至第三號前三號ノ供與饗應接待供給代辨ヲ受ケ若ハ要求シ又ハ第一號乃至第三號前三號ノ申込ヲ承諾シ若ハ第四號乃至第六號ノ誘導ニ應シタルトキ
九、第一號乃至前號ニ掲クル行爲ニ關シ周旋又ハ勸誘ヲ爲シタルトキ
前項ノ場合ニ於テ收受シタル利益ハ之ヲ沒收ス其ノ全部又ハ一部ヲ沒收スルコト能ハサルトキハ其ノ價額ヲ追徵ス

判例

(一)議員候補者又ハ選擧運動者カ選擧人又ハ選擧運動者ニ對シテ爲シタル饗應カ投票其ノ他選擧ニ關スル運動ノ報酬タルトキハ衆議院議員選擧法第八十七條第二號又ハ第七號ノ罪ヲ構成ス」饗應カ單ニ社交上ノ好意ヲ表スルニ過キサルトキハ同法條ノ罪ヲ構成セス」饗應カ其ノ何レニ屬スルヤハ饗應ノ性質及候補者又ハ運動者ノ意思如何ニ依リ定ムルモノトス(大正十一年四月十四日判決)

(二)選擧ニ際シ特定ノ議員候補者ノ爲ニスルモノハ論無ク將來特定セラルヘキ候補者ノ爲ニ投票セシムル目的ヲ以テ運動ニ從事スル者ハ皆選擧運動者ト認ムヘキモノトス(大正十三年四月三十日判決)

(三)衆議院議員選擧法第八十七條ノ選擧運動者トハ現ニ選擧運動ニ從事スル者ニ限ラス選擧運動者タルコトヲ承諾シタル者ヲモ包含スルモノトス(大正十三年四月五日判決)

(四)將來ニ於テ選擧運動ニ從事センコトノ請託ヲ受ケ其請託ヲ拒絕シタル者ト雖モ之ヲ請託者ノ方面ヨリ觀察スレハ仍ホ選擧運動者ト認メサルヲ得ス(大正六年六月十五日判決)

(五)選擧運動者ニ對スル金錢ノ供與カ直接ニ行ハルルト將タ間接ニ行ハルルトハ供與ノ方法ヲ異ニスルニ止リ等シク衆議院議員選擧法第八七條第一號ニ所謂選擧運動者ニ對スル金錢供與罪ヲ構成シ其罪責及ヒ犯情ニ付異動ヲ生セサルモノトス(大正七年四月十二日判決)

(六)衆議院議員選擧法第八七條第一項第一號ニ規定セル財產上ノ利益供與ノ中ニハ選擧運動者カ議員候補者ノ爲ニ投票ヲ爲サシムル目的ヲ以テ選擧人ニ對シ金錢ヲ貸與スル行爲ヲ包含ス(大正十三年六月十一日判決)

(七)債權ノ免除ヲ受ケ不法ノ利益ヲ享受シタルモノハ衆議院議員選擧法第八七條第一項ノ制裁ヲ免ルルコトヲ得サルモノトス(大正四年十一月四日判決)

(八)商取引ハ營利ヲ目的トスルヲ其通性ト爲ス間々其目的ヲ現實ニセラレサルコトナキニ非スト雖モ之カ爲メ商取引ノ營利的行爲ナル觀念ヲ妨クヘキモノニ非サルノミナラス商人カ其營業ノ範圍內ニ於テ取引ノ申入ヲ受クルハ其欲求ヲ滿足セシムル所以ニシテ顧客ハ商人ヨリ觀テ一種ノ利源タルヲ失ハス之ヲ目シテ財產的利益ト稱スル毫モ不可ナルコトナシ然レハ之ヲ香餌トシテ投票ヲ左右セントスル如キハ正ニ衆議院議員選擧法禁止ノ趣旨ニ適合シ所罰ヲ免レ得ヘキモノニ非ス即チ原院カ彼告等ニ於テ吳服商タル被告重平中造等ニ對シ吳服類取引ヲ爲スヘキ旨申入レ之ヲ誘ヒ其間ノ利益ノ爲メ投票セシメタル行爲ヲ同第八十七條第一項第一號ノ所謂利益ヲ供與シタルモノトアルニ該當スルモノトシ刑ノ言渡ヲ爲シタルハ相當ナリ(大正三年十二月五日判決)

(九)報酬又ハ謝禮ノ意味ヲ以テセスシテ單ニ一般社交上ノ禮儀ニ遵ヒ常食ノ時刻ニ及ヒ常食ニ相當スル飮食物ヲ人ニ供給スルモ衆議院議員選擧法第八七條ノ罪ヲ構成セサルモノト(大正四年六月七日判決)

(十)衆議院議員選擧法第八十七條第一項第四號ニ所謂利害關係ハ其ノ利害カ私的性質ヲ有スルト公的性質ヲ有スルトヲ問ハス又其ノ關係事項カ現在ノモノナルコトヲ要セス將來ノモノト雖モ其ノ發生ノ可能性ヲ有スレハ足ルモノトス(大正十四年二月二十日判決)

(十一)衆議院議員候補者カ投票ヲ得ルノ目的ヲ以テ主義政見ヲ發表スル場合ニ其事項カ之ヲ客觀的ニ觀察シ主トシテ國家ノ政策ニ關スルモノナルトキハ假令延テ地方ノ利害ニ影響ヲ及ホスコトアリトスルモ選擧法違反ヲ以テ問擬スヘキモノニ非ス之ニ反シテ其ノ事項カ主トシテ地方的利害ニ關スルモノナルトキハ假令延テ國家全般ノ利害ニ多少ノ影響ヲ及ホスコトアリトスルモ選擧法違反ヲ以テ處罰スヘキモノトス(大正十三年十二月十七日判決)

(十二)或鐵道ノ敷設カ國家交通政策ノ一端ニ屬シ其ノ速成ニ依リテ多少一般交通上ニ利スル所アルモ之カ爲ニ主トシテ利害ヲ感スルモノハ特定ノ一地方ナル場合ニ於テ衆議院議員候補者カ投票ヲ得ル目的ヲ以テ其ノ地方ノ選擧人及選擧運動者ニ對シ當選ノ上ハ右鐵道ノ速成ニ努力スヘキ旨ヲ告ケテ投票ヲ求メ選擧運動ヲ依賴シタルトキハ衆議院議員選擧法第八十七條第一項第四號ニ所謂利害關係ヲ利用シテ誘導シタルモノニ該當ス(大正十四年三月二十六日判決)

(十三)河川沿岸ノ町村住民ハ河川改修水害防止ニ付キ直接ノ利害關係ヲ有スルヲ以テ衆議院議員選擧ニ關シ選擧運動者カ特定ノ河川ニ付キ沿岸町村ノ選擧人ニ對シテ其ノ河川ノ改修事業ノ完成ニ便ナル旨ヲ以テ特定ノ議員候補者ヲ推薦スルカ如キハ一地方ニ特殊ナル利害關係ヲ利用シテ該地方ノ選擧人ヲ誘導スルモノニ外ナラサルヲ以テ該行爲ハ衆議院議

員選擧法第八十七條第四號第五號ニ該當スルモノト謂フヘク河川ノ改修カ其性質國家ノ利害ニ關スルモ如上犯罪ノ成否ニ影響ナキモノトス（大正十年二月五日判決）

（十四）選擧運動ノ慰勞ト自己ノ當選ノ祝賀ヲ兼ネ酒宴ヲ設ケ酒食ノ饗應ヲ爲シ又其饗應ヲ受クルコトハ所謂選擧ノ終了後ニ於テ其選擧ニ關シ酒食ヲ以テ人ヲ饗應シ又其饗應ヲ受クル者ニ該當スルモノトス（大正二年十一月十日判決）

第百十三條　左ノ各號ニ掲クル行爲ヲ爲シタル者ハ三年以下ノ懲役若ハ禁錮又ハ二千圓以下ノ罰金ニ處ス

一　議員候補者タルコト若ハ議員候補者タラムトスルコトヲ止メシムル目的ヲ以テ議員候補者若ハ議員候補者タラムトスル者ニ對シ又ハ當選ヲ辭セシムル目的ヲ以テ當選人ニ對シ前條第一號又ハ第二號ニ掲クル行爲ヲ爲シタルトキ

二　議員候補者タルコト若ハ議員候補者タラムトスルコトヲ止メタルコト、當選ヲ辭シタルコト又ハ其ノ周旋勸誘ヲ爲シタルコトノ報酬ト爲ス目的ヲ以テ議員候補者タリ

シ者、議員候補者タラムトシタル者又ハ當選人タリシ者ニ對シ前條第一號ニ揭クル行爲ヲ爲シタルトキ

三　前二號ノ供與、饗應接待ヲ受ケ若ハ要求シ、前二號ノ申込ヲ承諾シ又ハ第一號ノ誘導ニ應シ若ハ之ヲ促シタルトキ

四　前各號ニ揭クル行爲ニ關シ周旋又ハ勸誘ヲ爲シタルトキ

本條ハ議員候補者又ハ當選人ニ對スル買收行爲テアツテ其ノ行爲ノ內容ハ前條ト全ク同一テアルカラ總テ前條ヲ參照セラレタイ

(第一)本條ハ第一號ヨリ第四號ニ區別セラレテ居ル即チ第一號ハ豫メ利ヲ以テ議員候補者又ハ當選人ヲ誘フノ行爲テ前條第一、二號ノ所謂狹義ノ買收行爲ト所謂利害關係利用行爲トヲ併セテ規定セラレテ居ル、第二號ハ事後ニ於テ議員候補者又ハ當選人ニ報酬ヲ與フル行爲テアツテ前條第三號ニ相當スルモノテアリ、第三號ハ以上ノ利益ヲ受諾シ又ハ求ムル行爲テアツテ前條第四號ニ相當スルモノテアリ、第四號ハ以上ノ利益授受ノ行爲ニ關スル周旋勸誘ヲ爲シタル行爲テアツテ

前條第五號ニ相當スルモノテアル

（第二）本條モ亦所謂目的罪ニシテ一定ノ目的ヲ以テ爲サルルコトヲ要スルハ本條カ前條ト其法律上ノ精神ヲ同ウスル規定テアルコトヨリ云フテ當然テアラウ、其ノ目的ト云フハ

（イ）議員候補者ニ對スル行爲ナル場合ハ議員候補者タルコトヲ止メシムル目的ヲ以テ爲サルルノテアリ

（ロ）議員候補者タラムトスル者ニ對スル行爲ナル場合ハ議員候補者タラムトスルコトヲ止メシムル目的ヲ以テ爲サルルノテアリ

（ハ）當選人ニ對スル行爲ナル場合ハ當選ヲ辭セシムル目的ヲ以テ爲サルルノテアル

（第三）本條ニ於テ買收行爲ヲ爲ス者即チ利益ヲ供シ誘導ヲ爲ス者ハ何人ト雖モ犯罪ノ主體タリ得ルノテアル、ソシテ買收セラルル者即チ利益誘導ヲ受クル者ハ常ニ議員候補者、議員候補者タラムトスル者、當選人ニ限ルノテアル、只利益誘導ヲ受ケ若ハ求ムル者ノ側ヨリ之ヲ見テ其ノ者ヲ罰セムトシタル第三號ノ犯罪ノ主體ハ議員候補者議員候補者タラムトスル者、當選人テアル

茲ニ議員候補者トハ勿論自主又ハ推薦屆出ヲ爲シタル法律上ノ議員候補者ヲ謂ヒ、議員候補者タラムトスル者トハ將來自主又ハ推薦屆出ニ依リ議員候補者トナラントスル事實カ外部ニ表現シ居レル者ヲ謂ヒ、當選人トハ云フ迄モナク第六十九條ノ所謂法定得票ノ最多數ヲ得タル者ヲ謂フノテアル

（第四）サテ本條各號ノ各個ノ行爲ニ付テハ前條ノ說明ヲ見ラレタイ

第一號議員候補者タルコトヲ止メシムル目的ヲ以テ議員候補者ニ對シ、議員候補者タラムトスルコトヲ止メシムル目的ヲ以テ議員候補者タラムトスル者ニ對シ當選ヲ辭セシムル目的ヲ以テ當選人ニ對シ

（イ）金錢物品其ノ他ノ財產上ノ利益ノ供與ヲ爲シ

（ロ）公私ノ職務ノ供與ヲ爲シ

（ハ）金錢、物品其ノ他ノ財產上ノ利益若ハ公私ノ職務ノ供與ノ申込若ハ約束ヲ爲シ

（ニ）饗應接待其ノ申込若ハ約束ヲ爲シ

（ホ）議員候補者、議員候補者タラムトスル者、當選人ニ對スル用水、小作、債權、寄附其ノ他特殊ノ直接利害關係ヲ利用シテ誘導ヲ爲シ

（ヘ）議員候補者、議員候補者タラムトスル者、當選人ノ關係アル社寺、學校、會社、組合、市

町村等ニ對スル用水、小作、債權、寄附其ノ他特殊ノ直接利害關係ヲ利用シテ誘導ヲ爲シタルコト

第二號 議員候補者タルコトヲ止メタルコトノ報酬ト爲ス目的ヲ以テ議員候補者タリシ者ニ對シ、議員候補者タラムトスルコトヲ止メタルコトノ報酬ト爲ス目的ヲ以テ議員候補者タラムトシタル者ニ對シ、當選ヲ辭シタルコトノ報酬ト爲ス目的ヲ以テ當選人タリシ者ニ對シ、之ヲ止メシメ若ハ辭セシムルノ周旋勸誘ヲ爲シタルコトノ報酬ト爲ス目的ヲ以テ此等ノ者ニ對シ

(イ)金錢、物品其ノ他ノ財產上ノ利益ノ供與ヲ爲シ

(ロ)公私ノ職務ノ供與ヲ爲シ

(ハ)金錢、物品其ノ他ノ財產上ノ利益若ハ公私ノ職務ノ供與ノ申込若ハ約束ヲ爲シ

(ニ)饗應接待、其ノ申込若ハ約束ヲ爲シタルコト

第三號 議員候補者、當選人カ利益ヲ受諾シ又ハ求ムル行爲テ即チ

(イ)議員候補者タルコトヲ止メシムル目的ヲ以テ議員候補者ニ對シ、議員候補者タラムトスルコトヲ止メシムル目的ヲ以テ議員候補者タラムトスル者ニ對シ、當選ヲ辭セシムル目的ヲ以テ當選人ニ對シ爲サルル金錢、物品其ノ他ノ財產上ノ利益

若ハ公私ノ職務ノ供與、饗應接待ヲ受ケ若ハ要求シ又ハ其ノ申込ヲ承諾スルコト

(ロ)議員候補者タルコトヲ止メタルコトノ報酬ト爲ス目的ヲ以テ議員候補者タリシ者ニ對シ、議員候補者タラムトスルコトヲ止メタルコトノ報酬ト爲ス目的ヲ以テ議員候補者タラムトシタル者ニ對シ、當選ヲ辭シタルコトノ報酬ト爲ス目的ヲ以テ當選人タリシ者ニ對シ、之ヲシテ止メシメ若ハ辭セシムルノ周旋勸誘ヲ爲シタルコトノ報酬ト爲ス目的ヲ以テ此等ノ者ニ對シ爲サルル金錢、物品其ノ他ノ財産上ノ利益若ハ公私ノ職務ノ供與、饗應接待ヲ受ケ若ハ要求シ又ハ其ノ申込ヲ承諾シタルコト

(ハ)議員候補者タルコトヲ止メシムル目的ヲ以テ議員候補者ニ對シ、議員候補者タラムトスルコトヲ止メシムル目的ヲ以テ議員候補者タラムトスル者ニ對シ、當選ヲ辭セシムル目的ヲ以テ當選人ニ對シ爲サレ此等ノ者又ハ此等ノ者ノ關係アル團體(社寺、學校、會社、組合、市町村等)ニ對スル用水、小作、債權、寄附其ノ他特殊ノ直接利害關係ヲ利用シテ爲サルル誘導ニ應シ若ハ之ヲ促シタルコト

第四號前各號ニ掲クル夫々ノ目的ヲ以テ爲サルル一切ノ行爲ニ關シテ之カ周旋又ハ勸誘ヲ爲シタルコト、例ヘハ議員候補者タルコトヲ止メシムル目的ヲ以テ金

錢ヲ供與セントスル者ノ爲メニ其ノ金錢ノ取次ヲナシテコレヲ議員候補者ニ交付スルカ如キ、或ハ議員候補者ヲ止メシムル目的ヲ以テ之ニ金錢ヲ供與セムコトヲ第三者ニ說イテ之ヲ勸誘スルカ如キ、或ハ議員候補者ニ說イテ金錢ヲ供與セハ之ヲ止メムコトヲ第三者ニ要求スル樣勸誘スルカ如キ之レテアル

（第五）刑罰ハ三年以下ノ懲役若ハ禁錮又ハ二千圓以下ノ罰金テアル

（參照）

現行法　第八十七條　第一項第六號乃至第九號（前條參照欄揭載）

第百十四條　前二條ノ場合ニ於テ收受シタル利益ハ之ヲ沒收ス其ノ全部又ハ一部ヲ沒收スルコト能ハサルトキハ其ノ價額ヲ追徵ス

沒收トハ犯人ニ對シ一定ノ財產上ノ利益ヲ剝奪シテ其所有權ヲ國庫ニ歸屬セシムル財產刑テアル、沒收ハ附加刑テアルカラ（刑法第九條參照）沒收ノ爲メニノミ犯人ヲ處罰スルコトハ出來ナイ一定ノ犯罪行爲ニ對シテ處罰セラレコレニ附加シテ沒收刑カ科セラルルノテアル、沒收ハ刑法上一般ニハ絕對的ノモノテナクテ職權的ノモノ即チ沒收刑ヲ科スルト否トハ裁判官ノ職權ニ一任セラレテ居ルノテアル

カ（刑法第十九條參照）特別ノ場合ニ於テハ絶對主義ヲ認メ必ス沒收刑ヲ附加スヘキコトヲ法律カ要求シテ居ル例カ少クナイ、賄賂罪（刑法第百九十七條第二項）ノ如キ又特別刑法タル本條ノ如キ即チ其ノ例テアル

本條ニ於テ沒收セルヘキモノハ前二條ニ於テ說明シタル如キ犯人ノ收受シタル利益カ其レテアル（判例參照一）其ノ利益カ己ニ犯人ノ手裡ニナイカ、又ハ加工セラレテ他物ニ變テ居ルカ、又ハ其ノ利益カ當初ヨリ饗應ノ如キモノテアルカノ如キ場合テ利益ノ全部又ハ一部カ沒收スルコト出來ナイトキニハ其ノ價額ヲ追徵スルノテアル、追徵トハ沒收刑ノ一變形ト謂ハンヨリモ寧ロ沒收ノ執行方法トモ謂フヘキモノテアラウ

沒收刑ヲ科セラルル者ハ勿論利益ノ收受者ナレトモ（判例參照二）後ニ至リテ此收受者カ供與者ニ其儘返還シタルカ如キ場合ニ於テハ之ヲ供與者ヨリ沒收シ得ルノテアル（判例參照三）ソハ本條ノ精神ハ前二條所定ノ人々ノ間ニ授受セラレタル利益又ハ其ノ價額ハ常ニ之ヲ國庫ニ歸屬セシメ、利益ヲ授受シタル双方ヲシテ犯罪ニ關スル利益ヲ保持シ、又ハ回復セシメナイコトヲ目的トナスノテアツテ、ソレノミナラス其ノ授受セラレタル利益ハ之ヲ與ヘタル者ノ手ニ返還セラルルモ其ノ性質ヲ

變セナイカラデアル

饗應接待ノ如キ利益ニ付テ其ノ價額ヲ算定シテ之ヲ追徵スヘキ場合ハ饗應者ノ提供シタルモノヲ客觀的ニ評價シタル利益ニ依ルモノテアッテ、被饗應者ノ主觀的利益或ハ現實ニ飲食シタル數量又ハ價額ニ依ルヘキモノテハナイト思フ（判例四參照）

金錢ノ如ク可分シ得ルモノハ不正ノ分子ト實費其ノ他ノ不正ナラサル分子トヲ包含シテ收受セラレタル場合ニモ其ノ不正ノ分子ト認定シ得ルモノヲ可分シテ沒收シ得ヘク、可分シ能ハナイ場合ニハ其ノ分子ニ相當スル價額ヲ追徵スルコトカ出來ルテアラウ

（參照）

現行法　第八十七條第二項　前項ノ場合ニ於テ收受シタル利益ハ之ヲ沒收ス其ノ全部又ハ一部ヲ沒收スルコト能ハサルトキハ其ノ價額ヲ追徵ス

刑法　第百九十七條　公務員又ハ仲裁人其職務ニ關シ賄賂ヲ收受シ又ハ之ヲ要求若ハ約束シタルトキハ三年以下ノ懲役ニ處ス因テ不正ノ行爲ヲ爲シ又ハ相當ノ行爲ヲ爲サヽルトキハ一年以上十年以下ノ懲役ニ處ス

前項ノ場合ニ於テ收受シタル賄賂ハ之ヲ沒收ス若シ全部又ハ一部ヲ沒收スルコト能ハサルトキハ其價額ヲ追徵ス

第八條　死刑、懲役、禁錮、罰金、拘留及科料ヲ主刑トシ沒收ヲ附加刑トス

第十九條　左ニ記載シタル物ハ之ヲ沒收スルコトヲ得（以下略）

判例

(一)金錢ハ之ヲ兩替スルモ其ノ性質ヲ變更スルモノニ非サレハ原判決カ所論ノ如ク供給ニ係ル十圓札二枚ヲ兩替シタル一圓札二十枚ヲ沒收シタリトスルモ不法ニアラス(大正七年三月二十七日判決)

(二)衆議院議員選擧法第八十七條第二項ノ規定ヲ設ケタル所以ハ選擧ニ關シテ利益ノ供與ヲ受ケ以テ不法ニ獲得スルヲ防止スルノ趣旨ニ出テタルモノナルカ故ニ本項ニ因ル沒收ノ言渡ハ物件ノ收受者ニ對シテノミ之ヲ爲スヘク物件ノ供與ヲ爲シ者ハ供與セントコトヲ申込ミ又ハ其ノ申込ヲ承諾シタル者ニ對シテナスヘキモノニ非サル事ハ法文ノ解釋上毫モ疑ヲ容ルヘキ所ナシ(大正四年十月九日判決)

(三)數人ノ選擧運動者カ共謀シテ選擧ニ關シ他ノ選擧運動者ニ金錢ノ供與ヲ爲シ其ノ後之ヲ受ケタル者カ供與者ノ一人ニ之ヲ返還シタル場合ニ於テハ返還ヲ受ケタル供與者ヨリ之ヲ沒收シ沒收スルコト能ハサルトキハ其ノ者ヨリ之カ價額ヲ追徵スヘキモノトス(大正十三年十月十三日判決)

(四)饗應ノ物品ノ數量又ハ其ノ價額ヲ算定スルニ付テハ之カ爲メ提供シタル飮食物ノ數量又ハ價格ニ依ルヲ相當トシ之ヲ受ケタル者カ現實ニ飮食シタル數量又ハ之ニ對スル價額ニ依ルヘキモノニアラス(大正四年七月九日判決)

第百十五條　選擧ニ關シ左ノ各號ニ揭クル行爲ヲ爲シタル者ハ三年以下ノ懲役若ハ禁錮又ハ二千圓以下ノ罰金ニ處ス

一　選擧人、議員候補者、議員候補者タラムトスル者、選擧運動者又ハ當選人ニ對シ暴行若ハ威力ヲ加ヘ又ハ之ヲ拐引

シタルトキ

二　交通若ハ集會ノ便ヲ妨ケ又ハ演説ヲ妨害シ其ノ他偽計詐術等不正ノ方法ヲ以テ選擧ノ自由ヲ妨害シタルトキ

三　選擧人、議員候補者、議員候補者タラムトスル者、選擧運動者若ハ當選人又ハ其ノ關係アル社寺、學校、會社、組合、市町村等ニ對スル用水、小作、債權、寄附其ノ他特殊ノ利害關係ヲ利用シテ選擧人、議員候補者、議員候補者タラムトスル者、選擧運動者又ハ當選人ヲ威逼シタルトキ

本條ハ所謂選擧ノ妨害行爲ヲ處罰スルノ規定テ、其ノ妨害ハ精神上又ハ肉體上ニ及ホスカノ作用ニ基ク所ノモノテアル

(第一)本條各號ノ行爲ハ選擧ニ關シテ行ハルルコトヲ要スルノテアル「選擧ニ關シ」トハ該行爲ヲ爲スニ至ル基因カ選擧ニ在ル場合即チ何等カノ點ニ於テ選擧ニ關係セル場合ヲ謂フノテアル(判例參照一)偶々投票所ニ於テ暴行ヲ爲スト雖其ノ暴行ノ原因ト目的トカ毫モ選擧ニ關係ナキ事項ニ係ルトキハ選擧ニ關スルモノトハ謂

ヒ得ナイノテアル

(第二)本條犯罪行爲ノ客體ハ選擧人、議員候補者、議員候補者タラムトスル者、選擧運動者又ハ當選人テアル、只第二號ニ於テハ別段ニ第一號第三號ノ如ク之等ノ者ニ對シテト掲ケテ居ラナイカラ之等ノ者ニ對シテ爲スト否トヲ問ハス凡ソ選擧ニ關シ該行爲アルトキハ本號違反トナルノテアル、第二號ノ場合ニ於テモ選擧ノ自由ヲ妨害セラルル者ハ實際ニ於テハ此等ノ者ノ範圍ニ限ラルルテアラウカ多クノ場合ニ於テ第一號第三號ノ行爲ハ特定ノ選擧關係者ニ對シテ爲サルル場合カ多イカラ從テ之等ノ者ニ對シテト規定セラレタノテアラウ

(第三)各號ニ付之ヲ説明セン

第一號選擧人、議員候補者、議員候補者タラムトスル者、選擧運動者、又ハ當選人ニ對シ

(イ)暴行ヲ加フルコト暴行トハ他人ノ身體ニ對シ物質力ヲ加フルコトテアル、現實ニ身體ニ接觸セストモ之ニ對シテ力ノ施用カ計ラレテ其結果ヲ惹起シタル場合モ亦茲ニ所謂暴行アリト謂フテヨカラウト思フ例ヘハ特定ノ人ヲ目カケテ投石シタル場合ノ如キ之レテアル

(ロ)威力ヲ加フルコト　威力トハ他人ノ精神上ニ不安ヲ惹起セシムヘキ何等カノ害惡ノ告知テアル、其程度未タ脅迫即チ畏怖ノ念ヲ生セシメ其ノ意思決定ノ必然性又ハ可能性アル程度ノ害惡ノ告知タルヲ要セス單ニ威嚇ノ程度テ足ルノテアル現行法ニ於テハ暴行脅迫ト規定セラレタルモ改正法テハ單ニ威力ヲ以テ犯罪行爲タルニ足ルモノト爲サレタノテアル

(ハ)拐引シタルコト　拐引トハ誑惑シテ其現在地ヨリ他所ニ誘引スルコトテアル、其ノ場所的移動カ暴行又ハ脅迫ノ結果ニ出ル場合ハ拐引ト謂フコトヲ得ナイ、拐引タルニハ被拐引者ノ意思ニ出ル場合テナケレハナラナイ、所カ其ノ意思ニ付瑕疵アル場合ナノテアル、即チ欺罔誘惑等ニヨリテ行ハルルノテアル

選擧ニ關シ拐引シタル以上ハ其ノ他進テ積極的ニ選擧權ノ行使ヲ妨害スヘキカ如キ行爲アルコトヲ要シナイ、單ニ拐引ノミヲ以テ拐引罪ハ成立スルノテアル(判例(二)參照)

尙本號ノ行爲ヲ多衆聚合シテ爲シタル場合ハ第百二十條ニ依リ處罰セラルルノテアル

第二號　選擧ノ自由ヲ妨害スヘキ行爲テアツテ

（イ）交通若ハ集會ノ便ヲ妨ケ以テ選擧ノ自由ヲ妨害スルコト、交通若ハ集會ノ便ヲ妨ケタルヲ以テ足ルノテ進テ交通若ハ集會ノ不能ヲ來タサシムルコトヲ要セナイノテアル、又之ヲ妨クルノ方法カ直接ナルト間接ナルト其ノ程度カ强力ナルト弱少ナルトハ何等問フ所テナイノテアル

（ロ）演説ヲ妨害シテ選擧ノ自由ヲ妨クルコト、コレ亦演説ヲ爲シ能ハサラシムル程度ノ妨害タルヲ要セス、其ノ方法ノ如何ヲ問ハス演説ヲ爲スニ付自由平穩ノ狀態カ破ラルルノ行爲ヲ謂フノテアル只實際往々見聞スル所ノ所謂「野次」ナル者ハ未タ本條ノ妨害ト謂フコトヲ得ナイテアラウカ然シ其ノ程度ヲ超ヘタル場合ニハ問題トナルノテアル

（ハ）其ノ他僞計詐術等不正ノ方法ヲ以テ選擧ノ自由ヲ妨害シタルトキ、苟モ斯ノ如キ何等カ不正ノ方法ヲ以テ選擧ノ自由ヲ妨害シタル場合ハ總テ之ニ包含セラルルノテアル、或ハ誑惑若ハ誘惑シ、或ハ欺罔手段ヲ用ヒ、或ハ虛報ヲ傳ヘテ以テ選擧ノ自由ヲ妨害スル如キコレテアル、選擧ノ自由トハ凡ソ選擧ニ關係アル一切ノ事象カ其本來ノ當爲ニ向テ自由ナル狀態ニアルコトヲ謂フノテアル故ニ其ノ自由ヲ妨害スルトハ或ハ投票ヲ爲サシメ、又ハ之ヲ止メシメ、或ハ議員候補者又ハ當

選人タルコトヲ止メシメ、或ハ選擧運動ヲ妨クルカ如キ即チコレテアル(判例(三)參照)

第三號本號ハ所定ノ選擧關係者又ハ其ノ關係アル團體ニ對スル利害關係ヲ利用シテ所定ノ選擧關係者ヲ威逼スルノ行爲テアル

威逼トハ他人ノ精神上ニ威壓ヲ感セシメ其ノ意思ヲ壓迫シテ其ノ自由ナル判斷ヲ妨クルコトヲ謂フノテアル

利害關係ハ之ヲ特殊ノ利害關係ニ限リタル點ハ第百十二條ニ說明シタルトコロニ同シキモ本條本號ニ於テハ之ヲ直接ノ利害關係ニ限ラナカツタノテアル、間接ノ利害關係ハ實際上威逼ノ效カナイテアラウカラ特ニ直接ナル制限ヲ加ヘラレナカツタノテアラウカ威逼セラレタ以上ハ利害關係ノ直接タルト間接タルトヲ問ハナイノテアル

本號ヲ別ケテ揭ケテ見ルト即チ

(イ)選擧人、議員候補者、議員候補者タラムトスル者、選擧運動者、若ハ當選人ニ對スル用水、小作、債權、寄附其ノ他特殊ノ利害關係ヲ利用シテ選擧人、議員候補者、議員候補者タラムトスル者、選擧運動者、又ハ當選人ヲ威逼シタルコト(判例(四)參照)

(ロ)選擧人、議員候補者、議員候補者タラムトスル者、選擧運動者、若ハ當選人ノ關係ア

ル社寺、學校、會社、組合、市町村等ニ對スル用水、小作、債權、寄附其ノ他特殊ノ利害關係ヲ利用シテ選擧人、議員候補者、議員候補者タラムトスル者、選擧運動者、又ハ當選人ヲ威逼シタルコト

（第四）刑罰ハ三年以下ノ懲役若ハ禁錮又ハ二千圓以下ノ罰金テアル

（參　照）

現行法　第八十八條　選擧ニ關シ左ノ各號ニ掲クル行爲ヲ爲シタル者ハ二年以下ノ禁錮又ハ三百圓以下ノ罰金ニ處ス

一、選擧人、議員候補者又ハ選擧運動者ニ對シ暴行若ハ脅迫ヲ加ヘ又ハ之ヲ拐引シタルトキ

二、選擧人、議員候補者若ハ選擧運動者ノ往來ノ便ヲ妨ケ又ハ詐僞ノ方法ヲ以テ投票若ハ選擧運動ヲ妨ケ、爲サシメ若ハ止メシメタルトキ

三、選擧人、議員候補者若ハ選擧運動者又ハ其ノ關係アル社寺、學校、會社、組合、市町村等ニ對スル用水、小作、債權、寄附其ノ他利害ノ關係ヲ利用シテ選擧人、議員候補者又ハ選擧運動者ヲ威逼シタルトキ

判　例

（一）衆議院議員選擧法第八十八條第一號ハ選擧ニ際シ投票又ハ選擧運動ニ基因シテ選擧人、選擧運動者又ハ議員候補者ニ對シ暴行ヲ加フルニ於テハ投票ヲ得ルノ目的ノ有無及選擧運動ヲ阻止妨害シタルト否トニ拘ラス之ヲ處罰スル趣旨ナリトス（大正十三年十二月八日判決）

（二）選擧拐引罪ノ成立ニハ自由意思ノ羈束同行ノ强要選擧ノ妨害等ノ事實ヲ要セサルモノトス（明治四十五年判決）

（三）衆議院議員ノ選擧ニ際シ運動者カ劇場ヲ借受ケ候補者ノ政見發表及其應援ノ演說會ヲ開催セントスルニ當リ之ヲ妨害センカ爲メ右運動者ヲ欺キ其者ヨリ劇場ノ開放ニ要スル鍵ヲ受取リ之ヲ適當ノ時期ニ返還セスシテ遂ニ豫定ノ開催ヲ不能ナラシムルカ如キハ衆議院議員選擧法第八十八條第二號ニ所謂選擧運動ヲ妨害シタルモノニシテ又其手段ハ詐僞ヲ用ヒタルモノナリトス（大正九年十月二十七日判決）

（四）衆議院議員選擧法第八十八條第一項第三號ニ所謂選擧人ヲ威逼スヘキ利害關係トハ同號例示ノ事項以外ニ屬スル選擧人又ハ其ノ關係アル社寺、學校、會社、組合、市町村等ニ害惡ヲ發生セシムヘキ事項ヲ汎稱スト解スヘキヲ以テ一地方ノ住民團體間ニ於テ行ハルル個人ノ日常生活ニ苦痛ヲ與フヘキ絶交（村外レノ類）ノ如キハ同號ニ所謂利害關係ノ一種ナリト謂フヲ妨ケス（大正六年七月六日判決）

第百十六條　選擧ニ關シ官吏又ハ吏員故意ニ其ノ職務ノ執行ヲ怠リ又ハ職權ヲ濫用シテ選擧ノ自由ヲ妨害シタルトキハ三年以下ノ禁錮ニ處ス

官吏又ハ吏員選擧人ニ對シ其ノ投票セムトシ又ハ投票シタル被選擧人ノ氏名ノ表示ヲ求メタルトキハ三月以下ノ禁錮又ハ百圓以下ノ罰金ニ處ス

本條ハ官吏、吏員ノ選擧干渉ヲ處罰スル規定テアル

第一號、

（一）選擧ニ關シ官吏又ハ吏員カ

（イ）故意ニ其ノ職務ノ執行ヲ怠リ選擧ノ自由ヲ妨害スルコト　消極的行爲ヲ以テ選擧ニ干渉スル犯罪テアル、職務ノ執行ヲ怠ルトハ全然其ノ執行ヲ爲サヽルカ、

又ハコレヲ爲スモ或ハ時期ニ於テ或ハ内容ニ於テ故意ニ不完全ナル執行ヲ爲スコトヲ謂フノテアル例ヘハ選擧人ニ對シ暴行ヲ加ヘ其ノ投票ヲ抑止セントスル者アルニ際シ之ヲ制止スルノ責務アル官吏カ其ノ選擧人ヲシテ投票ヲ爲サシメサル意思ヲ以テ其ノ職務ヲ執行セサルカ如キ郵便官署ノ吏員カ選擧運動費ナルコトヲ認識シツツ郵便爲替ヲ運動者ニ交付セスシテ選擧運動ヲ妨害スルカ如キコレテアル

(ロ)職權ヲ濫用シテ選擧ノ自由ヲ妨害シタルコト　積極的行爲ヲ以テ選擧ニ干渉スル犯罪テアル、職權ヲ濫用スルトハ職務ノ權限アルヲ利用シテ之ヲ手段ニ供シテ不法ナル行爲ヲ爲スコトヲ謂フノテアル例ヘハ集會許可ノ權能アル官吏カ故ナク議員候補者ノ政見發表演説ノ爲ニスル集會ヲ許可セサルカ如キ、警察官吏カ行政執行法ヲ濫用シテ選擧人ヲ檢束スルカ如キコレテアル

(二)刑罰ハ三年以下ノ禁錮テアル

第二號

(一)官吏又ハ吏員カ選擧人ニ對シテ其ノ投票セムトシ又ハ投票シタル被選擧人ノ氏名ノ表示ヲ求メタルコト　單ニ其ノ氏名ノ表示ヲ請求シタルヲ以テ足リ敢テ

強要スルコトヲ要セナイノテアル、コレ現行法ト異ナル點テアル
(二)刑罰ハ三月以下ノ禁錮又ハ百圓以下ノ罰金テアル
(參照)
現行法　第八十九條第二項第三項　選擧ニ關シ官吏又ハ吏員故意ニ其ノ職務ノ執行ヲ怠リ又ハ職權ヲ濫用シテ選擧ノ自由ヲ妨害シタルトキハ二年以下ノ禁錮ニ處ス
官吏又ハ吏員選擧人ニ對シ其ノ投票セムトシ又ハ投票シタル被選擧人ノ氏名ノ表示ヲ强要シタルトキハ三月以下ノ禁錮又ハ百圓以下ノ罰金ニ處ス

第百十七條　選擧事務ニ關係アル官吏、吏員、立會人又ハ監視者選擧人ノ投票シタル被選擧人ノ氏名ヲ表示シタルトキハ二年以下ノ禁錮又ハ千圓以下ノ罰金ニ處ス其ノ表示シタル事實虛僞ナルトキ亦同シ

本條ハ選擧事務ニ關係アル官吏等ニ對スル選擧ノ秘密義務違反ノ處罰ヲ規定シタモノテアル
(一)犯罪ノ主體ハ選擧事務ニ關係アル官吏、吏員、立會人、又ハ監視者テアル、選擧事務ニ關係アル官吏、吏員トハ前ニ第八條ニ於テ說明シタル官公吏ト其ノ範圍ヲ一ニ

スルノデアル立會人又ハ監視者ハ投票、開票、選擧會ノ其等ヲ總テ包含スルノデアル

(二)犯罪行爲ハ即チ選擧人ノ投票シタル被選擧人ノ氏名ヲ表示シタルコトデアル而シテ其表示シタル事實カタトヘ虚僞ナルトキト雖モ同シク犯罪ヲ構成スルノデアルコレタトヘ虚僞ノ事實ト雖モ斯ノ如キハ秘密保持ニ對スル危險性アルノミナラス種々ノ弊害ヲ釀スヘキニ至ルコト明白ナコトデアルカラデアル、表示ハ特定人ニ對シテ爲スト不特定多數人ニ對シテ爲ストヲ問ハス又其ノ表示方法カ文書ニ依ルト口頭ニ依ルトハ之ヲ問ハナイモノト解シテヨイデアラウ

(三)刑罰ハ二年以下ノ禁錮又ハ千圓以下ノ罰金デアル

(參照)

現行法　第八十九條第一項　選擧事務ニ關係アル官吏吏員立會人及監視者選擧人ノ投票シタル被選擧人ノ氏名ヲ表示シタル者ハ二年以下ノ禁錮又ハ三百圓以下ノ罰金ニ處ス其ノ表示シタル事實虚僞ナルトキ亦同シ

第百十八條　投票所又ハ開票所ニ於テ正當ノ事由ナクシテ選擧人ノ投票ニ關渉シ又ハ被選擧人ノ氏名ヲ認知スルノ方法ヲ行ヒタル者ハ一年以下ノ禁錮又ハ五百圓以下ノ罰

金ニ處ス
法令ノ規定ニ依ラスシテ投票凾ヲ開キ又ハ投票凾中ノ投票ヲ取出シタル者ハ三年以下ノ懲役若ハ禁錮又ハ二千圓以下ノ罰金ニ處ス

第一項投票ニ關スル不正關渉ヲ處罰スル規定テアル即チ
(一)投票所又ハ開票所ニ於テ正當ノ事由ナク
(イ)選擧人ノ投票ニ關渉シ
(ロ)被選擧人ノ氏名ヲ認知スル方法ヲ行ヒタルコトコレテアル
場所的制限トシテハ投票所又ハ開票所ニ於テ爲サルルコトヲ要スルノテアル、ソノ準備カコレ以外ノ場所ニ於テ豫メ爲サレ居ルモノノ如キハモトヨリ之ヲ不問ニ附セナイノテアル(判例(三)參照)
總テ正當ノ事由ナクシテ爲サルル場合ニ限リ罪トナルノテアル、正當ノ事由ナクシテトハ不法ノ意テアツテ其ノ行爲ヲ正當視スヘキ事情ノ存セサルコトヲ謂フノテアル投票ニ關渉スルトハ他人ノ投票ニ對シテ或行爲ヲ及ホスコトテアッテ、例ヘハ强テ特定ノ議員候補者ニ投票セシムヘキカ如キ方法ヲ講スルカ如キテアル（判例（一）參照）被選擧人ノ氏名ヲ認知スルノ方法ヲ行フトハ開票前ニ於テ其ノ氏名ヲ知ラントトシテ其ノ方法ヲ講スルノ行爲ヲ謂フノテアッテ（判例（二）乃至（四））單ニ認知スルノ方法ヲ行ヒタルノミヲ以テ足リ、進テコレヲ認知シ得タルコトヲ要セナイノテアル

（二）刑罰ハ一年以下ノ禁錮又ハ五百圓以下ノ罰金テアル

第二項ハ投票函ノ不法開披、投票ノ不法取出ノ處罰規定テアル

（一）法令ノ規定ニ依ラスシテ所定行爲ノ爲サルルコトヲ要スルノテアル、即チ何等正當ノ權限ナキ者ノ行爲又ハ一般的權限アルモ法令ノ規定ニ依ラスシテ爲ス者ノ行爲ノ如キモノテアル、或ハ法令ニ定メタル場所以外ニ於テ或ハ法令ニ定メタル立會人ノ立會ナクシテ爲スカ如キソノ例テアル

（イ）投票函ヲ開クコト

（ロ）投票函中ノ投票ヲ取出シタルコト

以上ノ所爲ハ其目的ノ如何ヲ問ハス其ノ行爲アリタルノミヲ以テ處罰ヲ免ヌカレナイ、然シ奪取ノ目的ヲ以テ投票ヲ取出シタノナラハ次條ノ投票奪取罪ニ觸ル

ルテアラウ
投票函ヲ開クトハ開クヘキ方法ニ從テ開キタルモノノミヲ謂フヲ妥當ト信スル即チ之ヲ開カンカ爲メ毀壞シタル如キ場合ニハ次條ニ據テ處罰セラルヘキモノテアラウ
投票函中ノ投票ヲ取出スノハ既ニ開カレテ居ル投票函中ヨリ之ヲ取出スカ如キ場合テアルカ、未タ開カレサル函中ヨリ取出サンニハ先ツ投票函ヲ開キ之ヲ取出スノカ普通テアラウカ開カスシテ之ヲ取出シ得ル場合カ若シ想像出來タナラ其ノ場合モコレニ該ルコト言フ迄モナイ、尚投票函ヲ開キ投票函中ノ投票ヲ取出シタル場合ニハ犯情ノ重キ投票ヲ取出シタル罪ニ從テ處罰スヘキテアラウト思フ
(二)刑罰ハ三年以下ノ懲役若ハ禁錮又ハ二千圓以下ノ罰金テアル

(參照)

現行法 第九十條 投票所又ハ選擧會場ニ於テ正當ノ事由ナクシテ選擧人ノ投票ニ關渉シ又ハ被選擧人ノ氏名ヲ認知スルノ方法ヲ行ヒタル者ハ一年以下ノ禁錮又ハ二百圓以下ノ罰金ニ處ス
法令ノ規定ニ依ラスシテ投票函ヲ開キ又ハ投票函中ノ投票チ取出シタル者ハ三年以下ノ禁錮又ハ五百圓以下ノ罰金ニ處ス

判例

(一)選擧長カ村會議員候補者(町村制第三十七條本法又ハ本法ニ基キテ發スル勅令ニ依リ設置スル議會ノ議員ノ選擧ニ

付テ衆議院議員選擧ニ關スル罰則ヲ準用ス）チ指定シ其ノ名札在中ノ封筒チ投票所ニ於テ選擧人ニ交付スルコトハ從來ノ慣行ニ基キ選擧人間ノ協議ニ出テタルトキト雖正當ノ事由ナクシテ選擧人ノ投票ニ關渉シタル罪チ構成ス（大正十一年三月十一日判決）

（二）衆議院議員選擧法第九十條第一項ハ投票ノ適法ナル開披ニ至ル迄ノ間投票所又ハ開票所ニ於テ被選擧人ノ氏名ヲ認知スル方法ヲ行ヒタルモノハ選擧人カ投票チ認メ之チ投票所ニ投入ノ前被選擧人ヲ認知セシカ爲メナルト其後ニ於テ開票ニ至ル迄ニ之チ認知セシカ爲メナルトチ問ハス等シク處罰スヘキ法意ナリト解セサルヘカラス本件原判決ノ認定事實ニ依レハ被告ハ投票所ニ於テ選擧人カ投票ノ爲メ被選擧人ノ氏名チ認ムル際之ヲ認知セシカ爲メ不正ナル投票所ノ設備チ爲シタル事實ニ外ナラサレハ原裁判所カ之ニ對シ衆議院議員選擧法ノ右條項ヲ適用處斷シタルハ相當ニシテ原判決ハ擬律錯誤ノ違法アルコトナシ（大正四年十一月六日判決）

（三）他人ニ依賴シ選擧人チシテ投票用紙ニ被選擧人ノ氏名ヲ記シ之ヲ折リ疊マス立會人ノ前ニ持行キ認知セシメタル者及ヒ依賴ノ趣旨チ選擧人ニ傳ヘ選擧人チシテ右ノ行爲ニ出テシメタル者ハ皆衆議院議員選擧法第九十條ノ投票所ニ於テ正當ノ事由ナクシテ被選擧人ノ氏名ヲ認知スルノ方法ヲ行ヒタルモノニ該當ス（大正七年七月八日判決）

（四）衆議院議員選擧法第九十條第一項ニハ被選擧人ノ氏名ヲ認知スルノ方法ヲ行ヒタル者トアリ之ニ依リ開票前ニ被選擧人ノ氏名ヲ認知シタル事實アルチ必要トスル趣旨ノ見ルヘキモノナキチ以テ選擧長タル被告カ或投票紙ノ一端ニ朱肉又ハ墨肉チ以テ指紋ヲ付シ被選擧人ノ氏名ヲ認知シタル以上ハ其ノ認知ノ時期及ヒ場所カ右方法施行ノ時期及場所ト全然同一ナルト否トヲ問ハス總テ選擧ニ關スル犯罪行爲トシテ之チ處罰スヘキモノトス（大正九年九月十日判決）

第百十九條　投票管理者、開票管理者、選擧長、立會人若ハ選擧監視者ニ暴行若ハ脅迫ヲ加ヘ、選擧會場、開票所若ハ投票所ヲ騷擾シ又ハ投票、投票函其ノ他關係書類ヲ抑留、毀壞若ハ奪取シタル者ハ四年以下ノ懲役又ハ禁錮ニ處ス

本條ハ選擧事務遂行ヲ安全ナラシムル爲メ選擧職員及選擧ニ關スル場所又ハ書類等ニ對スル不法行爲ヲ處罰スルノ規定テアル

(一)投票管理者、開票管理者、選擧長、立會人、若ハ選擧監視者ニ暴行若ハ脅迫ヲ加フルコト、　暴行ノ意味ニ付テハ既ニ說明シタ如ク(第百十五條第一號參照)身體ニ對スル物質ノ施用ヲ謂ヒ、脅迫トハ他人ニ對シ或種ノ害惡ヲ加フヘキコトヲ告知シテ恐怖ノ念ヲ生セシムルコトヲ謂フノテアル

(二)選擧會場、開票所若ハ投票所ヲ騷擾スルコト　ココニ所謂騷擾トハ右一定ノ場所ノ靜謐ヲ攪亂スルノ謂ニシテ、換言スレハ其場所ニ於ケル事務ノ平穩ニ施行セラルルコトヲ妨害スルコトテアル、騷擾ハ一人テ爲サルルコトハ寧ロ稀レテ數人テ爲サルル場合カ普通テアラウカ若シ此數人カ其ノ場合ノ事情ニ依リ多衆ノ聚合ニシテ主謀者、若ハ指揮者、及ヒ隨行者等ニ區別セラルヘキモノアリト認定セラルル場合ニハ次條ニ依リテ處罰セラレナケレハナラナイ

又騷擾ハ結局選擧會場、投票所、開票所ヲ騷擾スレハ成立スルカ故ニ必スシモ場內ニ於テ爲スノミニ限ラス、場外ノ行爲テモ場內、其ノモノヲ騷擾スレハ足ルノテアルト思フ

(三)投票、投票、函、其ノ他關係書類ヲ抑留、毀壞若ハ奪取シタルコト　抑留トハ自己ノ實力支配內ニ留置スルコトテアリ、毀壞トハ破毀損壞スルコトテアリ、奪取トハ自己ノ實力支配內ニ移スコトテアル

(四)刑罰ハ四年以下ノ懲役又ハ禁錮テアル

(參照)

現行法　第九十一條　投票管理者、選擧長、立會人若ハ選擧監視者ニ暴行若ハ脅迫ヲ加ヘ又ハ選擧會場若ハ投票所ヲ騷擾シ又ハ投票、投票函其ノ他關係書類ヲ抑留毀壞奪取シタル者ハ四年以下ノ禁錮ニ處ス

第百二十條　多衆聚合シテ第百十五條第一號又ハ前條ノ罪ヲ犯シタル者ハ左ノ區別ニ從テ處斷ス

一　首魁ハ一年以上七年以下ノ懲役又ハ禁錮ニ處ス

二　他人ヲ指揮シ又ハ他人ニ率先シテ勢ヲ助ケタル者ハ六月以上五年以下ノ懲役又ハ禁錮ニ處ス

三　附和隨行シタル者ハ百圓以下ノ罰金又ハ科料ニ處ス

第百十五條第一號又ハ前條ノ罪ヲ犯ス爲多衆聚合シ當該

公務員ヨリ解散ノ命ヲ受クルコト三回以上ニ及フモ仍解散セサルトキハ首魁ハ二年以下ノ禁錮ニ處シ其ノ他ノ者ハ百圓以下ノ罰金又ハ科料ニ處ス

本條ハ第百十五條第一號即チ選擧人、議員候補者、議員候補者タラムトスル者、選擧運動者又ハ當選人ニ對シ暴行若ハ威力ヲ加ヘ、又ハ之ヲ拐引シ、又ハ前條即チ選擧職員ニ暴行脅迫ヲ加ヘ、選擧ニ關スル場所ヲ騷擾シ又ハ投票其他ノ關係書類ヲ抑留、毀壞若ハ奪取スルニ該リ多衆聚合シテ爲シタル場合ヲ特別ニ處罰スルノ規定テアル（判例參照）本條ハ刑法騷擾罪（刑法第百六條第百七條參照）ノ特別法ト認ムヘキモノテアツテ同法條ニ準據シテ規定セラレテ居ル

第一、第一項多衆聚合シテ第百十五條第一號又ハ前條ノ罪ヲ犯シタルトキニハ其ノ行爲者ハ左ノ如ク第一號乃至第三號ニ區別シテ其刑罰ヲ異ニスルノテアル、多衆聚合スルトハ多數人ノ集合ヲ意味スルノテアル、其ノ數ニ制限ナク要スルニ公安ヲ紊シ附近ノ靜謐ヲ害スル程度ノ暴行脅迫又ハ騷擾ヲ爲スニ適スル人數ヲ存スレハ足ルノテ、實際問題トシテ其ノ具體的ノ狀況ヨリ判斷スルノ外ハナイ

第一號首魁ハ一年以上七年以下ノ懲役又ハ禁錮ニ處セラルルノテアル、首魁トハ主謀者ノ意テアル、必スシモ現場ニ於テ統率スル者ノミテナク豫メ計ヲ授ケテ多數者ニ行動セシムル者ヲモ包含スルコトハ勿論テアル、又場合ニ依リテハ全然首魁ヲ缺クコトモアリ得ルノテアル

第二號他人ヲ指揮シ、又ハ他人ニ率先シテ勢ヲ助ケタル者ハ六月以上五年以下ノ懲役又ハ禁錮ニ處セラルルノテアル、他人ヲ指導シタリ又ハ他ニ擢テテ其ノ氣勢ヲ添ヘ助クルカ如キコトヲ爲ス者ヲ謂フノテアル

第三號附和隨行シタル者ハ百圓以下ノ罰金又ハ科料ニ處セラルルノテアル、附和隨行トハ言フ迄モナク共ニ暴行脅迫等ノ行爲ヲ爲ス意思ヲ以テ雷同シテ其ノ集團ト行ヲ共ニスル者ヲ謂フノテアル

第二項第百十五條第一號又ハ前條ノ罪ヲ犯ス爲メ多衆聚合シ當該公務員ヨリ解散ノ命ヲ受クルコト三回以上ニ及フモ仍解散セサルトキハ

(イ)首魁ハ二年以下ノ禁錮ニ處セラレ

(ロ)他人ヲ指揮シ若ハ率先助勢ヲ爲シタル者、又ハ附和隨行シタル者ハ百圓以下ノ罰金又ハ科料ニ處セラルルノテアル

當該公務員トハ治安警察ノ事務ニ從事スル者テ當該事實ノ發生シタル場所ヲ管轄スル權限アルモノヲ謂フノテアル、解散ノ命令ハ如何ナル形式ニ依ルモ可ナレトモ其ノ命令ハ聚合セル多衆ニ到達スルコトヲ要スルノテアル、而シテ其ノ命令ハ必ス三回以上ニ及ハナケレハナラナイノテアル

（參照）

現行法　第九十二條　多衆聚合シテ第八十八條第一號又ハ前條ノ罪ヲ犯シタル者ハ左ノ區別ニ從テ處斷ス

一、首魁ハ一年以上七年以下ノ禁錮ニ處ス

二、他人ヲ指揮シ又ハ他人ニ卒先シテ勢ヲ助ケタルモノハ六月以上五年以下ノ禁錮ニ處ス

三、附和隨行シタル者ハ五十圓以下ノ罰金又ハ科料ニ處ス

第八十八條第一號又前條ノ罪ヲ犯ス爲多衆聚合シ當該公務員ヨリ解散ノ命ヲ受クルコト三回以上ニ及フモ仍解散セサルトキハ首魁ハ二年以下ノ禁錮ニ處シ其ノ他ノ者ハ五十圓以下ノ罰金又ハ科料ニ處ス

刑法　第百六條　多衆聚合シテ暴行又ハ脅迫ヲ爲シタル者ハ騷擾ノ罪ト爲シ左ノ區別ニ從テ處斷ス

一、首魁ハ一年以上十年以下ノ懲役又ハ禁錮ニ處ス

二、他人ヲ指揮シ又ハ他人ニ率先シテ勢ヲ助ケタル者ハ六月以上七年以下ノ懲役又ハ禁錮ニ處ス

三、附和隨行シタル者ハ五十圓以下ノ罰金ニ處ス

第百七條　暴行又ハ脅迫ヲ爲ス爲メ多衆聚合シ當該公務員ヨリ解散ノ命令ヲ受クルコト三回以上ニ及フモ仍ホ解散セサルトキハ首魁ハ三年以下ノ懲役又ハ禁錮ニ處シ其ノ他ノ者ハ五十圓以下ノ罰金ニ處ス

判例

衆議院議員選擧法第九十二條ノ罰則ハ選擧ノ執行ニ影響ヲ及ホスヘキコトヲ目的トシタル騷擾行爲ニ限リ適用スヘキ制裁法規ニシテ選擧終了後ノ騷擾行爲ニ適用スヘキモノニアラスト解スルヲ相當ス（大正十年九月二十六日判決）

第百二十一條　選擧ニ關シ銃砲、刀劍、棍棒其ノ他人ヲ殺傷スルニ足ルヘキ物件ヲ携帶シタル者ハ二年以下ノ禁錮又ハ千圓以下ノ罰金ニ處ス
警察官吏又ハ憲兵ハ必要ト認ムル場合ニ於テ前項ノ物件ヲ領置スルコトヲ得

本條ハ危險物件ノ携帶ヲ處罰スルノ規定テアル
(一)所定ノ危險物件ヲ携帶スルコトカ選擧ニ關シテ爲サルルコトヲ要スルノテアル、「選擧ニ關シ」トハ既ニ第百十五條ニ於テ爲シタル説明ヲ參照セラレタイ、凡ソ選擧ニ關シテ携帶スル以上ハ如何ナル目的ニ出ツルモノタルトヲ問ハス犯罪タルノテアル
(二)處罰行爲ハ即チ銃砲、刀劍、棍棒其他人ヲ殺傷スルニ足ルヘキ物件ヲ携帶シタルコトコレテアル、人ヲ殺傷スルニ足ルヘキ物件トハ其ノ物ノ當然ノ用法トシテ人ヲ傷害スル物ハ勿論人ヲ傷害スルコトヲ用法トスル物テナクテモ傷害ノ目的ニ使用セラルル時ハ其結果ヲ生セシメ得ヘキ性質ト具體的危險性トヲ有スル物ヲ

指稱スルモノト思フノテアル、最近大審院ハ兒童用ノ玩具タル金引棒（長サ約一メートル太サ徑約一センチメートル）ノ如キハ人ヲ殺傷スルニ足ルヘキ物件テナイト判決シテ居ル（參照判例）通常、人ノ攜帶スルカノ所謂ステッキノ如キ物ハ棍棒テナイコトハ勿論ココニ所謂人ヲ殺傷スルニ足ルヘキ物件テモナイト思フノテアル

（三）刑罰ハ二年以下ノ禁錮又ハ千圓以下ノ罰金テアル

（四）第二項ニ於テ此ノ物件ニ對スル一ノ警察處分カ併セテ規定セラレテ居ル、即チ警察官吏又ハ憲兵ハ必要ト認ムル場合ニ於テ前項ノ物件ヲ領置スルコトカ出來ルトノ規定コレテアル、領置トハ當該物件攜帶者ヨリ一時其物ニ對スル占有ヲ脫セシメテ之カ保管ヲ警察官吏又ハ憲兵ニ任セシムルコトヲ謂フノテアル

（參照）

現行法 第九十三條 選擧ニ關シ銃砲、槍戟、刀劍、竹槍、棍棒其ノ他人ヲ殺傷スルニ足ルヘキ物件ヲ攜帶シタルモノハ二年以下ノ禁錮又ハ三百圓以下ノ罰金ニ處ス

警察官吏又ハ憲兵ハ必要ト認ムル場合ニ於テ前項ノ物件ヲ領置スルコトヲ得

判例

衆議院議員選擧法第九十三條第一項ニ所謂人ヲ殺傷スルニ足ルヘキ物件トハ同條項ニ例示スル銃砲、槍戟、刀劍、竹槍棍棒等ト同視スヘキ程度ニ在ル用法上ノ兇器ニシテ社會ノ通念ニ照ラシ人ヲシテ、直ニ危險ノ感ヲ抱カシムルニ足ルモノヲ指稱シ總テ人ヲ殺傷スル可能性ヲ有スル物件ヲ悉ク包含スルモノニアラス、押收ニ係ル金引棒ハ當院ニ於テ現認スル所ニ依レハ太サ略普通ノ鉛筆大ニシテ長サ約二尺二寸五分ニ過キサル鐵製ノ棒ノ上端ニ鐵製ノ輪數個ヲ施シアリテ祭

禮ノ際兒童カ玩具トシテ使用スル錫杖ナレハ議員選擧ノ場合ニ於テ之ヲ携帶シタリトスルモ銃砲、槍戟、刀劍、竹槍、棍棒ト同シク其ノ用法ニ付通常人ヲシテ一見危險ノ感ヲ抱カシムルニ足ラスシカラハ右金引棒ハ前記法條ニ所謂人ヲ殺傷スルニ足ルヘキ物件ニ該當セス(大正十四年五月二十六日判決)

第百二十二條　前條ノ物件ヲ携帶シテ選擧會場、開票所又ハ投票所ニ入リタル者ハ三年以下ノ禁錮又ハ二千圓以下ノ罰金ニ處ス

(一)本條ハ前條ノ特別規定トモ謂フヘキモノテアッテ、即チ前條ノ物件ヲ携帶シテ選擧會場、開票所又ハ投票所ニ入リタルトキハ重ク處罰セラルルノテアル、コレ亦何等ノ目的アルヲ問ハス即チ自衞ノ爲メナルト平生斯ル物件ヲ携帶スルノ習慣アルモノタルヲ問ハス總テ處罰ヲ免ヌカレナイ

(二)刑罰ハ三年以下ノ禁錮又ハ二千圓以下ノ罰金テアル

(參照)

現行法　第九十四條　前條記載ノ物件ヲ携帶シテ選擧會場若ハ投票所ニ入リタル者ハ三年以下ノ禁錮又ハ五百圓以下ノ罰金ニ處ス

第百二十三條　前二條ノ罪ヲ犯シタル場合ニ於テハ其ノ携

帶シタル物件ヲ沒收ス

前二條ノ犯罪ヲ犯シテ其犯人カ處罰セラルル場合ニハ必ス附加刑トシテ其携帶シタル物件ハ之ヲ沒收スヘキテアル、本條ナクンハ一般ニ刑法第十九條ニ依リ其物件ハ犯罪ヲ組成シタル物トシテ沒收セラルヘキテアラウカ只其沒收ヲ爲スト否トカ裁判官ノ職權ニ一任セラレテ居ルカラ特ニ本條ニ於テ必ス沒收スヘキコトヲ規定セラルルノテアル、沒收ニ關スル說明ニ付第百十四條ヲ參照セラレタイ

(參照)

現行法　第百條　第九十三條及第九十四條ノ罪ヲ犯シタル場合ニ於テハ其携帶シタル物件ヲ沒收ス

第百二十四條　選擧ニ關シ多衆集合シ若ハ隊伍ヲ組ミテ往來シ又ハ煙火松明ノ類ヲ用ヒ若ハ鐘鼓喇叭ノ類ヲ鳴ラシ旗幟其ノ他ノ標章ヲ用フル等氣勢ヲ張ルノ行爲ヲ爲シ警察官吏ノ制止ヲ受クルモ仍其ノ命ニ從ハサル者ハ六月以下ノ禁錮又ハ三百圓以下ノ罰金ニ處ス

本條ハ氣勢ヲ張ルノ行爲ヲ處罰スルノ規定テアル

(一)本條所謂氣勢ヲ張ルノ行爲ハ之カ選擧ニ關シテ爲サルルコトヲ要スルノテアル選擧ニ關シトノ意味ハ前ニ說明シタ所ヲ參照セラレタイ

(二)氣勢ヲ張ルノ行爲ヲ爲シタノミテハ未タ罪トナラナイ、此ノ行爲ニ對シ警察官吏カ之ヲ制止シタルニモ拘ラス仍其ノ命ニ從ハサルトキ罪トナルノテアル、實質ハ氣勢ヲ張ルノ行爲ヲ處罰セントスルニアレトモ形式ハ一種ノ官憲ニ對スル抗拒罪テアル

(三)氣勢ヲ張ルノ行爲トハ勢ヲ盛ナラシムル爲メ之ニ力ヲ添ヘントスル誇張的行動ヲ謂フノテアル即チ俗ニ所謂示威運動ト稱セラルル如キモノハ此ノ類テアル、法文ハ例示的ニ其ノ一班ヲ揭ケテ居ルカモトヨリコレニ限ラナイ凡ソ事實上氣勢ヲ張ルノ行爲ト認定セラルヘキ行爲ハ悉クコレヲ包含スルノテアル、法文ノ揭クル所ハ即チ

(イ)多衆集合シ若ハ隊伍ヲ組ミテ往來シ

(ロ)又ハ花火、松明ノ類ヲ用ヒ

(ハ)若ハ鐘皷喇叭ノ類ヲ鳴ラシ

(ニ)旗幟其ノ他ノ標章ヲ用フル等コレテアル

現行法ニハ篝火、法螺ノ字句アルヲ改正法ハ之ヲ削ツテ居ルカ單ニ字句ヲ簡明ニセラレタニ過キナイノテ法文ノ趣旨ニ於テ毫モ渝ルトコロハナイノテアル、尚現行法ハ本條ヲ目的罪ト爲シテ居ルカ改正法ハ事實氣勢ヲ張ルノ行爲アリタルトキハ其ノ目的ニ出ツルト否トヲ問ハス制止ノ命ニ從ハサル場合ニハ之ヲ罰スルコトト爲シタノテアル

(四)刑罰ハ六月以下ノ禁錮又ハ三百圓以下ノ罰金テアル

(參照)

現行法　第九十五條　選擧ニ關シ氣勢ヲ張ルノ目的ヲ以テ多衆集合シ若ハ隊伍ヲ組ミテ往來シ又ハ煙火、篝火、松明ノ類ヲ用ヒ若ハ鐘鼓、法螺、喇叭ノ類ヲ鳴ラシ旗幟其ノ他ノ標章ヲ用ウル等ノ所爲ヲ爲シ警察官吏ノ制止ヲ受クルモ仍其ノ命ニ從ハサル者ハ六月以下ノ禁錮又ハ百圓以下ノ罰金ニ處ス

第百二十五條　演說又ハ新聞紙、雜誌、引札、張札其ノ他何等ノ方法ヲ以テスルニ拘ラス第百十二條第百十三條第百十五條第百十八條乃至第百二十二條及前條ノ罪ヲ犯サシムルノ目的ヲ以テ人ヲ煽動シタル者ハ一年以下ノ禁錮又ハ五百圓以下ノ罰金ニ處ス但シ新聞紙及雜誌ニ在リテハ仍其ノ

編輯人及實際編輯ヲ擔當シタル者ヲ罰ス

本條ハ第百十六條第百十七條ヲ除ク前記ノ總テノ選擧犯罪ノ煽動ヲ處罰スルノ規定テアル、即チ

(一)第百十二條、第百十三條、第百十五條、第百十八條乃至第百二十二條及前條ノ罪ヲ犯サシムル目的ヲ以テ人ヲ煽動スルコトコレテアル

第百十六條第百十七條ノ犯罪ハ官吏、吏員等ノ犯罪テアルカラ苟モ官吏、吏員等ニ對スル煽動ハ之ヲ犯罪ト認メナイノカ妥當タトセラレタノテアラウ

犯罪ヲ爲サシムル目的ヲ以テ人ヲ煽動スルトハ人ヲシテ中正ノ判斷ヲ失シテ犯意ヲ創造セシムヘキ勢ヲ有スル又ハ既存ノ犯意ヲ助長セシムヘキ勢ヲ有スル意思表示ヲ謂フノテアル、其ノ方法ノ何タルヲ問ハス其ノ結果カ人ニ影響ヲ及ホシタカトウカヲモ問ハナイノテアル

煽動ト敎唆トハ明ニ之ヲ區別シナケレハナラナイ敎唆ハ人ヲシテ犯罪ヲ爲スコトヲ決意セシメ其ノ決意ニ基キ被敎唆者カ犯罪ヲ實行シタル場合ニ成立スルノテアル、正犯者ニ對スル力ノ量ニ於ケル差異テナクテ質ノ差テアル、之カナカツタナラハ絶對ニ正犯ハ起ラナカツテアラウ如キ場合ニノミ敎唆ト謂フ問題カア

ルノテ、正犯ノ生レテ來ルノニ一ノ可能性ヲ與フルモノカ煽動テアル
本條所謂煽動モ其ノ程度ヲ增シ遂ニ質ノ差ニ迄モ及ンテ敎唆ト認ムヘキニ至リタルトキハ之ハ一般ニ刑法ノ敎唆犯トシテ處罰セラレナケレハナラナイ、勿論第百十六條第百十七條ニ對シテモ敎唆犯ハ存在シ得ルノテアル
(二)煽動ノ方法ハ何等ノ方法ヲ以テスルヲ問ハナイノテアル法文ハ最モ普通ニ使用セラルル方法ヲ例示的ニ揭ケテ居ル、即チ演說又ハ新聞紙、雜誌、引札、張札等ノ方法コレテアル
(三)犯罪ノ主體カ煽動者其ノ人テアルコトハ論ヲ俟タナイ所テアルカ、茲ニ一ノ例外的規定カアルカラ注意シナケレハナラナイ、ソレハ即チ新聞紙及雜誌ニ依リテ煽動ヲ爲シタル場合ニハ煽動者ノ外ニ仍其ノ名義上ノ編輯人及實際編輯ヲ擔當シタル者迄モ共ニ罰セラルルノテアル(本條但書)而テ編輯人及實際編輯ヲ擔當シタル者ハ單ニ編輯人テアリ實際編輯ヲ擔當シタ者テアルノ一事實ノミニ依テ處罰セラルルノテ其ノ記事ノ內容ヲ知了シテ居タカ否カノ如キハ之ヲ問ハナイノテアル、尙編輯人等カ自己ノ新聞ヲ利用シテ煽動ヲ爲シタル場合ニハ本文ニ依リテ處罰セラルヘキハ言フ迄モナイテアラウ

(四)刑罰ハ一年以下ノ禁錮又ハ五百圓以下ノ罰金テアル

(參照)

現行法 第九十六條 演說又ハ新聞紙、雜誌、引札、張札其ノ他何等ノ方法ヲ以テスルニ拘ラス第八十七條第八十八條第九十條乃至前條ノ罪ヲ犯サシムル目的ヲ以テ人ヲ煽動シタル者ハ一年以下ノ禁錮又ハ二百圓以下ノ罰金若ハ科料ニ處ス、但シ新聞紙雜誌ニ在リテハ仍其ノ編輯人及實際編輯ヲ擔當シタル者ヲ罰ス

第百二十六條 演說又ハ新聞紙、雜誌、引札、張札其ノ他何等ノ方法ヲ以テスルニ拘ラス左ノ各號ニ揭クル行爲ヲ爲シタル者ハ二年以下ノ禁錮又ハ千圓以下ノ罰金ニ處ス新聞紙及雜誌ニ在リテハ前條但書ノ例ニ依ル

一 當選ヲ得又ハ得シムル目的ヲ以テ議員候補者ノ身分職業又ハ經歷ニ關シ虛僞ノ事項ヲ公ニシタルトキ

二 當選ヲ得シメサル目的ヲ以テ議員候補者ニ關シ虛僞ノ事項ヲ公ニシタルトキ

本條ハ一定ノ目的ノ爲メニ議員候補者ニ關シ虛僞ノ事項ヲ公ニスルノ行爲ヲ處

罰スルノテアル

(一)其ノ虛僞ノ事項ヲ公ニスルノ方法ハ前條ト同樣ニ演說又ハ新聞紙、雜誌、引札、張札其ノ他何等ノ方法ヲ以テスルヲ問ハナイノテアル

(二)本條モ亦前條ト同樣ニ、新聞紙及雜誌ニ依リテ犯シタルトキニハ其ノ者ト共ニ仍其ノ編輯人及實際編輯事務ヲ擔當シタル者ハ處罰セラルルノテアル(本條後段)前條ニ於テモ一言シタル如ク編輯人ノ如キカ其ノ自己ノ新聞ヲ利用シテ本條所定ノ行爲ヲ爲シタル如キ場合ニハ本條前段ノ一般ノ場合ニ依リテ處罰セラルヘキハ言フヲ俟タナイ所テアル

(三)議員候補者ノ側ヨリ爲スモノト(第一號)反對側ヨリ爲スモノト(第二號)ニ區別シテ規定セラレテ居ル

第一號、當選ヲ得又ハ得シムル目的ヲ以テ議員候補者ノ身分職業又ハ經歷ニ關シ虛僞ノ事項ヲ公ニシタルコト、　議員候補者自ラ當選ヲ得ルノ目的ヲ以テ又ハ議員候補者以外ノ者カ特定ノ議員候補者ノ爲メニ當選ヲ得シムル目的ヲ以テ爲サルルコトヲ要スルノテアル

虛僞ノ事項ヲ公ニスルトハ不實ノ事實ヲ不定若ハ多數ノ人ニ對シ發表シ告示ス

ルノ意味テアル（判例（一）（二）參照）

本號ハ次號ト異ナリテ一定ノ範圍ニ限リテ虚僞ノ事項ヲ公ニスヘキコトヲ禁止シテ居ルノテアル、即チ議員候補者ノ身分、職業、經歷ニ關シテ爲サルルコトコレテアル

第二號、當選ヲ得シメナイ目的ヲ以テ議員候補者ニ關シ虚僞ノ事項ヲ公ニシタルトキ、目的トシテ當選ヲ得シメナイ目的ヲ缺イテハ罪トナラナイノテアル

本號ハ議員候補者ニ關シト規定セラレ何等ノ制限カナイ、議員候補者ノ身分職業又ハ經歷ニ關スルモノノ如キハモトヨリ候補者自身ニ直接關係スル事項ニ限ラス、間接ノ關係事項テモ苟モ其事項カ候補者ニ關連シ之ヲ公表スルコトカ候補者ノ當選ヲ妨クルニ至ルヘキ性質ノモノナル以上ハ總テ之ヲ包含スヘキモノト解セラルルノテアル（判例（三）參照）

(四)刑罰ハ二年以下ノ禁錮又ハ千圓以下ノ罰金テアル

（參照）

現行法　第九十七條　當選ヲ妨クルノ目的ヲ以テ演説又ハ新聞紙、雜誌、引札、張札其ノ他何等ノ方法ヲ以テスルニ拘ハラス議員候補者ニ關シ虚僞ノ事項ヲ公ニシタル者ハ二年以下ノ禁錮又ハ三百圓以下ノ罰金ニ處ス、新聞紙、雜誌ニアリテハ前條但書ノ例ニ依ル

判例　（一）衆議院議員選擧法第九十七條ノ犯罪ハ其手段方法ノ如何ヲ問ハス當選ヲ妨害スル目的ヲ以テ議員候補者ニ關シ虛僞ノ事項ヲ公ニスルニ因テ成立スルモノニシテ同條ニ所謂公ニストハ虛僞ノ事項ヲ不定若ハ多數ノ人ニ對シ告白スルノ謂ナリトス（大正五年一月三十一日判決）

（二）當選ヲ妨クルノ目的ヲ以テ議員候補者ニ關シ多數ノ有權者ニ虛僞ノ事項ヲ言觸ラシタル以上ハ其ノ方法ノ如何ヲ問ハス衆議院議員選擧法第九十七條ノ犯罪ヲ構成スルモノトス（大正六年十一月九日判決）

（三）衆議院議員選擧法第九十七條ニ所謂虛僞ノ事項中ニハ直接議員候補者自身ニ關スル事項ノミナラス間接事項ト雖モ苟モ其ノ事項カ候補者ニ關連シ之ヲ公表スルコトカ候補者ノ議員當選ヲ妨クルニ至ルヘキ性質ノモノナル以上ハ總テ之ヲ包含スルモノト解スルヲ相當トス（大正九年十二月二十二日判決）

第百二十七條　選擧人ニ非サル者投票ヲ爲シタルトキハ一年以下ノ禁錮又ハ五百圓以下ノ罰金ニ處ス

氏名ヲ詐稱シ其ノ他詐僞ノ方法ヲ以テ投票ヲ爲シタル者ハ二年以下ノ禁錮又ハ千圓以下ノ罰金ニ處ス

投票ヲ僞造シ又ハ其ノ數ヲ增減シタル者ハ三年以下ノ懲役若ハ禁錮又ハ二千圓以下ノ罰金ニ處ス

選擧事務ニ關係アル官吏、吏員、立會人又ハ監視者前項ノ罪ヲ犯シタルトキハ五年以下ノ懲役若ハ禁錮又ハ二千圓以

下ノ罰金ニ處ス

本條ハ無權投票、詐欺投票、僞造投票ニ關スル處罰規定テアル

第一項ハ無權投票ノ處罰規定テアル

(一)選擧人ニ非サル者カ投票ヲ爲シタルコトコレテアル、選擧人ニ非サル者トハ選擧人名簿ニ登錄セラレサル者(但登錄セラルヘキ確定判決ヲ所持スル場合ハコノ限リニアラス)ハ勿論登錄セラルルモ選擧權ヲ有セサル者ヲ謂フノテアル、ダカラ例ヘハ第三十條第二項即チ自ラ議員候補者ノ氏名ヲ書スルコト能ハサル者ハ投票ヲ爲スコトヲ得ナイトノ規定ノ如キ場合若シコノ規定ニ反シテ投票ヲ爲シタルカ如キハ次項ノ詐欺投票ノ場合ニ該當スルコトハアッテモ本條本項ノ犯罪ヲ構成シナイノテアル、何トナレハコノ場合ハ投票者ハ選擧人テアルカラテアル、尙本項ハ單純ニ選擧人ニ非サル者カ投票ヲ爲シタル場合ノミヲ處罰スルノテ若シ犯人カ選擧人ノ氏名ヲ詐リ因テ投票ヲ僞造シタルカ如キ場合ニハ最モ重キ第三項ノ投票ヲ僞造シタル罪ニヨリ處罰セラルルノテアル

(二)刑罰ハ一年以下ノ禁錮又ハ五百圓以下ノ罰金テアル

第二項詐欺投票ノ處罰規定テアル

(一)氏名ヲ詐稱シ其ノ他詐僞ノ方法ヲ以テ投票ヲ爲シタルコトコレテアル、氏名ヲ詐稱シテ投票ヲ爲ストハ氏名ヲ詐リ眞實其ノ人ナルモノノ如ク裝フテ投票ヲ爲スノ行爲テアリ、詐僞ノ方法ヲ以テ投票ヲ爲ストハ投票管理者等ヲ欺罔シ正當ニ投票ヲ爲スモノノ如ク信セシメテ因テ諸種ノ不正手段ヲ講シテ投票ヲ爲スノ行爲テアリ、共ニ犯罪ノ主體カ選擧權ヲ有スル者テアルカ否カハ問ハナイノテアル（判例參照（一））詐僞ノ方法ヲ以テ投票スルノ一例ヲアクレハ他人ヲシテ議員候補者ノ氏名ヲ投票用紙ニ代書セシメ、又ハ議員候補者ノ氏名ヲ切拔キタル紙型ヲ使用シテ投票用紙ニ右氏名ヲ表現セシメ選擧人自書シタルカ如ク詐リ投票スル行爲ノ如キテアル（判例參照（二））

(二)刑罰ハ二年以下ノ禁錮又ハ千圓以下ノ罰金テアル

第三項僞造投票並ニ投票數增減ノ處罰規定テアル

(一)投票ヲ僞造シ又ハ其ノ數ヲ增減シタルコトコレテアル

投票ノ僞造トハ投票權ニ基カスシテ不眞正ナル投票ヲ製出スルコトヲ謂フノテアル、例ヘハ既ニ投票ヲ終リタル選擧人カ再ヒ投票ヲ爲シタルカ如キ若ハ正當ナル投票ヲ爲スト同時ニ豫メ準備シ置キタル投票ヲ共ニ投函スルカ如キ、選擧人

ニ非サル者カ僞造ノ意思ヲ以テ眞正ナル選擧人ノ如ク裝フテ投票ヲ爲シタルカ如キ場合テアル

投票數ヲ增減スルトハ投票ノ數ヲ不正ニ增減スルノ謂テアツテ例ヘハ投票締切後ニ不正ニ投票スルカ如キ、投票セラレタルモノニ何等カノ記入ヲ爲シテ(毀壞ノ程度ニ至ラサル)之ヲ無效タラシムルカ如キテアル、又投票紙ニ記載アル議員候補者ノ人名ヲ變更スルカ如キハ一面ニ於テ投票ヲ減シ、一面ニ於テ投票ヲ增シタルモノテアルカラ其ノ數ヲ增減シタ者トシテ處罰セラレナケレハナラナイ

同一ノ事實テ見方ニヨリ或ハ投票ノ僞造トモ見ラレ或ハ其ノ數ヲ增シタルモノトモ見ラレ得ル場合カアルテアラウ、投票ノ僞造ノ方ハ其ノ投票ヲ對象トシテ居リ、投票數ノ增加ノ方ハ全部ヲ對象トシテ考ヘラレテ居ルノテアル、先ツ投票ノ僞造トシテ考ヘテ見テコレカ妥當テナイトシタトキニ其ノ數ヲ增加シタルモノト認定スヘキテアラウ、例ヘハ一人ニテ二箇以上ノ投票ヲ爲シタルカ如キ場合ニ於テ前ニ說明シタ如ク時ヲ異ニシテ投票シタノナラ後ノ投票ハ既ニ投票權喪失後ノ投票テアルカラ投票ノ僞造ナリト謂ヒ得ルカ、若シ同時ニ投票シタリトセハ擇一的ニ眞正ナル投票ト他ノ不眞正ナル投票トカ混合シテ居ルノテ何レ

ヲ偽造ニ係ル投票ト認ムヘキカハ相對的ニ不能ノ狀態ニアルノテ、斯樣ナ場合ニハ全體ヲ對象トシテ考察スル場合ニハ其ノ數ヲ増加シテ居ルコトハ明白テアルト思フ

(二)刑罰ハ三年以下ノ懲役若ハ禁錮又ハ二千圓以下ノ罰金テアル

第四項本項ハ第三項ノ特別ナル場合テアル即チ

(一)選擧事務ニ關係アル官吏、吏員、立會人又ハ監視者カ前項ノ罪ヲ犯シタルコトコレテアル、前項ノ罪トハ既ニ說明シタ如ク投票ヲ偽造シ又ハ其ノ數ヲ増減スルコトテアル、前ノ說明ヲ見ラレタイ、而テ投票ヲ偽造シ又ハ其ノ數ヲ増減スルノ行爲ハ本項所定ノ者等ニ於テ爲シ得ヘキ機會カ通常人ニ比シテ甚タ多イノテアル例ヘハ開票管理者等カ故意ニ投票數ニ付不正ノ計算ヲ爲スカ如キテアル、又投票ノ有效無效ノ決定ハ開票管理者ノ職權裁量ノ範圍ニ屬スルカラ、其ノ疑義ニ付相當ノ解釋ヲ下スノハ適法テアルケレトモ投票ノ有效ナルコトカ明瞭テアッテ全然反對ノ見解ヲ容ルル餘地ナキモノニ對シ之ヲ無效ト決スルカ如キハ其ノ數ヲ減シタモノト謂ヒ得ルノテアル(判例(三)參照)

(二)刑罰ハ五年以下ノ懲役若ハ禁錮又ハ二千圓以下ノ罰金テアル

(參照)

現行法 第九十八條 選擧人ニアラサル者投票ヲナシタル時ハ一年以下ノ禁錮又ハ二百以圓下ノ罰金ニ處ス

氏名ヲ詐稱シ其ノ他詐僞ノ方法ヲ以テ投票ヲ爲シタル者又ハ投票ヲ僞造シ若ハ其ノ數ヲ增減シタルモノハ二年以下ノ禁錮又ハ三百圓以下ノ罰金ニ處ス

選擧事務ニ關係アル官吏、吏員、立會人、又ハ監視者前項ノ罪ヲ犯シタルトキハ三年以下ノ禁錮又ハ五百圓以下ノ罰金ニ處ス

判例

(一)選擧法第九十八條後段ノ規定ハ犯罪ノ主體カ選擧權ヲ有スル者ナルト否トヲ問ハス氏名ヲ詐リ正當選擧權者ノ如ク裝ヒテ投票ヲ爲ス場合ニ適用スヘキモノトス(大正五年十一月二十五日判決)

(二)衆議院議員選擧法第九十八條第二項ニ所謂詐僞ノ方法トハ其上文ニ氏名ヲ詐稱シ其他トアルヲ直ニ承ケタル文詞ナレハ氏名詐稱以外ニ於テ投票管理者ヲ欺罔シ正當ニ投票ヲ爲シタル如ク信セシムヘキ諸般ノ不正手段ヲ汎稱スト解スヘキモノトス(大正九年十月十五日判決)

(三)衆議院議員選擧法第九十八條第二項ノ投票數增減ノ罪ハ獨リ有形的ニ票數ノ不正計算ヲ爲ス場合ノミ成立スルモノニアラス投票ノ有效ナルコト明瞭ニシテ全然反對ノ見解ヲ容ルル餘地ナキモノニ付問ヒテ之ヲ無效ト決シ投票ノ數ヲ減スル擧選長ノ行爲ハ同法同條第三項第二項ノ罪ヲ構成ス(大正十一年一月二十日判決)

第百二十八條 立會人正當ノ事故ナクシテ本法ニ定メタル義務ヲ缺クトキハ百圓以下ノ罰金ニ處ス

本條ハ立會人ノ義務違反ニ對スル處罰規定デアル

(一)立會人トハ言フ迄モナク投票立會人、開票立會人、選擧立會人等ノ謂テアツテ此

等ノ者カ(イ)正當ノ事故ナクシテ(ロ)本法ニ定メタル義務ヲ缺クトキハ處罰セラルルノテアル

本法ニ定メタル義務トハ各本條ニ於テ立會人トシテ爲スヘキ義務ヲ指稱スルモノテ例ヘハ立會フヘキ場合ニ立會ヲ爲スカ如キ、署名ヲ爲スヘキ場合ニ署名ヲ爲スカ如キテアル、然シ此等ノ義務ヲ缺クニ至タコトカ正當ノ事故ニ基因シタ場合ナラ罪トナラナイノテアル、正當ノ事故トハコレラノ義務ヲ缺クニ至ツタ理由カ正當テアルト認メラルヘキカ如キ具體的ノ事情ノ存スルコトヲ謂フノテアル

(四)刑罰ハ百圓以下ノ罰金テアル

(參照)

現行法　第九十九條　立會人正當ノ事故ナクシテ本法ニ定メタル義務ヲ缺クトキハ五十圓以下ノ罰金ニ處ス

第百二十九條　第九十六條若ハ第九十八條ノ規定ニ違反シタル者又ハ第九十四條ノ規定ニ依ル命令ニ從ハサル者ハ一年以下ノ禁錮又ハ五百圓以下ノ罰金ニ處ス

本條以下第百三十五條ハ第十章選擧運動第十一章選擧運動ノ費用中ノ規定ニ違反シタル行爲ヲ處罰スルトコロノモノテアル、從テ其ノ行爲ノ説明ハ前ニ爲シタル各本條ノ説明ヲ參照セラレタイ、玆ニハ一切各個ノ本條ノ説明ハ省畧スルコトトスル

(一)本條處罰行爲ハ

(イ)第九十六條ノ規定ニ違反シタルコト、即チ議員候補者、選擧事務長、選擧委員又ハ選擧事務員ニ非ル所謂第三者カ演説又ハ推薦狀ニ依ル以外ノ選擧運動ヲ爲シタルコト(第九十六條參照)選擧運動トハ前ニモ一言シタル如ク特定ノ議員候補者ノ爲ニ投票ヲ得シメ又ハ當選ヲ得シメン目的ヲ以テ爲ス所ノ總テノ行動ヲ謂フノテアル

(ロ)第九十八條ノ規定ニ違反シタルコト、即チ何人ヲ問ハス投票ヲ得若ハ得シメ又ハ得シメサルノ目的ヲ以テ戶別訪問ヲ爲シ又ハ連續シテ個々ノ選擧人ニ面接シ又ハ電話ニ依リ選擧運動ヲ爲シタルコト(第九十八條參照)戶別訪問ノ何タルヤ又其ノ他ノ説明ニ付テハ、總テ第九十八條ノ説明ヲ見ラレタイ、所定ノ目的ヲ以テ戶別訪問ヲ爲シタルモノト認定シ得ヘキ場合ニハモトヨリ其ノ訪問ノ戶數ノ多少ノ如キハ問題トナラナイ、僅ニ二戶ヲ訪問シタル場合ト雖モ犯罪トナルヲ免ヌカレナイ

テアラウ
(ハ)第九十四條ノ規定ニ依ル命令ニ從ハサルコト、即チ第九十四條ニ依リ地方長官ノ爲ス選擧事務長ノ解任、退任命令、選擧事務所ノ閉鎖命令、選擧委員又ハ選擧事務員ノ解任命令ニ從ハサルコト(第九十四條參照)命令カ被命令者ニ到達シタルニモ拘ラス之ニ從ハサルノ事實アルトキハ犯罪ハ成立スルノテアツテ理論上命令ハ一回ヲ以テモ足ルノテアル
(三)刑罰ハ一年以下ノ禁錮又ハ五百圓以下ノ罰金テアル

第百三十條　第九十條第一項第二項ノ規定ニ依ル定數ヲ超エ若ハ第九十一條ノ規定ニ違反シテ選擧事務所ヲ設置シタル者又ハ第九十二條ノ規定ニ違反シテ休憩所其ノ他之ニ類似スル設備ヲ設ケタル者ハ三百圓以下ノ罰金ニ處ス
第九十三條ノ規定ニ依ル定數ヲ超エテ選擧委員又ハ選擧事務員ノ選任ヲ爲シタル者亦前項ニ同シ

本條ノ處罰行爲ハ

(一)第九十條第一項第二項ニ定メラレタル法定數ヲ超エテ選擧事務所ヲ設置シタルコト(第九十條第一、二項參照)

(二)選擧ノ當日投票所ヲ設ケタル場所ノ入口ヨリ三町以內ノ區域ニ選擧事務所ヲ設置シタルコト(第九十一條參照)若シ選擧事務長以外ノ者カ爲シタル場合ニハ本條ニ依ラナイテ一般ニ事務所設置無資格者カ選擧事務所ヲ設置シタル第八十九條第一項ノ違反行爲トシテ次條ニ依リ處罰セラルルノテアル

(三)選擧運動ノ爲メ休憩所其ノ他之ニ類似スル設備ヲ設ケタルコト(第九十二條參照)獨リ選擧事務長ニ限ラス何人テモ犯罪ノ主體タリ得ルコト言フ迄モナイ詳細ハ第九十二條ノ說明ヲ見ラレタイ

(二)第九十三條ニ定メラレタル法定數ヲ超エテ選擧委員又選擧事務員ヲ選任シタルコト(第九十三條參照)法定數ヲ超エテ之ヲ選任シタルトキ一面ニ於テ第九十四條ニ依リ其ノ解任ヲ命セラレ之ヲ解任スルコトアリト雖モ本犯罪ノ成立ニハ其ノ消長ナク、而テ若シ解任命令アルモ之レニ從ハサルトキハ唯重ネテ該命令ノ違反行爲トシテ第百二十九條ニ依テ處罰セラルルヲ免ヌカレナイノミテアル

以上刑罰ハ三百圓以下ノ罰金テアル

第百三十一條　第八十九條第一項第九十九條又ハ第百九條ノ規定ニ違反シタル者ハ六月以下ノ禁錮又ハ三百圓以下ノ罰金ニ處ス

本條處罰行爲ハ

(一)選擧事務長ニ非サル者、選擧事務所ヲ設置シ又ハ選擧委員若ハ選擧事務員ヲ選任シタルコト(第八十九條第一項參照)

(二)第九十九條ノ規定ノ違反即チ

(イ)選擧權ヲ有セサル者カ選擧事務長、選擧委員又ハ選擧事務員ト爲リタルコト(第九十九條第一項參照)

(ロ)選擧事務ニ關係アル官吏及吏員カ其ノ關係區域内ニ於テ選擧運動ヲ爲シタルコト(第九十九條第二項參照)

(三)選擧事務長カ辭任シ若ハ解任セラレタル場合ニ於テ遲滯ナク又ハ選擧事務長ノ職務ヲ行フ者アル場合、新ニ選擧事務長定マリタル場合ニ於テ遲滯ナク、選擧運動ノ費用ノ計算ヲ爲シ新ニ選擧事務長ト爲リタル者又ハ選擧事務長ノ職務ヲ行

フ者ニ對シテ事務ノ引繼ヲ爲サヽルコト（第百九條）詳細ハ第百九條ノ説明ヲ見ラレタイ
以上刑罰ハ六月以下ノ禁錮又ハ三百圓以下ノ罰金テアル

第百三十二條　第八十八條第五項乃至第七項又ハ第八十九條第四項ノ屆出ヲ怠リタル者ハ百圓以下ノ罰金ニ處ス
第百條ノ規定ニ依ル命令ニ違反シタル者亦前項ニ同シ

本條處罰行爲ハ
（一）選擧事務長ノ選任、異動、選擧事務長ニ代リテ其ノ職務ヲ行フコト及其ノ之ヲ罷メタルコトノ屆出ヲ怠リタルコト（第八十八條第五項乃至第七項參照）屆出ハ總テ直ニ爲スヘキモノナレハ具體的ノ場合ニ於テ直ニ爲サヽルモノト認メ得ヘキ限リ罪トナルヲ免ヌカレナイ
（二）選擧事務所ノ設置、異動、選擧委員、選擧事務員ノ選任、異動ノ屆出ヲ怠リタルコト（第八十九條第四項參照）
（三）選擧運動ノ爲メ頒布揭示スル文書圖畫ニ關シ內務大臣ノ爲シタル命令ニ違反

シタルコト（第百條參照）
以上刑罰ハ百圓以下ノ罰金テアル

第百三十三條　選擧事務長ニ代リ其ノ職務ヲ行フ者第百二條第二項ノ規定ニ依リ告示セラレタル額ヲ超エ選擧運動ノ費用ヲ支出シ又ハ第百一條第一項但書ノ規定ニ依ル承諾ヲ與ヘテ支出セシメタルトキハ一年以下ノ禁錮又ハ五百圓以下ノ罰金ニ處ス

本條處罰行爲ハ
(一)選擧事務長又ハ之ニ代リ其ノ職務ヲ行フ者カ第百二條第二項ニ依リ選擧運動費用ノ法定制限額トシテ告示セラレタル額ヲ超エテ其ノ費用ヲ支出シタルコト（第百二條第二項參照）犯罪ノ主體カ選擧事務長又ハ之ニ代リ其職務ヲ行フ者テアルコト言フ迄モナイ
(二)議員候補者、選擧委員又ハ選擧事務員カ選擧運動費用ノ法定制限額トシテ告示セラレタル額ヲ超エ其ノ費用ヲ支出スルニ對シ、選擧事務長又ハ之ニ代リテ其ノ職務ヲ行フ者ニ於テ文書ニヨル承諾ヲ與ヘ其ノ者ヲシテ之カ支出ヲ爲サシメタルコト、コレ亦犯罪主體カ選擧事務長又ハ之ニ代リ其職務ヲ行フ者ナルコト多言ヲ要セナイ、議員候補者、選擧委員、選擧事務員カ制限額ヲ超エテ費用ヲ支出スルニ付選擧事務長カ文書ニ依ラサル承諾ヲ與ヘ支出セシメタル場合ハ本條ニ觸レスシテ文書ニ依ラサル承諾ヲ與ヘタル點ニ於テ次條ノ共犯者トシテ處罰セラルル次第テアル

以上刑罰ハ一年以下ノ禁錮又ハ五百圓以下ノ罰金テアル

第百三十四條　第百一條ノ規定ニ違反シテ選擧運動ノ費用ヲ支出シタル者ハ一年以下ノ禁錮ニ處ス

本條ハ第百一條ノ規定ニ違反シタル行爲即チ

(一)議員候補者、選擧委員又ハ選擧事務員カ選擧事務長ノ文書ニ依ル承諾ヲ得スシテ選擧運動ノ費用ヲ支出シタルコト(第百一條第一項參照)承諾ヲ得スシテ支出シタル場合罪トナルハ勿論タトヘ承諾ヲ得タルモ文書ニ依リ之ヲ得ルニアラサレハ罪トナルヲ免ヌカレナイ

（二）議員候補者、選擧事務長、選擧委員又ハ選擧事務員ニ非サル所謂第三者カ演說又ハ推薦狀ニ依ル費用以外ノ選擧運動ノ費用ヲ支出シタルコト（第百一條第二項參照）以上刑罰ハ一年以下ノ禁錮又ハ五百圓以下ノ罰金テアル

第百三十五條　左ノ各號ニ揭クル行爲ヲ爲シタル者ハ六月以下ノ禁錮又ハ三百圓以下ノ罰金ニ處ス

一　第百五條ノ規定ニ違反シテ帳簿ヲ備ヘス又ハ帳簿ニ記載ヲ爲サス若ハ之ニ虛僞ノ記入ヲ爲シタルトキ

二　第百六條第一項ノ屆出ヲ怠リ又ハ虛僞ノ屆出ヲ爲シタルトキ

三　第百七條第一項ノ規定ニ違反シテ帳簿又ハ書類ヲ保存セサルトキ

四　第百七條第一項ノ規定ニ依リ保存スヘキ帳簿又ハ書類ニ虛僞ノ記入ヲ爲シタルトキ

五　第百八條ノ規定ニ依ル帳簿若ハ書類ノ提出若ハ檢査ヲ拒ミ若ハ之ヲ妨ケ又ハ說明ノ求ニ應セサルトキ

本條ハ第一號ヨリ第五號ニ別ケラレ第百五條乃至第百八條ノ規定ニ違反スル行爲ヲ處罰セラレテ居ル、詳細ハ第百五條乃至第百八條ヲ參照セラレタイ

第一號（第百五條參照）選擧事務長カ（イ）勅令ノ定ムル所ニ依リ帳簿ヲ備ヘス（ロ）又ハ帳簿ニ記載ヲ爲サス（ハ）若ハ之ニ虛僞ノ記入ヲ爲シタルコト、虛僞ノ記入トハ不實ノ記載ヲ爲スノ謂ニシテ當初ヨリ不實ノ記載ヲ爲ス場合ノミナラス眞實ナル記載ヲ後日不實ノモノニ訂正スル場合ヲモ包含スルコト言フ迄モナク、又記載ヲ爲ササル若ハ虛僞ノ記入ノ爲サレタル其ノ帳簿カ始メヨリ勅令ノ定ムル所ニ依ラサルモノナル場合ニハ即チ勅令ノ定ムル所ニ依リ帳簿ヲ備ヘサルモノトシテ處罰セラルルノテアラウ

第二號（第百六條第一項參照）選擧事務長カ勅令ノ定ムル所ニヨリ選擧運動ノ費用ヲ精算シ選擧ノ期日ヨリ十四日以內ニ警察官署ヲ經テ地方長官（東京府ニ在リテハ警視總監）ニ屆出ツルコトヲ怠リ又ハ虛僞ノ屆出ヲ爲シタルコト、屆出書カ警察官署ニ到

達シタル時カ選擧ノ期日ヨリ十四日以內テナケレハ之ヲ怠リタルモノト認メ得ラルルノテアル

第三號選擧事務長カ選擧費用ノ屆出ヲ爲シタル日ヨリ一年間費用ニ關スル帳簿及書類ヲ保存セサルコト(第百七條第一項參照)

第四號選擧事務長カ第百七條第一項ノ規定ニ依リ保存スヘキ帳簿又ハ書類ニ虛僞ノ記入ヲ爲シタルコト(第百七條第一項參照)虛僞ノ記入ニ付テハ第一號ニ付說明シタト同樣テアル

第五號選擧事務長カ警察官吏ニ對シ選擧運動ノ費用ニ關スル帳簿又ハ書類ノ(イ)提出若ハ檢査ヲ拒ミ(ロ)若ハ其ノ檢査ヲ妨ケ(ハ)又ハ其ノ說明ノ求ニ應セサルコト(第百八條參照)

以上各號ノ刑罰ハ何レモ六月以下ノ禁錮又ハ三百圓以下ノ罰金テアル

第百三十六條　當選人其ノ選擧ニ關シ本章ニ揭クル罪ヲ犯シ刑ニ處セラレタルトキハ其ノ當選ヲ無效トス選擧事務長第百十二條又ハ第百十三條ノ罪ヲ犯シ刑ニ處セラレタ

ルトキ亦同シ但シ選擧事務長ノ選任及監督ニ付相當ノ注意ヲ爲シタルトキハ此ノ限ニ在ラス

本條ハ當選人選擧犯罪ニ依リ處刑セラレ、又ハ選擧事務長カ買收行爲ニヨリ處刑セラレ且所定ノ要件ヲ具フルトキハ其ノ當選ヲ無效ト爲スノ規定テアル

本條ハモトヨリソレ自體罰則テハナイケレトモ罰則ニ伴フテ附隨的ニ法律上ノ效果ヲ規定シタモノテアルカラ併セテ本章中ニ掲ケラレタノテアラウ

第一、當選人カ(イ)其ノ當該ノ選擧ニ關シテ(ロ)本章ニ掲クル罪ヲ犯シ(ハ)刑ニ處セラレタルトキハ(ニ)其ノ當選ハ無效トナルノテアル

刑ニ處セラレタルトキトハ刑ノ宣告ヲ受ケ其ノ裁判カ確定シタルトキヲ謂フノテアツテ此事實發生セハ他ニ何等ノ行爲ヲ要セナイテ當選ハ遡リテ法律上當然無效トナルノテアル

第二、選擧事務長カ其ノ當該ノ選擧ニ關シテ第百十二條又ハ第百十三條ノ罪ヲ犯シテ刑ニ處セラレタルトキモ亦其ノ當選人ノ當選ハ無效トナルノテアル、選擧事務長ハ特定ノ議員候補者ノ選擧運動ノ中樞ト爲リ一切ノ運動ヲ指揮統轄シ其ノ責ニ任シテ居ル者テアルカラ、若シ選擧事務長カ買收行爲ノ如キ犯罪テ處刑セラ

レタトスルナラ假令其ノ候補者カ當選シタトシテモ其ノ選擧運動ニハ重大ナル瑕疵アリ、其ノ當選ニハ何等カ一抹ノ暗影カ投セラレテ居ルノテアルカラ、寧ロ進ンテコレカ當選ヲ無效ト定ムルニ如クハナイ、然シナカラ其ノ場合ノ如何ヲ顧ミス常ニ絶對ニ無效トスルコトハ聊カ酷ニ失スルノテ法律ハ次ノ如キ要件ヲ附加シテ居ルノテアル、即チ選擧事務長ノ選任及監督ニ付相當ノ注意ヲ爲シタルトキハ其ノ當選ハ無效トナラナイコトコレテアル而テ果シテ其ノ選任及監督ニ付相當ノ注意ヲ爲シタルヤ否ヤノ點ハ裁判所ノ判斷ニ待ツヘク此ノ選擧事務長ノ處刑ノ爲メニ當選カ無效タルニハ訴訟ニ依ラナケレハナラヌコトハ既ニ第八十四條ニ於テ詳細說明シタトコロテアルカラ同條ヲ參照セラレタイ

（參　照）

現行法　第百一條　當選人其ノ選擧ニ關シ本章ニ揭クル罪ヲ犯シ刑ニ處セラレタルトキハ其ノ當選ヲ無效トス

第百三十七條　本章ニ揭クル罪ヲ犯シタル者ニシテ罰金ノ刑ニ處セラレタル者ニ在リテハ其ノ裁判確定ノ後五年間禁錮以上ノ刑ニ處セラレタル者ニ在リテハ其ノ裁判確定ノ後刑ノ執行ヲ終ル迄又ハ刑ノ時效ニ因ル場合ヲ除クノ

外刑ノ執行ノ免除ヲ受クル迄ノ間及其ノ後五年間衆議院議員及選擧ニ付本章ノ規定ヲ準用スル議會ノ議員ノ選擧權及被選擧權ヲ有セス禁錮以上ノ刑ニ處セラレタル者ニ付其ノ裁判確定ノ後刑ノ執行ヲ受クルコトナキニ至ル迄ノ間亦同シ

前項ニ規定スル者ト雖情狀ニ因リ裁判所ハ刑ノ言渡ト同時ニ前項ノ規定ヲ適用セス又ハ其ノ期間ヲ短縮スル旨ノ宣告ヲ爲スコトヲ得

前二項ノ規定ハ第六條第五號ノ規定ニ該當スル者ニハ之ヲ適用セス

本條ハ所謂選擧犯罪者ニ對スル選擧權、被選擧權禁止ニ關スル規定テ本條モ亦罰則ニ伴フ效果ヲ定メタモノテアル

（第一）本章ニ掲クル罪ヲ犯シタル者ニ對シテ一定期間選擧權、被選擧權ヲ禁止スル、

ニ該リ獨リ衆議院議員ノ選擧權及被選擧權ヲ禁止スルニ止マラス、選擧ニ付テ本法罰則ヲ準用スル總テノ議會ノ議員ノ選擧權、被選擧權ニモ及ホシテ之ヲ禁止スルノテアル、選擧ニ付本法罰則ヲ準用スル議會ノ議員トハ例ヘハ道府縣會議員、市町村會議員、市制第六條ノ市ノ區會議員、水利組合會議員等ヲ指スノテアル

(第二)本章ニ揭クル罪ヲ犯シタル者、即チ選擧犯罪者ニ對スル選擧權被選擧權ノ禁止期間ハ

一、罰金ノ刑ニ處セラレタル者ハ其ノ裁判確定ノ時ヨリ五年間テアル

二、禁錮以上ノ刑ニ處セラレタル者ノ中六年以上ノ懲役又ハ禁錮ニ處セラレタル者ハ假令選擧犯罪ニテ處セラレタモノト雖モ終身選擧權、被選擧權ヲ有セナイノテアル、即チ此ノ場合ハ處刑ノ原因カ選擧犯罪タルト否トヲ區別セス第六條第五號ノ規定ニ支配セラルルノテアル(第三項)六年未滿ノ懲役又ハ禁錮ニ處セラレタル者ハ原則トシテ裁判確定後刑ノ執行ヲ終ル迄ノ間及其後五年間禁止セラルルノテアルカ之レニ對シ次ノ如キ例外ノ場合カアルノテアル

(イ)刑ノ執行ノ免除ヲ受ケタル場合、刑ノ執行ノ免除ヲ受クル場合トハ例ヘハ刑ノ時效ニ因ル場合トカ(刑法第三十一條參照)特赦ニ因ル場合トカ(恩赦令第五條本文參照)テアルカ此ノ場

合ハ裁判確定ノ後刑ノ執行ノ免除ヲ受クル迄ノ間及其ノ後五年間禁止セラルルノテアル所カ茲ニ注意スヘキハ此場合ニ於テ刑ノ時効ニ因ル場合タケハ此ノ禁止期間ニ依ラシメナイテ次ノ(ロ)ノ場合ノ禁止期間ニ依ラシメテ居ルノテアル

(ロ)刑ノ執行ヲ受クルコトナキニ至リタル場合、例ヘハ大赦アリタル場合（恩赦令第三條第一號參照）特赦アリタル場合（恩赦令第五條但書參照）刑ノ執行猶豫ノ言渡ヲ取消サルルコトナクシテ猶豫ノ期間ヲ經過シタル場合（刑法第二十七條參照）等テ此ノ場合ニ於テハ裁判確定ノ後刑ノ執行ヲ受クルコトナキニ至ル迄ノ間即チ其ノ事由發生ノ時迄禁止セラルルノテアル

刑ノ時効ニ因ル場合カ此ノ場合ト同樣ニ取扱ハルルコト既ニ前ニ述ヘタ通リテアル

(第三)裁判所ハ刑ノ言渡ヲ爲スト同時ニ情狀ニ因テ此ノ選擧權、被選擧權ノ禁止ヲ爲ササルコトヲ、又ハ其ノ期間ヲ短縮スルコトヲ宣告スルコトカ出來ルノテアル

(第二項)モトヨリ選擧犯罪中ニモ種々ノ犯罪カアリ、又其情狀ニ就テモ輕重多種多樣テアラウ、故ニ如何ナル場合ニモ絶對ニ以上定メラレタルカ如キ期間其ノ選擧權被選擧權ヲ奪フコトハ場合ニヨリ苛酷ニ失スルノ虞カアルノテ、裁判所ヲシテ

其ノ情狀ニ因テ或ハ全然選擧權被選擧權ノ禁止ヲ爲サヽルカ又ハ其ノ期間ヲ任意短縮スル樣爲サシメタノテ至極妥當ナ規定ト言ハナケレハナラナイ、現行法ハ裁判所ニ斯樣ナ權限ヲ與ヘテ居ラナイノテアル

（參　照）

現行法　第百二條　本章ニ揭クル罪ヲ犯シタルモノニシテ罰金ノ刑ニ處セラレタルモノニ在リテハ其ノ裁判確定ノ後五年間禁錮以上ノ刑ニ處セラレタルモノニ在リテハ其ノ裁判確定ノ後刑ノ執行ヲ終ル迄又ハ刑ノ時效ニ因ル場合ヲ除クノ外刑ノ執行ノ免除ヲ受クル迄ノ間及其ノ後五年間選擧權及被選擧權ヲ有セス禁錮以上ノ刑ニ處セラレタルモノニ付其ノ裁判確定ノ後刑ノ執行ヲ受クルコトナキニ至ル迄ノ間亦同シ

前項ノ規定ハ第十一條第三號ノ規定ニ該當スルモノニハ之ヲ適用セス

刑　法　第三十一條　刑ノ言渡ヲ受ケタル者ハ時效ニ因リ其ノ執行ノ免除ヲ得

第二十七條　刑ノ執行猶豫ノ言渡ヲ取消サルルコトナクシテ猶豫ノ期間ヲ經過シタルトキハ刑ノ言渡ハ其ノ效力ヲ失フ

恩赦令　第三條　大赦ハ別段ノ規定アル場合ヲ除クノ外大赦アリタル罪ニ付左ノ效力ヲ有ス

一、刑ノ言渡ヲ受ケタル者ニ付テハ其ノ言渡ハ將來ニ向テ效力ヲ失フ（略）

第五條　特赦ハ刑ノ執行ヲ免除ス但特別ノ事情アルトキハ將來ニ向テ刑ノ言渡ノ效力ヲ失ハシムルコトヲ得

第百三十八條　第百二十七條第三項及第四項ノ罪ノ時效ハ一年ヲ經過スルニ因リテ完成ス

前項ニ揭クル罪以外ノ本章ノ罪ノ時效ハ六月ヲ經過スル

ニ因リテ完成ス但シ犯人逃亡シタルトキハ其ノ期間ハ一年トス

本條ハ選擧犯罪ノ公訴ノ時效ヲ定メタルモノテアル

選擧法ニハ直接關係ノナイコトテアルカ公訴ノ時效ト刑ノ時效トノ區別ニ付テ簡單ニ一言シテオカウ、公訴ノ時效ト謂フノハ犯罪アリタル日ヨリ一定ノ期間ニ公訴ヲ提起セナイカ又ハ提起後裁判所カ一定期間何等ノ處分ヲ爲サナイナラ刑罰權カ消滅シテ了フノテアリ、刑ノ時效ト謂フノハ確定判決ノ執行ヲ一定期間爲サナケレハ執行權ヲ失フテ了フノテアル

一、本章ノ罪ノ時效期間ハ通常ノ場合ニ於テ六月テアル(第二項本文)

二、然ルニ特別ノ場合ニ於テハ時效期間ハ一年テアル、即チ

(イ)投票僞造及投票數增減ノ罪(第百二十七條第三項第四項)ノ場合(第一項)ト

(ロ)一般ニ犯人ニシテ苟モ逃亡シタル場合(第二項但書)トカコレテアル

尙以上時效ノ起算點ニ付テハ何等ノ特別規定カナイカラ一般ニ刑事訴訟法ノ規定ニ據ルノテアル即チ犯罪ノ日カラ起算セラルル譯テアル(刑事訴訟法第二百八十四條第八十一條)

（參照）
現行法　第百三條　本法ニ依リ處罰スヘキ犯罪ハ六箇月ヲ以テ時效ニ罹ル
刑事訴訟法　第二百八十四條　時效ハ犯罪行爲ノ終リタル時ヨリ進行ス
共犯ノ場合ニ於テハ最終ノ行爲ノ終リタル時ヨリ總テノ共犯ニ對シテ時效ノ期間ヲ起算ス
第八十一條　第一項、期間ノ計算ニ付テハ時ヲ以テスルモノハ即時ヨリ之ヲ起算シ日月又ハ年ヲ以テスルモノハ初日ヲ算入セス但シ時效期間ノ初日ハ時間ヲ論セス一日トシテ之ヲ計算ス

第十三章　補　則

第百三十九條　選擧ニ關スル費用ニ付テハ勅令ヲ以テ之ヲ定ム

選擧費用ニ關スル詳細ナル事項ハ勅令ヲ以テ之ヲ定ムルコトトシタノテアル選擧運動ノ費用ニ關シテハ第十一章ニ規定セラルルモ汎ク選擧ニ關スル費用ニ付テ種々ノ疑義ヲ生スルカ故ニ其ノ詳細ニ付勅令ニ委任シタノテアル

（參照）
現行法　第百四條　選擧ニ關スル費用ニ付テハ勅令ヲ以テ之ヲ定ム

第百四十條　議員候補者又ハ推薦屆出者ハ勅令ノ定ムル所

ニ依リ其ノ選擧區內ニ在ル選擧人ニ對シ選擧運動ノ爲ニスル通常郵便物ヲ選擧人一人ニ付一通ヲ限リ無料ヲ以テ差出スコトヲ得

公立學校其ノ他勅令ヲ以テ定ムル營造物ノ設備ハ勅令ノ定ムル所ニ依リ演說ニ依ル選擧運動ノ爲其ノ使用ヲ許可スヘシ

議員候補者又ハ推薦屆出者ハ

一、勅令ノ定ムル所ニ依リ其ノ選擧區內ニ在ル選擧人ニ對シ選擧運動ノ爲ニスル通常郵便物ヲ選擧人一人ニ付一通ヲ限リ無料ヲ以テ差出スコトカ出來ル

二、公立學校其ノ他勅令ヲ以テ定ムル營造物ノ設備ハ勅令ノ定ムル所ニ依リ演說ニ依ル選擧運動ノ爲メ其ノ使用ヲ許サレル

無料郵便差出又ハ營造物使用ノ特典ハ原則トシテ議員候補者ニ與ヘラルルモノナレトモ、議員候補者自ラ選擧運動ヲ爲サヽル場合ニハ推薦ノ效果ヲ完ウセシムル爲ニ推薦屆出者ニモ亦コレラノ特典ヲ賦與セラルルノテアツテ決シテ二者相

共ニ各一回宛爲シ得ルノテハナイ

營造物トハ國家其他ノ行政ノ主體カ公共ノ利用ニ供シタル設備テアル、例ヘハ鐵道、道路、河川、公園、學校、病院、公會堂、圖書館ノ如キモノテアル

郵便物ノ無料差出ニ關スル條件及其ノ取扱方法竝ニ演說ノ爲メ使用ヲ許スヘキ公立學校其外ノ營造物ノ指定及其ノ使用ニ關スル條件其ノ取扱方法等ノ細目ハ凡テ勅令ヲ以テ定メラルル次第テアル

第四十一條　選擧ニ關スル訴訟ニ付テハ本法ニ規定シタルモノヲ除クノ外民事訴訟ノ例ニ依ル選擧ニ關スル訴訟ニ付テハ裁判所ハ他ノ訴訟ノ順序ニ拘ラス速ニ其ノ裁判ヲ爲スヘシ

選擧ニ關スル訴訟(選擧人名簿ニ關スル訴訟又ハ選擧訴訟及當選訴訟等ヲ總稱スルノテアル)ニ付テハ

一、本法ニ規定シタルモノヲ除クノ外ハ其ノ訴訟手續ハ民事訴訟ノ例ニ依テ之ヲ爲スノテアル

二、裁判所ハ他ノ通常ノ訴訟トノ順序ノ如何ニ拘ラス速ニ其ノ裁判ヲ爲サナケレハナラナイ

（參　照）

現行法　第百五條　選擧ニ關スル訴訟ニ付テハ裁判所ハ他ノ訴訟ノ順序ニ拘ラス速ニ其ノ裁判ヲ爲スヘシ

第百八條　選擧人名簿ニ關スル訴訟、選擧訴訟及當選訴訟ニ付テハ本法ニ規定シタルモノヲ除クノ外總テ民事訴訟ノ例ニ依ル

第百四十二條　第十二章ニ揭クル罪ニ關スル刑事訴訟ニ付テハ上告裁判所ハ刑事訴訟法第四百二十二條第一項ノ期間ニ依ラサルコトヲ得

第十二章罰則ニ揭クル選擧法違反ノ罪ニ關スル刑事訴訟ニ付テハ上告裁判所即チ大審院ハ一般ノ場合ニ於ケル「遲クトモ最初ニ定メタル公判期日ノ五十日前ニ其ノ期日ヲ上告申立人及對手人ニ通知スヘシ」（刑事訴訟法第四百二十二條第一項）トノ規定ニ依ラナイテ此ノ五十日ノ期間ヲ任意ニ短縮スルコトカ出來ルノテアル

（參　照）

刑事訴訟法　第四百二十二條　上告裁判所ハ遲クトモ最初ニ定メタル公判期日ノ五十日前ニ其ノ期日ヲ上告申立人及對手人

ニ通知スヘシ、
最初ニ公判期日ヲ定ムル前辯護人ノ選任アリタルトキハ前項ノ通知ハ辯護人ニ之ヲ爲スヘシ

第百四十三條　當選人其ノ選擧ニ關シ第十二章ニ揭クル罪ヲ犯シ刑ニ處セラレタルトキ又ハ選擧事務長第百十二條若ハ第百十三條ノ罪ヲ犯シ刑ニ處セラレタルトキハ裁判所ノ長ハ其ノ旨ヲ內務大臣及關係地方長官ニ通知スヘシ

(一)當選人カ其ノ選擧ニ關シ第十二章罰則ニ揭クル罪ヲ犯シ刑ニ處セラレタルトキ

(二)又ハ選擧事務長買收行爲(第百十二條若ハ第百十三條)ヲ爲シ刑ニ處セラレタルトキ

裁判所ノ長ハ其ノ旨ヲ(イ)內務大臣及(ロ)關係地方長官ニ通知スルノテアル、コレ當選ノ補充(第六十九條第五項參照)又ハ再選擧(第七十五條第一項參照)ヲ爲スノ必要アル爲メニシテ、又此ノ通知ハ再選擧ノ期日ヲ定ムルニモ必要テアル(第七十五條第三項參照)

第百四十四條　町村組合ニシテ町村ノ事務ノ全部又ハ役場事務ヲ共同處理スルモノハ本法ノ適用ニ付テハ之ヲ一町

村其ノ組合管理者ハ之ヲ町村長其ノ組合役場ハ之ヲ町村役場ト看做ス

町村組合ニシテ町村ノ事務ノ全部又ハ役場事務ヲ共同處理スルモノハ本選擧法ノ適用ニ付テハ(イ)其ノ町村組合ヲ一町村(ロ)其ノ組合管理者ハ之ヲ町村長(ハ)其ノ組合役場ハ之ヲ町村役場ト看做スノテアル

町村組合ノ何タルカハ町村制第百二十九條ニ規定セラレテ居ルノテアル

（參　照）

現行法　第三條　町村組合ニシテ町村ノ事務ノ全部又ハ役場事務ヲ共同處理スルモノハ之ヲ一町村其ノ組合管理者ハ之ヲ町村長ト看做ス

町村制　第百二十九條　町村ハ其事務ノ一部ヲ共同處理スル爲其ノ協議ニ依リ府縣知事ノ許可ヲ得テ町村組合ヲ設クルコトヲ得此ノ場合ニ於テ組合內各町村ノ町村會又ハ町村吏員ノ職務ニ關スル事項ナキニ至リタルトキハ其ノ町村會又ハ町村吏員ハ組合成立ト同時ニ消滅ス

町村ハ特別ノ必要アル場合ニ於テハ其ノ協議ニ依リ府縣知事ノ許可ヲ得テ其ノ事務ノ全部ヲ共同處理スル爲町村組合ヲ設クルコトヲ得此ノ場合ニ於テハ組合內各町村ノ町村會及町村吏員ハ組合成立ト同時ニ消滅ス

公益上必要アル場合ニ於テハ府縣知事ハ關係アル町村會ノ意見ヲ徵シ府縣參事會ノ議決ヲ經內務大臣ノ許可ヲ得テ前二項ノ町村組合ヲ設クルコトヲ得

町村組合ハ法人トス

第百四十四條ノ二　本法中郡又ハ島廳管內トアルハ從前郡長又ハ島司ノ管轄シタル區域ヲ謂フ

從前郡長又ハ島司ノ管轄シタル區域內ニ於テ市ノ設置アリタルトキ又ハ其ノ區域ノ境界ニ渉リテ市町村ノ境界ノ變更アリタルトキハ其ノ區域モ亦自ラ變更シタルモノト看做ス

從前郡長又ハ島司ノ管轄シタル區域ノ境界ニ渉リテ町村ノ設置アリタル場合ニ於テハ本法ノ適用ニ付其ノ町村ノ屬スヘキ區域ハ內務大臣之ヲ定ム

郡長廢止ノ結果斯ノ如キ規定ノ設ケラル、次第テ　(一)本法中郡又ハ島廳管內トアルノハ嘗テ郡長又ハ島司ノ管轄シタ其ノ區域ヲ謂フヘク　(二)嘗テ郡長又ハ島司ノ管轄シタル區域內ニ於テ(イ)市ノ設置アツタトキ(ロ)又ハ其ノ區域ノ境界ニ渉リテ市町村ノ境界ノ變更ノアツタトキハ其ノ區域モ亦自ラ變更シタモノト看做

シ

(三)嘗テ郡長又ハ島司ノ管轄シタ區域ノ境界ニ渉テ町村ノ設置アツタ場合ニハ本選擧法ノ適用ニ付テハ其ノ町村ノ屬スヘキ區域ハ内務大臣カ之ヲ定ムルノテアル

第百四十四條ノ三　北海道廳支廳長ノ管轄區域ニ變更アルモ選擧區ニ關シテハ仍從前ノ管轄區域ニ依ル但シ市町村ノ境界ノ變更アリタル爲北海道廳支廳長ノ管轄區域ニ變更アリタルトキハ此ノ限ニ在ラス

前項ノ規定ニ依ル選擧ニ關シ本法ノ規定ヲ適用シ難キ事項ニ付テハ勅令ヲ以テ特別ノ規定ヲ設クルコトヲ得

北海道廳支廳長ノ管轄區域ニ關シテ特ニ定メラレタモノテ(一)其ノ區域ニ變更アルモ選擧區ニ關シテハ仍從前ノ通リノ管轄區域ニ從フノテアルカ唯市町村ノ境界ノ變更アツタ爲右ノ區域ニ變更ヲ及ホシタ場合ハ右選擧區不變ノ原則ニハ從ハナイノテアル(二)右ノ如ク管轄區域ニ變更アツタ場合ノ選擧ニ關シテ本選擧法ノ規定ヲ適用シ難イ事項ニ付テハ勅令ヲ以テ特別ノ規定ヲ設クルコトカ出

來ルノテアル

第百四十五條　第百四十四條ノ二ノ規定ヲ除クノ外本法中郡ニ關スル規定ハ支廳長ノ管轄區域ニ之ヲ適用ス

市制第六條ノ市ニ於テハ本法中市ニ關スル規定ハ區ニ、市長ニ關スル規定ハ區長ニ、市役所ニ關スル規定ハ區役所ニ之ヲ適用ス

町村制ヲ施行セサル地ニ於テハ本法中町村ニ關スル規定ハ町村ニ準スヘキモノニ、町村長ニ關スル規定ハ町村長ニ準スヘキ者ニ、町村役場ニ關スル規定ハ町村役場ニ準スヘキモノニ之ヲ適用ス

(一)第百四十四條ノ二ノ規定ヲ除クノ外本選擧法中郡ニ關スル規定ハ支廳長ノ管轄區域ニ之ヲ適用スルノテアル(第一項)

(二)市制第六條ノ市ニ於テハ本選擧法中(イ)市ニ關スル規定ハ區ニ(ロ)市長ニ關スル規定ハ區長ニ(ハ)市役所ニ關スル規定ハ區役所ニ之ヲ適用スルノテアル(第二項)

(三)町村制ヲ施行セサル地ニ於テハ本選擧法中(イ)町村ニ關スル規定ハ町村ニ準スヘキモノニ(ロ)町村長ニ關スル規定ハ町村長ニ準スヘキ者ニ(ハ)町村役場ニ關スル規定ハ町村役場ニ準スヘキモノニ之ヲ適用スルノテアル(第三項)

(參照)

現行法　第百六條　郡長ヲ置カサル地ニ於テハ本法中郡ニ關スル規定ハ島司、北海道廳支廳長其ノ他郡長ニ準スヘキ者ノ管轄區域ニ、郡長ニ關スル規定ハ島司、北海道廳支廳長其ノ他郡長ニ準スヘキ者ニ、郡役所ニ關スル規定ハ島廳北海道廳支廳其ノ他郡役所ニ準スヘキモノニ之ヲ適用ス

市制第六條ノ市又ハ沖繩縣若ハ北海道ノ區ニ於テハ本法中市ニ關スル規定ハ區ニ、市長ニ關スル規定ハ區長ニ、市役所ニ關スル規定ハ區役所ニ之ヲ適用ス

町村制ヲ施行セサル地ニ於テハ本法中町村ニ關スル規定ハ町村ニ準スヘキモノニ、町村長ニ關スル規定ハ町村長ニ準スヘキ者ニ、町村役場ニ關スル規定ハ町村役場ニ準スヘキモノニ之ヲ適用ス

府縣制　第百三十九條町村制ヲ施行セサル地ニ於テハ本法中町村ニ關スル規定ハ町村ニ準スヘキモノニ、町村長ニ關スル規定ハ町村長ニ準スヘキモノニ、町村吏員ニ關スル規定ハ町村吏員ニ準スヘキモノニ町村役場ニ關スル規定ハ町村役場ニ準スヘキモノニ之ヲ適用ス

市　制　第六條　勅令ヲ以テ指定スル市ノ區ハ之ヲ法人トス其ノ財産及營造物ニ關スル事務其ノ他法令ニ依リ區ニ屬スル事務ヲ處理ス

區ノ廢置分合又ハ境界變更其ノ他區ノ境界ニ關シテハ前二條ノ規定ヲ準用ス但シ第四條ノ規定ヲ準用スル場合ニ於テハ關係アル市會ノ意見ヲモ徴スヘシ

町村制　第百五十七條　本法ハ北海道其ノ他勅令ヲ以テ指定スル島嶼ニ之ヲ施行セス前項ノ地域ニ付テハ勅令ヲ以テ別ニ本法ニ代ハルヘキ制ヲ定ムルコトヲ得

大正十年五月勅令第九十號

町村制第百五十七條ノ規定ニ依リ島嶼ヲ指定スルコト左ノ如シ

東京府管下、小笠原島及伊豆七島

第百四十六條　交通至難ノ島嶼其ノ他ノ地ニ於テ本法ノ規定ヲ適用シ難キ事項ニ付テハ勅令ヲ以テ特別ノ規定ヲ設クルコトヲ得

交通至難ノ島嶼其ノ他ノ地ニ於テ本選擧法ノ規定ヲ適用シ難キ事項ニ付テハ特ニ勅令ヲ以テ特別ノ規定ヲ設クルコトカ出來ルノデアル

現行法　第百十條　北海道及沖繩縣ニ於テ本法ノ規定ヲ適用シ難キ事項ニ付テハ勅令ヲ以テ別段ノ規定ヲ設クルコトヲ得
府縣制　第百三十八條第二項　町村制ヲ施行セサル島嶼ヨリ選出スヘキ府縣會議員ノ選擧ニ關スル事項ハ勅令ノ定ムル所ニ依ル

（參　照）

第百四十七條　第三十三條ノ規定ニ依ル投票ニ付テハ其ノ投票ヲ管理スヘキモノハ之ヲ投票管理者、其ノ投票ヲ記載スヘキ場所ハ之ヲ投票所、其ノ投票ニ立會フヘキ者ハ之ヲ投票立會人ト看做シ第十二章ノ規定ヲ適用ス

第三十三條ノ規定ニ依ル投票即チ不在投票ニ付テハ其ノ投票ヲ管理スヘキ者ハ之ヲ投票管理者、其ノ投票ヲ記載スヘキ場所ハ之ヲ投票所、其ノ投票ニ立會フヘキ者ハ之ヲ投票立會人ト看做シテ罰則ヲ適用スヘキコトヲ規定セラレタノテアル

尚不在投票ノ場合テモ選擧人及投票ニ關シテ當然ニ罰則ノ適用アルコトハ多言ヲ要セナイ所テアル

第百四十八條　本法ノ適用ニ付テハ明治十三年第三十六號

布告刑法ノ重罪ノ刑ニ處セラレタル者ハ之ヲ六年ノ懲役又ハ禁錮以上ノ刑ニ處セラレタル者、同法ノ禁錮ノ刑ニ處セラレタル者ハ之ヲ六年未滿ノ懲役又ハ禁錮ノ刑ニ處セラレタル者ト看做ス

本選擧法ヲ適用スルニ該テハ明治十三年第三十六號布告刑法即チ所謂舊刑法ノ重罪ノ刑ニ處セラレタル者ハ之ヲ六年ノ懲役又ハ禁錮以上ノ刑ニ處セラレタル者ト看做シ、同法ノ禁錮ノ刑ニ處セラレタル者ハ之ヲ六年未滿ノ懲役又ハ禁錮ノ刑ニ處セラレタル者ト看做スノデアル

（參照）

現行法　第百十一條　本法ノ適用ニ付テハ明治十三年第三十六號布告刑法ノ重罪ノ刑ニ處セラレタル者ハ六年ノ懲役又ハ禁錮以上ノ刑ニ、同法ノ禁錮ノ刑ニ處セラレタル者ハ六年未滿ノ懲役又ハ禁錮ノ刑ニ處セラレタル者ト看做ス

明治十三年第三十六號布告刑法

第七條　左ニ記載シタル者ヲ以テ重罪ノ主刑ト爲ス

一死刑　二無期徒刑　三有期徒刑　四無期流刑　五有期流刑　六重懲役　七輕懲役　八重禁獄　九輕禁獄

第八條　左ニ記載シタル者ヲ以テ輕罪ノ主刑ト爲ス

一重禁錮　二輕禁錮　三罰金

第百四十九條　明治十三年第三十六號布告刑法第二編第四

章第九節ノ規定ハ衆議院議員ノ選擧ニ關シテハ之ヲ適用セス

明治十三年第三十六號布告刑法即チ舊刑法ハ現行刑法（明治四十年四月二十五日法律第四十五號）施行ノ日ヨリ廢止セラレタノテアルカ、刑法施行法第二十五條ニ依テ特ニ第二編第四章第九節（公選ノ投票ヲ僞造スル罪）ノ規定ハ尙當分ノ内效力ヲ有スルコトト定メラレタノテアル、所カ本選擧法ハ第百二十七條ニ於テ投票僞造又ハ投票數增減ノ罪ニ關シテ規定ヲ設ケテ居ルカラ同趣旨ノ此舊刑法ノ規定ハ衆議院議員ノ選擧ニ關シテハ之ヲ適用セナイコトヲ注意的ニ規定シタノテアル

（參照）

現行法　第百十二條　明治十三年第三十六號布告刑法第二編第四章第九節ハ衆議院議員ノ選擧ニ關シテハ之ヲ適用セス

刑法施行法　第二十五條　左ニ記載シタル舊刑法ノ規定ハ當分ノ内刑法施行前ト同一ノ效力ヲ有ス

一　第二編第四章第七節及第九節

二　第二編第五章第三節

三　第三編第二章第四節

明治十三年第三十六號布告刑法

第二編公益ニ關スル重罪輕罪

第四章信用ヲ害スル罪

第九節公選ノ投票ヲ僞造スル罪

第二百三十三條　公選ノ投票ヲ僞造シ又ハ其ノ數ヲ增減シタル者ハ一月以上一年以下ノ輕禁錮ニ處シ二圓以上二十圓以下ノ罰金ヲ附加ス

第二百三十四條　賄賂ヲ以テ投票ヲ僞サシメ又ハ賄賂ヲ受ケテ投票ヲ僞シタル者ハ二月以上二年以下ノ輕禁錮ニ處シ三圓以上三十圓以下ノ罰金ヲ附加ス

第二百三十五條　投票ヲ檢査シ及其數ヲ計算スル者其投票ヲ僞造シ又ハ增減シタル時ハ六月以上三年以下ノ輕禁錮ニ處シ四圓以上四十圓以下ノ罰金ヲ附加ス

第二百三十六條　調書ヲ作リ投票ノ結果ヲ報告スル者其數ヲ增減シ其他詐僞ノ所爲アル時ハ一年以上五年以下ノ輕禁錮ニ處シ五圓以上五十圓以下ノ罰金ヲ附加ス

第百五十條　本法ハ東京府小笠原島並北海道廳根室支廳管內占守郡、新知郡、得撫郡及丹色郡ニハ當分ノ內之ヲ施行セス

極メテ邊陬ノ地ナルカ爲メカ又ハ文化ノ點ニ於テ當分ノ內本選擧法ヲ施行セサルヲ相當ト認メラルル特殊ノ事情アル地方ニ付特ニ本規定ヲ設ケラレタノテアル

（參照）

現行法　第百十三條　本法ハ東京府小笠原島並北海道廳根室支廳管內占守郡新知郡得撫郡及丹色郡ニハ當分ノ內之ヲ施行セス

附則

本法ハ次ノ總選擧ヨリ之ヲ施行ス

本法ニ依リ初テ議員ヲ選擧スル場合ニ於テ第十八條ノ規定ニ依リ難キトキハ勅命ヲ以テ別ニ總選擧ノ期日ヲ定ムルコトヲ得

前項ノ規定ニ依ル總選擧ニ必要ナル選擧人名簿ニ關シ第十二條、第十三條、第十五條又ハ第十七條ニ規定スル期日又ハ期間ニ依リ難キトキハ勅令ヲ以テ別ニ其ノ期日又ハ期間ヲ定ム但シ其ノ選擧人名簿ハ次ノ選擧人名簿確定迄其ノ効力ヲ有ス

(一)本法ノ施行期ヲ定ムルニ該リ之ヲ次ノ總選擧ヨリ施行スルコトト爲サレタノテアル、次ノ總選擧ヨリト謂フノハ次ノ總選擧ニ關スルモノノ意味タト解セラレル、タカラ例ヘハタトヘ總選擧ノ期日前テモ次ノ總選擧ヲ目的トシテ選擧ニ關

スル犯罪カアツタトセハ本法ノ罰則ノ規定ヲ適用シ得ルノテアル

(二)本法ニ於テハ第十八條ニ於テ選擧ニ關スル期日ヲ設ケテ居ルカ本法ニ依リ初テ選擧ヲ行フ場合ニハ新ニ名簿ヲ調製スル等其ノ他種々ノ點ニ於テ相當ノ日子ヲ要シ第十八條ノ規定ニ依リ難イモノアリト認メラルル場合ハ特ニ勅命ヲ以テ別ニ總選擧ノ期日ヲ定メ得ルモノト爲サレタノテアル

(三)本法ニ依リ初テ議員ヲ選擧スル場合テモ、議員ノ任期ノ通常ノ終了ニ依テ行ハルル總選擧ノ場合ニ於テハ總テ選擧人名簿ニ關シ第十二條、第十三條、第十五條又ハ第十七條ニ規定スル期日又ハ期間ニ依テ名簿ヲ調製スルコトカ出來ルテアラウカ、若シ衆議院カ解散セラルル如キコトアラハ到底右　本條ノ期日又ハ期間ニ依リ得ナイテアラウカラ、此ノ場合ニハ勅令ヲ以テ別ニ其ノ期日又ハ期間ヲ定ムルコトト爲シタノテアル

斯ノ如クシテ臨時ニ調製セラレタ選擧人名簿ハ次ノ定時名簿カ確定シタナラハ不用ニ歸スルノテアルカラ、其ノ效力ハ次ノ選擧人名簿確定迄テアルコトヲ附記セラレタノテアル

別表

「本表ハ十年間ハ之ヲ更正セス」ト定メラレタ、或ハ人口ノ增減ニヨリ或ハ市制ノ施行等ニヨリテ、其ノ都度之ヲ更正スルニ於テハ到底其ノ繁ニ堪エナイカラ可成的コレカ改正ヲ避ケントノ注意ニ過キナイノテアル、如何ナル理由ニ基クトモ絕對ニ更正スルコトヲ得ストノ意味テハナイ、法律ノ規定ヲ法律ヲ以テ改廢シ得ルコト今更多言ヲ要セナイ所テアル

○東　京　府

第一區	五	人	麴町區、芝區、麻布區、赤坂區、四谷區、牛込區
第二區	五	人	神田區、小石川區、本鄕區、下谷區
第三區	四	人	日本橋區、京橋區、淺草區
第四區	四	人	本所區、深川區
第五區	五	人	荏原郡、豐多摩郡、大島島廳管內、八丈島廳管內
第六區	五	人	北豐島郡、南足立郡、南葛飾郡

第七區　三　人　八王子市、西多摩郡、南多摩郡、北多摩郡

○京　都　府

第一區　五　人　上京區、下京區

第二區　三　人　愛宕郡、葛野郡、乙訓郡、紀伊郡、宇治郡、久世郡、綴喜郡、相樂郡
南桑田郡、北桑田郡、船井郡

第三區　三　人　天田郡、何鹿郡、加佐郡、與謝郡、中郡、竹野郡、熊野郡

○大　阪　府

第一區　三　人　西區

第二區　三　人　南區

第三區　四　人　東區、北區

第四區　四　人　西成郡、東成郡

第五區　四　人　三島郡、豐能郡、南河內郡、中河內郡、北河內郡

第六區　三　人　堺市、岸和田市、泉北郡、泉南郡

○神　奈　川　縣

第一區　三　人　橫濱市

第二區　四　人　横須賀市、川崎市、久良岐郡、橘樹郡、都筑郡、三浦郡、鎌倉郡、
第三區　四　人　高座郡、中郡、足柄上郡、足柄下郡、愛甲郡、津久井郡

○兵　庫　縣

第一區　五　人　神戶市
第二區　四　人　尼崎市、武庫郡、川邊郡、有馬郡、津名郡、三原郡
第三區　三　人　明石市、明石郡、美囊郡、加東郡、多可郡、加西郡、加古郡、印南郡
第四區　四　人　姫路市、飾磨郡、神崎郡、揖保郡、赤穗郡、佐用郡、宍粟郡
第五區　三　人　城崎郡、出石郡、養父郡、朝來郡、美方郡、氷上郡、多紀郡

○長　崎　縣

第一區　五　人　長崎市、西彼杵郡、北高來郡、南高來群、對馬島廳管內
第二區　四　人　佐世保市、東彼杵郡、北松浦郡、南松浦郡、壹岐郡

○新　潟　縣

第一區　三　人　新潟市、西蒲原郡、佐渡郡
第二區　四　人　北蒲原郡、中蒲原郡、東蒲原郡、岩船郡
第三區　五　人　長岡市、南蒲原郡、三島郡、古志郡、北魚沼郡、南魚沼郡、刈羽郡

第四區　三　人　高田市、中魚沼郡、東頸城郡、中頸城郡、西頸城郡

○埼　玉　縣

第一區　四　人　川越市、北足立郡、入間郡

第二區　四　人　比企郡、秩父郡、兒玉郡、大里郡

第三區　三　人　北埼玉郡、南埼玉郡、北葛飾郡

○群　馬　縣

第一區　五　人　前橋市、桐生市、勢多郡、利根郡、佐波郡、新田郡、山田郡、邑樂郡

第二區　四　人　高崎市、群馬郡、多野郡、北甘樂郡、碓氷郡、吾妻郡

○千　葉　縣

第一區　四　人　千葉市、千葉郡、市原郡、東葛飾郡、君津郡

第二區　三　人　印旛郡、海上郡、匝瑳郡、香取郡

第三區　四　人　長生郡、山武郡、夷隅郡、安房郡

○茨　城　縣

第一區　四　人　水戸市、東茨城郡、西茨城郡、鹿島郡、行方郡、稻敷郡、北相馬郡、

第二區　三　人　那珂郡、久慈郡、多賀郡、

第三區　四　人　新治郡、筑波郡、眞壁郡、猿島郡、結城郡、

○栃　木　縣

第一區　五　人　宇都宮市、河内郡、上都賀郡、鹽谷郡、那須郡

第二區　四　人　足利市、芳賀郡、下都賀郡、安蘇郡、足利郡

○奈　良　縣　五　人

○三　重　縣

第一區　五　人　津市、四日市市、桑名郡、員辨郡、三重郡、鈴鹿郡、河藝郡、安濃郡、一志郡、阿山郡、名賀郡

第二區　四　人　宇治山田市、飯南郡、多氣郡、度會郡、志摩郡、北牟婁郡、南牟婁郡

○愛　知　縣

第一區　五　人　名古屋市

第二區　三　人　愛知郡、東春日井郡、西春日井郡、知多郡

第三區　三　人　一宮市、丹羽郡、葉栗郡、中島郡、海部郡

第四區　三　人　岡崎市、碧海郡、幡豆郡、額田郡、西加茂郡、東加茂郡

第五區　三　人　豐橋市、北設樂郡、南設樂郡、寶飯郡、渥美郡、八名郡

○静岡県

第一区　五人　静岡市、清水市、庵原郡、安倍郡、志太郡、榛原郡、小笠郡

第二区　四人　沼津市、賀茂郡、田方郡、駿東郡、富士郡

第三区　四人　濱松市、磐田郡、周智郡、濱名郡、引佐郡

○山梨県五人

○滋賀県五人

○岐阜県

第一区　三人　岐阜市、稲葉郡、山縣郡、武儀郡、郡上郡

第二区　三人　大垣市、羽島郡、海津郡、養老郡、不破郡、安八郡、揖斐郡、本巣郡

第三区　三人　加茂郡、可兒郡、土岐郡、惠那郡、益田郡、大野郡、吉城郡

○長野県

第一区　三人　長野市、更級郡、上高井郡、上水内郡、下水内郡

第二区　三人　上田市、南佐久郡、北佐久郡、小縣郡、埴科郡

第三区　四人　諏訪郡、上伊那郡、下伊那郡

第四区　三人　松本市、西筑摩郡、東筑摩郡、南安曇郡、北安曇郡

○宮城縣

第一區　五　人　仙臺市、刈田郡、柴田郡、伊具郡、亘理郡、名取郡、宮城郡、黑川郡、加美郡、志田郡、遠田郡

第二區　三　人　玉造郡、栗原郡、登米郡、桃生郡、牡鹿郡、本吉郡

○福島縣

第一區　三　人　福島市、郡山市、信夫郡、伊達郡、安達郡、安積郡

第二區　五　人　若松市、岩瀨郡、南會津郡、北會津郡、耶麻郡、河沼郡、大沼郡、東白川郡、西白河郡、石川郡、田村郡

第三區　三　人　石城郡、雙葉郡、相馬郡

○岩手縣

第一區　三　人　盛岡市、巖手郡、紫波郡、下閉伊郡、九戶郡、二戶郡

第二區　四　人　稗貫郡、和賀郡、膽澤郡、江刺郡、西磐井郡、東磐井郡、氣仙郡、上閉伊郡

○青森縣

第一區　三　人　青森市、東津輕郡、上北郡、下北郡、三戶郡

第二區　三　人　弘前市、西津輕郡、南津輕郡、北津輕郡

○山形縣

第一區　四　人　山形市、米澤市、南村山郡、東村山郡、西村山郡、南置賜郡、東置賜郡、西置賜郡

第二區　四　人　鶴岡市、北村山郡、最上郡、東田川郡、西田川郡、飽海郡

○秋田縣

第一區　四　人　秋田市、鹿角郡、北秋田郡、山本郡、南秋田郡、河邊郡

第二區　三　人　由利郡、仙北郡、平鹿郡、雄勝郡

○福井縣五人

○石川縣

第一區　三　人　金澤市、江沼郡、能美郡、石川郡

第二區　三　人　河北郡、羽咋郡、鹿島郡、鳳至郡、珠洲郡

○富山縣

第一區　三　人　富山市、上新川郡、中新川郡、下新川郡、婦負郡

第二區　三　人　高岡市、射水郡、氷見郡、東礪波郡、西礪波郡

○鳥取縣四人
○島根縣
第一區　三人　松江市、八束郡、能義郡、仁多郡、大原郡、簸川郡、隱岐島廳管內
第二區　三人　飯石郡、安濃郡、邇摩郡、邑智郡、那賀郡、美濃郡、鹿足郡
○岡山縣
第一區　五人　岡山市、御津郡、赤磐郡、和氣郡、邑久郡、上道郡、眞庭郡、苫田郡、勝田郡、英田郡、久米郡
第二區　五人　兒島郡、都窪郡、淺口郡、小田郡、後月郡、吉備郡、上房郡、川上郡、阿哲郡
○廣島縣
第一區　四人　廣島市、佐伯郡、安佐郡、山縣郡、高田郡
第二區　四人　吳市、安藝郡、賀茂郡、豐田郡
第三區　五人　尾道市、福山市、御調郡、世羅郡、沼隈郡、深安郡、蘆品郡、神石郡、甲奴郡、雙三郡、比婆郡
○山口縣

第一區　四　人　下關市、宇部市、厚狹郡、豐浦郡、美禰郡、大津郡、阿武郡
第二區　五　人　大島郡、玖珂郡、熊毛郡、都濃郡、佐波郡、吉敷郡

○和歌山縣

第一區　三　人　和歌山市、海草郡、那賀郡、伊都郡
第二區　三　人　有田郡、日高郡、西牟婁郡、東牟婁郡

○德島縣

第一區　三　人　德島市、名東郡、勝浦郡、那賀郡、海部郡、名西郡
第二區　三　人　板野郡、阿波郡、麻植郡、美馬郡、三好郡

○香川縣

第一區　三　人　高松市、大川郡、木田郡、小豆郡、香川郡
第二區　三　人　丸龜市、綾歌郡、仲多度郡、三豐郡

○愛媛縣

第一區　三　人　松山市、温泉郡、伊豫郡、上浮穴郡、喜多郡
第二區　三　人　今治市、越智郡、周桑郡、新居郡、宇摩郡
第三區　三　人　宇和島市、西宇和郡、東宇和郡、北宇和郡、南宇和郡

○高知縣
第一區　三人　高知市、安藝郡、香美郡、長岡郡、土佐郡
第二區　三人　吾川郡、高岡郡、幡多郡

○福岡縣
第一區　四人　福岡市、糟屋郡、宗像郡、朝倉郡、筑紫郡、早良郡、糸島郡
第二區　五人　若松市、八幡市、戸畑市、遠賀郡、鞍手郡、嘉穗郡
第三區　五人　久留米市、大牟田市、浮羽郡、三井郡、三潴郡、八女郡、山門郡、三池郡
第四區　四人　小倉市、門司市、企救郡、田川郡、京都郡、筑上郡

○大分縣
第一區　四人　大分市、大分郡、北海部郡、南海部郡、大野郡、直入郡、玖珠郡、日田郡
第二區　三人　別府市、西國東郡、東國東郡、速見郡、下毛郡、宇佐郡

○佐賀縣
第一區　三人　佐賀市、佐賀郡、神埼郡、三養基郡、小城郡

第二區　三　人　東松浦郡、西松浦郡、杵島郡、藤津郡

○熊本縣

第一區　五　人　熊本市、飽託郡、玉名郡、鹿本郡、菊池郡、阿蘇郡

第二區　五　人　宇土郡、上益城郡、下益城郡、八代郡、葦北郡、球磨郡、天草郡

○宮崎縣五人

○鹿兒島縣

第一區　五　人　鹿兒島市、鹿兒島郡、揖宿郡、川邊郡、熊毛郡、日置郡

第二區　四　人　薩摩郡、出水郡、伊佐郡、始良郡、囎唹郡、

第三區　三　人　肝屬郡、大島島廳管內

○沖繩縣五人

○北海道

第一區　四　人　札幌市、小樽市、石狩支廳管內、後志支廳管內

第二區　四　人　旭川市、上川支廳管內、宗谷支廳管內、留萌支廳管內

第三區　三　人　函館市、檜山支廳管內、渡島支廳管內

第四區　五　人　室蘭市、空知支廳管內、膽振支廳管內、浦河支廳管內

第五區　四　八　釧路市、河西支廳管內、釧路國支廳管內、根室支廳管內、網走支廳管內

改正衆議院議員選擧法正解終

附　録

附録

●衆議院議員選擧法施行令（大正十五年一月二十九日勅令第三號）

第一章　選擧區、選擧權及被選擧權

第一條　衆議院議員選擧法ノ別表ニ揭クル以外ノ市ハ其ノ設置前屬シタル郡市ノ屬スル選擧區ニ包含スルモノトス

第二條　選擧人ノ年齡ハ選擧人名簿調製ノ期日ニ依リ、被選擧人ノ年齡ハ選擧ノ期日ニ依リ之ヲ算定ス

第三條　衆議院議員選擧法第七條第二項ノ規定ニ依リ除外スヘキ學生生徒左ノ如シ

一　陸軍各部依託學生生徒

二　海軍軍醫學生藥劑學生主計學生造船學生造機學生造兵學生竝海軍豫備生徒及海軍豫備練習生

第二章　選擧人名簿

第四條　市町村ノ境界變更アリタル爲選擧人名簿ニ異動ヲ生シタルトキハ市町村長ハ其ノ管理ニ屬スル選擧人名簿中異動ニ係ル部分ヲ新ニ屬シタル市町村ノ市町村長ニ送付スヘシ

市町村ノ廢置分合アリタル爲選擧人名簿ノ引繼ヲ要スルトキハ前項ノ例ニ依ル

第五條　削　除

第六條　選擧人名簿ハ市町村長ニ於テ議員ノ任期間之ヲ保存スヘシ

第三章　投票

第七條　市町村ノ區域ヲ分チテ數投票區ヲ設ケタル場合ニ於テハ左ノ規定ニ依ル
一　選擧人名簿ハ投票區毎ニ之ヲ調製スヘシ
二　各投票區ニ於ケル投票管理者ハ地方長官ニ於テ官吏又ハ吏員ノ中ニ就キ之ヲ定ム此ノ場合ニ於テハ投票管理者ノ内一人ハ市町村長ヲ以テ之ニ充ツルコトヲ要ス
三　市町村長ハ選擧ノ期日ノ公布又ハ告示アリタルトキハ直ニ選擧人名簿ヲ各投票管理者ニ送付スヘシ
第八條　數町村ノ區域ヲ合セテ一投票區ヲ設ケタル場合ニ於テハ左ノ規定ニ依ル
一　投票管理者ハ地方長官ニ於テ關係町村長ノ中ニ就キ之ヲ定ム
二　町村長ハ選擧ノ期日ノ公布又ハ告示アリタルトキハ直ニ選擧人名簿ヲ投票管理者ニ送付スヘシ
第九條　投票管理者及其ノ代理者故障アルトキハ監督官廳ハ臨時ニ官吏又ハ吏員ヲシテ其ノ事務ヲ管掌セシムルコトヲ得
第十條　投票立會人ノ屆出ハ文書ヲ以テ之ヲ爲シ投票立會人ノ氏名、住居及生年月日ヲ記載シ且

本人ノ承諾書ヲ添附スヘシ
第十一條　選擧人選擧人名簿調製期日後其ノ投票區域外ニ住居ヲ移シタル場合ニ於テハ名簿調製日ニ於テ住居ヲ有シタル地ノ投票區ノ投票所ニ到リ投票ヲ爲スヘシ
第十二條　投票管理者必要アリト認ムルトキハ投票所入場劵及到着番號札ヲ選擧人ニ交付スルコトヲ得
第十三條　投票記載ノ場所ハ選擧人ノ投票ヲ覗ヒ又ハ投票ノ交換其ノ他不正ノ手段ヲ用フルコト能ハサラシムル爲相當ノ設備ヲ爲スヘシ
第十四條　投票函ハ二重ノ蓋ヲ造リ各別ニ鎖鑰ヲ設クヘシ
第十五條　投票管理者ハ投票ヲ爲サシムルニ先チ投票所ニ參會シタル選擧人ノ面前ニ於テ投票函ヲ開キ其ノ空虚ナルコトヲ示シタル後內蓋ヲ鎖スヘシ
第十六條　投票管理者ハ投票立會人ノ面前ニ於テ選擧人ヲ選擧人名簿ニ對照シタル後投票用紙ヲ交付スヘシ
第十七條　選擧人誤リテ投票ノ用紙又ハ封筒ヲ汚損シタルトキハ其ノ引換ヲ請求スルコトヲ得
第十八條　投票ハ投票管理者及投票立會人ノ面前ニ於テ選擧人自ラ之ヲ投函スヘシ
第十九條　投票ヲ爲サムトスル選擧人ヲシテ本人ナル旨ノ宣言ヲ爲サシムル必要アルトキハ投票管理者ハ投票立會人ノ面前ニ於テ之ヲ宣言セシメ投票所ノ事務ニ從事スル者ヲシテ之ヲ筆記セシメ選擧人ニ讀聞カセ選擧人ヲシテ之ニ署名セシムヘシ
前項ノ規定ニ依ル宣言書ハ之ヲ投票錄ニ添附スヘシ
第二十條　選擧人投票前投票所外ニ退出シ又ハ退出ヲ命セラレタルトキハ投票管理者ハ投票用紙ヲ返付セシムヘシ

第二十一條　衆議院議員選擧法第二十八條ノ規定ニ依リ盲人カ投票ニ關スル記載ニ使用スルコトヲ得ル點字ハ別表ヲ以テ之ヲ定ム

點字ニ依リ投票ヲ爲サムトスル選擧人ハ投票管理者ニ對シ其ノ旨ヲ申立ツヘシ此ノ場合ニ於テハ投票管理者ハ投票用紙ニ點字投票ナル旨ノ印ヲ押捺シテ交付スヘシ

點字ニ依ル投票ノ拒否ニ付テハ衆議院議員選擧法第三十一條ノ例ニ依リ此ノ場合ニ於テハ封筒ニ點字投票ナル旨ノ印ヲ押捺シテ交付スヘシ

前項ノ規定ニ依リ假ニ爲サシメタル投票ハ衆議院議員選擧法第四十九條ノ規定ノ適用ニ付テハ同法第三十一條第二項及第四項ノ投票ト看做ス

第二十二條　投票ヲ終リタルトキハ投票管理者ハ投票函ノ內蓋ノ投票口及外蓋ヲ鎖シ其ノ內蓋ノ鑰ハ投票函ヲ送致スヘキ投票立會人之ヲ保管シ外蓋ノ鑰ハ投票管理者之ヲ保管スヘシ

第二十三條　投票ニ關スル書類ハ投票管理者ニ於テ議員ノ任期間之ヲ保存スヘシ但シ市町村ノ區域ヲ分チテ數投票區ヲ設ケタル場合ニ於テハ市町村長タル投票管理者ハ其ノ他ノ投票管理者ノ保存スヘキ書類ヲ併セテ保存スヘシ

第二十四條　地方長官衆議院議員選擧法第三十六條ノ規定ニ依リ投票ノ期日ヲ定メタルトキハ直ニ之ヲ告示シ併セテ投票管理者及開票管理者ニ通知スヘシ

第二十五條　地方長官衆議院議員選擧法第三十七條ノ規定ニ依リ投票ノ期日ヲ定メタルトキハ直ニ之ヲ投票管理者、開票管理者及選擧長ニ通知スヘシ

第四章　衆議院議員選擧法第三十三條ノ投票

第二十六條　衆議院議員選擧法第三十三條ノ事由ヲ定ムルコト左ノ如シ

一　湖川、港灣ノミヲ航行スル船舶、總噸數二十噸未滿又ハ積石數二百石未滿ノ船舶及端舟其ノ他櫓櫂ノミヲ以テ運轉シ又ハ主トシテ櫓櫂ヲ以テ運轉スル舟ヲ除クノ外日本船舶（內地以外ニ船籍港ヲ定ムルモノヲ含ム以下之ニ同シ）ノ船員又ハ其ノ船舶ニ乘務スルノ常況ニ在ル者船內從業中ナルヘキコト

二　前號ノ船舶ヲ除クノ外日本船舶ニシテ總噸數五噸以上又ハ積石數五十石以上ノモノノ船員又ハ其ノ船舶ニ乘務スルノ常況ニ在ル者船內從業中ナルヘキコト

三　鐵道列車ニ乘務スルノ常況ニ在ル鐵道係員、郵便取扱員其ノ他ノ者鐵道列車ニ乘務中ナルヘキコト

四　陸海軍軍人演習召集中又ハ敎育召集中ナルヘキコト

五　艦船乘員タル軍屬海上勤務中ナルヘキコト

第二十七條　選擧人前條第一號第四號又ハ第五號ニ揭クル事由ニ因リ選擧ノ當日自ラ投票所ニ到リ投票ヲ爲シ能ハサルヘキトキハ選擧ノ期日ノ公布又ハ告示アリタル日ヨリ選擧期日ノ前日迄ニ自ラ其ノ屬スル投票區ノ投票管理者ニ就キ又ハ之ニ對シ郵便ヲ以テ其ノ旨ヲ證シテ投票用紙及投票用封筒ノ交付ヲ請求スルコトヲ得

選擧人前條第二號又ハ第三號ニ揭クル事由ニ因リ選擧ノ當日自ラ投票所ニ到リ投票ヲ爲シ能ハサルトキハ選擧ノ期日前十日ヨリ選擧ノ期日ノ前日迄ニ自ラ其ノ屬スル投票區ノ投票管理者ニ就キ其ノ旨ヲ證シテ投票用紙及投票用封筒ノ交付ヲ請求スルコトヲ得

點字ニ依リ投票ヲ爲サムトスル選擧人ハ前二項ノ請求ヲ爲スト同時ニ投票管理者ニ對シ其ノ旨ヲ申立ツヘシ

第二十八條　選擧人前條ノ請求ヲ爲ス場合ニ於テハ併セテ其ノ證スル事項ニ付各左ニ揭クル者ノ

證明書ヲ提出スヘシ但シ第二十六條第四號ニ掲クル事由ニ基ク事項ニ付テハ選擧ノ期日カ召集期間中ナル場合ニ於テ選擧人自ラ其ノ屬スル投票區ノ投票管理者ニ就キ請求ヲ爲ストキニ限リ召集令狀ノ提示ヲ以テ證明書ノ提出ニ代フルコトヲ得

一　第二十六條第一號ニ掲クル事由ニ關シテハ船員ニ在リテハ管海官廳（管海官廳ニ準スヘキモノヲ含ム）領事官又ハ船長（船長ノ職務ヲ行フ者ヲ含ム以下之ニ同シ）其ノ他ノ者ニ在リテハ各所屬ノ官署ノ長又ハ其ノ業務主

二　第二十六條第二號ニ掲クル事由ニ關シテハ各所屬ノ官署ノ長又ハ其ノ者ノ業務主

三　第二十六條第三號ニ掲クル事由ニ關シテハ鐵道係員ニ在リテハ各所屬ノ車掌監督機關庫主任電車庫主任（地方鐵道ニ在リテハ各之ニ該當スル者）郵便取扱員ニ在リテハ各所屬ノ郵便局長、其ノ他ノ者ニ在リテハ各所屬ノ官署ノ長又ハ其ノ業務主

四　第二十六條第四號ニ掲クル事由ニ關シテハ其ノ者ノ所屬ノ部隊若ハ陸上海軍各部（陸軍大臣又ハ海軍大臣ノ定ムル所ニ依ル以下之ニ同シ）ノ長又ハ所屬ノ艦船ノ長

五　第二十六條第五號ニ掲クル事由ニ關シテハ其ノ者ノ所屬ノ艦船ノ長

前項ノ規定ニ依ル證明者前項ノ證明書ノ交付ノ請求ヲ受ケタル場合ニ於テ該當事項アリト認ムルトキハ直ニ證明書ヲ交付スヘシ

選擧人正當ノ事由ニ因リ第一項ノ證明書ヲ提出スルコト能ハサルトキハ其ノ旨ヲ投票管理者ニ疏明スヘシ

第二十九條　投票管理者第二十七條及前條第一項又ハ第三項ノ規定ニ依リ投票用紙及投票用封筒ノ交付ノ請求ヲ受ケタル場合ニ於テハ直ニ其ノ選擧ニ用フヘキ選擧人名簿ニ對照シ當該選擧人カ第二十六條ニ掲クル事由ノ一ニ因リ選擧ノ當日自ラ投票所ニ到リ投票ヲ爲シ能ハスト認ムル

トキハ投票用紙及投票用封筒ヲ直ニ選擧人ニ直接ニ交付シ又ハ郵便ヲ以テ發送スヘシ
前項ノ場合ニ於テ第二十七條第三項ノ申立ヲ爲シタル選擧人ニ交付シ又ハ發送スル投票用紙ニハ點字投票ナル旨ノ印ヲ押捺スヘシ
第三十條　衆議院議員選擧法第三十三條ノ規定ニ依ル投票ニ付テハ當該選擧人カ第二十六條ニ掲クル事由ノ何レニ關シ投票用紙及投票用封筒ノ交付ヲ受ケタルカニ依リ各左ニ掲クル者之ヲ管理ス（之ヲ特別投票管理者ト稱ス）
一　第二十六條第一號ニ掲クル事由ニ關スルトキハ選擧人ノ屬スル投票區ノ投票管理者又ハ其ノ乘務スル船舶ノ船長
二　第二十六條第二號又ハ第三號ニ掲クル事由ニ關スルトキハ選擧人ノ屬スル投票區ノ投票管理者
三　第二十六條第四號ニ掲クル事由ニ關スルトキハ選擧人ノ屬スル投票區ノ投票管理者、其ノ所屬ノ部隊若ハ陸上海軍各部ノ所在地ノ投票管理者（當該所在地二以上ノ投票區ニ渉ルトキハ關係投票管理者ノ中ニ就キ地方長官ノ指定スル者）又ハ所屬ノ艦船ノ長
四　第二十六條第五號ニ掲クル事由ニ關スルトキハ選擧人ノ屬スル投票區ノ投票管理者又ハ其ノ所屬ノ艦船ノ長
第三十一條　第二十六條第一號、第四號又ハ第五號ニ掲クル事由ニ關シ投票用紙及投票用封筒ノ交付ヲ受ケタル選擧人ハ選擧ノ期日迄ニ其ノ投票用紙及投票用封筒ヲ特別投票管理者ニ提示シ點檢ヲ受ケ當該管理者ノ管理スル投票記載ノ場所ニ於テ自ラ投票用紙ニ被選擧人一人ノ氏名ヲ記載シ投票用封筒ニ入レ封緘シ投票用封筒ノ表面ニ其ノ氏名ヲ記載シ直ニ之ヲ當該管理者ニ提出スヘシ

第二十六條第二號又ハ第三號ニ揭クル事由ニ關シ投票用紙及投票用封筒ノ交付ヲ受ケタル選擧人ハ其ノ交付ヲ受ケタル後直ニ特別投票管理者ノ管理スル投票記載ノ場所ニ於テ自ラ投票用紙ニ被選擧人一人ノ氏名ヲ記載シ之ヲ投票用封筒ニ入レ封緘シ投票用封筒ノ表面ニ其ノ氏名ヲ記載シ直ニ之ヲ當該管理者ニ提出スヘシ

前二項ノ場合ニ於テ特別投票管理者ハ各關係市町村吏員船員若ハ海軍軍人又ハ之ニ準スヘキ者ヲシテ之ニ立會ハシムヘシ

第十三條ノ規定ハ第一項及第二項ノ投票記載ノ場所ニ之ヲ準用ス

第三十二條　特別投票管理者前條第一項又ハ第二項ノ規定ニ依ル投票ヲ受領シタルトキハ投票用封筒ノ表面ニ投票ノ年月日及場所ヲ記載シ前條第三項ノ規定ニ依ル立會人ト共ニ之ニ署名スヘシ

前項ノ特別投票管理者選擧人ノ屬スル投票區ノ投票管理者ナルトキハ其ノ投票ヲ其ノ儘保管スヘシ

第一項ノ特別投票管理者選擧人ノ屬スル投票區ノ投票管理者以外ノ者ナルトキハ更ニ其ノ投票ヲ他ノ封筒ニ入レ封緘シ其ノ表面ノ投票管理者ニ送致スヘシ

投票用紙及投票用封筒ヲ交付シタル後投票區ニ異動アリタルニ因リ投票管理者ノ管理ニ係ル投票區ニ屬スルコトナキニ至リタル選擧人ノ投票ハ投票管理者ニ於テ直ニ之ヲ新ニ選擧人ノ屬スル投票區ノ投票管理者ニ送致スヘシ

投票管理者投票所ヲ閉ツヘキ時刻迄ニ前二項ノ規定ニ依ル投票ノ送致ヲ受ケタルトキハ送致ニ用ヒラレタル封筒ヲ開披シ投票ハ其ノ儘之ヲ保管スヘシ

第三十三條　投票管理者ハ第二十七條乃至第二十九條及前二條ノ規定ニ依ル手續ニ關スル顚末書

ヲ作成シ之ニ署名シ投票錄ニ添附スヘシ

第三十四條　投票管理者ハ投票函閉鎖前投票立會人ノ意見ヲ聽キ第三十二條第二項又ハ第五項ノ規定ニ依リ保管スル投票ノ受理如何ヲ決定スヘシ

前項ノ決定アリタルトキハ投票管理者ハ直ニ投票用封筒ヲ開披シ其ノ點字投票ナル旨ノ印ヲ押捺シタル投票用紙ヲ用ヒタル投票ニ付衆議院議員選擧法第三十一條ノ例ニ依リ其ノ拒否ヲ決定スヘシ

第一項ノ規定ニ依リ受理スヘシト決定セラレ且前項ノ規定ニ依ル拒否ノ決定ヲ受ケサル投票ハ投票管理者ニ於テ直ニ之ヲ投函シ第一項ノ規定ニ依リ受理スヘカラスト決定セラレタル投票又ハ前項ノ規定ニ依ル拒否ノ決定ヲ受ケタル投票ハ投票管理者ニ於テ更ニ之ヲ其ノ投票用封筒ニ入レ假ニ封緘ヲ施シ其ノ表面ニ第一項ノ規定ニ依ル不受理ノ決定又ハ前項ノ規定ニ依ル拒否ノ決定アリタル旨ヲ記載シテ之ヲ投函スヘシ

第一項ノ規定ニ依ル不受理ノ決定又ハ第二項ノ規定ニ依ル拒否ノ決定アリタル投票ハ衆議院議員選擧法第四十九條ノ規定ノ適用ニ付テハ同法第三十一條第二項及第四項ノ投票ト看做ス

第三十五條　第二十九條ノ規定ニ依リ交付ヲ受ケタル投票用紙及投票用封筒ハ選擧ノ當日投票所ニ於テ之ヲ使用スルコトヲ得ス

選擧人第二十九條ノ規定ニ依リ投票用紙及投票用封筒ノ交付ヲ受ケタルトキハ之ヲ投票管理者ニ返還スルニ非サレハ衆議院議員選擧法第二十五條第一項ノ規定ニ依ル投票ヲ爲スコトヲ得ス

第三十六條　投票管理者投票所ヲ閉ツヘキ時刻後第三十二條第三項又ハ第四項ノ規定ニ依ル投票ノ送致ヲ受ケタルトキハ送致ニ用ヒラレタル封筒ヲ開披シ投票用封筒ノ裏面ニ受領ノ年月日時ヲ記載シ之ヲ開票管理者ニ送致スヘシ

第五章　開票

第三十七條　郡市ノ區域ヲ分チテ數開票區ヲ設ケタル場合ニ於テハ各開票區ニ於ケル開票管理者ハ地方長官ニ於テ官吏又ハ吏員ノ中ニ就キ之ヲ定ム但シ支廳長ノ管轄區域又ハ市ノ區域ヲ分チテ數開票區ヲ設ケタル場合ニ於テハ開票管理者ノ內一人ハ支廳長又ハ市長ヲ以テ之ニ充ツルコトヲ要ス

二　郡長ハ選擧ノ期日ノ公布又ハ告示アリタルトキハ直ニ選擧人名簿ヲ各開票管理者ニ送付スヘシ

第三十八條　第九條ノ規定ハ開票管理者及其ノ代理者ニ、第十條ノ規定ハ開票立會人ニ之ヲ準用ス

第三十九條　投票ヲ點檢スルトキハ開票管理者ハ開票事務ニ從事スル者二人ヲシテ各別ニ同一議員候補ノ得票ヲ計算セシムヘシ

第四十條　前條ノ計算終リタルトキハ開票管理者ハ投票區每ニ各議員候補者ノ得票數ヲ朗讀シ終リニ各議員候補者ノ得票總數ヲ朗讀スヘシ

第四十一條　開票管理者衆議院議員選擧法第四十九條第三項ノ報告ヲ爲ストキハ同時ニ開票錄ノ謄本ヲ送付スヘシ

開票管理者ハ前項ノ報告ヲ爲シタル後直ニ投票管理者ヨリ送付シタル選擧人名簿ヲ關係市町村長ニ返付スヘシ

第四十二條　開票管理者ハ投票區每ニ點檢濟ニ係ル投票ノ有効無效ヲ區別シ各之ヲ封筒ニ入レ開票立會人ト共ニ封印ヲ施シ之ヲ保存スヘシ

受理スヘカラスト決定シタル投票ハ其ノ封筒ヲ開披セス前項ノ例ニ依リ議員ノ任期間之ヲ保存

スヘシ
第三十六條ノ規定ニ依リ送致ヲ受ケタル投票ハ開票管理者ニ於テ其ノ封筒ヲ開披セス議員ノ任期間之ヲ保存スヘシ
地方長官ノ指定シタル官吏（支廳長ヲ除ク）又ハ吏員（市長ヲ除ク）開票管理者ノ保存スヘキ投票ハ地方長官若ハ支廳長又ハ市長ニ於テ之ヲ保存スヘシ
第四十三條　開票ニ關スル書類ハ開票管理者ニ於テ議員ノ任期間之ヲ保存スヘシ此場合ニ於テハ前條第四項ノ規定ヲ準用ス
第四十四條　地方長官衆議院議員選擧法第五十六條ノ規定ニ依リ開票ノ期日ヲ定メタルトキハ直ニ之ヲ開票管理者及選擧長ニ通知スヘシ

第六章　選擧會

第四十五條　第九條ノ規定ハ選擧長及其ノ代理者ニ、第十條ノ規定ハ選擧立會人ニ之ヲ準用ス
第四十六條　開票管理者ノ報告ヲ調査スルトキハ選擧長ハ開票區毎ニ各議員候補者ノ得票數ヲ朗讀シ終リニ各議員候補者ノ得票總數ヲ朗讀スヘシ
第四十七條　選擧會ニ關スル書類ハ選擧長ニ於テ議員ノ任期間之ヲ保存スヘシ但シ地方長官ノ指定シタル官吏（支廳長ヲ除ク）選擧長タル場合ニ於テハ地方長官ニ於テ之ヲ保存スヘシ
第四十八條　地方長官衆議院議員選擧法第六十五條ノ規定ニ依リ選擧會ノ期日ヲ定メタルトキハ直ニ之ヲ選擧長ニ通知スヘシ

第七章　議員候補者及當選人

第四十九條　議員候補者ノ屆出又ハ推薦屆出ハ文書ヲ以テ之ヲ爲シ議員候補者タルヘキ者ノ氏名、職業、住居及生年月日（推薦屆出ノ場合ニ於テハ併セテ推薦屆出者ノ氏名、住居及生年月日）

ヲ記載シ且衆議院議員選擧法第六十八條第一項ノ供託ヲ爲シタルコトヲ證スヘキ書面ヲ添附スヘシ議員候補者タルコトヲ辭スルコトノ屆出ハ文書ヲ以テ之ヲ爲シ其ノ被選擧權ヲ有セサルニ至リタル爲選擧ノ期日前十日以内ニ議員候補者タルコトヲ辭スル場合ニ於テハ其ノ事由ヲ記載スヘシ

第五十條　議員候補者ノ屆出又ハ推薦屆出アリタルトキハ選擧長ハ直ニ其ノ旨ヲ議員候補者ノ住居ヲ有スル地ノ市町村長ニ通知シ同時ニ議員候補者ノ氏名、職業、住居、生年月日其ノ他必要ナル事項ヲ開票管理者ニ通知スヘシ

前項ノ通知ヲ受ケタル市町村長ハ當該議員候補者死亡シタルトキハ直ニ其ノ旨ヲ選擧長ニ通知スヘシ

選擧長ハ議員候補者ノ議員候補者タルコトヲ辭シタルトキ又ハ其ノ死亡シタルコトヲ知リタルトキハ直ニ其ノ旨ヲ開票管理者ニ通知スヘシ

第五十一條　議員候補者選擧ノ期日前十一日迄ニ議員候補者タルコトヲ辭シタルトキ、選擧ノ期日ニ於ケル投票所ヲ開クヘキ時刻迄ニ死亡シタルトキ若ハ被選擧權ヲ有セサルニ至リタル爲議員候補者タルコトヲ辭シタルトキ又ハ選擧ノ全部無效ト爲リタルトキハ直ニ衆議院議員選擧法第六十八條第一項ノ供託物ノ還付ヲ請求スルコトヲ得

議員候補者ノ得票數衆議院議員選擧法第六十八條第二項ノ規定ニ該當セサルモノナルトキ又ハ議員候補者同法第七十一條ノ規定ノ適用ヲ受ケタルモノナルトキハ其ノ選擧及當選ノ效力確定後直ニ同法第六十八條第一項ノ供託物ノ還付ヲ請求スルコトヲ得

第五十二條　當選人衆議院議員選擧法第七十四條ノ期間内ニ當選承諾ノ屆出ヲ爲ササルトキハ選擧長ハ直ニ其ノ旨ヲ地方長官ニ報告スヘシ

第八章　選擧運動

第五十三條　選擧事務長ノ選任（議員候補者又ハ推薦屆出者自ラ選擧事務長ト爲リタル場合ヲ含ム以下之ニ同シ）ノ屆出ハ文書ヲ以テ之ヲ爲シ選擧事務長ノ氏名、職業、住居、生年月日及選任年月日竝議員候補者ノ氏名ヲ記載シ且選擧事務長カ選擧權ヲ有スル者ナルコトヲ證スヘキ書面ヲ添附スヘシ

推薦屆出者選擧事務長ノ選任ヲ爲シタル場合ニ於テハ前項ノ屆出ニハ推薦屆出者數人アルトキハ其ノ代表者タルコトヲ證スヘキ書面ヲ、其ノ選任ニ付議員候補者ノ承諾ヲ要スルトキハ其ノ承諾ヲ得タルコトヲ證スヘキ書面ヲ添附スヘシ

第五十四條　選擧委員又ハ選擧事務員ノ選任ノ屆出ハ文書ヲ以テ之ヲ爲シ選擧委員又ハ選擧事務員ノ氏名、職業、住居、生年月日及選任年月日ヲ記載シ且選擧委員又ハ選擧事務員カ選擧權ヲ有スル者ナルコトヲ證スヘキ書面ヲ添附スヘシ

第五十五條　選擧事務所ノ設置ノ屆出ハ文書ヲ以テ之ヲ爲シ選擧事務所ノ所在地及設置年月日ヲ記載スヘシ

第五十六條　選擧事務長、選擧委員、選擧事務員又ハ選擧事務所ニ異動アリタルコトノ屆出ハ前三條ノ例ニ依リ之ヲ爲スヘシ

前項ノ屆出ニシテ解任又ハ辭任ニ因ル異動ニ關スルモノニハ衆議院議員選擧法第八十八條第三項若ハ第四項又ハ第八十九條第二項若ハ第三項ノ通知アリタルコトヲ證スヘキ書面ヲ添附スヘシ選擧事務長ヲ選任シタル推薦屆出者選擧事務長ヲ解任シタル場合ニ於テハ併セテ其ノ解任ニ付議員候補者ノ承諾アリタルコトヲ證スヘキ書面ヲ添附スヘシ

第五十七條　選擧事務長故障アルトキ之ニ代リテ其ノ職務ヲ行フコトノ屆出ハ文書ヲ以テ之ヲ爲シ選擧事務長ノ氏名（選擧事務長ノ選任ヲ爲シタル推薦屆出者モ亦故障アルトキハ併セテ其ノ氏名）故障ノ事實及其ノ職務代行ヲ始メタル年月日ヲ記載シ且故障ノ生シタルコトヲ證スヘキ書面ヲ添附スヘシ

選擧事務長故障アルトキ之ニ代リテ其ノ職務ヲ行フ者之ヲ罷メタルコトノ屆出ハ文書ヲ以テ之ヲ爲シ故障ノ止ミタル事實及其ノ職務代行ヲ罷メタル年月日ヲ記載シ且故障ノ止ミタルコトヲ證スヘキ書面ヲ添附スヘシ

第九章　選擧運動ノ費用

第五十八條　選擧事務長選擧運動ノ費用ノ支出ノ承諾ヲ與ヘタル場合ニ於テ承諾ニ係ル費用ノ支出終了シタルトキ又ハ選擧ノ期日經過シタルトキハ選擧事務長ハ遲滯ナク其ノ承諾ヲ受ケタル者ニ就キ支出金額（財産上ノ義務ノ負擔又ハ金錢以外ノ財産上ノ利益ノ使用若ハ費消ノ承諾ヲ與ヘタル場合ニ於テハ其ノ負擔シタル義務又ハ其ノ使用シ若ハ費消シタル利益）、其ノ用途ノ大要支出先、支出年月日及支出者ノ氏名ヲ記載シタル精算書ヲ作成スヘシ

第五十九條　演說又ハ推薦狀ニ依ル選擧運動ノ費用ニシテ議員候補者、選擧事務長、選擧委員又ハ選擧事務員ニ非サル者カ議員候補者又ハ選擧事務長ト意思ヲ通シテ支出シタルモノニ付テハ選擧事務長ハ其ノ都度遲滯ナク議員候補者又ハ支出者ニ就キ前條ノ例ニ依リ精算書ヲ作成スヘシ

前項ノ費用ニシテ議員候補者ト意思ヲ通シテ支出シタルモノニ付テハ其ノ意思ヲ通シタル都度議員候補者ハ直ニ其ノ旨ヲ選擧事務長ニ通知スヘシ

第六十條　立候補準備ノ爲ニ要シタル費用ニシテ議員候補者若ハ選擧事務長ト爲リタル者カ支出シ又ハ他人カ其ノ者ト意思ヲ通シテ支出シタルモノニ付テハ選擧事務長ハ其ノ就任後遲滯ナク議員候補者又ハ支出者ニ就キ第五十八條ノ例ニ依リ精算書ヲ作成スヘシ

第六十一條　選擧事務長ハ左ニ掲クル帳簿ヲ備フヘシ

一　承諾簿

二　評價簿

三　支出簿

第六十二條　選擧事務長選擧運動ノ費用ノ支出ノ承諾ヲ與ヘタルトキハ直ニ承諾ニ係ル金額（財産上ノ義務ノ負擔又ハ金錢以外ノ財産上ノ利益ノ使用若ハ費消ノ承諾ヲ與ヘタル場合ニ於テハ承諾ニ係ル義務又ハ利益）、其ノ用途ノ大要、承諾年月日及承諾ヲ受ケタル者ノ氏名ヲ承諾簿ニ記載スヘシ

選擧事務長選擧運動ノ費用ノ支出ノ承諾ヲ與ヘタル後未タ支出セラレサル費用ニ付テハ文書ヲ以テ其ノ承諾ノ取消ヲ爲スコトヲ得此ノ場合ニ於テハ其ノ旨ヲ前項ノ例ニ依リ承諾簿ニ記載スヘシ

選擧事務長第五十八條ノ規定ニ依リ精算書ヲ作成シタルトキハ直ニ支出總金額（財産上ノ義務ノ負擔又ハ金錢以外ノ財産上ノ利益ノ使用若ハ費消ニ付テハ其ノ種類別總額）其ノ用途ノ大要精算年月日及承諾ヲ受ケタル者ノ氏名ヲ承諾簿ニ記載スヘシ

第六十三條　左ニ掲クル場合ニ於テハ選擧事務長ハ直ニ財産上ノ義務又ハ金錢以外ノ財産上ノ利益ヲ時價ニ見積リタル金額、其ノ用途ノ大要、支出先、支出年月日及見積リノ詳細ナル根據ヲ評價簿ニ記載スヘシ

一　選擧事務長選擧運動ノ費用トシテ財産上ノ義務ヲ負擔シ又ハ金錢以外ノ財産上ノ利益ヲ使用シ若ハ費消シタルトキ
二　選擧事務長第五十九條第一項又ハ第六十條ノ規定ニ依リ財産上ノ義務ノ負擔又ハ金錢以外ノ財産上ノ利益ノ使用若ハ費消ニ關スル精算書ヲ作成シタルトキ
三　選擧事務長前條ノ規定ニ依リ財産上ノ義務ノ負擔又ハ金錢以外ノ財産上ノ利益ノ使用若ハ費消ニ關スル承諾簿ノ記載ヲ爲シタルトキ

第六十四條　左ニ掲クル場合ニ於テハ選擧事務長ハ直ニ支出金額、其ノ用途ノ大要、支出先及支出年月日ヲ支出簿ニ記載スヘシ
一　選擧事務長金錢ヲ以テ選擧運動ノ費用ノ支出ヲ爲シタルトキ
二　選擧事務長第五十九條第一項又ハ第六十條ノ規定ニ依リ金錢ノ支出ニ關スル精算書ヲ作成シタルトキ
三　選擧事務長第六十二條第三項ノ規定ニ依リ金錢ノ支出ニ關スル承諾簿ノ記載ヲ爲シタルトキ
四　選擧事務長前條ノ規定ニ依リ評價簿ノ記載ヲ爲シタルトキ

第六十五條　衆議院議員選擧法第百九條ノ規定ニ依リ事務ノ引繼ヲ爲ス場合ニ於テハ第六十六條ニ定ムル精算屆書ノ樣式ニ準シ選擧運動ノ費用ノ計算書ヲ作成シテ引繼ヲ爲ス者及引繼ヲ受クル者ニ於テ之ニ引繼ノ旨及引繼年月日ヲ記載シ共ニ署名捺印シ第六十八條ニ定ムル帳簿及書類ト共ニ其ノ引繼ヲ爲スヘシ

第六十六條　衆議院議員選擧法第百六條第一項ノ規定ニ依ル選擧運動ノ費用ノ精算ノ屆出ハ文書ヲ以テ之ヲ爲シ內務大臣ノ定ムル精算屆書ノ樣式ニ依ルヘシ

第六十七條　選舉運動ノ費用ノ支出ヲ爲シタルトキハ其ノ都度領收書其ノ他ノ支出ヲ證スヘキ書面ヲ徵スヘシ但シ之ヲ徵シ難キ事情アルトキ又ハ一口五圓未滿ノ支出ヲ爲シタルトキハ此ノ限リニ在ラス

第六十八條　衆議院議員選擧法第百七條第二項ノ規定ニ依リ帳簿及書類ノ種類ヲ定ムルコト左ノ如シ

一　第五十八條乃至第六十條ノ精算書
二　第六十一條ニ揭クル帳簿
三　第六十五條ノ計算書
四　前條ノ領收書其ノ他ノ支出ヲ證スヘキ書面

第十章　選擧ニ關スル費用

第六十九條　選擧人名簿、投票ノ用紙及封筒、投票函竝點字器ノ調製ニ要スル費用ハ北海道地方費又ハ府縣ノ負擔トス

第七十條　選擧事務ノ爲地方長官、選擧長、開票管理者又ハ投票管理者ニ於テ要スル費用及選擧會場、開票所又ハ投票所ニ要スル費用ハ關係行政廳ノ經費ヲ以テ之ヲ支辨スヘシ
衆議院議員選擧法第三十三條ノ規定ニ依ル投票ニ關スル選擧事務ノ爲投票管理者又ハ特別投票管理者ニ於テ要スル費用及其ノ投票記載ノ場所ニ要スル費用ハ選擧人ノ屬スル投票區ノ行政廳ノ經費ヲ以テ之ヲ支辨スヘシ

第七十一條　前條ノ關係行政廳二以上アル場合ニ於テハ其ノ支辨スヘキ費用ハ關係行政廳ニ之ヲ平分スヘシ此ノ場合ニ於テ關係行政廳ノ經費カ同一經濟ニ屬スルトキハ一行政廳ノ經費ヲ以テ

之ヲ支辨スヘシ
第七十二條　投票立會人、開票立會人及選擧立會人ニハ職務ノ爲要スル費用ヲ給ス
前項ノ費用ノ額ハ地方長官之ヲ定ム
第一項ノ費用ハ北海道地方費又ハ府縣ノ負擔トス

第十一章　無料郵便物ノ差出

第七十三條　衆議院議員選擧法第百四十條第一項ノ選擧運動ノ爲ニスル通常郵便物ハ左ニ掲クルモノニ限ル
一　重量十匁迄ノ無封ノ書狀
二　私製葉書
前項ノ郵便物ハ之ヲ特殊取扱ト爲スコトヲ得ス
第七十四條　前條ノ郵便物ハ選擧事務長ノ選任ヲ爲シタル議員候補者又ハ推薦屆出者ニ限リ之ヲ差出スコトヲ得
選擧事務長ノ選任ヲ爲シタル推薦屆出者死亡其ノ他ノ事由ニ因リ前條ノ郵便物ヲ差出スコトヲ得サルトキハ議員候補者之ヲ差出スコトヲ得
前項ノ議員候補者ハ前條ノ郵便物ヲ其ノ未タ差出サレサル選擧人ニ對シテノミ差出スコトヲ得
選擧事務長ニ異動アリタル場合ニ於テ新ニ選擧事務長ノ選任ヲ爲シタル者モ亦同シ
第七十五條　前二條ニ定ムルモノノ外第七十三條ノ郵便物ニ關シ必要ナル事項ハ遞信大臣之ヲ定ム

第十二章　公立學校等ノ設備ノ使用

第七十六條　衆議院議員選擧法第百四十條第二項ノ營造物ノ設備ハ左ニ揭クルモノニシテ道府縣、市町村、市町村組合、町村組合、商業會議所又ハ農會ノ管理ニ屬スルモノニ限ル
一　公會堂
二　議事堂
三　前各號ノ外地方長官ノ指定シタル營造物ノ設備
議事堂ニシテ國又ハ公共團體ノ他ノ營造物ノ設備ト同一ノ建物內ニ在リ又ハ之ニ接續シ若ハ近接シ其ノ使用ニ依リ國又ハ公共團體ノ事務ニ著シキ支障アリト認ムルモノニ付テハ地方長官ハ豫メ之ヲ指定シ其ノ使用ヲ制限シ又ハ禁止スルコトヲ得
前二項ノ指定ヲ爲シタルトキハ地方長官ハ直ニ之ヲ告示スヘシ
第七十七條　公立學校及前條ノ營造物ノ設備ノ使用ハ選擧事務長ノ選任ヲ爲シタル議員候補者又ハ推薦屆出者ニ限リ之ヲ申請スルコトヲ得
第七十四條第二項ノ規定ハ前項ノ申請ニ之ヲ準用ス
第七十八條　公立學校ヲ使用セントスルトキハ其ノ使用スヘキ學校ノ設備及日時ヲ記載シタル文書ヲ以テ當該公立學校管理者ニ之ヲ申請スヘシ
同一議員候補者ノ爲二回以上同一公立學校ヲ使用セムトスルトキハ先ノ申請ニ對シ許可セラレタル使用ノ日ヲ經過シタル後ニ非サレハ更ニ申請ヲ爲スコトヲ得ス
第七十九條　同一公立學校ヲ同一日時ニ使用スヘキ二以上ノ申請アリタルトキハ公立學校管理者ハ先ニ到達シタル申請書ノ申請ニ對シ、其ノ到達同時ナルトキハ既ニ使用ヲ許可セラレタル度

數ノ少キ議員候補者ノ爲ノ申請ニ對シ其ノ使用ヲ許可スヘシ其ノ度數モ亦同シキトキハ申請者又ハ其ノ代人立會ノ上抽籤ニ依リ其ノ使用ヲ許可スヘキ者ヲ決定スヘシ

第八十條　第七十八條ノ規定ニ依ル申請書ノ到達アリタルトキハ公立學校管理者ハ當該公立學校長ノ意見ヲ徴シテ其ノ許否ヲ決定シ到達ノ日ヨリ二日以内ニ申請者又ハ其ノ代人及當該公立學校長ニ通知スヘシ

第八十一條　公立學校ノ使用ノ許可ハ左ノ各號ノ規定ニ依ル

一　公立學校長ニ於テ學校ノ授業又ハ諸行事ニ支障アリト認ムル場合ニ於テハ其ノ使用ヲ許可スルコトヲ得ス

二　職員室、事務室、宿直室、器械室、標本室其ノ他公立學校長ニ於テ著シキ支障アリト認ムル設備ニ付テハ其ノ使用ヲ許可スルコトヲ得ス

三　使用ヲ許可スヘキ期間ハ選擧ノ期日ノ公布又ハ告示アリタル日ヨリ選擧ノ期日ノ前日迄トス

四　使用ノ時間ハ一回ニ付五時間ヲ超ユルコトヲ得ス

第八十二條　道廳府縣立學校管理者タル地方長官ハ前四條ニ規定スル管理者ノ權限ヲ學校長ニ委任スルコトヲ得

地方長官前項ノ委任ヲ爲シタルトキハ直ニ之ヲ告示スヘシ

第八十三條　前五條ノ規定ハ第七十六條ノ營造物ノ設備ノ使用ニ之ヲ準用ス但シ公立學校長ニ該當スル者ナキ場合ニ於テハ第八十一條中公立學校長トアルハ管理者トス

第八十四條　第七十六條ノ營造物ノ設備ノ使用ニ付一般ニ使用ニ關スル料金徴收ノ定アルモノニ關シテハ其ノ料金ヲ徴收スルコトヲ妨ケス

第八十五條　公立學校又ハ第七十六條ノ營造物ノ設備ノ使用ノ準備及其ノ後片付等ニ要スル費用ハ使用ノ許可ヲ受ケタル者ノ負擔トス
公立學校又ハ第七十六條ノ營造物ノ設備ノ使用ニ因リ其設備ヲ損傷シタルトキハ使用ノ許可ヲ受ケタル者ニ於テ之ヲ賠償シ又ハ原狀ニ復スヘシ
第八十六條　地方長官ハ公立學校又ハ第七十六條ノ營造物ノ設備ノ管理者カ本章ノ規定ニ違反シテ又ハ不當ニ使用ノ許可ヲ爲シ又ハ爲サヽルトキハ使用ノ許可ヲ取消シ又ハ使用ノ許可ヲ爲スコトヲ得
第八十七條　地方長官ハ選擧運動ノ爲ニスル公立學校又ハ第七十六條ノ營造物ノ設備ノ使用ニ關シ本章ニ定ムルモノノ外必要ナル規定ヲ設クルコトヲ得

第十三章　交通至難ノ島嶼ニ於ケル特例

第八十八條　北海道廳根室支廳管内國後郡、紗那郡、擇捉郡及蘂取郡ニ於ケル選擧ニ關シテハ第八十九條乃至第百七條ノ規定ニ依ル
第八十九條　削除
第九十條　削除
第九十一條　削除
第九十二條　削除
第九十三條　衆議院議員選擧法第十六條第一項ニ定ムル出訴期間ハ決定ノ通知ヲ受ケタル日ヨリ三十日以内トス
前項ノ規定ニ依リ名簿ヲ修正シタルトキハ町村長ハ直ニ其ノ旨ヲ北海道廳支廳長ニ報告スヘシ

前項ノ報告ヲ受ケタルトキハ北海道廳支廳長ハ直ニ名簿ヲ修正スヘシ
第九十四條　衆議院議員選擧法第三十一條第二項乃至第四項ノ規定及第三十四條中投票ヲ受理スヘカラト決定シタル場合ニ關スル規定ハ之ヲ適用セス
第九十五條　投票管理者ハ投票ノ翌日投票所ニ於テ衆議院議員選擧法第四十八條、第四十九條第二項及第五十一條ノ例ニ依リ開票管理者ニ屬スル職務ヲ行フ此ノ場合ニ於テハ投票立會人ハ其ノ例ニ依リ開票立會人ニ屬スル職務ヲ行フ
第三十九條ノ規定ハ前項ノ規定ニ依リ投票ヲ點檢スル場合ニ之ヲ準用ス
第九十六條　各議員候補者ノ得票數ノ計算終リタルトキハ投票管理者ハ其ノ得票數ヲ朗讀スヘシ
第九十七條　投票ノ點檢終リタルトキハ投票管理者ハ直ニ其ノ結果ヲ開票管理者ニ報告スヘシ
第九十八條　投票管理者ハ點檢濟ニ係ル投票ノ有效無效ヲ區別シ各之ヲ封筒ニ入レ投票立會人ト共ニ之ニ封印ヲ施スヘシ
第三十四條ノ規定ニ依リ受理スヘカラスト決定シタル投票ハ投票管理者之ヲ其ノ儘他ノ封筒ニ入レ投票立會人ト共ニ封印ヲ施スヘシ
第九十九條　投票管理者ハ前四條ノ規定ニ依ル手續ニ關スル顚末書ヲ作成シ投票立會人ト共ニ署名シ投票錄及前條ノ投票ト併セテ開票管理者ニ之ヲ送致スヘシ
第百條　投票管理者ハ豫メ開票ノ日時ヲ告示スヘシ
第百一條　選擧人ハ其ノ投票所ニ就キ開票ノ參觀ヲ求ムルコトヲ得
第百二條　天災其ノ他避クヘカラサル事故ニ因リ投票ヲ行フコトヲ得サルトキ又ハ更ニ之ヲ行フノ必要アルトキハ投票管理者ハ更ニ期日ヲ定メ投票ヲ行ハシムヘシ
前項ノ規定ハ開票ニ之ヲ準用ス

投票管理者第一項ノ規定ニ依リ投票ノ期日ヲ定メタルトキハ少クトモ五日前ニ之ヲ告示シ前項ノ規定ニ依リ開票ノ期日ヲ定メタルトキハ豫メ之ヲ告示スヘシ
投票管理者第一項又ハ第二項ノ規定ニ依リ投票又ハ開票ノ期日ヲ定メタルトキハ直ニ之ヲ開票管理者、選擧長及地方長官ニ報告スヘシ
第百三條　開票管理者ハ第九十七條ノ報告及衆議院議員選擧法第三十五條又ハ第三十六條ノ規定ニ依リ送致セラレタル投票函ノ總テ到達シタル翌日開票ヲ行フヘシ
開票管理者ハ前項ノ投票函ノ投票ニ付衆議院議員選擧法第四十九條第一項及第二項ノ規定ニ依ル手續ヲ終リタルトキハ前項ノ報告ヲ調査シ投票區毎ニ各議員候補者ノ得票數ヲ朗讀シ終リニ各議員候補者ノ得票總數ヲ朗讀スヘシ
第九十七條ノ報告遲着ノ虞アルトキハ其ノ報告總テ到達セサルモ投票函ノ總テ到達シタル翌日以後ハ開票管理者ハ其ノ投票函ノ投票及前日迄ニ到達シタル報告ニ付前項ノ例ニ依リ開票ノ手續ヲ爲スコトヲ得
前項ノ規定ニ依リ開票ヲ行ヒタル場合ニ於テハ開票管理者ハ報告ノ總テ到達シタル日又ハ其ノ翌日更ニ開票所ニ於テ調査未濟ノ報告ヲ調査シ該報告ニ付投票區毎ニ各議員候補者ノ得票數ヲ朗讀シ終リニ前項ノ規定ニ依ル得票總數ニ通算シタル各議員候補者ノ得票總數ヲ朗讀スヘシ
第二項及前項ノ場合ニ於テハ開票管理者ハ直ニ其ノ結果ヲ選擧長ニ報告スヘシ
第百四條　第九十七條ノ報告ニ關スル書類及第九十九條ノ規定ニ依リ送致ヲ受ケタル顚末書ハ開票管理者ニ於テ議員ノ任期間之ヲ保存スヘシ
第百五條　選擧ノ一部無效ト爲リ更ニ選擧ヲ行ヒタル場合ノ開票ニ於テハ其ノ選擧ニ係ル第九十七條ノ報告ヲ調査スヘシ

第百六條　衆議院議員選擧法第百六條ノ規定ニ依リ屆出ツヘキ事項ニ付同條ノ定ムル期間内ニ屆出ツルコト能ハサル情況アリト認ムルトキハ地方長官ハ第八十八條ノ地域ニ關スル部分ニ限リ分別シテ適宜ニ其ノ期間ヲ延長スルコトヲ得

地方長官前項ノ規定ニ依リ屆出期間ヲ延長シタルトキハ直ニ其ノ旨ヲ告示スヘシ

第八十八條ノ地域ニ關スル當選人ニ對スル衆議院議員選擧法第八十四條第一項ニ定ムル出訴期間ハ第一項ノ規定ニ依リ延長シタル期間ト同一ノ期間之ヲ延長ス

第百七條　衆議院議員選擧法第百二十八條ノ規定ハ投票立會人正當ノ事故ナクシテ第九十五條又ハ第九十九條ニ定メタル義務ヲ缺キタル場合ニ之ヲ適用ス

第百八條　東京府青ケ島ニ於テハ名主ハ其ノ年十二月十九日迄ニ選擧人名簿ヲ支廳長ニ送付スヘシ

前項ノ規定ニ依リ送付ヲ受ケタル選擧人名簿ハ支廳長ニ於テ之ヲ管理スヘシ

第一項ノ規定ニ依リ選擧人名簿ヲ支廳長ニ發送シタル後確定判決ニ依リ之ヲ修正スヘキトキハ名主ハ直ニ其ノ旨ヲ支廳長ニ報告スヘシ

支廳長前項ノ報告ヲ受ケタルトキハ直ニ名簿ヲ修正シ其ノ旨ヲ告示スヘシ

選擧人名簿ヲ其ノ年十二月十九日迄ニ支廳長ニ送付スルコト能ハサル情況アリト認ムルトキハ地方長官ハ適宜ニ選擧人名簿ノ調製、縱覽、修正ノ申立及修正ノ申立ノ決定ニ關スル期日又ハ期間ヲ定メ併セテ之ヲ告示シ其ノ年十二月十九日迄ニ選擧人名簿ヲ送付セシムルコトヲ得

第一項ノ區域ニ於ケル選擧ニ關シテハ第九十三條及第百六條ノ規定ヲ準用ス但シ地方長官トアルハ警視總監トス

投票所ハ支廳ニ之ヲ設ケ投票管理者ノ職務ハ支廳長之ヲ行フ

衆議院議員選擧法第二十四條第二項ノ規定ニ依リ投票立會人ノ選任ヲ爲ス場合ニ於テハ官吏又ハ吏員ノ中ニ就キ之ヲ選任スルコトヲ得

第百九條　沖繩縣大東島ニ於ケル選擧人名簿ニ關スル町村長ノ職務ハ地方長官ノ定メタル官吏之ヲ行フ

前項ノ區域ニ於ケル選擧ニ關シテハ第九十三條乃至第百七條ノ規定ヲ準用ス但シ投票管理者ノ職務ハ地方長官ノ定メタル官吏之ヲ行フ

第十四章　補則

第百十條　地方長官衆議院議員選擧法第百四十三條ノ規定ニ依リ選擧事務長カ同法第百十二條又ハ第百十三條ノ罪ヲ犯シ刑ニ處セラレタル旨ノ裁判所ノ長ノ通知ヲ受ケタルトキハ直ニ之ヲ關係選擧長ニ通知スヘシ

選擧長前項ノ通知ヲ受ケタルトキハ直ニ其ノ旨ヲ告示スヘシ

第百十一條　衆議院議員選擧法第百四十四條第百四十四條ノ二及第百四十五條ノ規定ハ本令ノ適用ニ付之ヲ準用ス

附　則

本令ハ次ノ總選擧ヨリ之ヲ施行ス

北海道衆議院議員選擧特例ハ之ヲ廢止ス

(別表點字)

別表點字

（右側ノ記載ハ各點字ノ發音ヲ示スモノトス）

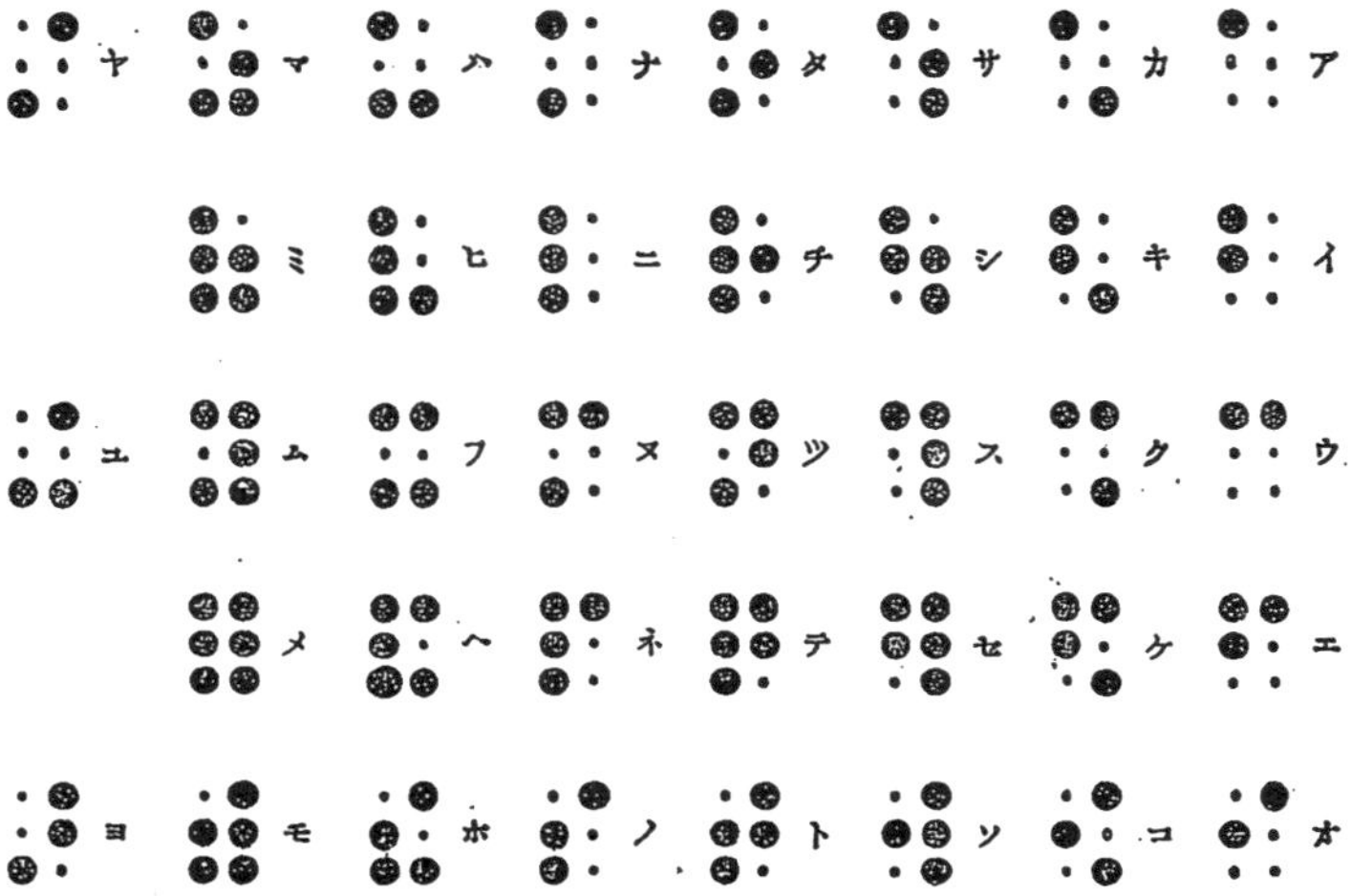

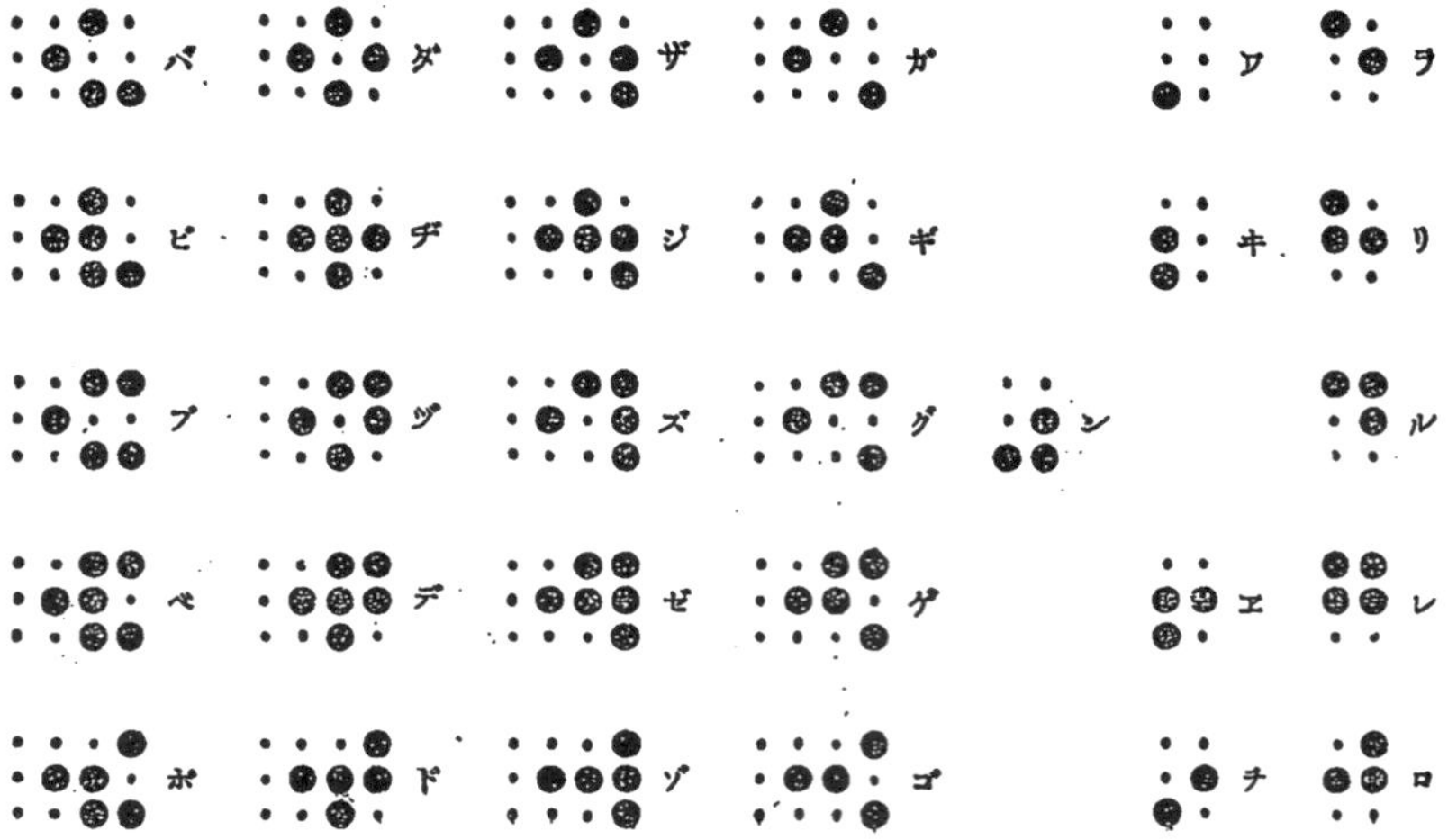

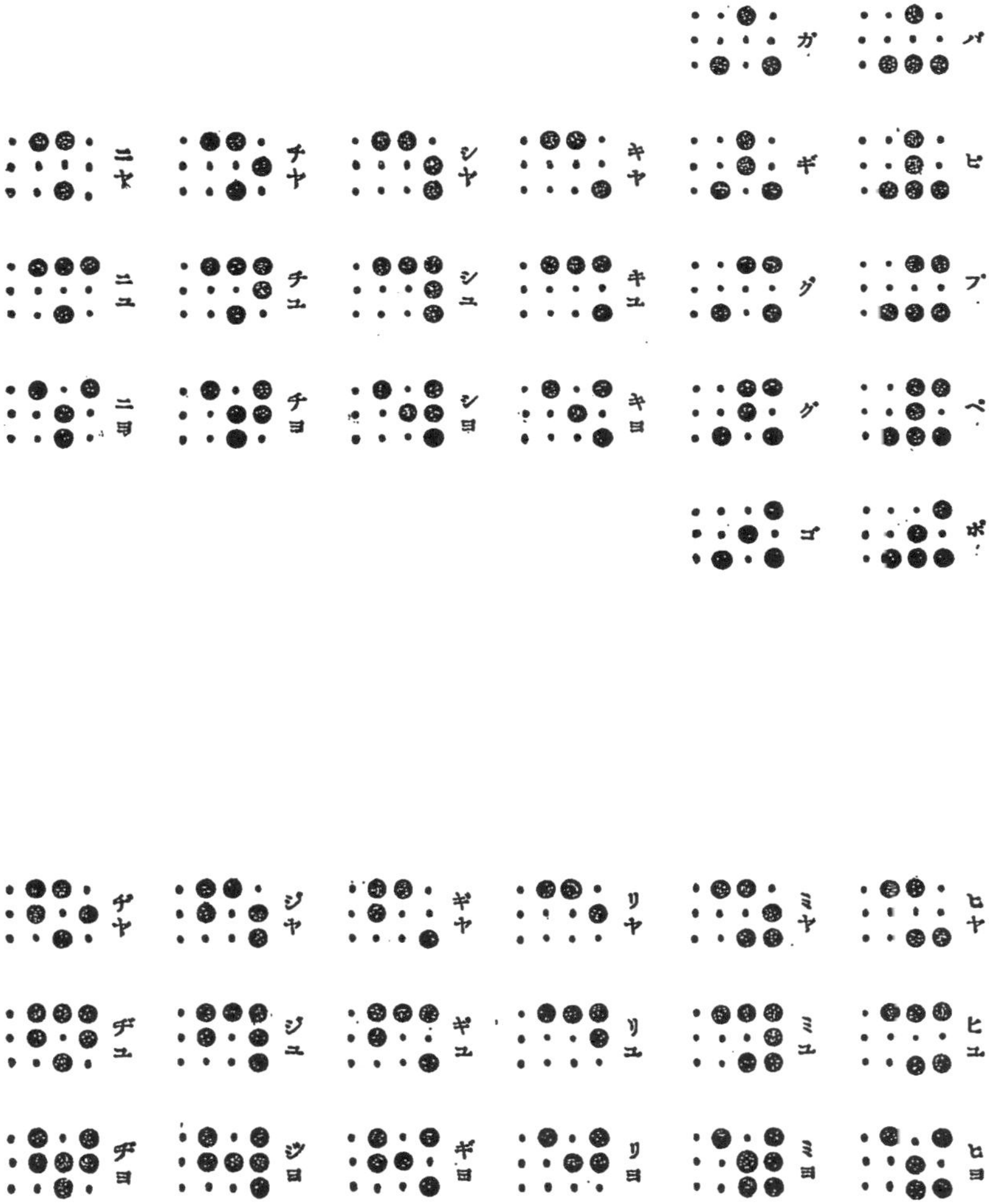
パ
ピ
プ
ペ
ポ
ガ
ギ
グ
ゲ
ゴ
キヤ
キユ
キヨ
シヤ
シユ
シヨ
チヤ
チユ
チヨ
ニヤ
ニユ
ニヨ
ヒヤ
ヒユ
ヒヨ
ミヤ
ミユ
ミヨ
リヤ
リユ
リヨ
ギヤ
ギユ
ギヨ
ジヤ
ジユ
ジヨ
ヂヤ
ヂユ
ヂヨ

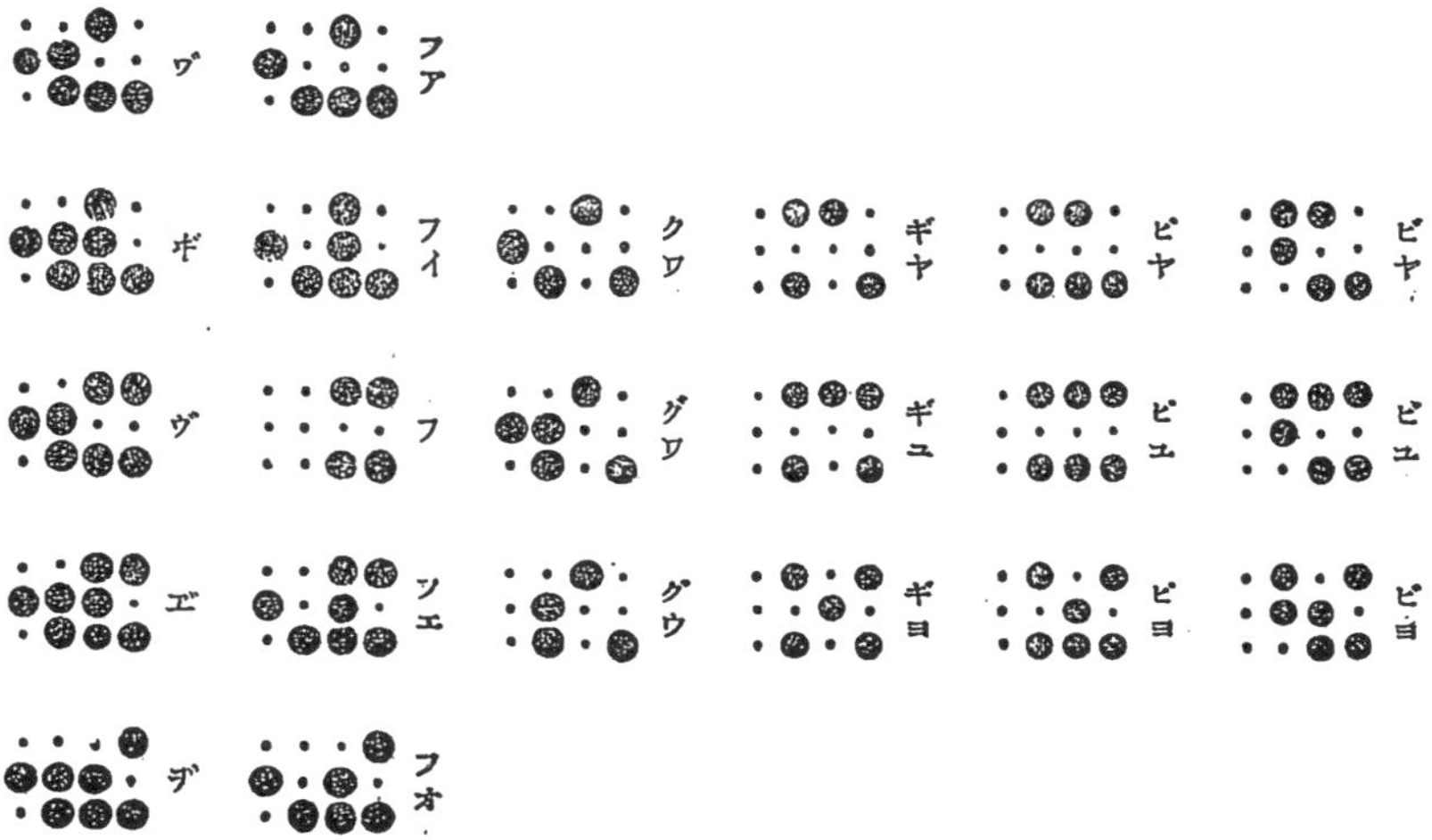
ヷ
ファ
ヸ
フィ
クヮ
ギャ
ビャ
ピャ
ヴ
フ
グヮ
ギュ
ビュ
ピュ
ヹ
ツェ
グゥ
ギョ
ビョ
ピョ
ヺ
フォ

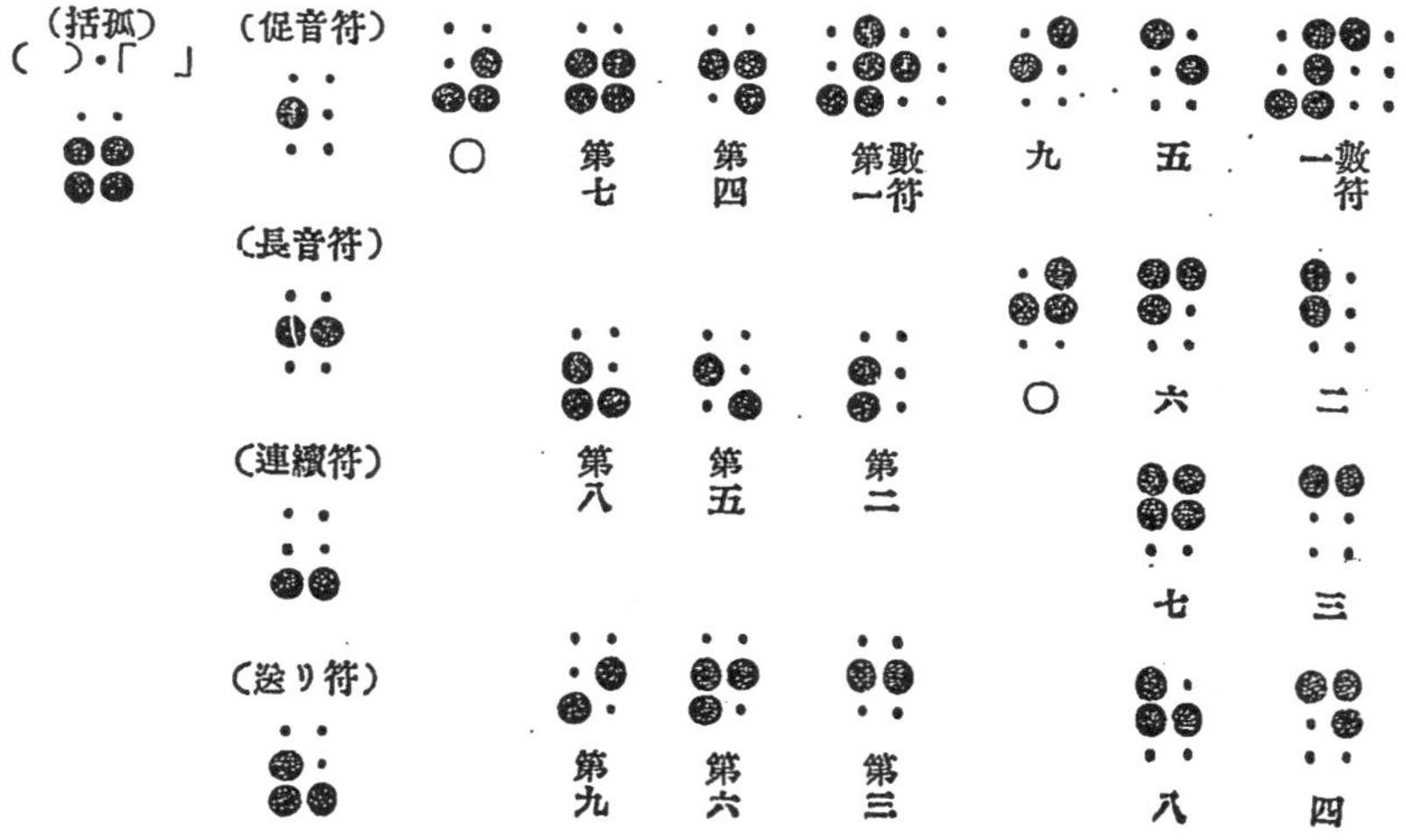
(括孤)
( )・「 」
(促音符)
(長音符)
(連續符)
(送り符)
〇
第七
第四
第一 數符
九
五
一 數符
〇
六
二
第八
第五
第二
七
三
第九
第六
第三
八
四

衆議院議員選擧法施行規則

第一條　衆議院議員選擧人名簿ハ別記樣式ニ依リ之ヲ調製スヘシ

第二條　衆議院議員選擧法第十七條第六項ノ選擧人名簿ノ調製及其ノ期日、縱覽確定ニ關スル期日、期間等ハ地方長官ニ於テ之ヲ定メ豫メ告示スヘシ

第三條　投票用紙竝衆議院議員選擧法第三十一條第三項及第四項ノ規定ニ依ル封筒及衆議院議員選擧法施行令第二十九條ノ規定ニ依ル投票用封筒ハ別記樣式ニ依リ之ヲ調製スヘシ

第四條　衆議院議員選擧法施行令第二十一條第二項及第三項竝第二十九條第二項ノ規定ニ依リ投票用紙又ハ封筒ニ押捺スヘキ點字投票ナル旨ノ印ハ別記樣式ニ依リ之ヲ調製スヘシ

點字投票ナル旨ノ印ハ投票用紙及封筒ノ表面ニ之ヲ押捺スヘシ

第五條　投票函ハ別記樣式ニ依リ之ヲ調製スヘシ

第六條　立會人ノ屆出書及之ニ添付スヘキ承諾書議員候補者ノ屆出書又ハ推薦屆出書竝議員候補者タルコトヲ辭スルコトノ屆出書ハ別記樣式ニ準シ之ヲ作成スヘシ

第七條　衆議院議員選擧法施行令第二十八條第一項ノ規定ニ依ル證明書ハ別記樣式ニ準シ之ヲ作成スヘシ

第八條　投票函ハ其ノ閉鎖後開票管理者ニ送致ノ爲ノ外之ヲ投票所外ニ搬出スルコトヲ得ス

第九條　投票錄、衆議院議員選擧法施行令第三十三條ノ顚末書、開票錄及選擧錄ハ別記樣式ニ依リ之ヲ調製スヘシ

第十條　議員候補者ノ屆出若ハ推薦屆出又ハ議員候補者タルコトヲ辭スルコトノ屆出ヲ受理シタルトキハ選擧長ハ直ニ其ノ受理ノ年月日時ヲ屆出書ノ餘白ニ記載スヘシ

第十一條　當選證書ハ別記樣式ニ依リ之ヲ調製スヘシ

第十二條　選擧運動ノ費用ノ精算屆書ハ別記樣式ニ準シ之ヲ作成スヘシ

附　則

本令ハ次ノ總選擧ヨリ之ヲ施行ス

明治三十四年内務省令第二十八號及第二十九號竝大正九年内務省令第二號ハ之ヲ廢止ス

○衆議院議員選擧人名簿樣式　（用紙美濃紙）

番號	住居	生年月日	氏名
一	何郡（市）何町（村）大字何（町）何番地	何年何月何日	氏名
番號	住居	生年月日	氏名

備考

一名簿ハ大字若ハ小字毎ニ區別シテ調製スヘシ但シ一字若ハ數字毎ニ分綴スルモ妨ナシ

一決定判決等ニ依リ名簿ヲ修正シタルトキハ其ノ旨及修正ノ年月日ヲ欄外ニ記シ官印又ハ職印ヲ押捺スヘシ

一名簿ノ表紙及卷末ニハ左ノ通記載スヘシ

（表紙）

> 大正何年何月何日現在調
> 衆議院議員選擧人名簿
> 何府縣（北海道）何郡（市）何町（村）（大字若ハ小字何々）

（卷末）

此ノ選擧人名簿ハ大正何年何月何日ヨリ何日間何郡市役所何町村役場（何ノ場所）ニ於テ縱覽セシメ大正何年何月何日ヲ以テ確定セリ

官職氏名印

投票用紙様式

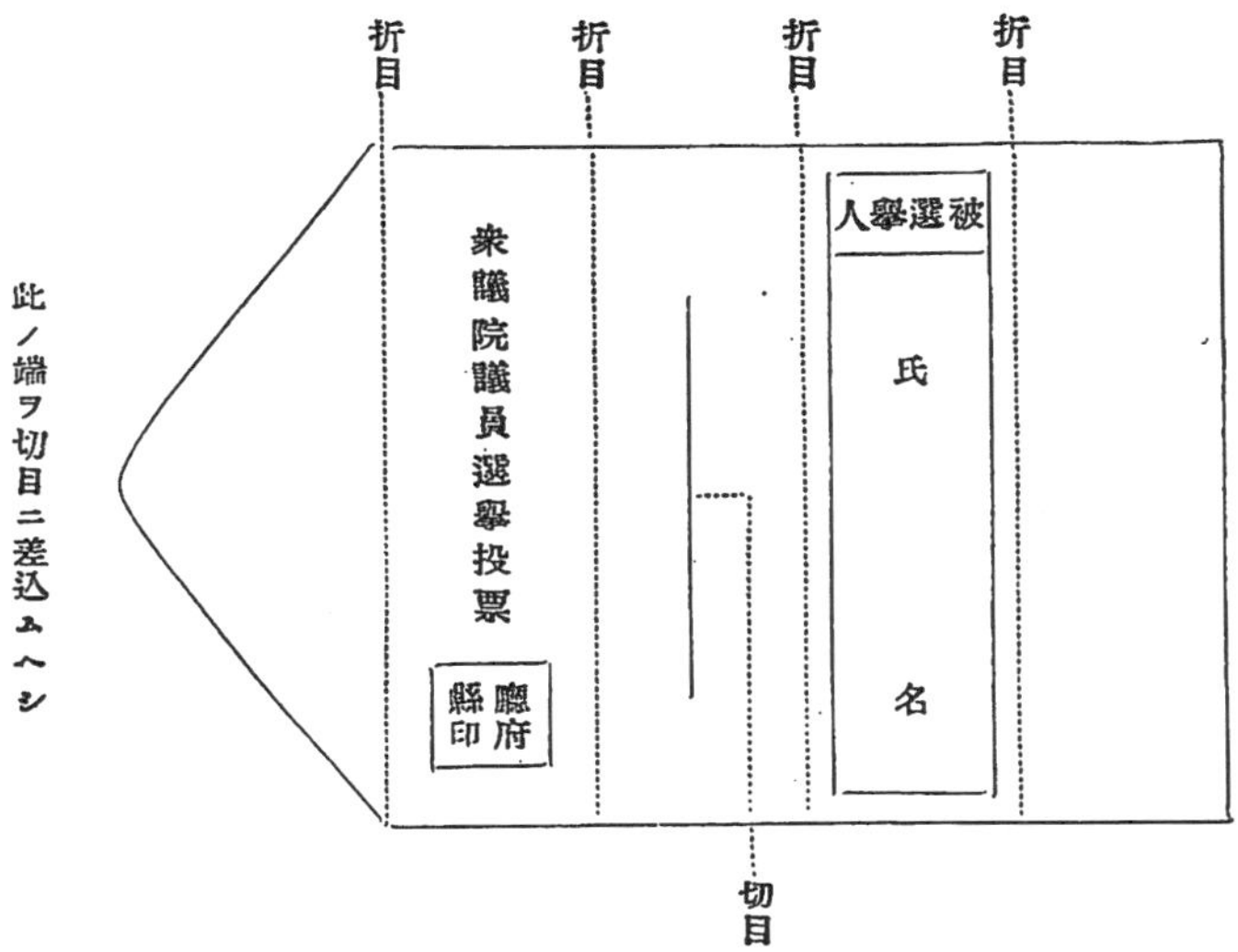

表

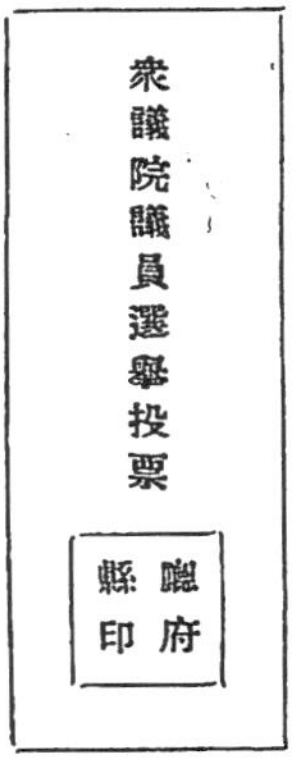

裏

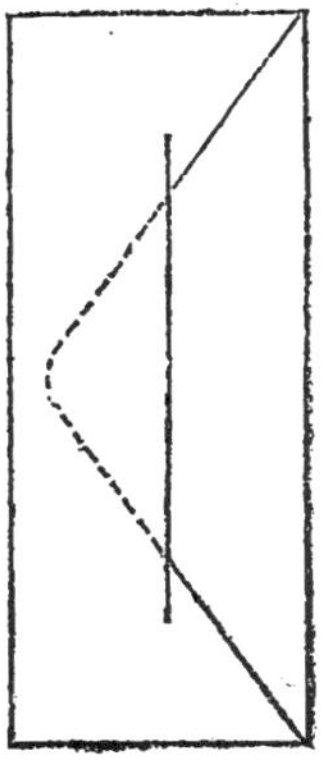

備考

用紙ハ折疊ミタル場合ニ於テ外部ヨリ被選擧人ノ氏名ヲ透視シ得サル紙質ノモノヲ用フヘシ

○衆議院議員選擧法第三十一條第三項及第四項ノ規定ニ依ル封筒樣式

表

裏

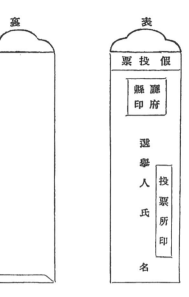

備考

投票所印ハ豫メ封筒ニ左ノ印章ヲ押捺シ置キ各投票所ニ於テ投票所名ヲ記入シ之ニ代フルモ妨ナシ

投票所

○衆議院議員選擧法施行令第二十九條ノ規定ニ依ル投票用封筒樣式

表

裏

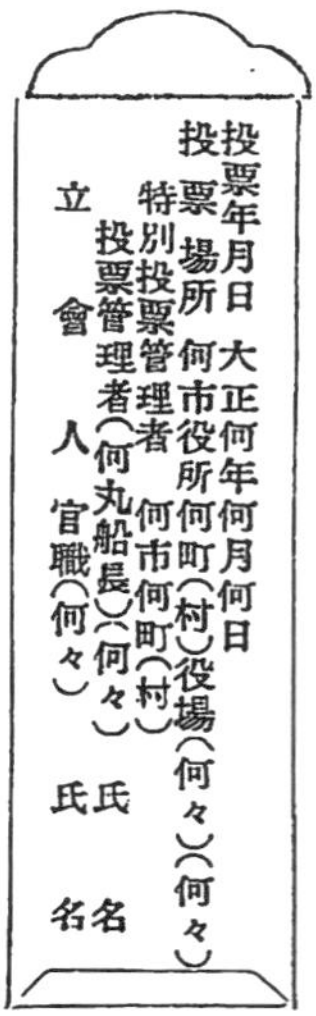

備考

投票所印ハ豫メ封筒ニ左ノ印章ヲ押捺シ置キ各投票所ニ於テ投票所名ヲ記入シ之ニ代フルモ妨ナシ

投票所

衆議院議員選擧法施行令第二十一條第二項及第三項竝第二十九條第二項ノ規定ニ依リ投票用紙又ハ封筒ニ押捺スヘキ點字投票ナル旨ノ印樣式

點字投票

○投票箱様式

厚サ上凡八歩高凡二尺、幅凡二尺五寸横凡一尺五寸、但シ大小ハ選擧人ノ多寡ニ應シ適宜ニ之ヲ造ルヘシ

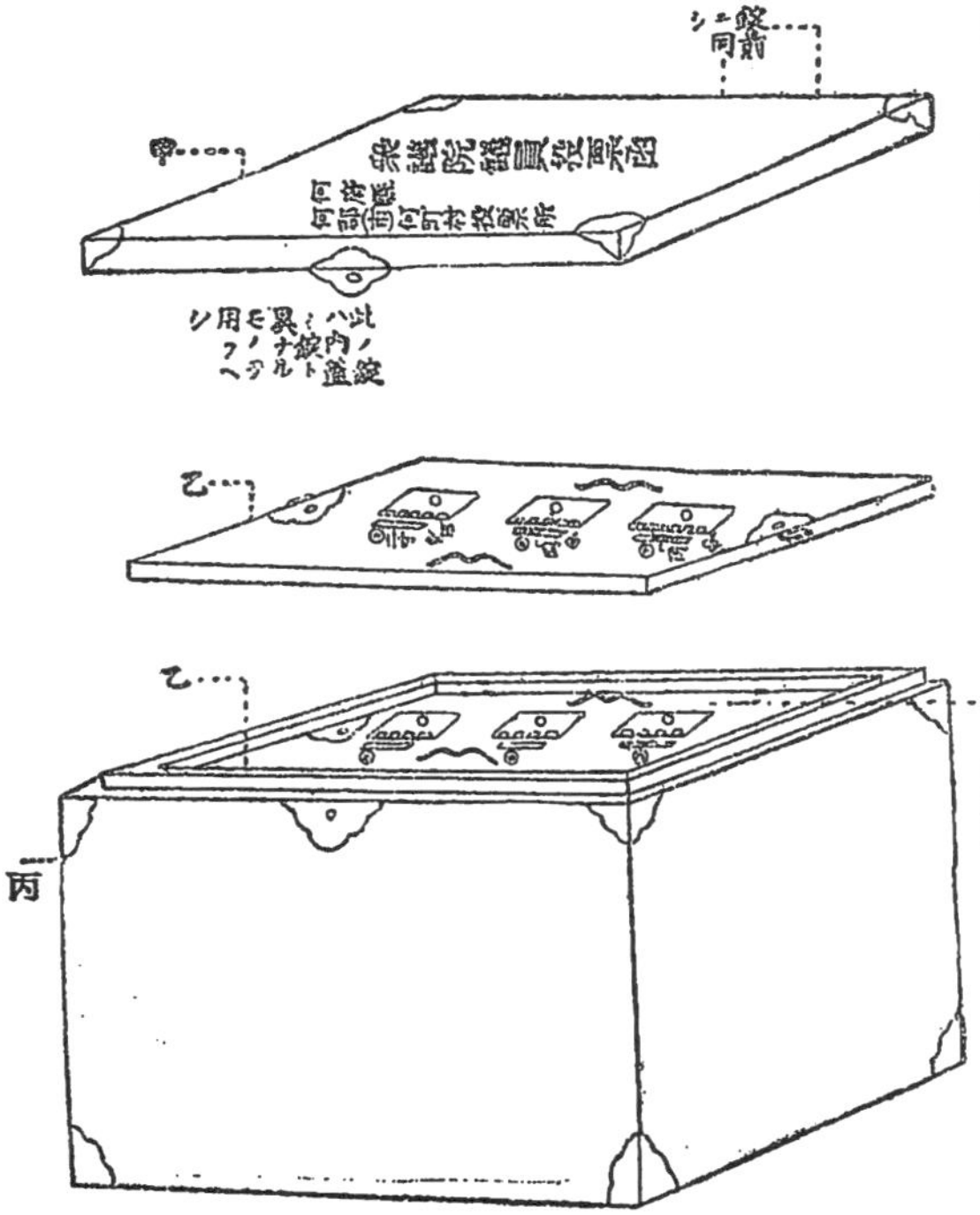

投票口ハ便宜ニ從ヒ一箇又ハ二箇ト爲スモ妨ナシ

此ノ箱ハ韓櫃ニ造リ投票終レハ蓋ヲ爲シ錠ヲ卸ス但シ内蓋ノ錠ハ五箇所共一種ノモノヲ用フ

何府縣(北海道)何郡(市)何町(村)大字何(町)何番地

氏　名　印

議員候補者　氏　名宛

○衆議院議員候補者ノ屆出書樣式

衆議院議員候補者屆

議員候補者　氏　名

職　業　何々(官公吏、陸海軍軍人ニ在リテハ成ル可ク明細ニ記載スルコト)

住　居　何府縣(北海道)何郡(市)何町(村)大字何(町)何番地

生年月日　何年何月何日

選　擧　大正何年何月何日執行ノ衆議院議員選擧

右別紙供託ヲ證スヘキ書面相添立候補屆出候也

大正何年何月何日

氏　名　印

選擧長　氏　名宛

○議員候補者ノ推薦屆出書樣式

衆議院議員候補者推薦屆

議員候補者　氏　名

職　業　何々(官公吏、陸海軍軍人ニ在リテハ成ルヘク明細ニ記載スルコト)

住　居　何府縣(北海道)何郡(市)何町(村)大字何(町)何番地

○立會人ノ屆出書樣式

投票立會人(開票立會人)(選擧立會人)屆

立會人　氏　名

住　居　何府縣(北海道)何郡(市)何町(村)大字何(町)何番地

生年月日　何年何月何日

選　擧　大正何年何月何日執行ノ衆議院議員選擧

右別紙本人ノ承諾書相添屆出候也

大正何年何月何日

議員候補者　氏　名　印

投票管理者(開票管理者)(選擧長)　氏　名宛

○立會人ノ屆出書ニ添付スヘキ承諾書樣式

投票立會人(開票立會人)(選擧立會人)承諾書

大正何年何月何日執行ノ衆議院議員選擧ニ於ケル投票立會人(開票立會人)(選擧立會人)タルコトヲ承諾候也

大正何年何月何日

生年月日　何年何月何日
選　舉　大正何年何月何日執行ノ衆議院議員選舉
推薦届出者　氏　名
住　居　何府縣(北海道)何郡(市)何町(村)大字何(町)何番地
生年月日　何年何月何日
(推薦届出者)(氏　名)
(住　居)〔何府縣(北海道)何郡(市)何町(村)大字何(町)何番地〕
(生年月日)(何年何月何日)
右別紙供託ヲ證スヘキ書面相添推薦届出候也
大正何年何月何日
氏　名　印
(氏　名　印)
選舉長　氏　名　宛

○議員候補者タルコトヲ辭スルコトノ届出書樣式

衆議院議員候補者辭退届
議員候補者　氏　名
事　由　大正何年何月何日華族ノ戸主ト爲リタル爲(何々ノ爲)被選舉權ヲ有セサルニ至リタリ
右辭退届出候也
大正何年何月何日
議員候補者　氏　名　印
選舉長　氏　名　宛

備　考
事由ハ被選舉權ヲ有セサルニ至リタル爲議員候補者タルコトヲ辭スル場合ニ限リ記載スヘシ

○衆議院議員選舉法施行令第二十八條第一項ノ規定ニ依ル證明書樣式

證　明　書
住　居　何府縣(北海道)何郡(市)何町(村)大字何(町)何番地
職　業　何々(成ル可ク明細ニ記載スルコト)
選舉人　氏　名
右ハ左ノ事由ニ因リ選舉ノ當日自ラ投票所ニ至リ投票ヲ爲シ能ハサルヘキ者ナルコトヲ證明ス
大正何年何月何日
官職(何丸船長)(何業務主)　氏　名　印
一　大正何年何月何日午前/後何時何丸(總噸數何噸)(積石數何石)ニ乘組ミ何港出帆何航路ヲ何地ヘ航海大正何年何月何日午前/後何時何港歸著
〔一　大正何年何月何日午前/後何時何丸(總噸數何噸)(積石數何石)ニ乘組ミ何港出帆何地沖合ニ於テ何々漁業ニ從事シ(何々ニ從事シ)大正何年何月何日午前/後何時何港歸著〕
〔一　大正何年何月何日午前/後何時何驛發何鐵道何線鐵道列車ニ乘務シ)大正何年何月何日午前/後何時何驛歸著〕
〔一　大正何年何月何日午前/後何時ヨリ大正何年何月何日迄演習召

集（教育召集）ノ爲何部隊（何々）ニ召集中）
一 大正何年何月何日午前後何時何艦船ニ乘組ミ何港出帆何地ヘ航海大正何年何月何日午前後何時何港歸著）

○投票錄樣式

大正何年何月何日執行何府縣（北海道）何郡（市）何町（村）衆議院議員投票所投票錄

一 投票所ハ何市役所何町（村）役場（何ノ場所）ニ之ヲ設ケタリ

二 左ノ投票立會人ハ何レモ投票所ヲ開クヘキ時刻迄ニ投票所ニ參會シタリ

住居　氏名

住居　氏名

投票所ヲ開クヘキ時刻ニ至リ投票立會人中參會スル者三人ニ達セサルニ依リ投票管理者ハ臨時ニ投票區內ニ於ケル選擧人名簿ニ記載セラレタル者ノ中ヨリ左ノ者ヲ投票立會人ニ選任シタリ

住居　氏名

三 投票所ハ大正何年何月何日午前七時ニ之ヲ開キタリ

四 投票立會人中氏名ハ一旦參會シタルモ午前後何時何々ノ事故ヲ以テ其ノ職ヲ辭シタル爲其ノ數三人ニ達セサルニ至リタルニ依リ投票管理者ハ臨時ニ投票區內ニ於ケル選擧人名簿ニ記載セラレタル者ノ中ヨリ午前後何時左ノ者ヲ投票立會人ニ選任シタリ

住居　氏名

五 投票管理者ハ投票立會人ト共ニ投票ニ先チ投票所ニ參會シタル選擧人ノ面前ニ於テ投票函ヲ開キ其ノ空虛ナルコトヲ示シタル後內蓋ヲ鎖シ投票管理者及投票立會人ノ列席スル面前ニ之ヲ置キタリ

六 投票管理者及投票立會人ノ面前ニ於テ選擧人ヲ選擧人名簿ニ對照シタル後（到著番號札ト引換ニ）投票用紙ヲ交付シタリ

七 選擧人ハ自ラ投票ヲ認メ之ヲ投票函ニ投入シタリ

八 投票管理者ハ左ノ選擧人ノ本人ナリヤ否ヤヲ確認スルコト能ハサリシヲ以テ投票立會人ノ面前ニ於テ其ノ本人ナル旨ヲ宣言セシメ投票所ノ事務ニ從事スル職氏名ヲシテ之ヲ筆記セシメ之ヲ選擧人ニ讀聞カセ選擧人ヲシテ之ニ署名セシメタリ

住居　氏名

投票管理者ハ左ノ選擧人ノ本人ナリヤ否ヤヲ確認スルコト能ハサリシヲ以テ投票立會人ノ面前ニ於テ其ノ本人ナル旨ノ宣言ヲ命シタルモ其ノ宣言ヲ爲サヽルニ依リ本人ニ非スト認メ之ヲ投票所外ニ退出セシメタリ

住居　氏名

九 左ノ選擧人ハ選擧人名簿ニ登錄ナキモ之ニ登錄セラルヘキ確定判決書ヲ所持シ投票所ニ到リタルニ依リ投票管理者ハ之ヲシテ投票ヲ爲サシメタリ

住居　氏名

十 左ノ選擧人ハ衆議院議員選擧法第三十三條ノ投票ノ爲交付

ヲ受ケタル投票用紙及投票用封筒ヲ返還シタルニ依リ投票管理者ハ之ヲシテ投票ヲ爲サシメタリ

住居　氏名

十一　左ノ選擧人ハ點字ニ依リ投票ヲ爲サムトスル旨ヲ申立タルヲ以テ投票管理者ハ投票用紙ニ點字投票ナル旨ノ印ヲ押捺シテ交付シ投票ヲ爲サシメタリ

住居　氏名

十二　左ノ選擧人ハ何々ノ事由ニ因リ投票管理者ニ於テ投票立會人ノ意見ヲ聽キ投票ヲ拒否シタリ

住居　氏名

左ノ選擧人ハ何々ノ事由ニ因リ投票管理者ニ於テ投票立會人ノ意見ヲ聽キ投票ヲ拒否スヘキ旨ヲ決定シタルモ同選擧人ニ於テ不服ヲ申立テタルヲ以テ（投票立會人氏名ニ於テ異議アリシヲ以テ）假ニ投票ヲ爲サシメタリ

住居　氏名

十三　左ノ選擧人ハ何々ノ事由ニ因リ投票管理者ニ於テ投票立會人ノ意見ヲ聽キ點字投票ヲ拒否シタリ

住居　氏名

左ノ選擧人ハ何々ノ事由ニ因リ投票管理者ニ於テ投票立會人ノ意見ヲ聽キ點字投票ヲ拒否スヘキ旨決定シタルモ同選擧人ニ於テ不服ヲ申立テタルヲ以テ（投票立會人氏名ニ於テ異議アリシヲ以テ）假ニ點字投票ヲ爲サシメタリ

住居　氏名

十四　左ノ選擧人ハ誤リテ投票用紙（封筒）ヲ汚損シタル旨ヲ以テ更ニ之ヲ請求シタルニ依リ其ノ相違ナキヲ認メ之ト引換ニ投票用紙（封筒）ヲ交付シタリ

住居　氏名

十五　左ノ選擧人ハ投票所ニ於テ演說討論ヲ爲シ（喧騷ニ渉リ）（投票ニ關シ協議若ハ勸誘ヲ爲シ）（何々ニ因リ）投票所ノ秩序ヲ紊リタルニ依リ投票管理者ニ於テ之ヲ制止シタルモ其ノ命ニ從ハサルヲ以テ投票用紙（到著番號札）ヲ返付セシメ之ヲ投票所外ニ退出セシメタリ

住居　氏名

十六　投票管理者ハ投票所外ニ退出ヲ命シタル左ノ選擧人ニ對シ投票所ノ秩序ヲ紊ルノ虞ナシト認メ投票ヲ爲サシメタリ

住居　氏名

投票管理者ニ於テ投票所外ニ退出ヲ命シタル左ノ選擧人ハ最後ニ入場シテ投票ヲ爲シタリ

住居　氏名

十七　午後六時ニ至リ投票管理者ハ投票所ヲ閉ツヘキ時刻ニ至リタル旨ヲ告ケ投票所ノ入口ヲ鎖シタリ

十八　投票所閉鎖ノ時刻迄ニ投票管理者ノ受ケタル衆議院議員選擧法第三十三條ノ投票左ノ如シ

投票管理者自ラ特別投票管理者トシテ受ケタルモノ

何票

他ノ特別投票管理者ヨリ送致ヲ受ケタルモノ

何票

衆議院議員選擧法施行令第三十二條第四項ノ規定ニ依リ

送致ヲ受ケタルモノ　　　何　票

計　　　　何　票

投票管理者ハ投票函閉鎖前投票立會人ノ意見ヲ聽キ前記ノ投票ノ受理如何ヲ決定シ更ニ投票用封筒ヲ開披シテ點字投票ニ付其ノ拒否ヲ決定シタリ

投票ヲ受理スヘシト決定シ且點字投票ノ拒否ノ決定ヲ受ケサル何票ハ之ヲ直ニ投函シタリ

左ノ何人ノ投票ハ受理スヘカラスト決定シ又ハ點字投票ノ拒否ノ決定ヲ受ケタルヲ以テ各其ノ投票用封筒ニ入レ假ニ封緘ヲ施シ其ノ表面ニ不受理ノ決定又ハ點字投票ノ拒否ノ決定アリタル旨ヲ記載シテ之ヲ投函シタリ

不受理ノ決定ヲ受ケタルモノ

住居　氏　名

點字投票ノ拒否ノ決定ヲ受ケタルモノ

住居　氏　名

十九　午後何時投票所ニ在ル選擧人ノ投票結了シタルヲ以テ投票管理者ハ投票立會人ト共ニ投票函ノ内蓋ノ投票口及外蓋ヲ鎖シタリ

二十　投票函ヲ閉鎖シタルニ依リ其ノ内蓋ノ鑰ハ投票函ヲ送致スヘキ左ノ投票立會人之ヲ保管シ外蓋ノ鑰ハ投票管理者之ヲ保管ス

氏　名

二十一　投票函、投票錄及選擧人名簿ヲ開票管理者ニ送致スヘキ投票立會人左ノ如シ

氏　名

二十二　左ノ何人ハ投票所ノ事務ニ從事シタリ

職　氏　名

職　氏　名

二十三　投票所ニ臨監シタル官吏左ノ如シ

官　職　氏　名

二十四　選擧人名簿ニ記載セラレタル者ノ總數　何　人

二十五　投票ヲ爲シタル選擧人ノ總數　何　人

內

選擧人名簿ニ記載セラレタル選擧人ニシテ投票ヲ爲シタル者　何　人

內

衆議院議員選擧法第三十三條ノ投票ヲ爲シタル者　何　人

確定判決書ニ依リ投票ヲ爲シタル者　何　人

投票拒否ノ決定ヲ受ケタル者ノ總數　何　人

內

假ニ投票ヲ爲サシメタル者　何　人

內

衆議院議員選擧第三十三條ノ投票中受理スヘカラスト決定セラレタル投票ヲ爲シタル者

何　人

投票管理者ハ此ノ投票錄ヲ作リ之ヲ朗讀シタル上投票立會人ト共ニ玆ニ署名ス

大正何年何月何日

投票管理者　職　氏　名

投票立會人　氏　名

氏　名

氏　名

備考

様式ニ掲クル事項ノ外投票管理者ニ於テ投票ニ關シ緊要ト認ムル事項アルトキハ之ヲ記載スヘシ

○衆議院議員選擧法施行令第三十三條ノ顛末書様式

何府縣（北海道）何郡（市）何町（村）衆議院議員投票區衆議院議員選擧法施行令第三十三條ノ顛末書

一　左ノ選擧人ハ衆議院議員選擧法施行令第二十六條乃至第二十八條ノ規定ニ依リ投票用紙及投票用封筒ノ交付ヲ請求シタルニ依リ該當事項アリト認メ之ヲ交付シタリ

住　居　氏　名

請　求　大正何年何月何日

事　由　何丸船内從業中（何鐵道何線鐵道列車乘務中）

（何々）

證明書　官職氏名ノ證明書

交　付　大正何年何月何日

住　居　氏　名

請　求　大正何年何月何日

事　由　演習召集中

證明書　召集令狀ヲ提示シ證明書ノ提出ニ代フ

交　付　大正何年何月何日

住　居　氏　名

請　求　大正何年何月何日

事　由　何丸船内從業中

證明書　何々ノ事由ニ因リ證明書ヲ提出スルコト能ハサル旨ヲ疏明ス

交　付　大正何年何月何日

計　何　人

二　左ノ選擧人ハ點字ニ依リ投票ヲ爲サムトスル旨ヲ申立テタルヲ以テ投票用紙ニ點字投票ナル旨ノ印ヲ押捺シテ交付又ハ發送シタリ

住　居　氏　名

三　左ノ選擧人ハ投票用紙及投票用封筒ノ交付ヲ請求シタルモ之ヲ拒絶シタリ

住　居　氏　名

請　求　大正何年何月何日

事　由　何鐵道何線鐵道列車乘務中

證明書　提出セス

拒　絶　大正何年何月何日

拒絕事由　正當ノ事由ナク證明書ヲ提出セス

住　居　氏　名

請　求　大正何年何月何日

事　由　何々

證明書　官職氏名ノ證明書

拒　絕　大正何年何月何日

拒絕事由　選擧人名簿ニ登錄セラレス（何々）

計　何　人

四　投票管理者ニ於テ自ラ特別投票管理者トシテ受ケタル投票左ノ如シ

大正何年何月何日受

住　居　氏　名

大正何年何月何日受

住　居　氏　名

計　何　票

五　投票管理者ニ於テ投票所ヲ閉ツヘキ時刻迄ニ送致ヲ受ケタル投票左ノ如シ

特別投票管理者何府縣（北海道）何郡（市）何町（村）投票管理者送致

大正何年何月何日受

住　居　氏　名

特別投票管理者何丸船長送致

大正何年何月何日受

住　居　氏　名

何府縣（北海道）何郡（市）何町（村）投票管理者送致

大正何年何月何日受

住　居　氏　名

計　何　票

六　左ノ選擧人ハ交付ヲ受ケタル投票用紙及投票用封筒ヲ返還シタリ

大正何年何月何日返還

住　居　氏　名

大正何年何月何日返還

住　居　氏　名

計　何　人

投票管理者ハ此ノ顚末書ヲ作リ玆ニ署名ス

大正何年何月何日

投票管理者　職　氏　名

備　考

樣式ニ揭クル事項ノ外投票管理者ニ於テ衆議院議員選擧法第三十三條ノ投票ニ關シ緊要ト認ムル事項アルトキハ之ヲ記載スヘシ

○開票錄樣式

大正何年何月何日執行何府縣（北海道）何郡（市）衆議院議員開票所開票錄

一　開票所ハ何郡（市）役所（何ノ場所）ニ之ヲ設ケタリ

二　左ノ開票立會人ハ何レモ開票所ヲ開クヘキ時刻迄ニ開票所ニ參會シタリ

住居氏名

住居氏名

開票所ヲ開クヘキ時刻ニ至リ開票立會人中參會スル者三人ニ達セサルニ依リ開票管理者ハ臨時ニ開票區内ニ於ケル選擧人名簿ニ記載セラレタル者ノ中ヨリ左ノ者ヲ開票立會人ニ選任シタリ

住居氏名

三　大正何年何月何日開票管理者ハ總テノ投票函ノ送致ヲ受ケタルヲ以テ其ノ翌何日午前後何時ニ開票所ヲ開キタリ

四　開票立會人中氏名ハ一旦參會シタルモ午前後何時何々ノ事故ヲ以テ其ノ職ヲ辭シタル爲其ノ數三人ニ達セサルニ至リタルニ依リ開票管理者ハ臨時ニ開票區内ニ於ケル選擧人名簿ニ記載セラレタル者ノ中ヨリ午前後何時左ノ者ヲ開票立會人ニ選任シタリ

住居氏名

五　開票管理者ハ開票立會人立會ノ上逐次投票函ヲ開キ投票ノ總數ト投票人ノ總數トヲ計算シタルニ左ノ如シ

投票總數　何票

投票人總數　何人

外

假ニ爲シタル投票數　何票

假ニ爲シタル投票人數　何人

右投票區別内譯左ノ如シ

何町(村)投票區(何市何々投票區)

投票數　何票

投票人數　何人

外

假ニ爲シタル投票數　何票

假ニ爲シタル投票人數　何人

何町(村)投票區(何市何々投票區)

、、、　、、

、、、　、、

〔投票數ト投票人數ト符合セス即チ投票數ハ投票人數ニ比シ何票多シ(少シ)(其ノ理由ノ明カナルモノハ之ヲ記載スヘシ)〕

六　投票管理者ヨリ拒否ノ決定ヲ受ケタル者ニシテ假ニ投票ヲ爲シタル者左ノ如シ

住居氏名

住居氏名

開票管理者ハ右ノ投票ヲ調査シ開票立會人ノ意見ヲ聽キ左ノ通之ヲ決定セリ

受理セシモノ

一事由何々　住居氏名

一事由何々　住居氏名

受理セサリシモノ

一事由何々　住居氏名

七　開票管理者ハ投票區毎ニ假ニ爲シタル投票ニシテ受理スヘキモノト決定シタル投票ノ封筒ヲ開披シタル上總テノ投票

ヲ混同シ開票立會人ト共ニ之ヲ點検シタリ

八　開票事務ニ從事スル官職氏名及官職氏名ノ二人ハ各別ニ同一議員候補者ノ得票數ヲ計算シタリ

九　開票管理者ニ於テ開票立會人ノ意見ヲ聽キ有效又ハ無效ト決定シタル投票左ノ如シ

一有效ト決定シタルモノ　何　票
一無效ト決定シタルモノ　何　票
内
一成規ノ用紙ヲ用ヒサルモノ　何　票
一議員候補者ニ非サル者ノ名氏ヲ記載シタルモノ
何　票
三、、、、、、、、、　何　票
總　計　何　票

右投票區別内譯左ノ如シ

何町(村)投票區(何市何々投票區)
一有效ト決定シタルモノ　何　票
一無效ト決定シタルモノ　何　票
内
一　成規ノ用紙ヲ用ヒサルモノ　何　票
二　議員候補者ニ非サル者ノ氏名ヲ記載シタルモノ　何　票
三　、、、、、、、　何　票
計　何　票

何町(村)投票區(何市何々投票區)
一、、、、、、、、　、、
一、、、、、、、　、、

十　午前/後何時投票ノ點検ヲ終リタルヲ以テ開票管理者ハ投票區毎ニ各議員候補者ノ得票數ヲ朗讀シ終リニ其ノ得票總數ヲ朗讀シタリ

十一　各議員候補者ノ得票數左ノ如シ

何　票　氏　名
内
何町(村)投票區(何市何々投票區)　何　票
何町(村)投票區(何市何々投票區)　何　票

何　票　氏　名
内
何町(村)投票區(何市何々投票區)　何　票
何町(村)投票區(何市何々投票區)　何　票

十二　開票管理者ハ投票區毎ニ點検濟ニ係ル投票ヲ有效無效及受理スヘカラスト決定シタル投票ヲ大別シ尚有效ノ決定アリタル投票ニ在リテハ得票者毎ニ之ヲ區別シ無效ノ決定アリタル投票ニ在リテハ之ヲ類別シ各之ヲ一括シ更ニ有效無

效及受理スヘカラスト決定シタル投票別ニ之ヲ封筒ニ入レ開票立會人ト共ニ封印ヲ施シタリ

十三 午前後何時開票ノ事務ヲ結了ス

十四 左ノ何人ハ開票所ノ事務ニ從事シタリ

官 職 氏 名

官 職 氏 名

十五 開票所ニ臨監シタル官吏左ノ如シ

官 職 氏 名

開票管理者此ノ開票錄ヲ作リ之ヲ朗讀シタル上開票立會人ト共ニ玆ニ署名ス

大正何年何月何日

開票管理者

官 職 氏 名

開票立會人

氏 名

氏 名

氏 名

備 考

樣式ニ揭クル事項ノ外開票管理者ニ於テ開票ニ關シ緊要ト認ムル事項アルトキハ之ヲ記載スヘシ

○選擧錄樣式ノ一

大正何年何月何日

何府縣(北海道) (第何區)衆議院議員選擧會開會選擧錄

一 選擧會場ハ何府縣廳何郡(市)役所(何ノ場所)ニ之ヲ設ケタリ

二 左ノ選擧立會人ハ何レモ選擧會ヲ開クヘキ時刻迄ニ選擧會ニ參會シタリ

住 居 氏 名

住 居 氏 名

選擧會ヲ開クヘキ時刻ニ至リ選擧立會人中參會スル者三人ニ達セサルニ依リ選擧長ハ臨時ニ選擧區內ニ於ケル選擧人名簿ニ記載セラレタル者ノ中ヨリ左ノ者ヲ選擧立會人ニ選任シタリ

住 居 氏 名

三 大正何年何月何日選擧長ハ總テノ開票管理者ヨリ報告ヲ受ケタルヲ以テ其ノ當日(翌何日)午前後何時ニ選擧會ヲ開キタリ

四 選擧立會人中氏名ハ一旦參會シタルモ午前後何時何々ノ事故ヲ以テ其ノ職ヲ辭シタル爲其ノ數三人ニ達セサルニ至リタルニ依リ選擧長ハ臨時ニ選擧區內ニ於ケル選擧人名簿ニ記載セラレタル者ノ中ヨリ午前後何時左ノ者ヲ選擧立會人ニ選任シタリ

住 居 氏 名

五 選擧長選擧立會人立會ノ上逐次開票管理者ノ報告ヲ調査シ開票區每ニ議員候補者ノ氏名及其ノ得票數ヲ朗讀シ終リニ各議員候補者ノ得票總數ヲ朗讀シタリ

六 各議員候補者ノ得票數左ノ如シ

何 票 氏 名

何 票 氏 名

何 票 氏 名

七 議員定數何人ヲ以テ有效投票ノ總數何票ヲ除シテ得タル數ハ何票ニシテ此ノ四分ノ一ノ數ハ何票ナリ

議員候補者中其ノ得票數此ノ數ニ達スル者左ノ如シ

何 票 氏 名

何 票 氏 名

右ノ內有效投票ノ最多數ヲ得タル左ノ何人ヲ以テ當選人トス

氏 名

氏 名

但シ氏名及氏名ハ得票數ノ相同シキニ依リ其ノ年齡ヲ調査スルニ氏名ハ何年何月何日生氏名ハ何年何月何日生ニシテ氏名年長者ナルヲ以テ氏名ヲ以テ當選人ト定メタリ（同年月日ナルヲ以テ選擧長ニ於テ抽籤シタルニ氏名當選セリ依テ氏名ヲ以テ當選人ト定メタリ）

八 議員定數何人ヲ以テ有效投票ノ總數何票ヲ除シテ得タル數ハ何票ニシテ此ノ十分ノ一ノ數ハ何票ナリ

議員候補者中其ノ得票數此ノ數ニ達セサル者左ノ如シ

何 票 氏 名

何 票 氏 名

九 午前/午後何時選擧會ノ事務ヲ結了ス

十 左ノ何人ハ選擧會ノ事務ニ從事シタリ

官 職 氏 名

官 職 氏 名

十一 選擧會ニ臨監シタル官吏左ノ如シ

官 職 氏 名

選擧長ハ此ノ選擧錄ヲ作リ之ヲ朗讀シタル上選擧立會人ト共ニ茲ニ署名ス

大正何年何月何日

選擧長 官 職 氏 名

選擧立會人 氏 名

氏 名

氏 名

備考

樣式ニ揭クル事項ノ外選擧長ニ於テ選擧會ニ關シ緊要ト認ムル事項アルトキハ之ヲ記載スヘシ

○選擧錄樣式ノ二

大正何年何月何日開會何府縣（北海道）（第何區）衆議院議員選擧會選擧錄

一 選擧會場ハ何府縣廳何郡（市）役所（何ノ場所）ニ之ヲ設ケタリ

二 左ノ選擧立會人ハ何レモ選擧會ヲ開クヘキ時刻迄ニ選擧會ニ參會シタリ

住居　氏名

住居　氏名

選舉會ヲ開クヘキ時刻ニ至リ選舉立會人中參會スル者三人ニ達セサルニ依リ選舉長ハ臨時ニ選舉區內ニ於ケル選舉人名簿ニ記載セラレタル者ノ中ヨリ左ノ者ヲ選舉立會人ニ選任シタリ

住居　氏名

三　屆出アリタル議員候補者ノ數何人ニシテ選舉スヘキ議員ノ數何人ヲ超エサル爲投票ヲ行ハサルコト大正何年何月何日確定シタルヲ以テ大正何年何月何日午前/後何時ニ選舉會ヲ開キタリ

四　選舉立會人中氏名ハ一旦參會シタルモ午前/後何時何々ノ事故ヲ以テ其ノ職ヲ辭シタル爲其ノ數三人ニ達セサルニ至リタルニ依リ選舉長ハ臨時ニ選舉區內ニ於ケル選舉名簿ニ記載セラレタル者ノ中ヨリ午前/後何時左ノ者ヲ選舉立會人ニ選任シタリ

住居　氏名

五　屆出アリタル議員候補者ノ氏名左ノ如シ

氏名

氏名

氏名

六　選舉長ハ選舉立會人ノ意見ヲ聽キ議員候補者ノ被選舉權ノ有無ヲ決定シタリ

有リト決定シタル者

氏名

氏名

無シト決定シタル者

一　事由何々

氏名

七　選舉スヘキ議員ノ數何人ニシテ被選舉權有リト決定シタル議員候補者ノ數何人ナリ依テ左ノ何人ヲ當選人ト定ム

氏名

氏名

八　午前/後何時選舉會ノ事務ヲ結了ス

九　左ノ何人ハ選舉會ノ事務ニ從事シタリ

官職　氏名

官職　氏名

十　選舉會ニ臨監シタル官吏左ノ如シ

官職　氏名

選舉長ハ此ノ選舉錄ヲ作リ之ヲ朗讀シタル上選舉立會人ト共ニ茲ニ署名ス

大正何年何月何日

選舉長　官職　氏名

選舉立會人　氏名

氏名

氏名

備考

様式ニ掲クル事項ノ外選擧長ニ於テ選擧會ニ關シ緊要ト認ムル事項アルトキハ之ヲ記載スヘシ

○當選證書様式（用紙鳥ノ子四ツ切）

衆議院議員當選證書

住居

氏　名

右何府縣北海道第何區ニ於テ衆議院議員ニ當選シタルコトヲ證ス

大正何年何月何日

地方長官　氏　名　印

○選擧運動ノ費用ノ精算届書様式

選擧運動費用精算届

何府縣（北海道）（第何區）

議員候補者　氏　名

前記議員候補者ノ大正何年何月何日執行衆議院議員選擧（衆議院議員選擧再投票）ニ於ケル選擧運動ノ費用精算ノ結果左記ノ通相違無之依テ衆議院議員選擧法第百六條ニ依リ届出候也

大正何年何月何日

選擧事務長　氏　名

地方長官（警視總監）宛

記

一　支出總額　金何圓何錢

（一）選擧事務長ノ支出シタル額　金何圓何錢

（二）選擧事務長ノ承諾ヲ得テ支出シタル額　金何圓何錢

内

議員候補者ノ支出シタル額　金何圓何錢

選擧委員ノ支出シタル額　金何圓何錢

選擧事務員ノ支出シタル額　金何圓何錢

（三）議員候補者、選擧事務長、選擧委員又ハ選擧事務員ニ非サル者ノ支出シタル額　金何圓何錢

内

議員候補者ト意思ヲ通シテ支出シタル額　金何圓何錢

選擧事務長ト意思ヲ通シテ出支シタル額　金何圓何錢

（四）立候補準備ノ爲ニ支出シタル額　金何圓何錢

一　支出明細

（一）報酬　金何圓何錢

選擧事務員　金何圓何錢

何某へ　金何圓何錢

何某へ　金何圓何錢

傭人　金何圓何錢

何某へ　金何圓何錢

何某へ　金何圓何錢

（二）家屋費　金何圓何錢

選擧事務所　金何圓何錢

何選擧事務所　金何圓何錢
何選擧事務所　金何圓何錢
集會會場　金何圓何錢
何集會會場　金何圓何錢
何集會會場　金何圓何錢
(三)通信費　金何圓何錢
郵便料　金何圓何錢
電報料　金何圓何錢
電話料　金何圓何錢
其ノ他　金何圓何錢
(四)船車馬費　金何圓何錢
汽車賃　金何圓何錢
電車賃　金何圓何錢
自動車賃　金何圓何錢
馬車賃　金何圓何錢
人力車賃　金何圓何錢
船賃　金何圓何錢
其ノ他　金何圓何錢
(五)印刷費　金何圓何錢
(六)廣告費　金何圓何錢
(七)筆墨紙費　金何圓何錢
(八)休泊費　金何圓何錢
(九)飲食物費　金何圓何錢
(十)雜費　金何圓何錢

計　金何圓何錢
一　實費辨償　金何圓何錢
(一)選擧事務長　金何圓何錢
(二)選擧委員　金何圓何錢
何某ヘ　金何圓何錢
何某ヘ　金何圓何錢
(三)選擧事務員　金何圓何錢
何某ヘ　金何圓何錢
何某ヘ　金何圓何錢
(四)傭人　金何圓何錢
何某ヘ　金何圓何錢
何某ヘ　金何圓何錢

備考
一　衆議院議員選擧法第三十七條ノ規定ニ依リ投票ヲ行フ場合ニ於テハ別ニ精算屆書ヲ作成スヘシ
二　精算ノ屆出ハ最後ニ選擧事務長ノ職ニ在リタル者ヨリ之ヲ爲スヘツ
三　實費辨償ノ項ニハ支出明細ノ項ニ記載シタルモノノ中實費辨償ニ係ルモノヲ重ネテ記載スヘシ

◉選擧運動ノ爲ニスル文書圖畫ニ關スル件（大正十五年二月三日內務省令第五號）

第一條　選擧運動ノ爲文書圖畫（信書ヲ除ク以下

之ニ同シ）ヲ頒布シ又ハ掲示スル者ハ表面ニ其ノ氏名及住居ヲ記載スヘシ但シ名刺及選擧事務所ニ掲示スルモノニ付テハ此ノ限ニ在ラス

第二條　選擧運動ノ爲頒布シ又ハ掲示スル引札、張札ノ類ハ二度刷又ハ二色以下トシ長三尺一寸幅二尺一寸ヲ超ユルコトヲ得ス

選擧運動ノ爲使用スル名刺ノ用紙ハ白色ノモノニ限ル

第三條　選擧運動ノ爲使用スル立札、看板ノ類ハ議員候補者一人ニ付通シテ百箇以內トシ白色ニ黑色ヲ用ヒタルモノニ限リ且縱九尺橫二尺ヲ超ユルコトヲ得ス

第四條　選擧運動ノ爲使用スル立札、看板ノ類ハ選擧事務所ヲ設ケタル場所ノ入口ヨリ一町以內ノ區域ニ於テハ選擧事務所一箇所ニ付通シテ二箇ヲ超ユルコトヲ得ス

第五條　選擧運動ノ爲ニスル文書圖畫ハ選擧ノ當日ニ限リ投票所ヲ設ケタル場所ノ入口ヨリ三町以內ノ區域ニ於テ之ヲ頒布シ又ハ掲示スルコトヲ得ス

第六條　選擧運動ノ爲ニスル文書圖畫ハ航空機ニ依リ之ヲ頒布スルコトヲ得ス

第七條　選擧運動ノ爲ニスル張札、立札、看板ノ類ハ承諾ヲ得スシテ他人ノ土地又ハ工作物ニ之ヲ掲示スルコトヲ得ス

附　則

本令ハ次ノ總選擧ヨリ之ヲ施行ス

陸軍省令第一號（大正十五年二月三日）

衆議院議員選擧法施行令第二十六條第四號ニ掲クル事由ニ關スル證明ハ當該聯隊長又ハ獨立隊長（分屯スル步兵大隊ノ長ヲ含ム）ニ於テ之ヲ爲スヘシ

附　則

本令ハ次ノ總選擧ヨリ之ヲ施行ス

●選擧無料郵便規則（遞信省令第四號大正十五年二月三日）

第一條　衆議院議員選擧法施行令第七十三條ノ通常郵便物（以下選擧無料郵便物ト稱ス）ノ差出人

ハ選擧區內ニ在ル集配事務ヲ取扱フ郵便官署中一局ヲ差出郵便官署ト定メ最初ノ差出期日ノ前日迄（衆議院議員選擧法第六十七條第三項ノ事由ニ該當スル場合ハ當日迄）ニ選擧事務長ト連署シ左ノ事項ヲ記載シタル屆書ヲ當該差出郵便官署ニ提出スヘシ

一　差出郵便官署名

二　郵便物ノ種類及其ノ通數

三　差出期日

四　議員候補者ノ氏名

前項ノ場合ニ於テ衆議院議員選擧法第九十九條第二項等ノ事由ニ該當シ差出人二人アルトキト雖同一郵便官署ヲ差出郵便官署ト定メ連署ヲ以テ其ノ屆出ヲ提出スヘシ

第一項第二號及第三號ノ事項ヲ變更シタルトキハ直ニ前二項ノ例ニ依リ其ノ旨差出郵便官署ニ屆出ツヘシ

差出郵便官署ハ之ヲ變更スルコトヲ得ス

第二條　前條ノ場合ニ於テ選擧無料郵便物ノ差出人ハ選擧事務長ノ選任（議員候補者又ハ推薦屆出者自ラ選擧事務長ト爲リタル場合ヲ含ム以下之ニ同シ）ヲ爲シタル者ナル旨ヲ證明シタル文書ヲ屆書ニ添付スヘシ但シ選擧事務長ノ選任ヲ爲シタル推薦屆出者死亡其ノ他ノ事由ニ因リ選擧無料郵便物ヲ差出スコトヲ得サル爲議員候補者差出人ト爲リタルモノナルトキハ其ノ旨屆書ニ附記シ且該推薦屆出者カ選擧事務長ノ選任ヲ爲シタル者ナル旨ヲ證明シタル文書ヲ添付スヘシ

第三條　第一條ノ屆出ヲ爲シタル後差出人ニ異動アルトキハ新ニ差出人ト爲リタル者ハ選擧事務長ト連署シ直ニ差出郵便官署ニ其ノ旨屆出ツヘシ此ノ場合ニ於テハ前條ノ規定ヲ準用ス

前項ノ場合ニ於テハ前ノ差出人ノ提出シタル屆書ハ新ニ差出人ト爲リタル者ノ提出シタルモノト看做ス第七條第一項但書ノ規定ニ依リ受ケタル承認ニ付亦同シ

第四條　選擧無料郵便物ニハ其ノ表面左方上部ニ「選擧」ト表示スヘシ

前項ノ表示ナキ郵便物ハ之ヲ有料郵便物トシテ取扱フ

第五條　選擧無料郵便物ニハ其ノ差出人カ第一條ノ規定ニ依リ屆出ヲ爲シタル議員候補者ニ非サル者ノ選擧運動ノ爲ニスル事項ヲ記載スルコトヲ得ス

第六條　選擧無料郵便物ハ市（東京、大阪、京都及名古屋ノ各地ニ在リテハ區以下之ニ同シ）町村毎ニ同文タルコトヲ要ス

第七條　同一市町村內ニ配達スヘキ選擧無料郵便物ハ之ヲ取纒メ一回ニ差出スコトヲ要ス但シ別ニ告示スル市町村內ニ配達スヘキモノニ付テハ差出郵便官署ノ承認ヲ受ケ之ヲ小區域ニ分チ各區域毎ニ差出スコトヲ妨ケス

前項ノ規定ニ依リ選擧無料郵便物ヲ差出シタルトキハ該市町村（小區域ニ分チタルモノナルトキハ其ノ區域以下之ニ同シ）內ニ在ル各選擧人ニ付之ヲ差出シタルモノト看做ス

第八條　選擧無料郵便物ハ郵便官署ノ指示ニ從ヒ其ノ種類、通數等ヲ記載シタル郵送票ヲ添ヘ市町村別ニ把束シ之ヲ差出スヘシ

前項ノ場合ニ於テハ差出郵便物ノ內容ヲ異ニスルモノ毎ニ其ノ見本一箇ヲ提出スヘシ

第九條　選擧無料郵便物ニハ通信日附印ヲ押捺セス

第十條　衆議院議員選擧法第百四十條第一項竝衆議院議員選擧法施行令第七十三條及第七十四條ニ規定スル條件ヲ具備セサル郵便物ヲ選擧無料郵便物トシテ差出シタルトキハ之ヲ差出人ニ還付シ差出人ヨリ不納額ノ二倍ヲ徴收ス本規則第五條又ハ第六條ノ規定ニ違背シタルトキモ亦同シ

第十一條　選擧無料郵便物ニ關シテハ本令ニ定ムルモノヲ除クノ外一般ノ規定ニ依ル

附　則

本令ハ大正十五年勅令第三號衆議院議員選擧法施行令施行ノ日ヨリ之ヲ施行ス

遞信省告示第百九十七號（大正十五年二月三日）

選擧無料郵便規則第七條第一項但書ニ依リ選擧無料郵便物ヲ小區域ニ分チ差出スコトヲ得ル市町村ハ左ノ如シ

一、各　市

二、左ノ町村

東京府　荏原郡　品川町　大崎町　目黒町　世田谷町　平塚村　駒澤町　入新井町　大井町　大森町　蒲田町
豐多摩郡　中野町　野方町　杉並町　大久保町　戸塚町　落合町　淀橋町　代々幡町　千駄ケ谷町　澁谷町
北豐島郡　板橋町　巣鴨町　瀧野川町　日暮里町　三河島町　南千住町　尾久町　王子町　岩淵町　高田町　西巣鴨町
南足立郡　千住町
南葛飾郡　小松川町　吾嬬町　隅田町　寺島町　龜戸町　大島町　砂町
京都府　紀伊郡　伏見町　深草町　天田郡　福知山町
神奈川縣　橘樹郡　保土ケ谷町　鶴見町　田島町
鎌倉郡　鎌倉町
高座郡　藤澤町　茅ケ崎町
中郡　平塚町
足柄下郡　小田原町
兵庫縣　武庫郡　西灘村
川邊郡　小田村
津名郡　洲本町
新潟縣　北蒲原郡　新發田町
南蒲原郡　三條町
埼玉縣　北足立郡　大宮町
大里郡　熊谷町
茨城縣　多賀郡　日立町
栃木縣　上都賀郡　鹿沼町　足尾町
下都賀郡　栃木町
三重縣　桑名郡　桑名町
飯南郡　松阪町
愛知縣　東春日井郡　瀬戸町
碧海郡　安城町
靜岡縣　田方郡　三島町
富士郡　大宮町
志太郡　島田町
滋賀縣　犬上郡　彦根町
長野縣　諏訪郡　上諏訪町　平野村
宮城縣　牡鹿郡　石卷町
福島縣　西白河郡　白河町
石城郡　平町　內郷村
岩手縣　上閉伊郡　釜石町
青森縣　三戸郡　八戸町
山形縣　飽海郡　酒田町
秋田縣　山本郡　能代港町
福井縣　敦賀郡　敦賀町
富山縣　射水郡　新湊町
鳥取縣　西伯郡　米子町

岡山縣　淺口郡　玉島町
山口縣　都濃郡　德山町
　　　　佐波郡　防府町
　　　　吉敷郡　山口町
　　　　阿武郡　萩　町
和歌山縣　西牟婁郡　田邊町
　　　　東牟婁郡　新宮町
福岡縣　鞍手郡　宮田村
　　　　嘉穗郡　稻築村　穗波村　飯塚町
　　　　筑紫郡　堅粕町
　　　　企救郡　足立村
　　　　田川郡　伊田町　後藤寺町
大分縣　下毛郡　中津町
佐賀縣　東松浦郡　相知村
熊本縣　葦北郡　水俣町
宮崎縣　西諸縣郡　小林町
鹿兒島縣　鹿兒島郡　谷山町
　　　　揖宿郡　頴娃村
　　　　川邊郡　枕崎町
　　　　日置郡　串木野村
　　　　出水郡　阿久根町
沖繩縣　國頭郡　本部村
　　　　宮古郡　平良町
北海道　空知郡　岩見澤町　沼貝町　砂川町
　　　　夕張郡　夕張町
　　　　河西郡　帶廣町
　　　　網走郡　網走町
　　　　常呂郡　野付牛町

◉陸軍軍人召集中證明ニ關スル件

（大正十五年二月三日 陸軍省令第一號）

衆議院議員選擧法施行令第二十六條第四號ニ揭クル事由ニ關スル證明ハ當該聯隊長又ハ獨立隊長（分屯スル步兵大隊ノ長ヲ含ム）ニ於テ之ヲ爲スヘシ

附　則

本令ハ次ノ總選擧ヨリ之ヲ施行ス

◉海軍軍人召集中證明ニ關スル件

（大正十五年二月十五日 海軍省令第一號）

勅令又ハ軍令ヲ以テ各別ニ設置セラレタル部隊、官衙及學校竝左ニ揭クルモノハ之ヲ衆議院議員選擧法施行令第二十八條第一項第四號ノ部隊又ハ陸上海軍各部トス

海軍機關學校練習科　海軍建築部出張所
海軍技術研究所出張所　横須賀海兵團練習部
海軍火藥廠爆藥部　佐世保海軍航空隊廣分遣隊
海軍燃料廠採炭部　東京海軍無線電信所船橋送信所
海軍燃料廠平壤鑛業部
海軍軍需支部

附　則

本令ハ次ノ總選擧ヨリ之ヲ施行ス

◉衆議院議員選擧法施行令改正ノ件

（大正十五年二月十九日地發第七號地方局長依命通牒）

今般勅令第三號ヲ以テ衆議院議員選擧法施行令改正セラレ內務省令第四號ヲ以テ同施行規則公布相成候處右ハ何レモ改正選擧法ト同樣次ノ總選擧ヨリ施行セラルヘキ義ニ付豫メ之レカ周知方ニ付御注意相成實施ニ當リ遺漏ナキヲ期セラレ度尙左記事項ニ付テハ特ニ御留意相成度

左　記

一　選擧資格被選擧資格ノ調査上法第六條第五號乃至第七號該當事項ノ有無ヲ問合セ又ハ回答スル場合ニ於テハ必要ノ事項ニ止メ資格ニ關係ナキ前科ヲ記載スルカ如キコトナキ樣注意スルコト

二　市役所町村役場以外ニ投票所ヲ設クル場合ニ於テハ成ル可ク門戶アル場所ヲ指定スルコト

三　投票所ハ別記樣式ニ準シ選擧人ノ多寡ニ應シ適宜ニ之ヲ斟酌シ受付所、選擧人控所、選擧人名簿對照及投票用紙交付所、投票記載所竝投票ノ場所等ヲ設備スルコト

四　投票所ノ門戶及投票所出入口等ニハ警察官吏又ハ特ニ吏員ヲ配置シ取締ニ遺漏ナカラシムルコト

五　投票ノ用紙及封筒ハ豫メ一回ノ選擧ニ必要ナル數量ヲ準備シ置クコト

六　投票ノ用紙及封筒ハ其ノ受拂ヲ明ナラシムル爲種類別ニ數量ヲ記載シタル送付書ヲ添附シテ之ヲ配付シ投票終了後直ニ其ノ

種類別ニ使用數殘餘ヲ記載シタル報告ト共ニ殘餘及汚損ノ分チ返付セシムルコト

七　投票凾ハ一投票所一箇ヲ使用スルコト

八　投票ハ投票記載ノ爲設ケタル卓上ニ於テ之ヲ記載セシメ其ノ記載終リタルトキハ直ニ投凾セシムルコト投票記載ノ爲設ケタル卓上ニハ筆硯墨點字器チ備置キ投票記載ニ支障ナラシムルコト

九　投票管理者法第三十三條ノ投票ノ爲選擧人ニ投票用紙及投票用封筒ヲ交付シタルトキハ同時ニ適宜選擧人名簿ニ其ノ旨ノ附箋ヲ爲シ置キ選擧ノ期日前投票用紙及投票用封筒チ返還シタル者アルトキハ時々附箋ヲ整理シ選擧ノ當日選擧人名簿ノ對照ニ際シ過誤ナキチ期スルコト

十　法第三十三條ノ投票ノ爲令第二十八條第一項但書ニ依リ召集令狀チ提示シタル選擧人ニ投票用紙及投票用封筒ヲ交付シタルトキハ投票管理者ニ於テ召集令狀ノ餘白ニ其ノ旨チ記載シ署名スルコト

十一　開票管理者ニ於テ投票凾ヲ受領スル場合ニ於テハ內蓋及外蓋ノ鑰ハ各其ノ之ヲ送致シタル者ヲシテ之チ封筒ニ入レ封緘シ封印ヲ施サシメ其ノ表面ニ投票區名、內蓋ノ鑰又ハ外蓋ノ鑰ノ別、送致者名ヲ記載セシメタル上之ヲ受領シ開票管理者ハ其ノ儘確實ニ之ヲ保管シ開票所ニ於テ投票凾ヲ開ク前開票立會人ト共ニ封印チ檢シタル上封筒ヲ開披シ鑰チ取リ出シ投票凾チ開ク等保管ニ關シ嚴重注意スルコト

十二　開票所ニ於テ投票ヲ點檢スル場合ニ於テ每票記載ノ氏名ノ朗讀及點數簿記入ニ關スル規定チ單ニ議員候補者ノ得票數チ計算スヘキ旨ニ改メラレタルハ有權者ノ增加ニ伴フ開票所要時間ヲ考慮シ開票ノ手續チ成ルヘク簡捷ナラシメムトスルノ趣旨ニ有之一議員候補者ニ付二人ノ事務員ヲシテ各別ニ其ノ得票數チ計算セシメ而シテ一投票區ノ計算終ル每ニ各議員候補者ノ得票數ヲ朗讀スルモ或ハ各投票區ノ計算全部終了シタル後投票區每ニ議員候補者ノ得票數チ朗讀スルモ適宜ノ方法ニ依リ妨ケナキコト

十三　議員候補者ノ辭退又ハ死亡ハ其ノ屆出タル立會人ノ失職ノ事由ト爲ルヲ以テ選擧ノ期日ニ接近シテ辭退又ハ死亡シタル場合ニ於テハ選擧長ハ法第六十七條末項ノ告示ヲ爲スト同時ニ投票管理者ニ對シ其ノ旨ヲ速報スルコト

十四　議員候補者其ノ屆出後其ノ住居チ他ノ市町村ニ移シタル場合ニ於テハ選擧長ハ其ノ都度直ニ議員候補者ヲシテ之ヲ屆出テシメ新住居地ノ市町村長ニ對シ令第五十條第一項ノ通知ヲ爲シ同條第二項ノ通知ヲ受クル樣注意スルコト

十五　投票錄、令第三十三條ノ顚末書、開票錄及選擧錄ハ各其ノ調製義務者ニ於テ其ノ謄本チ調製シ選擧人又ハ議員候補者ノ請求アリタルトキハ之チ閱覽セシムルコト

十六　投票所、開票所及選擧會場ニハ各其ノ門戶ニ標札チ揭クルコト

別記

投票所樣式

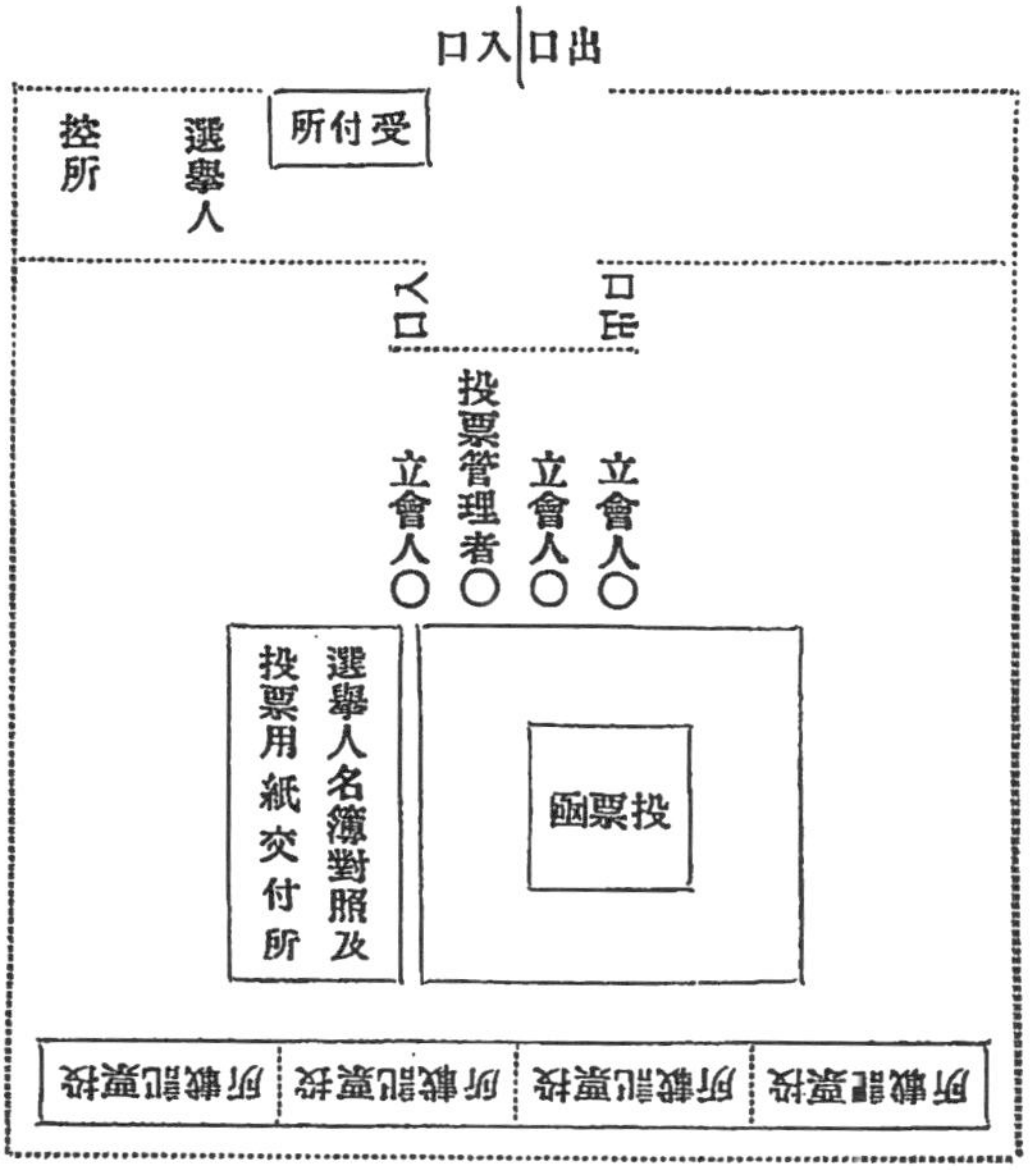

○衆議院議員選擧法第六條第三號ニ關スル件

（大正十五年三月三十日發地第十八條地方局長通牒）

衆議院議員選擧法第六條第三號ニ謂フ貧困ニ因リ生活ノ爲公私ノ救助ヲ受ケ又ハ扶助ヲ受クル者トハ貧困ノ狀態ニ在ル者カ貧困ヲ原因トシテ國道府縣市町村其ノ他公共團體又ハ私法人私人等ヨリ生活上全部又ハ一部ノ經濟的補助ヲ受クル者ノ義ニシテ左記第一號乃至第六號ニ揭クル如キモノヲ指稱シ第七號乃至第十九號ニ揭クルモノノ如キハ該當セサルモノトス

記

一　乞食ヲ爲ス者
二　恤救規則ニ依リ救助ヲ受クル者
三　養老院ニ收容セラルル者及養老院ヨリ院外救助ヲ受クル者
四　貧困ニ陷リテ舊子弟ヨリ生活上ノ扶助ヲ受クル者
五　養子トナリテ他ノ家ニ入リタル者カ貧困ニ陷リタル爲實家ヨリ生活ノ補助ヲ受クル者
六　生活ノ爲他ヨリ補助ヲ受クル者ノ世帶ニ屬スル者
七　軍事救護法ニ依リ救護ヲ受クル者
八　廢兵院法ニ依リ救護ヲ受クル者
九　罹災救助ヲ受クル者
一〇　恩給法等ニ依リ恩給又ハ遺族扶助料等ヲ受クル者
一一　工場法鑛業法傭人扶助令ニ依リ扶助ヲ受クル者
一二　各種共濟組合ヨリ給與等ヲ受クル者
一三　施藥施療ヲ受クル者
一四　學資ノ補助ヲ受クル者
一五　年末年始等ニ於テ何等カノ名義ノ下ニ施與ヲ受クル者
一六　傳染病豫防法ニ依リ生活費ヲ受クル者
一七　親戚故舊ヨリ體面維持ノ爲メ補助ヲ受クル者
一八　父兄ヨリ扶養ヲ受クル子弟、或ハ子弟ヨリ扶養ヲ受クル父兄其ノ他民法上ノ家族タルト否トヲ問ハス同一世帶内ニ在ル者

ヨリ扶助ヲ受クル者
一九　托鉢僧雲水巡禮等

◉市制町村制施行令（抄）

（大正十五年六月二十四日 勅令第二百一號）

第二章　市町村會議員ノ選擧

第七條　市制第二十一條ノ五第三項又ハ町村制第十八條ノ五第三項ノ規定ニ依リ選擧人名簿ノ調製、縱覽、確定及異議申立ニ對スル市町村會ノ決定ニ關スル期日及期間ヲ定メタルトキハ府縣知事ハ直ニ之ヲ告示スベシ

第八條　市町村ノ境界變更アリタル場合ニ於テハ市町村長ハ選擧人名簿ヲ分割シ其ノ部分ヲ其ノ地域ノ新ニ屬シタル市町村ノ市町村長ニ送付スベシ

2 市町村ノ廢置分合アリタル場合ニ於テ名簿ノ分割ヲ以テ足ルトキハ前項ノ例ニ依リ、其ノ他ノ場合ニ於テハ從前ノ市町村ノ市町村長（又ハ市町村長ノ職務ヲ行フ者）タリシ者ハ直ニ其ノ地域ノ新ニ屬シタル市町村ノ市町村長ニ選擧人名簿ヲ送付スベシ

3 市町村長選擧人名簿ノ送付ヲ受ケタルトキハ直ニ其ノ旨ヲ告示シ併セテ之ヲ府縣知事ニ報告スヘシ

第九條　前條ノ規定ニ依リ送付ヲ受ケタル選擧人名簿ハ市町村ノ廢置分合又ハ境界變更ニ係ル地域ノ新ニ屬シタル市町村ノ選擧人名簿ト看做ス

第十條　第八條ノ規定ニ依リ送付ヲ受ケタル選擧人名簿確定前ナルトキハ名簿ノ縱覽、確定及異議申立ニ對スル市町村會ノ決定ニ關スル期日及期間ハ府縣知事ノ定ムル所ニ依ル

2 前項ノ規定ニ依リ期日及期間ヲ定メタルトキハ府縣知事ハ直ニ之ヲ告示スベシ

第十一條　市制第二十五條第六項又ハ町村制第二十二條第六項ノ規定ニ依リ盲人ガ投票ニ關スル記載ニ使用スルコトヲ得ル點字ハ別表ヲ以テ之ヲ定ム

2 點字ニ依リ投票ヲ爲サントスル選擧人ハ選擧長又ハ投票分會長ニ對シ其ノ旨ヲ申立ツベシ、此ノ場合ニ於テハ選擧長又ハ投票分會長ハ投票用紙ニ點字投票ナル旨ノ印ヲ押捺シテ交付スベシ

3 點字ニ依ル投票ノ拒否ニ付テハ市制第二十五條ノ三又ハ町村制第二十二條ノ三ノ例ニ依ル、此ノ場合ニ於テハ封筒ニ點字投票ナル旨ノ印ヲ押捺シテ交付スベシ

4 前項ノ規定ニ依リ假ニ爲サシメタル投票ハ市制第二十七條ノ二第二項及第三項又ハ町村制第二十四條ノ二第二項及第三項ノ規定ノ適用ニ付テハ市制第二十五條ノ三第二項及第四項又ハ町村制第二十二條ノ三第二項及第四項ノ投票ト看做ス

第十二條　市制第二十七條ノ四又ハ町村制第二十四條ノ四ノ規定ニ依リ開票分會ヲ設ケタルトキハ市町村長ハ直ニ其ノ區劃及開票分會場ヲ告示スベシ

第十三條　開票分會ハ市町村長ノ指名シタル吏員開票分會長ト爲リ之ヲ開閉シ其ノ取締ニ任ズ

第十四條　開票分會ノ區劃内ノ投票分會ニ於テ爲シタル投票ハ投票分會長少クトモ一人ノ投票立會人ト共ニ投票函ノ儘投票録及選擧人名簿ノ抄本ト併セテ之ヲ開票分會長ニ送致スベシ

第十五條　投票ノ點檢終リタルトキハ開票分會長ハ直ニ其ノ結果ヲ選擧長ニ報告スベシ

第十六條　開票分會長ハ開票錄ヲ作リ開票ニ關スル顚末ヲ記載シ之ヲ朗讀シ二人以上ノ開票立會人ト共ニ之ニ署名シ直ニ投票錄及投票ト併セテ之ヲ選擧長ニ送致スベシ

第十七條　選擧長ハ總テノ開票分會長ヨリ第十五條ノ報告ヲ受ケタル日若ハ其ノ翌日（又ハ總テノ投票函ノ送致ヲ受ケタル日若ハ其ノ翌日）選擧會ニ於テ選擧立會人立會ノ上其ノ報告ヲ調査シ市制第二十七條ノ二第三項又ハ町村制第二十四條ノ二第三項ノ規定ニ依リ爲シタル點檢ノ結果ト併セテ各被選擧人（市制第三十九條ノ二ノ市ニ於テハ各議員候補者）ノ得票總數ヲ計算スベシ

第十八條　選擧ノ一部無效ト爲リ更ニ選擧ヲ行ヒタル場合ニ於テハ選擧長ハ前條ノ規定ニ準ジ其ノ部分ニ付前條ノ手續ヲ爲シ他ノ部分ニ於ケル各被選擧人（市制第三十九條ノ二ノ市ニ於テハ各議員候補者）ノ得票數ト併セテ其ノ得票總數ヲ計算スベシ

第十九條　開票分會ヲ設ケタル場合ニ於テハ市町村長ハ市制第三十二條第一項又ハ町村制第二十九條第一項ノ報告ニ開票錄ノ寫ヲ添附スベシ

第二十條　市制第二十三條第五項及第六項竝ニ町村制第二十條第四項及第五項ノ規定ハ開票立會人ニ、市制第二十四條第一項及第二項竝町村制第二十一條第一項及第二項ノ規定ハ開票分會場ニ、市制第二十七條ノ二、第二十七條ノ三及第二十九條竝ニ町村制第二十四條ノ二、第二十四條ノ三及第二十六條ノ規定ハ開票分會ニ於ケル開票ニ之ヲ準用ス

第二十一條　市制第八十二條第三項ノ市ハ其ノ區ヲ以テ選擧區ト爲シタル場合ニ於テハ市制第二章第一款（第十六條第三項ノ規定ヲ除ク）及本令第二十二條ノ規定ノ適用ニ付テハ之ヲ市制第六條ノ市ト看做ス

第三章　市制第三十九條ノ二ノ市ノ市會議員ノ選擧ニ關スル特例

第二十二條　議員候補者ハ選擧人名簿（選擧區アル場合ニ於テハ當該選擧區ノ選擧人名簿）ニ登錄セラレタル者ノ中ヨリ本人ノ承諾ヲ得テ選擧立會人一人ヲ定メ選擧ノ期日ノ前日迄ニ市長（市制第六條ノ市ニ於テハ區長）ニ屆出ヅルコトヲ得但シ議員候補者死亡シ又ハ議員候補者タルコトヲ辭シタルトキハ其ノ屆出デタル選擧立會人ハ其ノ職ヲ失フ

2 前項ノ規定ニ依ル選擧立會人三人ニ達セザルトキ若ハ三人ニ達セザルニ至リタルトキ又ハ選擧立會人ニシテ參會スル者選擧會ヲ開クベキ時刻ニ至リ三人ニ達セザルトキ若ハ其ノ後三人ニ達セザルニ至リタルトキハ市長（市制第六條ノ市ニ於テハ區長）ハ選擧人名簿（選擧區アルトキハ當該選擧區ノ選擧人名簿）ニ登錄セラレタル者ノ中ヨリ三人ニ達スル迄ノ選擧立會人ヲ選任シ直ニ之ヲ本人ニ通知シ選擧ニ立會ハシムベシ

3 前二項ノ規定ハ投票立會人及開票立會人ニ之ヲ準用ス但シ選擧人名簿ニ登錄セラレタル者トアルハ分會ノ區劃內ニ於ケル選擧人名簿ニ登錄セラレタル者トス

第二十三條　市制第二十五條第五項及第七項ノ規定中被選擧人トアルハ議員候補者トシ同規定ヲ適用ス

第二十四條　投票ノ拒否ハ選擧立會人又ハ投票立會人ノ意見ヲ聽キ選擧長又ハ投票分會長之ヲ決定スベシ

2　市制第二十五條ノ三第二項乃至第四項ノ規定ハ前項ノ場合ニ之ヲ準用ス但シ投票分會長又ハ投票立會人トアルハ投票立會人トス

第二十五條　市制第二十八條ノ規定中被選擧人トアルハ議員候補者トシ同規定ヲ適用ス

2　前項ノ規定ニ依ルノ外議員候補者ニ非ザル者ノ氏名ヲ記載シタル投票ハ之ヲ無效トス

第二十六條　投票ノ效力ハ選擧立會人又ハ開票立會人ノ意見ヲ聽キ選擧長又ハ開票分會長之ヲ決定スベシ

第二十七條　市制第三十三條第一項ノ規定ハ同項第六號トシテ左ノ一號ヲ加ヘ之ヲ適用ス

六　府縣制第三十四條ノ二ノ規定ノ準用ニ依ル訴訟ノ結果當選無效ト爲リタルトキ

第二十八條　市制第三十六條第一項ノ規定中選擧人トアルハ選擧人又ハ議員候補者トシ同規定ヲ適用ス

第四章　市制第三十九條ノ二ノ市ノ市會議員ノ選擧運動及其ノ費用並ニ公立學校等ノ設備ノ使用

第二十九條　選擧事務所ハ議員候補者一人ニ付議員ノ定數（選擧區アル場合ニ於テハ當該選擧區ノ配當議員數）ヲ以テ選擧人名簿（選擧區アル場合ニ於テハ當該選擧區ノ選擧人名簿）確定ノ日ニ於テ之ニ登錄セラレタル者ノ總數ヲ除シテ得タル數一千以上ナルトキハ二箇所ヲ、一千未滿ナルトキハ一箇所ヲ超ユルコトヲ得ズ

2　選擧ノ一部無效ト爲リ更ニ選擧ヲ行フ場合又ハ市制第二十二條第四項ノ規定ニ依リ投票ヲ行フ場合ニ於テハ選擧事務所ハ前項ノ規定ニ依ル數ヲ超エザル範圍內ニ於テ府縣知事（東京府ニ於テハ警視總監）ノ定メタル數ヲ超ユルコトヲ得ズ

3　府縣知事（東京府ニ於テハ警視總監）ハ選擧ノ期日ノ告示アリタル後直ニ前二項ノ規定ニ依ル選擧事務所ノ數ヲ告示スベシ

第三十條　選擧委員及選擧事務員ハ　候補者一人ニ付議員ノ定數（選擧區アル場合ニ於テハ當該選擧區ノ配當議員數）ヲ以テ選擧人名簿（選擧區アル場合ニ於テハ當該選擧區ノ選擧人名簿）確定ノ日ニ於テ之ニ登錄セラレタル者ノ總數ヲ除シテ得タル數一千以上ナルトキハ通ジテ十五人ヲ、一千未滿ナルトキハ通ジテ十人ヲ超ユルコトヲ得ズ

2　前條第二項及第三項ノ規定ハ選擧委員及選擧事務員ニ之ヲ準用ス

第三十一條　選擧運動ノ費用ハ議員候補者一人ニ付左ノ各號ノ額ヲ超ユルコトヲ得ズ

一　議員ノ定數（選擧區アル場合ニ於テハ當該選擧區ノ配當議員數）ヲ以テ選擧人名簿（選擧區アル場合ニ於テハ當該選擧區ノ選擧人名簿）確定ノ日ニ於テ之ニ登錄セラレタル者ノ總數ヲ除シテ得タル數ヲ四十錢ニ乘ジテ得タル額但シ三百圓未

滿ナルモノハ三百圓トス

二　選擧ノ一部無效ト爲リ更ニ選擧ヲ行フ場合ニ於テハ議員ノ定數（選擧區アル場合ニ於テハ該當選擧區ノ配當議員數）ヲ以テ選擧人名簿（選擧區アル場合ニ於テハ該當選擧區ノ選擧人名簿）確定ノ日ニ於テ關係區域ノ選擧人名簿ニ登錄セラレタル者ノ總數ヲ除シテ得タル數ヲ四十錢ニ乘ジテ得タル額

三　市制第二十二條第四項ノ規定ニ依リ投票ヲ行フ場合ニ於テハ前號ノ規定ニ準ジテ算出シタル額但シ府縣知事（東京府ニ於テハ警視總監）必要アリト認ムルトキハ之ヲ減額スルコトヲ得

2 府縣知事（東京府ニ於テハ警視總監）ハ選擧ノ期日ノ告示アリタル後直ニ前項ノ規定ニ依ル額ヲ告示スベシ

第三十二條　衆議院議員選擧法施行令第八章、第九章及第十二章ノ規定ハ市制第三十九條ノ二ノ市ノ市會議員選擧ニ之ヲ準用ス

第八章　市制第六條ノ市ノ區

第六十一條　府縣知事ハ市會ノ意見ヲ徵シ府縣參事會ノ議決ヲ經テ市條例ヲ設定シ新ニ區會ヲ設クルコトヲ得

第六十二條　區內ニ住所ヲ有スル市公民ハ總テ區會議員ノ選擧權ヲ有ス但シ公民權停止中ノ者又ハ市制第十一條ノ規定ニ該當スル者ハ此ノ限ニ在ラス

第六十三條　區會議員ノ選擧權ヲ有スル市公民ハ區會議員ノ被選擧權ヲ有ス

2 在職ノ檢事、警察官吏及收稅官吏ハ被選擧權ヲ有セス

3 選擧事務ニ關係アル官吏及市ノ有給吏員ハ其ノ關係區域內ニ於テ被選擧權ヲ有セス

4 市ノ有給ノ吏員敎員其ノ他ノ職員ニシテ在職中ノ者ハ其ノ所屬區ノ區會議員ト相兼ヌルコトヲ得ス

第六十四條　區會議員ハ市ノ名譽職トス

2 議員ノ任期ハ四年トシ總選擧ノ日ヨリ之ヲ起算ス

3 議員ノ定數ニ異動ヲ生シタル爲解任ヲ要スル者アルトキハ區長抽籤シテ之ヲ定ム但シ闕員アルトキハ其ノ闕員ヲ以テ之ニ充ツヘシ

4 前項但書ノ場合ニ於テ闕員ノ數解任ヲ要スル者ノ數ニ滿チサルトキハ其ノ不足ノ員數ニ付區長抽籤シテ解任スヘキ者ヲ定メ闕員ノ數解任ヲ要スル者ノ數ヲ超ユルトキハ解任ヲ要スル者ニ充ツヘキ闕員ハ最モ先ニ闕員ト爲リタル者ヨリ順次之ニ充テ闕員ト爲リタル時同シキトキハ區長抽籤シテ之ヲ定ム

5 議員ノ定數ニ異動ヲ生シタル爲新ニ選擧セラレタル議員ハ總選擧ニ依リ選擧セラレタル議員ノ任期滿了ノ日迄在任ス

第六十五條　區會ノ組織及區會議員ノ選擧ニ關シテハ前數條ニ定ムルモノノ外市制第十三條、第十七條及第二十條乃至第三十九條竝ニ本令第七條乃至第二十條ノ規定ヲ準用ス但シ市制第十三條第四項ノ規定ノ準用ニ依ル市條例ノ設定ニ付テハ市ハ區會ノ意見ヲ徵スヘク市制第三十二條及第三十四條ノ規定ノ準用ニ依ル報告ハ市長ヲ經テ之ヲ爲スヘシ

第六十六條　第三章及第四章ノ規定ハ市制第三十九條ノ二ノ區ノ

區會議員選擧ニ之ヲ準用ス

第九章　雜　則

第七十三條　市町村組合又ハ町村組合ニ關シテハ第一條乃至第四條ノ規定ニ拘ラス組合規約ニ於テ別段ノ定ヲ爲スコトヲ得

第七十四條　本令中府縣、府縣知事又ハ府縣參事會ニ關スル規定ハ北海道ニ付テハ各北海道、北海道廳長官又ハ北海道參事會ニ、本令第一章中町村長又ハ町村條例ニ關スル規定ハ北海道ニ付テハ各町村長又ハ町村條例ニ準スヘキモノニ之ヲ適用ス

附　則

1 本令中公民權及議員選擧ニ關スル規定ハ次ノ總選擧ヨリ其ノ他ノ規定ハ大正十五年七月一日ヨリ之ヲ施行ス

2 左ノ勅令ハ之ヲ廢止ス

明治四十四年勅令第二百四十號
明治四十四年勅令第二百四十一號
明治四十四年勅令第二百四十四號
明治四十四年勅令第二百四十五號
明治四十四年勅令第二百四十八號
大正九年勅令第百六十八號
大正十年勅令第四百十二號

3 從前ノ規定ニ依ル手續其ノ他ノ行爲ハ本令ニ別段ノ規定アル場合ヲ除クノ外之ヲ本令ニ依リ爲シタルモノト看做ス

4 大正十年勅令第四百十二號第二條ノ規定ニ依リ爲シタル許可ノ申請ニシテ大正十五年六月三十日迄ニ許可ヲ得サルモノハ之ヲ本令第五十九條ノ規定ニ依リ府縣知事ニ爲シタル許可ノ申請ト看做ス

5 大正十五年市制中改正法律又ハ同年町村制中改正法律中選擧ニ關スル規定ノ施行セラレタル市町村及未タ施行セラレサル市町村ノ區域ノ境界ニ渉リ市町村ノ廢置分合又ハ境界變更アリタル場合ニ於テ右選擧ニ關スル規定ノ施行セラレサリシ市町村ノ區域ニ屬シタル地域ニ關シ必要ナル選擧人名簿ハ其ノ地域ノ新ニ屬シタル市町村ノ市町村長之ヲ調製スヘシ、此ノ場合ニ於テハ大正十五年市制中改正法律附則第二項又ハ同年町村制中改正法律附則第四項ノ例ニ依レ

6 明治四十四年勅令第二百四十五號第四條又ハ大正九年勅令第百六十八號第四條ノ規定ニ依リ爲シタル決定又ハ裁決ニ對スル訴願又ハ訴訟ノ提起期間ハ決定又ハ裁決アリタル日ノ翌日ヨリ之ヲ起算ス

7 從前市町村長ニ爲シタル申請ニシテ大正十五年六月三十日迄ニ市參事會又ハ町村會ノ決定ニ付セラレサルモノニ付テハ第五十七條第二項ノ期間ハ同年七月一日ヨリ之ヲ起算ス

8 從前市參事會若ハ町村會ノ決定ニ付セラレタル申請又ハ府縣參事會ニ於テ受理シタル訴願ニシテ大正十五年六月三十日迄ニ決定又ハ裁決ナキモノニ付テハ第三十六條第三項並ニ第五十七條第二項及第六項ノ期間ハ同年七月一日ヨリ之ヲ起算ス

9 本令ニ依リ初メテ區會議員ヲ選擧スル場合ニ於テ必要ナル選擧人名簿ニ關シ市制第二十一條乃至第二十一條ノ五ノ規定ノ準用ニ依ル期日又ハ期間ニ依リ難キトキハ命令ヲ以テ別ニ其ノ期日

又ハ期間ヲ定ム但シ其ノ選擧人名簿ハ次ノ選擧人名簿確定迄其ノ效力ヲ有ス

10 本令中公民權及議員選擧ニ關スル規定施行ノ際大正十五年府縣制中改正法律中議員選擧ニ關スル規定若ハ同年市制中改正法律中公民權及議員選擧ニ關スル規定又ハ同年勅令第三號衆議院議員選擧法施行令未タ施行セラレサル場合ニ於テハ本令ノ適用ニ付テハ同規定又ハ同令ハ既ニ施行セラレタルモノト看做ス

◉大正十五年市制中改正法律施行期日ノ件（大正十五年六月二十四日勅令第二百七號）

大正十五年市制中改正法律ハ公民權及議員選擧ニ關スル規定ヲ除クノ外大正十五年七月一日ヨリ之ヲ施行ス

◉大正十五年町村制中改正法律施行期日ノ件（大正十五年六月二十四日勅令第二百八號）

1 大正十五年町村制中改正法律ハ公民權及議員選擧ニ關スル規定ヲ除クノ外大正十五年七月一日ヨリ之ヲ施行ス

2 町村制第三十八條ノ規定ニ依リ町村會ヲ設ケサル町村ニ付テハ大正十五年町村制中改正法律ハ大正十五年七月一日ヨリ之ヲ施行ス

◉町村制暫行特例（大正十五年六月二十四日勅令第二百九號）

第一條　本令ハ大正十五年町村制中改正法律附則第三項ノ規定ニ依ル特例ヲ定ムルモノトス

第二條　町村制第十四條、第十七條第一項、第十八條第十三項及第三十一條ノ規定ニ依ル郡長ノ職務權限ハ府縣知事之ヲ行フ

第三條　府縣知事ハ選擧又ハ當選ノ效力ニ關シ異議アルトキハ選擧ニ關シテハ町村制第三十一條第一項ノ報告ヲ受ケタル日ヨリ當選ニ關シテハ同條第二項ノ報告ヲ受ケタル日ヨリ二十日以内ニ之ヲ府縣參事會ノ決定ニ付スルコトヲ得

2 前項ノ決定アリタルトキハ同一事件ニ付爲シタル異議ノ申立及町村會ノ決定ハ無效トス

3 第一項ノ決定ニ不服アル者ハ行政裁判所ニ出訴スルコトヲ得

4 第一項ノ決定ニ付テハ府縣知事又ハ町村長ヨリモ訴訟ヲ提起スルコトヲ得

第四條　本令ニ依ル異議、訴願及訴訟ニ付テハ町村制第三十六條及第百四十條ノ例ニ依ル

第五條　本令中郡長ニ關スル規定ハ島司ニ之ヲ適用ス

附則

1 本令ハ大正十五年七月一日ヨリ之ヲ施行ス

2 町村制第十四條ノ規定ニ依リ郡長ニ爲シタル許可ノ申請ハ之ヲ府縣知事ニ爲シタル許可ノ申請ト看做ス

3 町村制第三十三條第三項ノ規定ニ依リ郡長ノ爲シタル處分ニ不服アル者ハ府縣知事ニ異議ノ申立ヲ爲スコトヲ得此ノ場合ニ於テハ府縣知事ハ二十日以内ニ府縣參事會ノ決定ニ付スヘシ

4 前項ノ決定ニ不服アル者ハ行政裁判所ニ出訴スルコトヲ得

5 第三項ノ決定ニ付テハ府縣知事又ハ町村長ヨリモ訴訟ヲ提起スルコトヲ得

◎府縣制準用選擧市區指定令（大正十五年六月二十四日 勅令第二百十一號）

第一條　市制第三十九條ノ二ノ規定ニ依リ市ヲ指定スルコト左ノ如シ

東京市、京都市、大坂市、堺市、横濱市、横須賀市、川崎市、神戸市、姫路市、長崎市、佐世保市、新潟市、長岡市、前橋市、宇都宮市、津市、名古屋市、豐橋市、靜岡市、濱松市、甲府市、岐阜市、長野市、松本市、仙臺市、青森市、山形市、福井市、金澤市、富山市、岡山市、廣島市、呉市、下關市、和歌山市、德島市、高松市、松山市、高知市、福岡市、久留米市、門司市、大牟田市、八幡市、大分市、熊本市、鹿兒島市、那覇市、札幌市、函館市、小樽市、旭川市、室蘭市

第二條　市制第三十九條ノ二ノ規定ニ依リ區ヲ指定スルコト左ノ如シ

東京市ノ區

附　則

本令ハ次ノ總選擧ヨリ之ヲ施行ス

◎市制町村制施行規則（抄）（大正十五年六月二十四日 内務省令第十九號）

第一章　市町村會議員ノ選擧

第一條　市制町村制ニ規定セル市區町村ノ人口ハ内閣ニ於テ官報ヲ以テ公示シタル最近ノ人口ニ依ル

2 前項公示ノ人口現在ノ日以後ニ於テ市區町村ノ廢置分合、境界變更ヲ爲シ又ハ所屬未定地ヲ市區町村ノ區域ニ編入シタルトキハ關係市區町村ノ人口ハ左ノ區別ニ依リ府縣知事ノ告示シタル人口ニ依ル但シ市區町村ノ境界變更又ハ所屬未定地編入ノ地域ニ現住者ナキトキハ此ノ限ニ在ラズ

一　市區町村若ハ數市區町村ノ全部ノ區域ヲ以テ一市區町村ヲ置キタル場合又ハ一市區町村若ハ數市區町村ノ全部ノ區域ヲ他ノ市區町村ノ區域ニ編入シタル場合ニ於テハ關係市區町村ノ人口又ハ之ヲ集計シタルモノ

二　前號以外ノ場合ニ於テハ當該市區町村ノ人口ヲ廢置分合又ハ境界變更アリタル日ノ現在ニ依リ府縣知事ノ調査シタル人口ニ按分シテ算出シタル當該地域ノ人口又ハ其ノ人口ヲ集計シタルモノ又ハ其ノ人口ヲ關係市區町村ノ人口ニ加算シ若ハ關係市區町村ノ人口ヨリ控除シタルモノ

三　所屬未定地ヲ市區町村ニ編入シタルトキハ編入ノ日ノ現在ニ依リ府縣知事ノ調査シタル其ノ地域ノ人口ヲ關係市區町村ノ人口ニ加算シタルモノ

四　前三號ノ規定ニ依ル人口ノ告示アリタル日以後ニ於テ市區町村ノ廢置分合若ハ境界變更又ハ所屬未定地編入前ノ日ニ關スル最近ノ人口ヲ内閣ニ於テ官報ヲ以テ公示アリタルトキハ更ニ其ノ公示ニ係ル人口ヲ基礎トシ前三號ノ規定ニ依リ算出シタルモノ

3 前項ノ規定ハ市區町村ノ境界確定シタル場合ニ之ヲ準用ス

4 前三項ノ人口中ニハ部隊艦船及監獄内ニ在リタル人員ヲ含マズ

第二條　市町村長（市制第六條ノ市ニ於テハ區長）投票立會人（又

ハ開票立會人）ヲ選任シタルトキハ直ニ之ヲ投票分會長（又ハ開票分會長）ニ通知スベシ

第三條　市町村長必要アリト認ムルトキハ選擧會場入場券（又ハ投票分會場入場券）ヲ交付スルコトヲ得

2選擧長（又ハ投票分會長）必要アリト認ムルトキハ到著番號札ヲ選擧人ニ交付スルコトヲ得

第四條　投票記載ノ場所ハ選擧人ノ投票ヲ覗ヒ又ハ投票ノ交換其ノ他不正ノ手段ヲ用フルコト能ハザラシムル爲相當ノ設備ヲ爲スベシ

第五條　投票函ハ二重ノ蓋ヲ造リ各別ニ鎖鑰ヲ設クベシ

第六條　選擧長（又ハ投票分會長）ハ投票ヲ爲サシムルニ先チ選擧會場（又ハ投票分會場）ニ參會シタル選擧人ノ面前ニ於テ投票函ヲ開キ其ノ空虚ナルコトヲ示シタル後內蓋ヲ鎖スベシ

第七條　選擧長（又ハ投票分會長）ハ選擧立會人（又ハ投票立會人）ノ面前ニ於テ選擧人ヲ選擧人名簿（又ハ選擧人名簿ノ抄本）ニ對照シタル後投票用紙（假ニ投票ヲ爲サシムベキ選擧人ニ對シテハ併セテ封筒）ヲ交付スベシ

第八條　選擧人誤リテ投票ノ用紙又ハ封筒ヲ汚損シタルトキハ其ノ引換ヲ請求スルコトヲ得

第九條　投票ハ選擧長（又ハ投票分會長）及選擧立會人（又ハ投票立會人）ノ面前ニ於テ選擧人自ラ之ヲ投函スベシ

第十條　選擧人投票前選擧會場（又ハ投票分會場）外ニ退出シ又ハ退出ヲ命ゼラレタルトキハ選擧長（又ハ投票分會長）ハ投票用紙（交付シタル封筒アルトキハ併セテ封筒）ヲ返付セシムベシ

第十一條　投票ヲ終リタルトキハ選擧長（又ハ投票分會長）ハ投票函ノ內蓋ノ投票口及外蓋ヲ鎖シ其ノ內蓋ノ鑰ハ選擧立會人（投票分會ニ於テハ投票函ヲ送致スベキ投票立會人）之ヲ保管シ外蓋ノ鑰ハ選擧長又ハ投票分會長之ヲ保管スベシ

第十二條　投票函ハ其ノ閉鎖後選擧長（又ハ開票分會長）ニ送致ノ爲ノ外之ヲ會場外ニ搬出スルコトヲ得ズ

第十三條　投票ヲ點檢スルトキハ選擧長ハ選擧會ノ事務ニ從事スル者二人ヲシテ各別ニ同一被選擧人（市制第三十九條ノ二ノ市ニ於テハ議員候補者以下之ニ同ジ）ノ得票數ヲ計算セシムベシ

第十四條　前條ノ計算終リタルトキハ選擧長ハ各被選擧人ノ得票數ヲ朗讀スベシ

第十五條　前二條ノ規定ハ開票分會ヲ設ケタル場合ニ於ケル開票ニ之ヲ準用ス

2開票分會ヲ設ケタル場合ニ於テハ選擧長ハ自ラ開票ヲ行ヒタル部分ニ付各被選擧人ノ得票數ヲ朗讀シタル後開票分會毎ニ各被選擧人ノ得票數ヲ朗讀シ終リニ各被選擧人ノ得票總數ヲ朗讀スベシ

第十六條　選擧長（又ハ開票分會長）ハ投票ノ有效無效ヲ區別シ各之ヲ封筒ニ入レ二人以上ノ選擧立會人（又ハ開票立會人）ト共ニ封印ヲ施スベシ

2受理スベカラズト決定シタル投票ハ其ノ封筒ヲ開披セズ前項ノ例ニ依リ封印ヲ施スヘシ

第十七條　市制第三十九條ノ二ノ市ノ市會議員選擧ニ付テハ府縣

制施行規則第五條、第七條及第二十二條ノ規定ヲ準用ス

第十八條　市制第三十九條ノ二ノ市ノ市會議員選擧ニ付開票分會ヲ設ケタルトキハ選擧長ハ豫メ議員候補者ノ氏名、職業、住所生年月日其ノ他必要ナル事項ヲ當該開票分會長ニ通知スヘシ、議員候補者議員候補者タルコトヲ辭シタルトキ又ハ其ノ死亡シタルコトヲ知リタルトキ亦同シ

第十九條　點字投票ナル旨ノ印ハ投票用紙及封筒ノ表面ニ之ヲ押捺スヘシ

第二十條　市町村會議員選擧人名簿及其ノ抄本ハ別記樣式ニ依リ之ヲ調製スヘシ

第二十一條　選擧錄、投票錄及開票錄ハ別記樣式ニ依リ之ヲ調製スヘシ

第二十二條　市制第三十九條ノ二ノ市ノ市會議員選擧ニ關スル立會人ノ屆出書及之ニ添附スヘキ承諾書、議員候補者ノ屆出書又ハ推薦屆出書、議員候補者タルコトヲ辭スルコトノ屆出書竝ニ選擧運動ノ費用ノ精算屆書ハ府縣制施行規則別記ニ定ムル各樣式ニ準シ之ヲ調製スヘシ

第四章　市制第六條ノ市ノ區

第六十七條　第二條乃至第十六條及第十九條乃至第二十一條ノ規定ハ市制第六條ノ市ノ區ノ區會議員選擧ニ第十七條、第十八條及第二十二條ノ規定ハ市制第三十九條ノ二ノ區ノ區會議員選擧ニ之ヲ準用ス

第六十八條　第三十三條乃至第六十五條ノ規定ハ市制第六條ノ市ノ區ニ之ヲ準用ス

附　則

1 本令中議員選擧ニ關スル規定ハ次ノ總選擧ヨリ、財務ニ關スル規定ハ大正十六年度分ヨリ、其ノ他ノ規定ハ大正十五年七月一日ヨリ之ヲ施行ス

2 左ノ內務省令ハ之ヲ廢止ス

明治四十四年內務省令第十五號、明治四十四年內務省令第十七號、大正元年內務省令第十八號、大正三年內務省令第九號

3 從前ノ規定ニ依ル手續其ノ他ノ行爲ハ本令ニ別段ノ規定アル場合ヲ除クノ外之ヲ本令ニ依リ爲シタルモノト看做ス

4 從前ノ規定ニ依リ郡長ニ爲シタル許可ノ申請ニシテ大正十五年六月三十日迄ニ許可ヲ得サルモノハ之ヲ新規定ニ依リ府縣知事ニ爲シタル許可ノ申請ト看做ス

5 本令中議員選擧ニ關スル規定施行ノ際府縣制施行規則中議員選擧ニ關スル規定未タ施行セラレサル場合ニ於テハ本令ノ適用ニ付テハ同規定ハ既ニ施行セラレタルモノト看做ス

別　記

市町村會議員選擧人名簿樣式

番號	住所	生年月日	氏名

番號	住所	生年月日	氏名

備考

一 名簿ハ大字若ハ小字毎ニ區別シテ調製スヘシ但シ一字若ハ數字毎ニ分綴スルモ妨ケナシ

二 市制第九條第二項又ハ町村制第七條第二項ニ依ル者ニ付テハ氏名欄ニ「特免」ト附記シ又市制第七十六條、第七十九條第二項又ハ町村制第六十三條第四項、第六十七條第三項ノ規定ニ依リ公民タル者ニ付テハ末尾ニ其ノ職氏名ノミヲ記載スヘシ

三 決定、裁決、判決等ニ依リ名簿ヲ修正シタルトキハ其ノ旨及修正ノ年月日ヲ欄外ニ記載シ職印ヲ押捺スヘシ

四 名簿ノ表紙及卷末ニハ左ノ通記載スヘシ

五 選擧區アルトキハ前各號ニ準シ各選擧區毎ニ名簿ヲ調製スヘシ

(表紙)

大正何年何月何日現在調
市(町)(村)會議員選擧人名簿
何府(縣)何市(何選擧區)(何郡何町(村))(大字若ハ小字何々)

(卷末)

此ノ選擧人名簿ハ大正何年何月何日ヨリ何日間何市役所(何町(村)役場)(何ノ場所)ニ於テ縱覽セシメ大正何年何月何日ヲ以テ確定セリ

何府(縣)何市(何郡何町(村))長 氏名 印

市町村會議員選擧人名簿抄本樣式

番號	住所	生年月日	氏名

番號	住所	生年月日	氏名

備考

一　選擧人名簿ヲ修正シタルトキハ此ノ選擧人名簿ノ抄本ヲモ修正シ其ノ旨及修正ノ年月日ヲ欄外ニ記載シ職印ヲ押捺スヘシ

二　名簿抄本ノ表紙及卷末ニハ左ノ通記載スヘシ

（表　紙）

大正何年何月何日現在調
市（町）（村）會議員選擧人名簿抄本
何府（縣）何市（何選擧區）〔何郡何町（村）〕會議員選擧第一（何々）投票分會

（卷　末）

此ノ選擧人名簿抄本ハ大正何年何月何日確定ノ選擧人名簿ニ依リ之ヲ調製セリ

何府（縣）何市〔何郡何町（村）〕長　氏　名　印

○選擧錄樣式

大正何年何月何日執行何府（縣）何市〔何府何町（村）〕會議員選擧會選擧錄

一　選擧會場ハ何市役所〔何町（村）役場〕（何ノ場所）ニ之ヲ設ケタリ

二　左ノ選擧立會人ハ何レモ選擧會ヲ開クヘキ時刻迄ニ選擧會ニ參會シタリ

住　所　氏　名

住　所　氏　名

選擧會ヲ開クヘキ時刻ニ至リ選擧立會人中何人參會セサルニ依リ市（町）（村）長ハ臨時ニ選擧人名簿ニ登錄セラレタル者ノ中ヨリ左ノ者ヲ選擧立會人ニ選任シタリ

住　所　氏　名

三　選擧會ハ大正何年何月何日午前（午後）何時ニ之ヲ開キタリ

四　選擧立會人中氏名ハ一旦參會シタルモ午前（午後）何時何々ノ事故ヲ以テ其ノ職ヲ辭シタル爲其ノ定數ヲ闕キタルニ依リ市（町）（村）長ハ臨時ニ選擧人名簿ニ登錄セラレタル者ノ中ヨリ午前（午後）何時左ノ者ヲ選擧立會人ニ選任シタリ

住　所　氏　名

選擧立會人中氏名ハ一旦參會シタルモ午前（午後）何時何々ノ事故ヲ以テ其ノ職ヲ辭シタルモ尙選擧立會人ハ二人（三人）在リ其ノ闕員ヲ補フノ必要ナキヲ認メ其ノ補闕ヲ爲ササル旨ヲ宣言シタリ

五　選擧長ハ選擧立會人ト共ニ投票ニ先チ選擧會ニ參會シタル選擧人ノ面前ニ於テ投票函ヲ開キ其ノ空虛ナルコトヲ示シタル後內蓋ヲ鎖シ選擧長及選擧立會人ノ列席スル面前ニ之ヲ置キタリ

六　選擧長ハ選擧立會人ノ面前ニ於テ選擧人ヲ選擧人名簿ニ對照シタル後（到著番號札ト引換ニ）投票用紙ヲ交付シタリ

七　選擧人ハ自ヲ投票ヲ認メ選擧長及選擧立會人ノ面前ニ於テ之ヲ投函シタリ

八　左ノ選舉人ハ選舉人名簿ニ登錄セラルヘキ確定裁決書（判決書）ヲ所持シ選舉會場ニ到リタルニ依リ選舉長ハ之ヲシテ投票ヲ爲サシメタリ

住　所　氏　名

九　左ノ選舉人ハ點字ニ依リ投票ヲ爲サントスル旨ヲ申立テタルヲ以テ選舉長ハ投票用紙ニ點字投票ナル旨ノ印ヲ押捺シテ交付シ投票ヲ爲サシメタリ

住　所　氏　名

十　左ノ選舉人ニ對シテハ何々ノ事由ニ因リ選舉立會人ノ決定ヲ以テ（選舉立會人可否同數ナルニ依リ選舉長ノ決定ヲ以テ）投票ヲ拒否シタリ

住　所　氏　名

十一　左ノ選舉人ニ對シテハ何々ノ事由ニ因リ選舉立會人ノ決定ヲ以テ（選舉立會人可否同數ナルニ依リ選舉長ノ決定ヲ以テ）點字投票ヲ拒否シタリ

住　所　氏　名

十二　左ノ選舉人ハ誤リテ投票用紙（封筒）ヲ汚損シタル旨ヲ以テ更ニ之ヲ請求シタルニ依リ其ノ相違ナキヲ認メ之ト引換ニ投票用紙（封筒）ヲ交付シタリ

住　所　氏　名

十三　左ノ選舉人ハ選舉會場ニ於テ演說討論ヲ爲シ（喧擾ニ涉リ）（投票ニ關シ協議ヲ爲シ）（何々ヲ爲シ）選舉會場ノ秩序ヲ紊シタルニ依リ選舉長ニ於テ之ヲ制止シタルモ其ノ命ニ從ハサルヲ以テ投票用紙（到著番號札）ヲ返付セシメ之ヲ選舉會場外ニ退出セシメタリ

住　所　氏　名

十四　選舉長ハ選舉會場外ニ退出ヲ命シタル左ノ選舉人ニ對シ選舉會場ノ秩序ヲ紊スノ虞ナシト認メ投票ヲ爲サシメタリ

住　所　氏　名

選舉長ニ於テ選舉會場外ニ退出ヲ命シタル左ノ選舉人ハ最後ニ入場シテ投票ヲ爲シタリ

住　所　氏　名

十五　午前（午後）何時ニ至リ選舉長ハ投票時間ヲ終リタル旨ヲ告ケ選舉會場ノ入口ヲ鎖シタリ

十六　午前（午後）何時選舉會場ニ在ル選舉人ノ投票結了シタルヲ以テ選舉長ハ選舉立會人ト共ニ投票函ノ內蓋ノ投票口及外蓋ヲ鎖シタリ

十七　投票函ヲ閉鎖シタルニ依リ其ノ內蓋ノ鑰ハ左ノ選舉立會人之ヲ保管シ外蓋ノ鑰ハ選舉長之ヲ保管ス

氏　名

十八　選舉會ニ於テ投票ヲ爲シタル選舉人ノ總數　何　人

內

選舉人名簿ニ登錄セラレタル選舉人ニシテ投票ヲ爲シタル者　何　人

確定裁決書（判決書）ニ依リ投票ヲ爲シタル者　何　人

投票拒否ノ決定ヲ受ケタル者ノ總數　何　人

十九　各投票分會長ヨリ投票函等左ノ如ク到著セリ

第一（何々）投票分會ノ投票函ハ投票分會長職氏名及投票立會人氏名携帶シ何月何日午前（午後）何時著之ヲ檢スルニ異狀ナシ

第二（何々）投票分會ノ投票函何々

二十　大正何年何月何日選擧長ハ（總テノ投票函ノ送致ヲ受ケタルヲ以テ其ノ當日（翌日））午前（午後）何時ヨリ開票ヲ開始シタリ

二十一　選擧長ハ選擧立會人立會ノ上逐次投票函ヲ開キ投票總數ト投票人ノ總數トヲ計算シタルニ左ノ如シ

投票總數　何票

投票人總數　何人

外

假ニ爲シタル投票數　何票

假ニ爲シタル投票人數　何人

投票總數ト投票人總數ト符合ス（投票總數ト投票人總數ト符合セス卽チ投票總數ニ比シ何票多シ（少シ）（其ノ理由ノ明カナルモノハ之ヲ記載スヘシ））

二十二　投票分會ニ於テ拒否ノ決定ヲ受ケタル者ニシテ假ニ投票ヲ爲シタル者左ノ如シ

住所氏名

住所氏名

選擧長ハ右ノ投票ヲ調査シ選擧立會人左ノ通之ヲ決定シタリ

（選擧長ハ右ノ投票ヲ調査シ選擧立會人ノ決定ニ付シタルニ可否同數ナルニ依リ選擧長左ノ通之ヲ決定シタリ）

受理セシモノ

一事由何々　住所氏名

一事由何々　住所氏名

受理セサリシモノ

一事由何々　住所氏名

二十三　選擧長ハ（假ニ爲シタル投票ニシテ受理スヘキモノト決定シタル投票ノ封筒ヲ開封シタル上）總テノ投票ヲ混同シ選擧立會人ト共ニ之ヲ點檢シタリ

二十四　選擧事務ニ從事スル職氏名及職氏名ノ二人ハ各別ニ同一被選擧人ノ得票數ヲ計算シタリ

二十五　有效又ハ無效ト決定シタル投票左ノ如シ

（一）選擧立會人ニ於テ決定シタル投票數　何票

内

一有效ト決定シタルモノ　何票

一無效ト決定シタルモノ　何票

内

一　成規ノ用紙ヲ用ヒサルモノ　何票

二　現ニ市（町（村））會議員

ノ職ニ在ル者ノ氏名ヲ
記載シタルモノ　何　票
三　、、、、、、　何　票
(二)選擧立會人ノ決定ニ付シタルニ可否同數ナルニ依リ選擧長ニ於テ決定シタル投票數　何　票
內
一有效ト決定シタルモノ　何　票
一無效ト決定シタルモノ　何　票
內
一　成規ノ用紙ヲ用ヒサルモノ　何　票
二　現ニ市〔町(村)〕會議員ノ職ニ在ル者ノ氏名ヲ記載シタルモノ　何　票
三　、、、、、、　何　票
(三)投票總數　何　票
內
一有效ト決定シタルモノ　何　票
一無效ト決定シタルモノ　何　票
內
一　成規ノ用紙ヲ用ヒサルモノ　何　票
二　現ニ市〔町(村)〕會議員ノ職ニ在ル者ノ氏名ヲ記載シタルモノ　何　票
三　、、、、、、、　何　票

二十六　午前(午後)何時投票ノ點撿ヲ終リタルヲ以テ選擧長ハ各被選擧人ノ得票數ヲ朗讀シタリ

二十七　各被選擧人ノ得票數左ノ如シ

何　票　氏　名
何　票　氏　名

二十八　選擧長ハ點檢濟ニ係ル投票ノ有效無效及受理スヘカラスト決定シタル投票ヲ大別シ尙有效ノ決定アリタル投票ニ在リテハ得票者毎ニ之ヲ區別シ無效ノ決定アリタル投票ニ在リテハ之ヲ類別シ各之ヲ一括シ更ニ有效無效及受理スヘカラスト決定シタル投票別ニ之ヲ封筒ニ入レ選擧立會人ト共ニ封印ヲ施シタリ

二十九　選擧長ハ選擧立會人立會ノ上逐次開票分會長ノ報告ヲ調査シ自ラ開票ヲ行ヒタル部分ニ付各被選擧人ノ得票數ヲ朗讀シタル後開票分會毎ニ各被選擧人ノ得票數ヲ朗讀シ終リニ

各被選擧人ノ得票總數ヲ朗讀シタリ

三十　開票分會長ノ報告ノ結果ト選擧會ニ於テ爲タル點檢ノ結果ト併セタル各被選擧人ノ得票總數左ノ如シ

何　票　　氏　名

何　票　　氏　名

三十一　議員定數何人ヲ以テ有效投票ノ總數何票ヲ除シテ得タル數ハ何票ニシテ此ノ六分ノ一ノ數ハ何票ナリ

被選擧人中其ノ得票數ニ達スル者左ノ如シ

何　票　　氏　名

何　票　　氏　名

右ノ内有效投票ノ最多數ヲ得タル左ノ何人ヲ以テ當選者トス

氏　名

氏　名

但シ氏名及氏名ハ得票ノ數相同シキニ依リ其ノ年齡ヲ調査スルニ氏名ハ何年何月何日生、氏名ハ何年何月何日生ニシテ氏名年長者ナルヲ以テ氏名ヲ以テ當選者ト定メタリ（同年月日ナルヲ以テ選擧長ニ於テ抽籤シタルニ氏名當籤セリ依テ氏名ヲ以テ當選者ト定メタリ

三十二　午前（午後）何時選擧事務ヲ結了シタリ

三十三　左ノ者ハ選擧會ノ事務ニ從事シタリ

職　氏　名

職　氏　名

三十四　選擧會ニ臨監シタル官吏左ノ如シ

官　職　氏　名

選擧長ハ此ノ選擧錄ヲ作リ之ヲ朗讀シタル上選擧立會人ト共ニ玆ニ署名ス

大正何年何月何日

選擧長

何府（縣）何市〔何郡何町（村）〕長　　氏　名

選擧立會人　　氏　名

氏　名

備　考

一　市制第三十九條ノ二ノ市ニ於ケル選擧錄ハ府縣制施行規則第二十九條投票錄樣式及選擧錄樣式ノ一ノ例ニ依リ之ヲ記載スヘシ

二　市制第三十九條ノ二ノ市ニ於テ屆出アリタル議員候補者ノ數選擧スヘキ議員ノ數ヲ超エサル爲投票ヲ行ハサルトキハ府縣制施行規則第二十九條選擧錄樣式ノ二ノ例ニ依リ之ヲ記載スヘシ

三　樣式ニ揭クル事項ノ外選擧長ニ於テ投票ニ關シ緊要ト認ムル事項アルトキハ之ヲ記載スヘシ

○投票錄樣式

大正何年何月何日執行何府（縣）何市〔何郡何町（村）〕會議員選擧第一（何々）投票分會投票錄

一　投票分會ハ何市役所〔何町（村）役場〕（何ノ場所）ニ之ヲ設ケ

タリ

二　左ノ投票立會人ハ何レモ投票分會ヲ開クヘキ時刻迄ニ投票分會ニ參會シタリ

住　所　氏　名

住　所　氏　名

投票分會ヲ開クヘキ時刻ニ至リ投票立會人中何人參會セサルニ依リ市(町)(村)長ハ臨時ニ投票分會ノ區劃內ニ於ケル選擧人名簿ニ登錄セラレタル者ノ中ヨリ左ノ者ヲ投票立會人ニ選任シタリ

住　所　氏　名

三　投票分會ハ大正何年何月何日午前(午後)何時ニ之ヲ開キタリ

四　投票立會人中氏名ハ一旦參會シタルモ午前(午後)何時何々ノ事故ヲ以テ其ノ職ヲ辭シタル爲其ノ定數ヲ闕キタルニ依リ市(町)(村)長ハ臨時ニ投票分會ノ區劃內ニ於ケル選擧人名簿ニ登錄セラレタル者ノ中ヨリ午前(午後)何時左ノ者ヲ投票立會人ニ選任シタリ

住　所　氏　名

投票立會人中氏名ハ一旦參會シタルモ午前(午後)何時何々ノ事故ヲ以テ其ノ職ヲ辭シタルモ尙投票立會人ハ二人(三人)在リ其ノ闕員ヲ補フノ必要ナキヲ認メ其ノ補闕ヲ爲ササル旨ヲ宣言シタリ

五　投票分會長ハ投票立會人ト共ニ投票ニ先チ投票分會ニ參會シタル選擧人ノ面前ニ於テ投票函ヲ開キ其ノ空虛ナルコトヲ示シタル後內蓋ヲ鎖シ投票分會長及投票立會人ノ列席スル面前ニ之ヲ置キタリ

六　投票分會長ハ投票立會人ノ面前ニ於テ選擧人ヲ選擧人名簿ノ抄本ニ對照シタル後（到著番號札ト引換ニ）投票用紙ヲ交付シタリ

七　選擧人ハ自ラ投票ヲ認メ投票分會長及投票立會人ノ面前ニ於テ之ヲ投函シタリ

八　左ノ選擧人ハ選擧人名簿ニ登錄セラルヘキ確定裁決書（判決書）ヲ所持シ投票分會場ニ到リタルニ依リ投票分會長ハ之ヲシテ投票ヲ爲サシメタリ

住　所　氏　名

九　左ノ選擧人ハ點字ニ依リ投票ヲ爲サントスル旨ヲ申立テタルヲ以テ投票分會長ハ投票用紙ニ點字投票ナル旨ノ印ヲ押捺シテ交付シ投票ヲ爲サシメタリ

住　所　氏　名

十　左ノ選擧人ニ對シテハ何々ノ事由ニ因リ投票立會人ノ決定ヲ以テ（投票立會人可否同數ナルニ依リ投票分會長ノ決定ヲ以テ）投票ヲ拒否シタリ

住　所　氏　名

左ノ選擧人ニ對シテハ何々ノ事由ニ依リ投票立會人ノ決定ヲ以テ（投票立會人可否同數ナルニ依リ投票分會長ノ決定ヲ以テ）投票ヲ拒否シタルモ同選擧人ニ於テ不服ヲ申立テタルヲ以テ（投票分會長又ハ投票立會人氏名ニ於テ異議アリシヲ以テ）投票用紙ト共ニ封筒ヲ交付シ假ニ投票ヲ爲サシメタリ

住　所　氏　　名

十一　左ノ選擧人ニ對シテハ何々ノ事由ニ因リ投票立會人ノ決定ヲ以テ（投票立會人可否同數ナルニ依リ投票分會長ノ決定ヲ以テ）點字投票ヲ拒否シタリ

住　所　氏　　名

左ノ選擧人ニ對シテハ何々ノ事由ニ因リ投票立會人ノ決定ヲ以テ（投票立會人可否同數ナルニ依リ投票分會長ノ決定ヲ以テ）投票ヲ拒否シタルモ同選擧人ニ於テ不服ヲ申立タルヲ以テ（投票分會長又ハ投票立會人氏名ニ於テ異議アリシヲ以テ）投票用紙及封筒ニ點字投票ナル旨ノ印ヲ押捺シテ交付シ假ニ點字投票ヲ爲サシメタリ

住　所　氏　　名

十二　左ノ選擧人ハ誤リテ投票用紙（封筒）ヲ汚損シタル旨ヲ以テ更ニ之ヲ請求シタルニ依リ其ノ相違ナキヲ認メ之ト引換ニ投票用紙（封筒）ヲ交付シタリ

住　所　氏　　名

十三　左ノ選擧人ハ投票分會場ニ於テ演説討論ヲ爲シ（喧擾ニ渉リ）（投票ニ關シ協議ヲ爲シ）（何々ヲ爲シ）投票分會場ノ秩序ヲ紊シタルニ依リ投票分會長ニ於テ之ヲ制止シタルモ其ノ命ニ從ハサルヲ以テ投票用紙（投票用紙及封筒）（到着番號札）ヲ返付セシメ之ヲ投票分會場外ニ退出セシメタリ

住　所　氏　　名

十四　投票分會長ハ投票分會場外ニ退出ヲ命シタル左ノ選擧人ニ對シ投票分會場ノ秩序ヲ紊スノ虞ナシト認メ投票ヲ爲サシメタリ

住　所　氏　　名

投票分會長ニ於テ投票分會場外ニ退出ヲ命シタル左ノ選擧人ハ最後ニ入場シテ投票ヲ爲シタリ

住　所　氏　　名

十五　午前（午後）何時ニ至リ投票分會長ハ投票時間ヲ終リタル旨ヲ告ケ投票分會場ノ入口ヲ鎖シタリ

十六　午前（午後）何時投票分會場ニ在ル選擧人ノ投票結了シタルヲ以テ投票分會長ハ投票立會人ト共ニ投票函ノ内蓋ノ投票口及外蓋ヲ鎖シタリ

十七　投票函ヲ閉鎖シタルニ依リ其ノ内蓋ノ鑰ハ投票函ヲ送致スヘキ左ノ投票立會人之ヲ保管シ外蓋ノ鑰ハ投票分會長之ヲ保管ス

氏　　名

十八　投票函及投票錄（選擧人名簿ノ抄本）ヲ選擧長（第一（何々）開票分會長）ニ送致スヘキ投票立會人左ノ如シ

氏　　名

十九　投票分會場ニ於テ投票ヲ爲シタル選擧人ノ總數　何　　人

内

選擧人名簿ノ抄本ニ記載セラレタル選擧人ニシテ投票ヲ爲シタル者　何　　人

確定裁決書（判決書）ニ依リ投票ヲ爲シタル者

投票拒否ノ決定ヲ受ケタル者ノ總數　何人

内　何人

假ニ投票ヲ爲サシメタル者　何人

二十　午前(午後)何時投票分會ノ事務ヲ結了シタリ

二十一　左ノ者ハ投票分會ノ事務ニ從事シタリ

職　氏　名

職　氏　名

二十二　投票分會場ニ臨監シタル官吏左ノ如シ

官　職　氏　名

投票分會長ハ此ノ投票録ヲ作リ之ヲ朗讀シタル上投票立會人ト共ニ玆ニ署名ス

大正何年何月何日

投票分會長　職　氏　名

投票立會人　氏　名

氏　名

備考

一　市制第三十九條ノ二ノ市ニ於ケル投票録ハ府縣制施行規則第二十九條投票録樣式ノ例ニ依リ之ヲ記載スヘシ

二　樣式ニ掲クル事項ノ外投票分會長ニ於テ投票ニ關シ緊要ト認ムル事項アルトキハ之ヲ記載スヘシ

○開票録樣式

大正何年何月何日執行何府(縣)何市〔何郡何町(村)〕會議員選擧第一(何々)開票分會開票録

一　開票分會ハ何市役所〔何町(村)役場〕(何ノ場所)ニ之ヲ設ケタリ

二　左ノ開票立會人ハ何レモ開票分會ヲ開クヘキ時刻迄ニ開票分會ニ參會シタリ

住所　氏　名

住所　氏　名

開票分會ヲ開クヘキ時刻ニ至リ開票立會人中何人參會セサルニ依リ市(町)(村)長ハ臨時ニ開票分會ノ區劃内ニ於ケル選擧人名簿ニ登録セラレタル者ノ中ヨリ左ノ者ヲ開票立會人ニ選任シタリ

住所　氏　名

三　開票分會ハ大正何年何月何日午前(午後)何時ニ之ヲ開キタリ

四　開票立會人中氏名ハ一旦參會シタルモ午前(午後)何時何々ノ事故ヲ以テ其ノ職ヲ辭シタル爲其ノ定數ヲ闕キタルニ依リ市(町)(村)長ハ臨時ニ開票分會ノ區劃内ニ於ケル選擧人名簿ニ登録セラレタル者ノ中ヨリ午前(午後)何時左ノ者ヲ開票立會人ニ選任シタリ

住所　氏　名

開票立會人中氏名ハ一旦參會シタルモ午前(午後)何時何々ノ事故ヲ以テ其ノ職ヲ辭シタルモ尙開票立會人ハ二人(三人)在

り其ノ闕員ヲ補フノ必要ナキヲ認メ其ノ補闕ヲ爲サザル旨ヲ宣言シタリ

五　開票分會ノ區劃内ノ各投票分會長ヨリ投票函等左ノ如ク到著セリ

第一（何々）投票分會ノ投票函ハ投票分會長職氏名及投票立會人氏名携帶シ何月何日午前（午後）何時著之ヲ檢スルニ異狀ナシ

第二（何々）投票分會ノ投票函何々

六　大正何年何月何日開票分會長ハ開區分會ノ區劃内ノ投票分會長ヨリ投票函ノ送致ヲ受ケタルヲ以テ其ノ當日（翌日）午前（午後）何時ヨリ開票ヲ開始シタリ

七　開票分會長ハ開票立會人立會ノ上逐次投票函ヲ開キ投票ノ總數ト投票人ノ總數トヲ計算シタルニ左ノ如シ

投票總數　何票
投票人總數　何人
外
假ニ爲シタル投票數　何票
假ニ爲シタル投票人數　何人

投票總數ト投票人總數ト符合ス（投票總數ト投票人總數ト符合セス卽チ投票總數ニ比シ何票多シ（少シ）（其ノ理由ノ明カナルモノハ之ヲ記載スヘシ））

八　投票分會ニ於テ拒否ノ決定ヲ受ケタル者ニシテ假ニ投票ヲ爲シタル者左ノ如シ

住所氏名

住所氏名

開票分會長ハ右ノ投票ヲ調査シ開票立會人左ノ通之ヲ決定シタリ（開票分會長ハ右ノ投票ヲ調査シ開票立會人ノ決定ニ付シタルニ可否同數ナルニ依リ開票分會長左ノ通之ヲ決定シタリ）

受理セシモノ
一　事由何々　住所氏名
一　事由何々　住所氏名
受理セサリシモノ
一　事由何々　住所氏名

九　開票分會長ハ（假ニ爲シタル投票ニシテ受理スヘキモノト決定シタル投票ノ封筒ヲ開披シタル上）總テノ投票ヲ混同シ開票立會人ト共ニ之ヲ點檢シタリ

十　開票事務ニ從事スル職氏名及職氏名ノ二人ハ各別ニ同一被選擧人ノ得票數ヲ計算シタリ

十一　有效又ハ無效ト決定シタル投票左ノ如シ

（一）開票立會人ニ於テ決定シタル投票數　何票
内
一有效ト決定シタルモノ　何票
一無效ト決定シタルモノ　何票
内
一　成規ノ用紙ヲ用ヒサルモノ　何票
二　現ニ市（町（村））會議員ノ職ニ在ル者ノ氏名ヲ記載シタルモノ　何票

三　、、、、、、、、、、　何　票

（二）開票立會人ノ決定ニ付シタルニ可否同數ナルニ依リ開票分會長ニ於テ決定シタル投票數　何　票

内

一有效ト決定シタモノ　何　票

一無效ト決定シタルモノ　何　票

内

一　成規ノ用紙ヲ用ヒサルモノ　何　票

二　現ニ市〔町（村）〕會議員ノ職ニ在ル者ノ氏名ヲ記載シタルモノ　何　票

三　、、、　何　票

（三）投票總數　何　票

内

一有效ト決定シタルモノ　何　票

一無效ト決定シタルモノ　何　票

内

一　成規ノ用紙ヲ用ヒナルモノ　何　票

二　現ニ市〔町（村）〕會議員ノ職ニ在ル者ノ氏名ヲ記載シタルモノ　何　票

三　、、、、、、、、、　何　票

十二　午前（午後）何時投票ノ點檢ヲ終リタルヲ以テ開票分會長ハ各被選擧人ノ得票數ヲ朗讀シタリ

十三　各被選擧人ノ得票數左ノ如シ

何　票　氏　名

何　票　氏　名

十四　開票分會長ハ點檢濟ニ係ル投票ノ有效無效及受理スヘカラスト決定シタル投票ヲ大別シ尙有效ノ決定アリタル投票ニ在リテハ得票者每ニ之ヲ區別シ無效ノ決定アリタル投票ニ在リテハ之ヲ類別シ各之ヲ一括シ更ニ有效無效及受理スヘカラスト決定シタル投票別ニ之ヲ封筒ニ入レ開票立會人ト共ニ封印ヲ施シタリ

十五　午前（午後）何時開票分會ノ事務ヲ結了シタリ

十六　左ノ者ハ開票分會ノ事務ニ從事シタリ

職　氏　名

職　氏　名

十七　開票分會ニ臨監シタル官吏ノ如シ

市制町村施行規則　市町村歲入出豫算樣式

官　職　氏　名

開票分會長ハ此ノ開票錄ヲ作リ之ヲ朗讀シタル上開票立會人ト共ニ玆ニ署名ス

大正何年何月何日

開票分會長　職　氏　名

開票立會人　氏　名

氏　名

備　考

一　市制第三十九條ノ二ノ市ニ於ケル開票錄ハ府縣制施行規則第二十九條開票錄樣式ノ例ニ依リ之ヲ記載スヘシ

二　樣式ニ揭クル事項ノ外開票分會長ニ於テ開票ニ關シ緊要ト認ムル事項アルトキハ之ヲ記載スヘシ

◉府縣制施行令（抄）

（大正十五年六月二十四日勅令第二百號）

第一章　府縣會議員ノ選擧

第一條　府縣制第六條第二項ノ規定ニ依リ除外スヘキ學生生徒左ノ如シ

一　陸軍各部依託學生生徒

二　海軍軍醫學生藥劑學生主計學生造船學生造機學生造兵學生竝ニ海軍豫備生徒及海軍豫備練習生

第二條　府縣制第十五條第四項ノ規定ニ依リ市町村ノ區域ヲ分チテ數投票區ヲ設ケ又ハ數町村ノ區域ヲ合セテ一投票區ヲ設ケタルトキハ府縣知事ハ直ニ其ノ區劃ヲ告示スヘシ

第三條　府縣制第十五條第四項ノ規定ニ依リ市町村ノ區域ヲ分チテ數投票區ヲ設ケタル場合ニ於テハ左ノ規定ニ依ル

一　投票管理者ハ投票區ノ一ニ於テハ市町村長トシ其ノ他ノ投票區ニ於テハ市町村長ノ指定シタル市町村吏員ヲ以テ之ニ充ツ

二　市町村長ハ選擧人名簿ニ依リ投票區（市町村長投票管理者タル投票區ヲ除ク）毎ニ名簿ノ抄本ヲ調製シ選擧ノ期日ノ告示アリタルトキハ直ニ之ヲ關係投票管理者ニ送付スヘシ

三　市町村長ノ指定シタル市町村吏員投票管理者タル投票區ニ於テハ府縣制第十八條第三項及第二十一條竝ニ本令第八條中選擧人名簿トアルハ選擧人名簿ノ抄本トス

四　選擧人名簿ノ抄本ハ市町村長ニ於テ議員ノ任期間之ヲ保存スヘシ

第四條　府縣制第十五條第四項ノ規定ニ依リ數町村ノ區域ヲ合セテ一投票區ヲ設ケタル場合ニ於テハ左ノ規定ニ依ル

一　投票管理者ハ府縣知事ニ於テ關係町村長ノ中ニ就キ之ヲ指定ス

二　町村長ハ選擧ノ期日ノ告示アリタルトキハ直ニ選擧人名簿ヲ投票管理者ニ送付スヘシ

三　町村費ヲ以テ支辨スヘキ投票所ノ費用ハ之ヲ關係町村ニ平分スヘシ

第五條　府縣制第十八條第七項ノ規定ニ依リ盲人カ投票ニ關スル記載ニ使用スルコトヲ得ル點字ハ市制町村制施行令別表ノ定ムル所ニ依ル

2　點字ニ依リ投票ヲ爲サントスル選擧人ハ投票管理者ニ對シ其ノ旨ヲ申立ツヘシ、此ノ場合ニ於テハ投票管理者ハ投票用紙ニ點字投票ナル旨ノ印ヲ押捺シテ交付スヘシ

3　點字ニ依ル投票ノ拒否ニ付テハ府縣制第十九條ノ例ニ依ル、此ノ場合ニ於テハ封筒ニ點字投票ナル旨ノ印ヲ押捺シテ交付スヘシ

4　前項ノ規定ニ依リ假ニ爲サシメタル投票ハ府縣制第二十五條第二項及第三項ノ規定ノ適用ニ付テハ同法第十九條第二項及第四項ノ投票ト看做ス

第六條　府縣制第二十三條ノ二ノ規定ニ依リ開票區ヲ設ケタルトキハ府縣知事ハ直ニ其ノ區劃ヲ告示スヘシ

第七條　開票管理者ハ府縣知事ノ指定シタル官吏又ハ吏員ヲ以テ之ニ充ツ

2 開票管理者ハ開票ニ關スル事務ヲ擔任ス

3 開票所ハ開票管理者ノ指定シタル場所ニ之ヲ設ク

4 開票管理者ハ豫メ開票ノ場所及日時ヲ告示スヘシ

第八條　開票區ノ區劃內ノ投票管理者ハ其ノ指定シタル投票立會人ト共ニ町村ノ投票區ニ於テハ投票ノ翌日迄ニ、市ノ投票區ニ於テハ投票ノ當日投票函、投票錄及選擧人名簿ヲ開票管理者ニ送致スヘシ

第九條　投票ノ點檢終リタルトキハ開票管理者ハ直ニ其ノ結果ヲ選擧長ニ報告スヘシ

第十條　開票管理者ハ開票錄ヲ作リ開票ニ關スル顚末ヲ記載シ之ヲ朗讀シ二人以上ノ開票立會人ト共ニ之ヲ署名シ直ニ投票錄及投票ト併セテ之ヲ選擧長ニ送致スヘシ

第十一條　開票管理者ハ第九條ノ報告ヲ爲シタルトキハ直ニ選擧人名簿（選擧人名簿ノ抄本アルトキハ併セテ其ノ抄本）ヲ町村長ニ返付スヘシ

第十二條　選擧長ハ總テノ開票管理者ヨリ第九條ノ報告ヲ受ケタル日若ハ其ノ翌日（又ハ總テノ投票函ノ送致ヲ受ケタル日若ハ其ノ翌日）選擧會ニ於テ選擧立會人立會ノ上其ノ報告ヲ調査シ府縣制第二十五條第三項ノ規定ニ依リ爲シタル點檢ノ結果ト併セテ各議員候補者ノ得票總數ヲ計算スヘシ

第十三條　選擧ノ一部無效ト爲リ更ニ選擧ヲ行ヒタル場合ニ於テハ選擧長ハ前條ノ規定ニ準シ其ノ部分ニ付前條ノ手續ヲ爲シ他ノ部分ニ於ケル各議員候補者ノ得票數ト併セテ其ノ得票總數ヲ計算スヘシ

第十四條　開票區ヲ設ケタル場合ニ於テハ選擧長ハ府縣制第三十一條第一項ノ報告ニ開票錄ノ寫ヲ添附スヘシ

第十五條　第四條第一號若ハ第七條第一項又ハ府縣制第二十三條第一項ノ規定ニ依リ投票管理者、開票管理者又ハ選擧長ヲ指定シタルトキハ府縣知事ハ直ニ之ヲ告示スヘシ

2 前項ノ規定ハ第三條第一號ノ規定ニ依リ市町村長ニ於テ投票管理者ヲ指定シタル場合ニ之ヲ準用ス

第十六條　府縣制第十六條ノ規定ハ開票立會人ニ、同法第十七條第一項及第二項ノ規定ハ開票所ニ、同法第二十二條、第二十五條、第二十六條及第二十八條ノ規定ハ開票所ニ於ケル開票ニ之ヲ準用ス

第二章　府縣會議員ノ選擧運動及其ノ費用竝ニ公立學校等ノ設備ノ使用

第十七條　選擧事務所ハ議員候補者一人ニ付選擧區ノ配當議員數ヲ以テ選擧人名簿確定ノ日ニ於テ之ニ登錄セラレタル者ノ總數ヲ除シテ得タル數一萬以上ナルトキハ三箇所ヲ、一萬未滿ナルトキハ二箇所ヲ超ユルコトヲ得ス

2 選擧ノ一部無效ト爲リ更ニ選擧ヲ行フ場合又ハ府縣制第十三條第二項ノ規定ニ依リ投票ノ行フ場合ニ於テハ選擧事務所ハ前項ノ規定ニ依ル數ヲ超エサル範圍內ニ於テ府縣知事（東京府ニ於テハ警視總監）ノ定メタル數ヲ超ユルコトヲ得ス

3府縣知事（東京府ニ於テハ警視總監）ハ選擧ノ期日ノ告示アリタル後直ニ前二項ノ規定ニ依ル選擧事務所ノ數ヲ告示スヘシ

第十八條　選擧委員及選擧事務員ハ議員候補者一人ニ付選擧區ノ配當議員數ヲ以テ選擧人名簿確定ノ日ニ於テ之ニ登錄セラレタル者ノ總數ヲ除シテ得タル數一萬以上ナルトキハ通シテ二十人ヲ、一萬未滿ナルトキハ通シテ十五人ヲ超ユルコトヲ得ス

2前條第二項及第三項ノ規定ハ選擧委員及選擧事務員ニ之ヲ準用ス

第十九條　選擧運動ノ費用ハ議員候補者一人ニ付左ノ各號ノ額ヲ超ユルコトヲ得ス

一　選擧區ノ配當議員數ヲ以テ選擧人名簿確定ノ日ニ於テ之ニ登錄セラレタル者ノ總數ヲ除シテ得タル數ヲ四十錢ニ乘シテ得タル額

二　選擧ノ一部無效ト爲リ更ニ選擧ヲ行フ場合ニ於テハ選擧區ノ配當議員數ヲ以テ選擧人名簿確定ノ日ニ於テ關係區域ノ選擧人名簿ニ登錄セラレタル者ノ總數ヲ除シテ得タル數ヲ四十錢ニ乘シテ得タル額

三　府縣制第十三條第二項ノ規定ニ依リ投票ヲ行フ場合ニ於テハ前號ノ規定ニ準シテ算出シタル額但シ府縣知事（東京府ニ於テハ警視總監）必要アリト認ムルトキハ之ヲ減額スルコトヲ得

2府縣知事（東京府ニ於テハ警視總監）ハ選擧ノ期日ノ告示アリタル後直ニ前項ノ規定ニ依ル額ヲ告示スヘシ

第二十條　衆議院議員選擧法施行令第八章、第九章及第十二章ノ規定ハ府縣會議員ノ選擧ニ之ヲ準用ス

第九章　雜則

第五十七條　町村組合ニシテ町村ノ事務ノ全部又ハ役場事務ヲ共同處理スルモノハ本令ノ適用ニ付テハ之ヲ一町村、其ノ組合管理者ハ之ヲ町村長、其ノ組合吏員ハ之ヲ町村吏員ト看做ス

附　則

1本令中議員選擧ニ關スル規定ハ次ノ總選擧ヨリ、其ノ他ノ規定ハ大正十五年七月一日ヨリ之ヲ施行ス

2左ノ勅令ハ之ヲ廢止ス

明治三十二年勅令第二百二十七號
明治三十二年勅令第二百二十八號
明治三十二年勅令第二百八十五號
明治三十二年勅令第三百十六號
明治三十三年勅令第八十一號
明治三十三年勅令第二百四十八號
府縣會議員選擧區分區令
大正十三年勅令第二百二十七號

3從前ノ規定ニ依ル手續其ノ他ノ行爲ハ本令ニ別段ノ規定アルモノヲ除クノ外之ヲ本令ニ依リ爲シタルモノト看做ス

4明治三十三年勅令第二百四十八號第二條ノ規定ニ依ル處分ニ關シ提起シタル訴願ニ付テハ仍從前ノ規定ニ依ル

5明治三十三年勅令第二百四十八號第二條又ハ同年勅令第八十一號第三條ノ規定ニ依リ爲シタル決定又ハ處分ニ對スル異議ノ申

立期間又ハ訴願ノ提起期間ハ決定又ハ處分アリタル日ノ翌日ヨリ之ヲ起算ス

6 明治三十三年勅令第八十一號第二條ノ規定ニ依リ府縣知事ニ爲シタル申請又ハ同令第三條ノ規定ニ依リ府縣參事會ノ決定ニ付セラレタル申請ニシテ大正十五年六月三十日迄ニ府縣參事會ノ決定ニ付セラレサルモノ又ハ府縣參事會ノ決定ナキモノニ付テハ第三十二條第二項ノ期間ハ同年七月一日ヨリ之ヲ起算ス

7 本令中議員選擧ニ關スル規定施行ノ際大正十五年勅令第三號衆議院議員選擧法施行令又ハ市制町村制施行令中公民權及議員選擧ニ關スル規定未タ施行セラレサル場合ニ於テハ本令ノ適用ニ付テハ同令又ハ同規定ハ既ニ施行セラレタルモノト看做ス

◎大正十五年府縣制中改正法律施行期日ノ件

（大正十五年六月二十四日 勅令第二百三號）

大正十五年府縣制中改正法律ハ議員選擧ニ關スル規定ヲ除クノ外大正十五年七月一日ヨリ之ヲ施行ス

◎府縣制暫行特例

（大正十五年六月二十四日 勅令第二百四號）

第一條　本令ハ大正十五年府縣制中改正法律附則第一項ノ規定ニ依ル特例ヲ定ムルモノトス

第二條　町村長ハ毎年九月十五日ヲ期トシ其日ノ現在ニ依リ十月十五日迄ニ其ノ町村內ノ選擧人名簿ヲ調製スヘシ

第三條　町村長ハ十月二十日ヨリ十五日間其ノ町村役場ニ於テ選擧人名簿ヲ關係者ノ縱覽ニ供スヘシ、若シ關係者ニ於テ異議アルトキ又ハ正當ノ事故ニ依リ府縣制第十一條ノ手續ヲ爲スコト能ハスシテ名簿ニ登錄セラレサルトキハ縱覽期限內ニ之ヲ町村長ニ申立ツルコトヲ得、此ノ場合ニ於テハ町村長ハ其ノ申立ヲ受ケタル日ヨリ十日以內ニ之ヲ決定スヘシ

2 前項町村長ノ決定ニ不服アル者ハ府縣參事會ニ訴願シ其ノ裁決ニ不服アル者ハ行政裁判所ニ出訴スルコトヲ得

3 前項ノ裁決ニ付テハ府縣知事町村長ヨリモ訴訟ヲ提起スルコトヲ得

4 府縣參事會ノ裁決確定シ又ハ訴訟ノ判決ニ依リ名簿ノ修正ヲ要スルトキハ町村長ニ於テ直ニ之ヲ修正スヘシ

5 本條ノ規定ニ依リ町村長ニ於テ名簿ヲ修正シタルトキハ其ノ要領ヲ告示スヘシ

第四條　府縣制第二十一條ノ規定ニ依リ町村長ニ於テ投票函及投票錄ヲ選擧會場ニ送致スルトキハ併セテ選擧人名簿ヲ送致スヘシ

第五條　選擧長ハ府縣制第三十一條第一項ノ報告ヲ爲シタルトキハ府縣制第三十條ノ規定ニ拘ラス直ニ選擧人名簿ヲ町村長ニ返付スヘシ、町村長ハ選擧及當選ノ效力確定スルニ至ル迄之ヲ保存スヘシ

2府縣知事ノ指定シタル官吏選擧長タル場合ニ於テハ府縣制第三十條ノ規定ニ依リ選擧長ノ保存スヘキ選擧錄、投票書其ノ他關係書類ハ府縣知事之ヲ保存スヘシ

第六條　府縣制第十四條、第二十三條第一項及第二項第二十四條第一項、第二十五條第一項及第二項並ニ第三十四條第六項ノ規定ニ依ル郡長ノ職務權限ハ府縣知事ノ指定シタル官吏之ヲ行フ

第七條　本令ニ依ル異議、訴願及訴訟ニ付テハ府縣制第三十八條及第百二十八條ノ例ニ依ル

第八條　府縣則第三十九條第二項ノ規定ハ本令ノ適用ニ付之ヲ準用ス

第九條　本令中郡長ニ關スル規定ハ島司ニ之ヲ適用ス

附　則

1本令ハ大正十五年七月一日ヨリ之ヲ施行ス
府縣則第十二條第一項ノ規定ニ依リ郡長ニ爲シタル異議ノ申立ハ之ヲ第三條第一項ノ規定ニ依リ町村長ニ爲シタル異議ノ申立ト看做ス

2府縣制第十二條第一項ノ規定ニ依リ郡長ノ爲シタル異議ノ決定ニ關スル訴願ニ付テハ仍從前ノ規定ニ依ル、此ノ場合ニ於テハ訴願ノ提起ハ處分ヲ爲シタル行政廳ヲ經由スルコトヲ要セス

3前項ノ裁決ニ對スル訴訟ニ付テハ仍從前ノ規定ニ依ル

4府縣制第十二條第三項及第三十四條第六項ノ規定ニ依リ郡長ノ提起シタル訴訟ハ之ヲ府縣知事ノ提起シタル訴訟ト看做ス

◉府縣制施行規則（抄）

（大正十五年六月二十四日内務省令第十八條）

第一章　府縣會議員ノ選擧

第一條　府縣制第五條及本令第三條ニ規定スル人口ハ内閣ニ於テ官報ヲ以テ公示シタル最近ノ人口ニ依ル

前項公示ノ人口現在ノ日以後ニ於テ府縣、市、區、從前郡長又ハ島司ノ管轄シタル區域ノ境界ニ渉リテ市區町村ノ廢置分合、境界變更ヲ爲シタルトキ又ハ所屬未定地ヲ市區町村ノ區域ニ編入シタルトキハ府縣、從前郡長又ハ島司ノ管轄シタル區域ノ人口ハ左ノ區別ニ依リ府縣知事ノ告示シタル人口ニ依リ、市區ノ人口ハ市制町村制施行規則第一條第二項乃至第四項ノ規定ニ依リ府縣知事ノ告示シタル人口ニ依ル但シ市區町村ノ境界變更又ハ所屬未定地編入ノ區域ニ現住者ナキトキハ此ノ限ニ在ラス

一　從前郡長又ハ島司ノ管轄シタル區域ニ於テハ市制町村制施行規則第一條ノ規定ニ依ル町村ノ人口ヲ集計シタルモノ

二　府縣ニ在リテハ市制町村制施行規則第一條ノ規定ニ依ル市區町村ノ人口ヲ集計シタルモノ

3前項ノ規定ハ市區町村ノ境界確定シタル場合ニ之ヲ準用ス

4前三項ノ人口中ニハ部隊艦船及監獄内ニ在リタル人員ヲ含マス

第二條　府縣ノ廢置分合又ハ境界變更アリタルトキハ前條第二項及第四項ノ例ニ依ル

第三條　府縣制第五條ニ依リ各選擧區ニ於テ選擧スヘキ府縣會議員ノ數ハ人口ニ比例シテ之ヲ定ムヘシ

第四條　新ニ市ヲ置キタル爲之ニ配當スヘキ府縣會議員ハ從前其市ノ屬シタル選擧區ヨリ選出シタル議員ノ中ニ就キ府縣知事抽籤ヲ以テ之ヲ定ム但シ市ニ住所ヲ有スル議員アルトキハ其議員ヲ以テ市選出ノ議員トス若シ市ニ住所ヲ有スル議員市ノ配當議員數ヨリ多キトキハ其議員ノ中ニ就キ抽籤ヲ以テ之ヲ定ム

2　前項中市トアルハ府縣制第四條第二項但書ノ市ニ於テハ區トス

第五條　議員候補者ノ届出又ハ推薦届出ハ文書ヲ以テ之ヲ爲シ議員候補者タルヘキ者ノ氏名、職業、住所及生年月日（推薦届出ノ場合ニ於テハ併セテ推薦届出者ノ氏名、住所及生年月日）ヲ記載シ且府縣制第十三條ノ三第一項ノ供託ヲ爲シタルコトヲ證スヘキ書面ヲ添附スヘシ

3　議員候補者タルコトヲ辭スルコトノ届出ハ文書ヲ以テ之ヲ爲シ其ノ被選擧權ヲ有セサルニ至リタル爲選擧ノ期日前十日以内ニ議員候補者タルコトヲ辭スル場合ニ於テハ其ノ事由ヲ記載スヘシ

第六條　議員候補者ノ届出又ハ推薦届出アリタルトキハ選擧長ハ直ニ其ノ旨ヲ議員候補者ノ住所地ノ市町村長ニ通知シ開票區アル場合ニ於テハ同時ニ議員候補者ノ氏名、職業、住所、生年月日其ノ他必要ナル事項ヲ開票管理者ニ通知スヘシ

2　前項ノ通知ヲ受ケタル市町村長ハ當該議員候補者死亡シタルトキハ直ニ其ノ旨ヲ選擧長ニ通知スヘシ

3　開票區アル場合ニ於テハ選擧長ハ議員候補者ノ議員候補者タルコトヲ辭シタルトキ又ハ其ノ死亡シタルコトヲ知リタルトキハ直ニ其ノ旨ヲ開票管理者ニ通知スヘシ

第七條　議員候補者ノ届出若ハ推薦届出又ハ議員候補者タルコトヲ辭スルコトノ届出ヲ受理シタルトキハ選擧長ハ直ニ受理ノ年月日時ヲ届出書ノ餘白ニ記載スヘシ

第八條　議員候補者選擧ノ期日前十一日目迄ニ議員候補者タルコトヲ辭シタルトキ、選擧ノ期日ニ於ケル投票所ヲ開クヘキ時刻迄ニ死亡シタルトキ若ハ被選擧權ヲ有セサルニ至リタル爲議員候補者タルコトヲ辭シタルトキ又ハ選擧ノ全部無效ト爲リタルトキハ直ニ府縣制第十三條ノ三第一項ノ供託物ノ還付ヲ請求スルコトヲ得

2　議員候補者ノ得票數府縣制第二十九條第一項ノ規定ニ該當セサルモノナルトキ又ハ議員候補者同法第二十九條ノ三ノ規定ノ適用ヲ受ケタルモノナルトキハ其ノ選擧及當選ノ效力確定後直ニ同法第十三條ノ三第一項ノ供託物ノ還付ヲ請求スルコトヲ得

第九條　投票立會人ノ届出ハ文書ヲ以テ之ヲ爲シ投票立會人ノ氏名、住所及生年月日ヲ記載シ且本人ノ承諾書ヲ添附スヘシ

第十條　投票管理者必要アリト認ムルトキハ投票所入場券及到着番號札ヲ選擧人ニ交付スルコトヲ得

第十一條　投票記載ノ場所ハ選擧人ノ投票ヲ覗ヒ又ハ投票ノ交換其ノ他不正ノ手段ヲ用フルコト能ハサラシムル爲相當ノ設備ヲ爲スヘシ

第十二條　投票函ハ二重ノ蓋ヲ造リ各別ニ鎖鑰ヲ設クヘシ

第十三條　投票管理者ハ投票ヲ爲サシムルニ先チ投票所ニ參會シタル選擧人ノ面前ニ於テ投票函ヲ開キ其ノ空虚ナルコトヲ示シタル後內蓋ヲ鎖スヘシ

第十四條　投票管理者ハ投票立會人ノ面前ニ於テ選擧人ヲ選擧人名簿ニ對照シタル後投票用紙（假ニ投票ヲ爲サシムヘキ選擧人ニ對シテハ併セテ封筒）ヲ交付スヘシ

第十五條　選擧人誤リテ投票ノ用紙又ハ封筒ヲ汚損シタルトキハ其ノ引換ヲ請求スルコトヲ得

第十六條　投票ハ投票管理者及投票立會人ノ面前ニ於テ選擧人自ラ之ヲ投函スヘシ

第十七條　選擧人投票前投票所外ニ退出シ又ハ退出ヲ命セラレタルトキハ投票管理者ハ投票用紙（交付シタル封筒アルトキハ併セテ封筒）ヲ返付セシムヘシ

第十八條　投票ヲ終リタルトキハ投票管理者ハ投票函ノ內蓋ノ投票口及外蓋ヲ鎖シ其ノ內蓋ノ鑰ハ投票函ヲ送致スヘキ投票立會人之ヲ保管シ外蓋ノ鑰ハ投票管理者之ヲ保管スヘシ

第十九條　投票函ハ其ノ閉鎖後選擧長又ハ開票管理者ニ送致ノ爲ノ外之ヲ投票所外ニ搬出スルコトヲ得ス

第二十條　投票ニ關スル書類（選擧長又ハ開票管理者ニ送致シタルモノヲ除ク）ハ投票管理者ニ於テ議員ノ任期間之ヲ保存スヘシ但シ市町村ノ區域ヲ分チテ數投票區ヲ設ケタル場合ニ於テハ市町村長タル投票管理者ハ其他ノ投票管理者ノ保存スヘキ書類ヲ併セテ保存スヘシ

第二十一條　府縣知事府縣制第十三條第二項ノ規定ニ依リ投票ノ期日ヲ定メタルトキハ直ニ之ヲ投票管理者、開票管理者及選擧長ニ通知スヘシ

第二十二條　第九條ノ規定ハ開票立會人及選擧立會人ニ之ヲ準用ス

第二十三條　投票ヲ點檢スルトキハ選擧長ハ選擧會ノ事務ニ從事スル者二人ヲシテ各別ニ同一議員候補者ノ得票數ヲ計算セシムヘシ

第二十四條　前條ノ計算終リタルトキハ選擧長ハ投票區每ニ各議員候補者ノ得票數ヲ朗讀シ終リニ各議員候補者ノ得票總數ヲ朗讀スヘシ

第二十五條　前二條ノ規定ハ開票區ヲ設ケタル場合ニ於ケル開票ニ之ヲ準用ス

2　開票區ヲ設ケタル場合ニ於テハ選擧長ハ自ラ開票ヲ行ヒタル投票區ニ於ケル各議員候補者ノ得票數ヲ朗讀シタル後開票區每ニ各議員候補者ノ得票數ヲ朗讀シ終リニ各議員候補者ノ得票總數ヲ朗讀スヘシ

第二十六條　選擧長又ハ開票管理者ハ投票區每ニ點檢濟ニ係ル投票ノ有效無效ヲ區別シ各之ヲ封筒ニ入レ二人以上ノ選擧立會人又ハ開票立會人ト共ニ封印ヲ施スヘシ

2　受理スヘカラスト決定シタル投票ハ其ノ封筒ヲ開披セス前項ノ例ニ依リ封印ヲ施スヘシ

第二十七條　開票管理者府縣制第二十五條第四項ノ規定ノ準用ニ依リ開票ノ期日ヲ定メタルトキハ直ニ之ヲ選擧長ニ報告スヘシ

第二十八條　點字投票ナル旨ノ印ハ投票用紙及封筒ノ表面ニ之ヲ

押捺スヘシ

第二十九條　立會人ノ届出書及之ニ添附スヘキ承諾書、議員候補者ノ届出書、議員候補者ノ推薦届出書、議員候補者タルコトヲ辭スルコトノ届出書、投票錄、選擧錄、開票錄及選擧運動ノ費用ノ精算届書ハ別記様式ニ依リ之ヲ調製スヘシ

2府縣制施行令第三條第二號ノ規定ニ依リ調製スル選擧人名簿ノ抄本ハ市制町村制施行規則別記ニ定ムル様式ニ依リ之ヲ調製スヘシ

第三章　雜則

第六十五條　府縣制第四條第二項但書ノ市ニ於テハ本令第六條第一項、第二項及第二十條中市ニ關スル規定ハ區ニ、市長ニ關スル規定ハ區長ニ之ヲ適用ス

第六十六條　町村組合ニシテ町村ノ事務ノ全部又ハ役場事務ヲ共同處理スルモノハ本令ノ適用ニ付テハ之ヲ一町村其ノ組合管理者ハ之ヲ町村長ト看做ス

附　則

1本令中議員選擧ニ關スル規定ハ次ノ總選擧ヨリ之ヲ施行シ其ノ他ノ規定ハ大正十六年度分ヨリ之ヲ施行ス

2左ノ内務省令ハ之ヲ廢止ス

明治二十四年内務省令第十二號、明治三十二年内務省令第六號、明治三十二年内務省令第二十九號、明治三十三年内務省令第七號、大正三年内務省令第九號、大正三年内務省令第十號、大正三年内務省令第十一號、大正十一年内務省令第十五號

3從前ノ規定ニ依ル手續其ノ他ノ行爲ハ本令ニ依リ之ヲ爲シタルモノト看做ス

4本令中選擧ニ關スル規定施行ノ際市制町村制施行規則中議員選擧ニ關スル規定未タ施行セラレサル場合ニ於テハ本令ノ適用ニ付テハ同規定ハ既ニ施行セラレタルモノト看做ス

（別　記）

立會人ノ届出書様式

投票立會人（開票立會人）（選擧立會人）届

立會人氏名

住所　何府（縣）何市〔何郡何町（村）〕大字何（町）何番地

生年月日　何年何月何日

選擧　大正何年何月何日執行ノ府（縣）會議員選擧

右別紙本人ノ承諾書相添届出候也

大正何年何月何日

議員候補者　氏名　印

投票管理者（開票管理者）（選擧長）　氏名宛

○立會人ノ届出書ニ添附スヘキ承諾書様式

投票立會人（開票立會人）（選擧立會人）承諾書

大正何年何月何日執行ノ府（縣）會議員選擧ニ於ケル投票立會人（開票立會人）（選擧立會人）タルコトヲ承諾候也

大正何年何月何日

何府（縣）何市〔何郡何町（村）〕

大字何（町）何番地

氏　名　印

議員候補者　氏　名宛

○議員候補者ノ屆出書樣式

府(縣)會議員候補者屆

議員候補者　氏　名

職　業　何々（官公吏、陸海軍軍人ニ在リテハ成ル可ク明細ニ記載スルコト）

住　所　何府(縣)何市〔何郡何町（村）〕大字何(町)何番地

生年月日　何年何月何日

選　擧　大正何年何月何日執行ノ府(縣)會議員選擧

右別紙供託ヲ證スヘキ書面相添立候補屆出候也

大正何年何月何日

氏　名　印

選擧長　氏　名宛

○議員候補者ノ推薦屆出書樣式

府(縣)會議員候補者推薦屆

議員候補者　氏　名

職　業　何々（官公吏、陸海軍軍人ニ在リテハ成ル可ク明細ニ記載スルコト）

住　所　何府(縣)何市〔何郡何町（村）〕大字何(町)何番地

生年月日　何年何月何日

選　擧　大正何年何月何日執行ノ府(縣)會議員選擧

推薦屆出者　氏　名

住　所　何府(縣)何市〔何郡何町（村）〕大字何(町)何番地

生年月日　何年何月何日

（推薦屆出者）（氏　名）

（住　所）｛何府(縣)何市〔何郡何町（村）〕大字何(町)何番地｝

（生年月日）（何年何月何日）

右別紙供託ヲ證スヘキ書面相添推薦屆出候也

大正何年何月何日

氏　名　印

（氏　名　印）

選擧長　氏　名宛

議員候補者タルコトヲ辭スルコトノ屆出書樣式

府(縣)會議員候補者辭退屆

議員候補者　氏　名

事　由　大正何年何月何日何々ノ爲被選擧權ヲ有セサルニ至リタリ

右辭退屆出候也

大正何年何月何日

議員候補者　氏　名　印

選擧長　氏　名宛

備　考

事由ハ被選擧權ヲ有セサルニ至リタル爲議員候補者タルコトヲ辭スル場合ニ限リ記載スヘシ

○投票錄樣式

大正何年何月何日執行何府(縣)何市〔何郡何町(村)〕
府(縣)會議員(何)投票所投票錄

一 投票所ハ何市役所〔何町(村)役場〕(何ノ場所)ニ之ヲ設ケタリ

二 左ノ投票立會人ハ何レモ投票所ヲ開クヘキ時刻迄ニ投票所ニ參會シタリ

住所氏名

住所氏名

投票所ヲ開クヘキ時刻ニ至リ投票立會人中參會スル者三人ニ達セサルニ依リ投票管理者ハ臨時ニ投票區内ニ於ケル選擧人名簿ニ登錄セラレタル者ノ中ヨリ左ノ者ヲ投票立會人ニ選任シタリ

住所氏名

三 投票所ハ大正何年何月何日午前(午後)何時ニ之ヲ開キタリ

四 投票立會人中氏名ハ一旦參會シタルモ午前(午後)何時何々ノ事故ヲ以テ其ノ職ヲ辭シタル爲其ノ數三人ニ達セサルニ至リタルニ依リ投票管理者ハ臨時ニ投票區内ニ於ケル選擧人名簿ニ登錄セラレタル者ノ中ヨリ午前(午後)何時左ノ者ヲ投票立會人ニ選任シタリ

住所氏名

五 投票管理者ハ投票立會人ト共ニ投票ニ先チ投票所ニ參會シタル選擧人ノ面前ニ於テ投票函ヲ開キ其ノ空虛ナルコトヲ示シタル後內蓋ヲ鎖シ投票管理者及投票立會人ノ列席スル面前ニ之ヲ置キタリ

六 投票管理者ハ投票立會人ノ面前ニ於テ選擧人ヲ選擧人名簿(選擧人名簿ノ抄本)ニ對照シタル後(到著番號札ト引換ニ)投票用紙ヲ交付シタリ

七 選擧人ハ自ラ投票ヲ認メ投票管理者及投票立會人ノ面前ニ於テ之ヲ投函シタリ

八 左ノ選擧人ハ選擧人名簿ニ登錄セラルヘキ確定裁決書(判決書)ヲ所持シ投票所ニ到リタルニ依リ投票管理者ハ之ヲシテ投票ヲ爲サシメタリ

住所氏名

九 左ノ選擧人ハ點字ニ依リ投票ヲ爲サントスル旨ヲ申立タルヲ以テ投票管理者ハ投票用紙ニ點字投票ナル旨ノ印ヲ押捺シテ交付シ投票ヲ爲サシメタリ

住所氏名

十 左ノ選擧人ハ何々ノ事由ニ因リ投票管理者ニ於テ投票立會人ノ意見ヲ聽キ投票ヲ拒否シタリ

住所氏名

左ノ選擧人ハ何々ノ事由ニ因リ投票管理者ニ於テ投票立會人ノ意見ヲ聽キ投票ヲ拒否スヘキ旨決定シタルモ同選擧人ニ於テ不服ヲ申立テタルヲ以テ(投票立會人氏名ニ於テ異議アリシヲ以テ)投票用紙ト共ニ封筒ヲ交付シ假ニ投票ヲ爲サシメタリ

住所氏名

十一 左ノ選擧人ハ何々ノ事由ニ因リ投票管理者ニ於テ投票立會人ノ意見ヲ聽キ點字投票ヲ拒否シタリ

住所　氏名

左ノ選擧人ハ何々ノ事由ニ因リ投票管理者ニ於テ投票立會人ノ意見ヲ聽キ點字投票ヲ拒否スヘキ旨決定シタルモ同選擧人ニ於テ不服ヲ申立テタルヲ以テ（投票立會人氏名ニ於テ異議アリシヲ以テ）投票用紙及封筒ニ點字投票ナル旨ヲ押捺シテ交付シ假ニ點字投票ヲ爲サシメタリ

住所　氏名

十二　左ノ選擧人ハ誤リテ投票用紙（封筒）ヲ汚損シタル旨ヲ以テ更ニ之ヲ請求シタルニ依リ其ノ相違ナキヲ認メ之ト引換ニ投票用紙（封筒）ヲ交付シタリ

住所　氏名

十三　左ノ選擧人ハ投票所ニ於テ演說討論ヲ爲シ（喧擾ニ渉リ）（投票ニ關シ協議ヲ爲シ）（何々ヲ爲シ）投票所ノ秩序ヲ紊シタルニ依リ投票管理者ニ於テ之ヲ制止シタルモ其ノ命ニ從ハサルヲ以テ投票用紙（投票用紙及封筒）（到着番號札）ヲ返付セシメ之ヲ投票所外ニ退出セシメタリ

住所　氏名

十四　投票管理者ハ投票所外ニ退出ヲ命シタル左ノ選擧人ニ對シ投票所ノ秩序ヲ紊スノ虞ナシト認メ投票ヲ爲サシメタリ

住所　氏名

投票管理者ニ於テ投票所外ニ退出ヲ命シタル左ノ選擧人ハ最後ニ入場シテ投票ヲ爲シタリ

住所　氏名

十五　午前（午後）何時ニ至リ投票管理者ハ投票所ヲ閉ツヘキ時刻ニ至リタル旨ヲ告ケ投票所ノ入口ヲ鎖シタリ

十六　午前（午後）何時投票所ニ在ル選擧人ノ投票結了シタルヲ以テ投票管理者ハ投票立會人ト共ニ投票函ノ內蓋ノ投票口及外蓋ヲ鎖シタリ

十七　投票函ヲ閉鎖シタルニ依リ其ノ內蓋ノ鑰ハ投票函ヲ送致スヘキ左ノ投票立會人之ヲ保管シ外蓋ノ鑰ハ投票管理者之ヲ保管ス

氏名

十八　投票ヲ爲シタル選擧人ノ總數　何人

內

選擧人名簿ニ登錄セラレタル選擧人ニシテ投票ヲ爲シタル者　何人

確定裁決書（決判書）ニ依リ投票ヲ爲シタル者　何人

投票拒否ノ決定ヲ受ケタル者ノ總數　何人

內

假ニ投票ヲ爲サシメタル者　何人

十九　投票函、投票錄及選擧人名簿ヲ選擧長（開票管理者）ニ送致スヘキ投票立會人左ノ如シ

氏名

二十　午前（午後）何時投票所ノ事務ヲ結了シタリ

二十一　左ノ者ハ投票所ノ事務ニ從事シタリ

職　氏名

二十二　投票所ニ臨監シタル官吏左ノ如シ

職　氏　名

官職　氏　名

投票管理者ハ此ノ投票錄ヲ作リ之ヲ朗讀シタル上投票立會人ト共ニ玆ニ署名ス

大正何年何月何日

投票管理者　職　氏　名

投票立會人　氏　名

氏　名

氏　名

備考

樣式ニ揭クル事項ノ外投票管理者ニ於テ投票ニ關シ緊要ト認ムル事項アルトキハ之ヲ記載スヘシ

○選擧錄樣式ノ一

大正何年何月何日執行何府(縣)何郡(市)府(縣)會議員選擧會選擧錄

一　選擧會ハ何市役所(何ノ場所)ニ之ヲ設ケタリ

二　左ノ選擧立會人ハ何レモ選擧會ヲ開クヘキ時刻迄ニ選擧會ニ參會シタリ

住所　氏　名

住所　氏　名

選擧會ヲ開クヘキ時刻ニ至リ選擧立會人中參會スル者三人ニ達セサルニ依リ選擧長ハ臨時ニ選擧區內ニ於ケル選擧人名簿ニ登錄セラレタル者ノ中ヨリ左ノ者ヲ選擧立會人ニ選任シタリ

住所　氏　名

三　大正何年何月何日選擧長ハ總テノ投票函ノ送致ヲ受ケタルヲ以テ其ノ翌何日（當日）午前（午後）何時ニ選擧會ヲ開キタリ

四　選擧立會人中氏名ハ一旦參會シタルモ午前（午後）何時何々ノ事故ヲ以テ其ノ職ヲ辭シタル爲其ノ數三人ニ達セサルニ至リタルニ依リ選擧長ハ臨時ニ選擧區內ニ於ケル選擧人名簿ニ登錄セラレタル者ノ中ヨリ午前(午後)何時左ノ者ヲ選擧立會人ニ選任シタリ

住所　氏　名

五　選擧長ハ選擧立會人立會ノ上逐次投票函ヲ開キ投票ノ總數ト投票人ノ總數トヲ計算シタルニ左ノ如シ

投票總數　何票

投票人總數　何人

外

假ニ爲シタル投票數　何票

假ニ爲シタル投票人數　何人

右投票區別內譯左ノ如シ

何町(村)投票區(何市何投票區)

投票數　何票

投票人數　何　人
外
假ニ爲シタル投票數　何　票
假ニ爲シタル投票人數　何　人
投票數ト投票人數ト符合ス（投票數ト投票人數ト符合セス
即チ投票數ハ投票人數ニ比シ何票多シ（少シ）
（其ノ理由ノ明カナルモノハ之チ記載スヘシ）」
何町（村）投票區（何市何投票區）
、、、　、　、
、、、、　、　、

六　投票管理者ヨリ拒否ノ決定ヲ受ケタル者ニシテ假ニ投票チ爲シタル者左ノ如シ

住所氏名
住所氏名

選擧長ハ右ノ投票ヲ調査シ選擧立會人ノ意見ヲ聽キ左ノ通之ヲ決定セリ

受理セシモノ
一事由何々　住所氏名
一事由何々　住所氏名
受理セサリシモノ
一事由何々　住所氏名

七　選擧長ハ投票區毎ニ（假ニ爲シタル投票ニシテ受理スヘキモノト決定シタル投票ノ封筒ヲ開披シタル上）總テノ投票ヲ混同シ選擧立會人ト共ニ之ヲ點檢シタリ

八　選擧會ノ事務ニ從事スル官職氏名及官職氏名ノ二人ハ各別ニ同一議員候補者ノ得票數ヲ計算シタリ

九　選擧長ニ於テ選擧立會人ノ意見チ聽キ有效又ハ無效ト決定シタル投票左ノ如シ

一有效ト決定シタルモノ　何　票
一無效ト決定シタルモノ　何　票
内
一　成規ノ用紙ヲ用ヒサルモノ　何　票
二　議員候補者ニ非サル者ノ氏名ヲ記載シタル者　何　票
三　、、、、、、、、、　何　票
總計　何　票

右投票區別内譯左ノ如シ
何町（村）投票區（何市何投票區）
一有效ト決定シタルモノ　何　票
一無效ト決定シタルモノ　何　票
内
一　成規ノ用紙ヲ用ヒサルモノ　何　票
二　議員候補者ニ非サル者ノ氏名ヲ記

載シタルモノ

何　票

三、、、、、、、、、、　何　票

計　何　票

何町(村)投票區(何市何投票區)

一、、、、、、、、、、、

一、、、、、、、、、、、

十　午前(午後)何時投票ノ點檢ヲ終リタルヲ以テ選擧長ハ投票區毎ニ各議員候補者ノ得票數ヲ朗讀シ終リニ其ノ得票總數ヲ朗讀シタリ

十一　各議員候補者ノ得票總數左ノ如シ

何　票　　氏　名

内

何町(村)投票區(何市何投票區)　何　票

何町(村)投票區(何市何投票區)　何　票

何　票　　氏　名

内

何町(村)投票區(何市何投票區)　何　票

何町(村)投票區(何市何投票區)　何　票

十二　選擧長ハ投票區毎ニ點檢濟ニ係ル投票ノ有效無效及受理スヘカラスト決定シタル投票ヲ大別シ尚有效ノ決定アリタル投票ニ在リテハ得票者毎ニ之ヲ區別シ無效ノ決定アリタル投票ニ在リテハ之ヲ類別シテ之ヲ一括シ更ニ有效無效及受理スヘカラスト決定シタル投票別ニ之ヲ封筒ニ入レ選擧立會人ト共ニ封印ヲ施シタリ

十三　大正何年何月何日總テノ開票管理者ヨリ府縣制施行令第九條ノ報告ヲ受ケタルヲ以テ其ノ當日(翌何日)選擧立會人立會ノ上逐次其ノ報告ヲ調査シ自ラ開票ヲ行ヒタル部分ニ付各議員候補者ノ得票數ヲ朗讀シタル後開票區毎ニ各議員候補者ノ氏名及其ノ得票數ヲ朗讀シ終リニ各議員候補者ノ得票總數ヲ朗讀シタリ

十四　各議員候補者ノ得票總數左ノ如シ

何　票　　氏　名

内

選擧會　何　票

何開票區　何　票

何開票區　何　票

何　票　　氏　名

内

選擧會　何　票

何開票區　何　票

何開票區　　　　何　　票

十五　選擧區ノ配當議員數何人ヲ以テ有效投票ノ總數何票ヲ除シテ得タル數ハ何票ニシテ此ノ五分ノ一ノ數ハ何票ナリ

議員候補者中其ノ得票數此ノ數ニ達スル者左ノ如シ

何　票　　氏　名

何　票　　氏　名

右ノ内有效投票ノ最多數ヲ得タル左ノ何人ヲ以テ當選者トス

氏　名

氏　名

但シ氏名及氏名ハ得票ノ數相同シキニ依リ其ノ年齡ヲ調査スルニ氏名ハ何年何月何日生氏名ハ何年何月何日生ニシテ氏名年長者ナルヲ以テ氏名ヲ以テ當選者ト定メタリ（同年月日ナルヲ以テ選擧長ニ於テ抽籤シタルニ氏名當籤セリ依テ氏名ヲ以テ當選者ト定メタリ）

十六　選擧區ノ配當議員數何人ヲ以テ有效投票ノ總數何票ヲ除シテ得タル數ハ何票ニシテ此ノ十分ノ一ノ數ハ何票ナリ

議員候補者中其ノ得票數此ノ數ニ達セサル者左ノ如シ

何　票　　氏　名

何　票　　氏　名

十七　午前（午後）何時選擧會ノ事務ヲ結了シタリ

十八　左ノ者ハ選擧會ノ事務ニ從事シタリ

官職氏名

官職氏名

十九　選擧會ニ臨監シタル官吏左ノ如シ

官職氏名

選擧長ハ此ノ選擧錄ヲ作リ之ヲ朗讀シタル上選擧立會人ト共ニ玆ニ署名ス

大正何年何月何日

選擧長　官職氏名

選擧立會人　氏名

氏名

氏名

備考

樣式ニ揭クル事項ノ外選擧長ニ於テ選擧會ニ關シ緊要ト認ムル事項アルトキハ之ヲ記載スヘシ

○選擧錄樣式ノ二

大正何年何月何日

開

會何府（縣）何郡（市）府（縣）會議員選擧會

選擧錄

一　選擧會場ハ何市役所（何ノ場所）ニ之ヲ設ケタリ

二　左ノ選擧立會人ハ何レモ選擧會ヲ開クヘキ時刻迄ニ選擧會ニ參會シタリ

住所氏名

住所氏名

選擧會ヲ開クヘキ時刻ニ至リ選擧立會人中參會スル者三人ニ達セサルニ依リ選擧長ハ臨時ニ選擧區內ニ於ケル選擧人名簿ニ登錄セラレタル者ノ中ヨリ左ノ者ヲ選擧立會人ニ選任シタ

り

住所　氏名

三　屆出アリタル議員候補者ノ數何人ニシテ選擧スヘキ議員ノ數何人ヲ超エサル爲投票ヲ行ハサルコト大正何年何月何日確定シタルヲ以テ大正何年何月何日午前(午後)何時ニ選擧會ヲ開キタリ

四　選擧立會人中ノ氏名ハ一旦參會シタルモ午前(午後)何時何々ノ事故ヲ以テ其ノ職ヲ辭シタル爲其ノ數三人ニ達セサルニ至リタルニ依リ選擧長ハ臨時ニ選擧區內ニ於ケル選擧人名簿ニ登錄セラレタル者ノ中ヨリ午前(午後)何時左ノ者ヲ選擧立會人ニ選任シタリ

住所　氏名

五　屆出アリタル議員候補者ノ氏名左ノ如シ

氏名

氏名

氏名

六　選擧長ハ選擧立會人ノ意見ヲ聽キ議員候補者ノ被選擧權ノ有無ヲ決定シタリ

有リト決定シタル者

氏名

氏名

無シト決定シタル者

一事由何々　氏名

七　選擧スヘキ議員ノ數何人ニシテ被選擧權有リト決定シタル議員候補者ノ數何人ナリ依テ左ノ何人ヲ以テ當選者ト定ム

氏名

氏名

八　午前(午後)何時選擧會ノ事務ヲ結了シタリ

九　左ノ者ハ選擧會ノ事務ニ從事シタリ

官職　氏名

官職　氏名

十　選擧會ニ臨監シタル官吏左ノ如シ

官職　氏名

選擧長ハ此ノ選擧錄ヲ作リ之ヲ朗讀シタル上選擧立會人ト共ニ茲ニ署名ス

大正何年何月何日

選擧長　官職　氏名

選擧立會人

氏名

氏名

氏名

備考

樣式ニ揭クル事項ノ外選擧長ニ於テ選擧會ニ關シ緊要ト認ムル事項アルトキハ之ヲ記載スヘシ

(開票錄樣式)

大正何年何月何日執行何府(縣)何郡(市)府(縣)會議員何開票所

開票錄

一　開票所ハ市役所(何ノ場所)ニ之ヲ設ケタリ

二　左ノ開票立會人ハ何レモ開票所ヲ開クヘキ時刻迄ニ開票所ニ參會シタリ

住所　氏名

住所　氏名

一

開票所ヲ開クヘキ時刻ニ至リ開票立會人中參會スル者三人ニ達セサルニ依リ開票管理者ハ臨時ニ開票區內ニ於ケル選擧人名簿ニ登錄セラレタル者ノ中ヨリ左ノ者ヲ開票立會人ニ選任シタリ

住所　氏名

三　大正何年何月何日開票管理者ハ總テノ投票函ノ送致ヲ受ケタルヲ以テ其ノ翌何日(當日)午前(午後)何時ニ開票所ヲ開キタリ

四　開票立會人中氏名ハ一旦參會シタルモ午前(午後)何時何々ノ事故ヲ以テ其ノ職ヲ辭シタル爲其ノ數三人ニ達セサルニ至リタルニ依リ開票管理者ハ臨時ニ開票區內ニ於ケル選擧人名簿ニ登錄セラレタル者ノ中ヨリ午前(午後)何時左ノ者ヲ開票立會人ニ選任シタリ

住所　氏名

五　開票管理者ハ開票立會人立會ノ上逐次投票函ヲ開キ投票ノ總數ト投票人ノ總數トヲ計算シタルニ左ノ如シ

投票總數　何票

投票人總數　何人

外

假ニ爲シタル投票數　何票

假ニ爲シタル投票人數　何人

右投票區別內譯左ノ如シ

何町(村)投票區(何市何投票區)

投票數　何票

投票人數　何人

外

假ニ爲シタル投票數　何票

假ニ爲シタル投票人數　何人

投票數ト投票人數ト符合ス(投票數ト投票人數ト符合セス卽チ投票數ハ投票人數ニ比シ何票多シ(少シ)(其ノ理由ノ明カナルモノハ之ヲ記載スヘシ))

何町(村)投票區(何市何投票區)

、、、　、、

、、、、　、、

六　開票管理者ヨリ拒否ノ決定ヲ受ケタル者ニシテ假ニ投票ヲ爲シタル者左ノ如シ

住所　氏名

住所　氏名

開票管理者ハ右ノ投票ヲ調査シ開票立會人ノ意見ヲ聽キ左ノ通之ヲ決定シタリ

受理セシモノ

一　事由何々　住所　氏名

一事由何々　　　　　　住所氏名
　受理セサルモノ
一事由何々　　　　　　住所氏名

七　開票管理者ハ投票區毎ニ(假ニ爲シタル投票ニシテ受理スヘキモノト決定シタル投票ノ封筒ヲ開披シタル上)總テノ投票ヲ混同シ開票立會人ト共ニ之ヲ點檢シタリ

八　開票事務ニ從事スル官職氏名及官職氏名ノ二人ハ各別ニ同一議員候補者ノ得票數ヲ計算シタリ

九　開票管理者ニ於テ開票立會人ノ意見ヲ聽キ有效又ハ無效ト決定シタル投票左ノ如シ

一有效ト決定シタルモノ　何票
一無效ト決定シタルモノ　何票
　內
一　成規ノ用紙ヲ用ヒサルモノ　何票
二　議員候補者ニ非サル者ノ氏名ヲ記載シタルモノ　何票
三　、、、、、、、、、、、、　何票
總計　何票

右投票區別內譯左ノ如シ

何町(村)投票區(何市何投票區)
一有效ト決定シタルモノ　何票
一無效ト決定シタルモノ　何票
　內
一　成規ノ用紙ヲ用ヒサルモノ　何票
二、議員候補者ニ非サル者ノ氏名ヲ記載シタルモノ　何票
三　、、、、、、、、、、　何票
計　何票

何町(村)投票區(何市何投票區)
一　、、、、、、、、、、、、
一　、、、、、、、、、、、、

十　午前(午後)何時投票ノ點檢ヲ終リタルヲ以テ開票管理者ハ投票區毎ニ各議員候補者ノ得票數ヲ朗讀シ終リニ其ノ得票總數ヲ朗讀シタリ

十一　各議員候補者ノ得票總數左ノ如シ

何票　　氏名
　內
何町(村)投票區(何市何投票區)　何票
何町(村)投票區(何市何投票區)　何票

何票　　氏名
　內
何町(村)投票區(何市何投票區)　何票
何町(村)投票區(何市何投票區)　何票

十二　開票管理者ハ投票區毎ニ點檢濟ニ係ル投票ノ有效無效及受理スヘカラスト決定シタル投票ヲ大別シ尙有效ノ決定アリタル投票ニ在リテハ得票者毎ニ之ヲ區別シ無效ノ決定アリタル投票ニ在リテハ之ヲ類別シ各之ヲ一括シ更ニ有效無效及受理スヘカラスト決定シタル投票別ニ之ヲ封筒ニ入レ開票立會

人ト共ニ封印ヲ施シタリ

十三　午前(午後)何時開票所ノ事務ヲ結了シタリ

十四　左ノ者ハ開票所ノ事務ニ從事シタリ

官職　氏名

官職　氏名

十五　開票所ニ臨監シタル官吏左ノ如シ

官職　氏名

開票管理者ハ此ノ開票錄ヲ作リ之ヲ朗讀シタル上開票立會人ト共ニ茲ニ署名ス

大正何年何月何日

開票管理者　官職　氏名

開票立會人　氏名

氏名

氏名

備考

樣式ニ掲クル事項ノ外開票管理者ニ於テ開票ニ關シ緊要ト認ムル事項アルトキハ之ヲ記載スヘシ

○選擧運動ノ費用ノ精算屆書樣式

選擧運動費用精算屆

何府(縣)何郡(市)

議員候補者　氏名

前記議員候補者ノ大正何年何月何日執行府(縣)會議員選擧(府(縣)會議員選擧再投票)ニ於ケル選擧運動ノ費用精算ノ結果左記ノ通相違無之依テ府縣制第三十九條ニ依リ屆出候也

大正何年何月何日

選擧事務長　氏名印

府(縣)知事(警視總監)宛

(前掲衆議院議員選擧運動費用精算屆樣式ニ同シ)

◎府縣會議員選擧區分區令

(大正十一年八月一日勅令第三百五十五號)(改正　大正十二年勅令第三百九十三號同大正十五年勅令第二百六號)

第一條　府縣制第四條第三項ノ規定ニ依リ選擧區ヲ分ツハ總選擧ヲ行フ場合ニ非サレハ之ヲ爲スコトヲ得ス分チタル選擧區ヲ廢止シ又ハ其ノ區域ヲ變更スル亦同シ但シ市町村ノ廢置分合又ハ境界變更ニ因リ分チタル選擧區ノ區域ノ變更ヲ要スル場合ハ此ノ限ニ在ラス

第二條　分チタル選擧區ヲ廢止シ又ハ其ノ區域ヲ變更セムトスルトキハ府縣制第四條第三項ノ例ニ依ル

第三條　選擧區ヲ分チ又ハ分チタル選擧區ヲ廢止シ若ハ其ノ區域ヲ變更シタルトキハ府縣知事之ヲ告示スヘシ

第四條　市ノ選擧區ノ選擧長ハ選擧區ノ一ニ於テハ市長トシ、其

ノ他ノ選擧區ニ於テハ市長ノ選任シタル市吏員ヲ以テ之ニ充ツ
2 從前郡長ノ管轄シタル區域ノ選擧區ノ選擧長ハ府縣知事ノ選任シタル官吏又ハ吏員ヲ以テ之ニ充ツ
第五條 選擧立會人ハ選擧長之ヲ選任スヘシ
第六條 市長ハ其ノ選任シタル選擧長ニ選擧前其ノ選擧區ノ選擧人名簿ヲ送致スヘシ
第七條 選擧錄、投票、選擧人名簿其ノ他關係書類ハ府縣知事ノ選任シタル選擧長ニ在リテハ府縣知事ニ、市長ノ選任シタル選擧長ニ在リテハ市長ニ之ヲ送致スヘシ
2 選擧錄、投票、選擧人名簿其ノ他關係書類ハ府縣知事又ハ市長ニ於テ之ヲ保存スヘシ
第八條 府縣制第二十五條第一項ノ規定ハ本令ニ依ル選擧會ニ、府縣制第三十四條第六項ノ規定ハ府縣知事又ハ市長ノ選任シタル選擧長ニ之ヲ準用ス
第八條ノ二 市長ノ選任シタル市吏員カ選擧長タル選擧區ニ在リテハ其ノ市吏員投票所ノ事務ヲ管理シ府縣制第十六條、第十九條及第二十條ニ規定スル市長ノ職務ヲ行フ
第九條 本令中郡長ニ關スル規定ハ島司ニ之ヲ適用ス
2 府縣制第四條第二項但書ノ市ニ在リテハ本令中市ニ關スル規定ハ區ニ、市長ニ關スル規定ハ區長ニ之ヲ適用ス

附　則

本令ハ次ノ總選擧ヨリ之ヲ施行ス

附　則（大正十二年勅令第三百九十三號）

本令ハ次ノ總選擧ヨリ之ヲ施行ス

附　則

本令ハ大正十五年七月一日ヨリ之ヲ施行ス

◉府縣制ニ依ル投票區及投票ニ關スル件

（大正三年六月二十三日 內務省令第十一號）
（改正大正十一年同第十六號同十二年同第二十八號、同十五年同第二十四號）

第一條 府縣制第十五條第一項ノ規定ニ依ル投票區ノ區域內ニ二箇以上ノ投票區ヲ設ケ又ハ數町村ノ區域ニ依リ一投票區ヲ設クルコトヲ要スルトキハ府縣知事之ヲ定メ管內ニ告示スヘシ
第二條 二箇以上ノ投票區ヲ置ケタル場合ニ於テハ左ノ規定ニ依ル
一 選擧人名簿ハ毎投票區各別ニ之ヲ調製スヘシ
二 投票所ノ一ハ市町村長之ヲ管理シ他ノ投票所ハ市町村長ノ指名シタル市町村吏員之ヲ管理ス但シ府縣制第四條第三項ノ規定ニ依リ市ノ區域內ニ數選擧區ヲ設ケタル場合ニ於テハ市長ノ選任シタル市吏員カ選擧長タル選擧區ノ投票所ノ一ハ其ノ選擧長タル市吏員之ヲ管理ス
三 市町村長及選擧長タル市吏員ハ選擧前選擧人名簿ヲ關係管理者ニ送致スヘシ
四 市町村長ニアラサル市町村吏員ノ管理スル投票所ニ關シテハ府縣制第十六條第十九條及第二十條ノ規定ニ依ル市町村長ノ職務ハ管理者之ヲ行フ
五 投票ヲ終リタルトキハ市町村長ノ指名シタル管理者ハ其ノ

指定シタル投票立會人ト共ニ直ニ投票函投票錄及選擧人名簿ヲ市町村長ノ管理スル投票函投票所ニ送致スヘシ但シ府縣制第四條第三項ノ規定ニ依リ市ノ區域內ニ數選擧區ヲ設ケタル場合ニ於テ市長ノ選任シタル市吏員カ選擧長タル選擧區ニ在リテハ選擧長タル市吏員ノ管理スル投票所ニ送致スヘシ

町村長ニ於テ前項ノ送致ヲ受ケタルトキハ投票函投票錄及選擧人名簿ハ其ノ管理ニ係ル投票函及投票錄ト共ニ之ヲ選擧會場ニ送致スヘシ

六 市ニ於テハ投票函ノ總テ到達シタル後ニ非サレハ選擧會ヲ開クコトヲ得ス

前項第六號ノ規定ハ府縣制第四條第三項ノ規定ニ依リ分チタル選擧區ノ選擧會ニ之ヲ準用ス

第三條 數町村ノ區域ニ依リ一投票區ヲ設ケタル場合ニ於テハ左ノ規定ニ依ル

一 投票所ヲ管理スヘキ者ハ府縣知事ニ於テ關係町村長又ハ町村長ノ職務ヲ行フ者ノ中ニ就キ之ヲ指名ス

二 府縣制第十五條第三項第四項第十六條第十九條第二十條及第二十一條ノ規定ニ依ル町村長ノ職務ハ管理者之ヲ行フ

三 町村長ハ選擧前選擧人名簿ヲ管理者ニ送致スヘシ

四 町村費ヲ以テ支辨スヘキ投票所ノ費用ハ之ヲ關係町村ニ平分スヘシ

第四條 府縣制第四條第二項但書ノ市ニ於テハ 本令中市ニ關スル規定ハ區ニ、市長ニ關スル規定ハ區長ニ之ヲ適用ス

附　則

1 本令ハ大正三年七月一日ヨリ之ヲ施行ス

2 明治三十二年五月內務省令第十九號府縣會議員選擧投票ニ關スル件ハ之ヲ廢止ス

附　則（大正十一年內務省令第十六號）

本令ハ次ノ總選擧ヨリ之ヲ施行ス

附　則（大正十五年內務省令第二十四號）

本令ハ大正十五年七月一日ヨリ之ヲ施行ス

◎選擧人名簿ノ分合ニ關スル件

（大正三年六月二十三日 內務省令第十號）（改正 大正十五年同第二十三號）

第一條 府縣市町村ノ境界變更アリタル爲選擧人名簿ノ分割ヲ要スルトキハ市町村長ハ選擧人名簿ヲ分割シ其ノ部分ヲ新ニ屬シタル市町村ノ市町村長ニ送付スヘシ

2 市町村ノ廢置分合アリタル爲選擧人名簿ノ分割ヲ要スルトキハ前項ノ例ニ依ル

第二條 （削除）

第三條 市町村長ニ於テ選擧人名簿ノ送付ヲ受ケタルトキハ直ニ其ノ旨ヲ告示スヘシ

第四條 府縣制第四條第二項但書ノ市ニ於テハ本令中市ニ關スル規定ハ區ニ、市長ニ關スル規定ハ區長ニ之ヲ適用ス

附　則

本令ハ大正三年七月一日ヨリ之ヲ施行ス

附　則（大正十五年內務省令第二十三號）

本令ハ大正十五年七月一日ヨリ之ヲ施行ス

◉地方議會議員ノ選擧運動ノ爲ニスル文書圖畫ニ關スル件

（大正十五年六月二十四日
内務省令第二十一號）

北海道會法第十四條、府縣制第三十九條、市制第三十九條ノ二及町村制第三十六條ノ二ニ依リ選擧運動ノ爲頒布シ又ハ掲示スル文書圖畫ノ制限ニ關スル件左ノ通定ム

北海道會、府縣會、市會（市制第六條ノ市ノ區ノ區會ヲ含ム）及町村會ノ議員ノ選擧ニ付テハ大正十五年内務省令第五號選擧運動ノ爲ニスル文書圖畫ニ關スル件ヲ準用ス但シ同令第三條中百箇トアルハ左ノ各號ニ依ル

一　北海道會議員、府縣會議員及市制第三十九條ノ二ノ市（又ハ區）ノ市會議員（又ハ區會議員）ノ選擧ニ付テハ三十箇

二　前號ノ市（又ハ區）以外ノ市（又ハ區）ノ市會議員（又ハ區會議員）及町村會議員ノ選擧ニ付テハ十箇

附　則

1本令ハ次ノ總選擧ヨリ之ヲ施行ス

2本令施行ノ際大正十五年内務省令第五號選擧運動ノ爲ニスル文書圖畫ニ關スル件未タ施行セラレサル場合ニ於テハ本令ノ適用ニ付テハ同令ハ既ニ施行セラレタルモノト看做ス

治安維持法

各條ノ解釋ハ曩ニ政府當局ノ發表シタトコロノモノテアルカ參考トシテ玆ニ之ヲ附記シテ置カウ

第一條 國體ヲ變革シ又ハ私有財産制度ヲ否認スルコトヲ目的トシテ結社ヲ組織シ又ハ情ヲ知リテ之ニ加入シタル者ハ十年以下ノ懲役又ハ禁錮ニ處ス

前項ノ未遂罪ハ之ヲ罰ス

本條ノ犯罪ハ國體ヲ變革シ又ハ私有財産制度ヲ否認スルコトヲ目的トシテ結社ヲ組織シタルモノ、情ヲ知リテ之ニ加入シタルモノ及叙上實行ニ着手シタルモ未遂ニ終リタルモノトス

一、主體

(一)本條ノ犯罪ノ主體ハ自然人タル以上內國人タルト外國人タルトヲ區別セス法人ヲ含マサルハ自由刑ヲ科シタルヲ以テ明瞭ナリ、法人ヲ含マストハ法人ハ本條犯罪ノ主體タルコトヲ得ストノ意ニシテ(法人モ亦結社ナルヲ以テ)其ノ目的カ本條ニ該當スルニ於テハ其ノ構成員ハ本條ノ罪ニ該當ス

(二)本條ノ罪ハ所謂必要的共犯ノ一種ニシテ多數ノ主體アルコトヲ必要トス、而シテ法律ハ其ノ多數主體中ニ付結社ヲ組織シタル者ト之ニ加入シタル者トヲ區別セリ結社ヲ組織シタル者トハ事實上結社組織ノ行爲ニ參加シタル者ヲ云ヒ、加入シタル者トハ任意其ノ結社ノ構成員トナリタル者ヲ云フ

一、犯意

(一)本條第一項前段結社組織ノ罪ハ目的罪ナルヲ以テ、犯意ノ外ニ一定ノ動機ヲ其ノ成立要件トナス

即チ結社組織ノ行爲ニ付認識ヲ有スルノミナラス、國體ヲ變革シ又ハ私有財產制度ヲ否認スルコトノ目的カ結社組織ノ動機タラサルヘカラス、然シテ動機トハ其ノ行爲者カ希望シタルモノナラサルヘカラサルカ故ニ、本罪ノ成立ニ付テ

ハ行爲者ニ於テ國體ヲ變革シ又ハ私有財產制度ヲ否認スルコトノ希望アルコトヲ必要トスルハ文理解釋上疑ナシト云ハサルヘカラス

又後段知情加入トハ結社ノ目的カ國體ヲ變革シ又ハ私有財產制度ヲ否認スルモノナルコトヲ知リテ之ニ加入スル行爲ヲ謂フ而シテ其目的ヲ認識シナカラ加入スルコトハ當然結社ノ本質ヨリ其ノ共同目的ヲ支持スルコトヲ前提トスルモノナルヲ以テ、本條ノ目的ヲ有スルコト明カナリ、故ニ本條揭示ノ目的ノ實現ヲ希望セスシテ結社ニ加入スル事ハ、其ノ性質上認ムルコト能ハサルナリ

（二）國體トハ何人カ主權者ナルカノ問題ナリ、我帝國ハ論スル迄モナク萬世一系ノ　天皇ノ統治セラルヽ君主國體ナリ、國體ハ歷史ニ基ク國民ノ確信ニ依リテ定マルモノニシテ成典ニ依リテ定マルモノニアラス、其ノ成典ニ國體ニ關スル規定アルハ唯主權者カ自ラ既定ノ國體ヲ宣言セルニ過キサルナリ、我帝國憲法第一條ハ大日本帝國ハ萬世一系ノ　天皇之ヲ統治スル旨ヲ定メ、第四條ニハ天皇ハ國ノ元首ニシテ統治權ノ總攬者ナルコトヲ明ニセリ、從テ　天皇ニ非スシテ統治權ノ總攬者アルコトナク帝國領土ニシテ　天皇ニ依リ統治セラレサル國土アルコトナク　天皇ニ非サルモノ　天皇ニ淵源セスシテ統治權ノ一部

ヲ保有スルコトナシ
本條ニ所謂國體ノ變革トハ斯ノ如キ國民ノ確信タル國體ノ本質ニ變更ヲ加フルノ謂ニシテ、君主國體ヲ變シテ共和國體若ハソウエート組織ト爲スカ如キ、一切ノ權力ヲ無視シテ國家ノ存在ヲ認メサルカ如キ、之ヲ要スルニ統治權ノ總攬者タル　天皇ノ絶對性ニ變更ノ色彩アルモノハ國體ノ變革ナリトス、然シテ暴動ヲ要件トセサル點ニ於テ　刑法第七十八條ニ定ムル內亂罪ノ豫備若ハ陰謀ト異ルナリ
(三)　私有財產制度トハ私人カ財產ニ對シテ自由ニ支配スル事ヲ認ムル制度ヲ謂ヒ、所有權ヲ中心トナス觀念ナリ、自由ニ支配スルトハ各人カ其欲スル所ニ從ヒ他人ヲ斥ケテ財貨ヲ處分スル事ヲ得ルノ謂ナリ然シテ斯ノ制度ハ國民共存ノ律則トシテ其ノ存在ノ必要ヲ前提トナスモノニシテ、從テ吾人社會生活ノ根基ヲ爲スモノト謂ヒ得ルナリ、本條ニ所謂私有財產制度ノ否認トハ總ユル財產ノ私有ヲ根本的ニ認メサル場合ハ勿論、私有財產制度ノ存在ヲ危殆ナラシムルカ如キ財產ノ私有ヲ否認スル場合ヲ包含ス
然レトモ鐵道國有論又ハ土地國有論ト謂フカ如キ個々ニ指摘セラレタル一部

財産ノ共有論ハ、私有財産制度ノ根本的否認ト見ル事能ハサルヲ以テ、本條ニ所謂私有財産制度ノ否認ニハ非ス、然レトモ共産主義的思想實行ノ一階梯トシテ之ヲ論スルモノナル時ハ然リト解ス、何トナレハ其ノ主張ノ背後ニ直ニ財産全體若ハ私有財産制度ヲ危殆ナラシムル事ヲ目的トスト認定シ得ラルヘキ一切ノ生産手段ノ私有ヲ否認スルノ希望ヲ藏スルモノナレハナリ、之ヲ要スルニ私有財産制度ノ否認トハ、不可分ノ觀念タル私有財産制度ヲ否認スト認ムヘキ質ノ問題ニシテ量ノ問題ニ非サルナリ

一、行為

(一) 本條犯罪ノ實行行爲ハ結社ヲ組織スルコト及結社ニ加入スルコトナリ。

(二) 結社トハ共同ノ目的ノ爲ニスル多數人ノ繼續的結合ナリ。結合ノ程度ニ付テハ自ラ差異アルヘケレトモ各構成員カ共同ノ目的ノ爲ニ一定ノ拘束ヲ受クルコトヲ以テ其ノ本質トナス、其ノ法人格ヲ有スルト有セサルト公然ノモノタルト秘密ノモノタルトハ之ヲ問ハサルナリ。然シテ本條ノ適用ヲ受クベキ結社ハ之ヲ(一)國體ヲ變革スルコトヲ目的トスルモノ(二)私有財産制度ヲ否認スルコトヲ目的トスルモノニ限レリ

(三) 結社ヲ組織ストハ結社ノ成立ニ必要ナル事項例ヘハ目的、社則等ヲ定メ、結社ヲシテ事實上活動ヲ爲シ得ル狀態ニ置クコトヲ謂ヒ、敢テ實際ニ活動シタルコトヲ要セス、目的社則等ハ文書ニ依リ又ハ其ノ他ノ方法ニ依リテ之ヲ表ハストキ全ク構成員ノ間ニ談リ傳フルニ止ルトヲ問ハサルモノトス。

(四) 結社ノ加入トハ任意結社ノ構成員トナルコトナリ。法令ノ規定等ニヨリ加入ヲ强制セラルル場合ハ本條ニ謂フ所ノ加入ニ非ス、故ニ結社ノ加入ニハ强制加入ノ場合ヲ含マス。加入後ニ於テ其ノ結社ヨリ脫退シタルカ如キ事實ハ犯罪ノ成否ニ影響ナキモノトス。

(五) 本條第一項ノ目的ニ非サル他ノ目的ヲ有スル既存ノ結社ニシテ、中途其ノ目的ニ變更アリ本條ニ該當スルニ至リタルトキ、尙本條ノ適用アリト云ヒ得ルカ積極ニ解ス。何トナレハ此ノ場合結社ノ目的ノ變更ハ新ニ結社ヲ組織シ又ハ加入シタルト區別スヘキ理由ナク、且本條ノ罪ハ結社ノ組織又ハ結社ノ加入ナル行爲一旦完成シタル後ト雖犯罪事實ハ其ノ後繼續スルモノナレハナリ。又本條ニ該當スル目的ヲ有スル結社ノ組織アリ然ル後其ノ目的ニ變更アリ、本條ニ該當セサルニ至ルモ仍處罰ヲ免レサルモノトス。

（六）本條ノ未遂ハ之ヲ處罰スレトモ豫備陰謀ハ之ヲ罰セス。從テ結社ノ組織又ハ加入ノ着手前ニ於ケル協議其ノ他ノ準備行爲（第二條ニ該當スル場合ヲ除ク）ハ處罰セラレサルモノトス。然シテ如何ナル行爲カ着手ナリヤハ各犯罪ノ行爲ニ付テ具體的ニ決定スルノ外ナシ。

一、刑

十年以下ノ懲役又ハ禁錮ニ處ス、刑法第七十八條内亂罪ノ豫備又ハ陰謀ノ刑ト權衡ヲ取ラシメムカ爲ナリ。

第二條　前條第一項ノ目的ヲ以テ其ノ目的タル事項ノ實行ニ關シ協議ヲ爲シタル者ハ七年以下ノ懲役又ハ禁錮ニ處ス。

本條ノ犯罪ハ國體ヲ變革シ又ハ私有財産制度ヲ否認スル目的ヲ以テ、其ノ目的トスル變革若ハ否認ノ實行ニ關シテ協議ヲ爲シタルモノナリ、其ノ未遂ヲ罰セス。

一、主　體

本條犯罪ノ主體ハ第一條ニ就テ説明シタル所ト異ナラサルヲ以テ省略ス、但シ本條協議ノ罪モ亦所謂必要的共犯ノ一種ニシテ多數ノ主體アルコトヲ必要トスルハ注意ヲ要スヘキ點ナリ。

一、犯意

本條協議ノ罪ハ目的罪ナルヲ以テ故意ノ外ニ一定ノ動機ヲ其ノ成立要件トナス。即チ協議ニ付認識ヲ有スルノミナラス國體ヲ變革シ又ハ私有財產制度ヲ否認スルコトノ目的カ協議ヲ爲スノ動機タラサルヘカラス。

動機ノ何者ナルカニ付テハ既ニ之ヲ說明シタルヲ以テ以下省略スヘシ。

一、行爲

(一) 本條犯罪ノ實行行爲ハ國體ノ變革若ハ私有財產制ノ否認ノ實行ニ關シテ協議ヲナスコトナリ。

(二) 協議トハ二人以上ノ者カ特定ノ題材ノ下ニ意見ノ交換ヲ爲スコトヲ謂フ。或一人カ本條ノ目的ヲ以テ其ノ實行ニ關シ意見ヲ述ヘタルニ對シ、相手方カ何等之ニ對シテ明示又ハ默示ノ意思表示ヲ爲ササル場合ハ本條ニ所謂協議ニ非サルモノトス。協議ノ方法ニ制限ナキヲ以テ集會シテ協議ヲ爲スト文書ニ依リ協議ヲ爲スト或ハ其ノ他ノ方法ニ依リテ協議ヲ爲ストヲ問ハス。又相手方ノ數ノ多少ヲ問ハサルナリ。然レトモ協議ノ相手方ハ特定スルコトヲ要ス。相手方ノ不特定ナル場合ニ於テハ第三條ニ該當スル場合ハ之アルヘシト雖本條ニ該當セス、實行ノ協議ヲ爲ストハ實行ニ關シ論議ヲ爲シタルコトヲ云フ。必スシモ意見ノ一致ヲ見タルコトヲ要セス。況ンヤ一定ノ決議ヲナシタルコトヲ要セサルナリ。又可能性アル實行其ノモノニ付テ論議スレハ足リ、必スシモ其ノ手段方法ニ付テ具體的事項ニ亘リ論議スルコトヲ要セサルナリ。

(三) 協議ハ煽動又ハ敎唆ト謂フカ如ク他人ノ意思ノ自由ニ影響ヲ及スコトヲ要セス。故ニ協議ヲ受ケタル者其ノ協議ト關係ナク、既ニ實行ノ決意ヲ爲シ居タル場合ニモ仍協議ノ相手方ト爲ルコトヲ得ヘシ。

尚本條ニハ協議ノ具體的ニ發生シタル事實ニ付前條ト競合スル場合ノ存スヘキハ勿論ナリトス。

一 刑

七年以下ノ懲役又ハ禁錮ニ處ス。

第三條 第一條第一項ノ目的ヲ以テ其ノ目的タル事項ノ實行ヲ煽動シタル者ハ七年以下ノ懲役又ハ禁錮ニ處ス。

本條ノ犯罪ハ國體ヲ變革シ又ハ私有財產制度ヲ否認スル目的ヲ以テ、其ノ目的トスル變革若ハ否認ノ實行ヲ煽動シタルモノナリ。其ノ未遂ヲ罰セス。

一、主　體

第一條ニ說明シタルトコロニ同シ

一、犯　意

本條ノ罪ハ目的罪ナルヲ以テ煽動ナル行爲ニ付故意ノ外ニ一定ノ動機ヲ其ノ成立要件トナス。即チ煽動ニ付認識ヲ有スルノミナラス國體ヲ變革シ、又ハ私有財產制度ヲ否認スルコトノ目的カ煽動ヲ爲スノ動機タラサルヘカラス。

一、行　爲

(一) 本條ノ犯罪ノ實行行爲ハ國體ノ變革若ハ私有財產制度ノ否認ノ實行ヲ煽動スルコトナリ。煽動トハ感情ニ訴ヘ自由ナル意思ニ特殊ノ刺激ヲ與フルコトヲ謂フ。故ニ單ニ流布又ハ宣傳ト云フカ如ク或ル事項ヲ公衆ニ傳播スルニ過キサル程度ノモノハ之ヲ包含セス。

(二) 煽動ノ方法ニ制限ナシ。故ニ言語ニ依ルト文書ニ依ルトヲ問ハス、然レトモ相手方ハ不定又ハ多數タルコトヲ要ス。但シ必スシモ現ニ不定又ハ多數人ニ對シテ之ヲ爲スコトヲ要セズ。特定ノ一人ニ對シテ之ヲ爲シタル場合ト雖、不定又ハ多數人ニ影響ヲ與フヘキ情況ニ在リ且犯人ニ於テ之ヲ認識スルニ於テハ、仍煽動ト謂フコトヲ得ヘシ。

(三) 本條ノ犯罪ハ叙上ノ目的ヲ以テ變革若ハ否認其ノモノヽ實行ヲ煽動スルニ因リテ成立ス。即チ變革若ハ否認ノ實行ノ煽動ヲ本體トナス。故ニ本條ニ於ケル煽動行爲自體ニ於テ國體又ハ私有財産制度ノ否認ヲ擧示スルコトヲ要スレトモ、實行ノ手段方法ヲ指示スルコトヲ要セサルナリ。國體又ハ私有財産ノ否認ノ擧示トハ、必スシモ國體又ハ私有財産ノ文字(言語)ヲ用ユヘシトノ意ニ非サルハ云フヲ俟タス。

(四) 煽動ハ之ヲ敎唆ト區別スル事ヲ要ス。敎唆罪ハ常ニ特定人ニ對スルコトヲ要シ、又實行者カ敎唆ニ因リテ實行ノ決意ヲ爲シ且現ニ實行シタル場合ニ於テ成立スト雖煽動罪ハ前述シタル特定人ニ對スルコトヲ要セス、又相手方カ煽動ニ因リテ實行ノ決意ヲ爲シタルコトヲ要セス、況ンヤ相手方カ現ニ實行ヲ爲シタルコトヲ要セサルナリ。

(五) 煽動ハ通常敎唆ニ於ケルカ如ク、相手方ヲシテ實行ノ意思ヲ決定セシムヘキ場合ニ存スヘシト雖、既ニ實行中ノ者ニ對シ其ノ實行ヲ繼續セシムルノ行爲モ亦煽動タルコトヲ得ヘシ。

一、刑

七年以下ノ懲役又ハ禁錮ニ處ス。

第四條 第一條第一項ノ目的ヲ以テ騷擾、暴行其ノ他生命、身體又ハ財產ニ害ヲ加フヘキ犯罪ヲ煽動シタル者ハ十年以下ノ懲役又ハ禁錮ニ處ス。

本條ノ犯罪ハ國體ヲ變革シ私有財產制度ヲ否認スルノ目的ヲ以テ、騷擾暴行其ノ他生命財產身體又ハ財產ニ害ヲ加フヘキ犯罪ヲ煽動シタルモノナリ。其ノ未遂ヲ罰セス。

一、主體

第一條ニ說明シタルトコロト同シ。

一、犯意

本條ノ罪ハ目的罪ナルヲ以テ煽動ナル行爲ニ付故意ノ外ニ一定ノ動機ヲ其ノ

成立要件トナス。即チ犯罪ノ煽動ニ付認識ヲ有スルノミナラス、國體ヲ變革シ又ハ私有財産制度ヲ否認スルコトノ目的カ煽動ヲ爲スノ動機タラサルヘカラス。

一、行　爲

（一）本條犯罪ノ實行行爲ハ犯罪ノ煽動ナリ、前條ノ規定カ國體ノ變革若ハ私有財産制度ノ否認ノ實行其ノモノノ煽動ヲ本體ト爲スニ比シ全ク其ノ趣旨ヲ異ニス、故ニ前條ノ煽動ハ第一條第一項ノ所定ノ變革又ハ否認其ノモノヲ掲示スルコトヲ要スルニ反シ本條ノ煽動ハ斯ル掲示ヲ要セス刑罰法令ニ示サレタル特殊ノ犯罪事實其ノモノヲ掲示スルコトヲ要スルナリ、斯ノ如ク本條ノ煽動者ハ第一條第一項ノ目的ヲ以テ犯罪行爲ヲ煽動スレハ足ルカ故ニ、煽動セラレタル犯罪ニシテ第一條第一項所定ノ目的ノ遂行ニ付事實上可能性ヲ有スルト否トハ之ヲ問ハサルナリ。

是前條ノ外ニ本條ノ規定ヲ要スル所以ナリトス但シ具體的ニ發生シタル事實ニ付前條ト本條トカ競合スル場合ノ存スルハ勿論ナリトス。

（二）本條ニ於ケル騷擾暴行ハ必ラスシモ刑法ニ於ケル騷擾罪（第百六條）暴行罪（第

二百八條)ト同意義ニ解スヘキニ非ラス、即チ騷擾ハ敢テ暴行脅迫ニ依ルコトヲ要セス、集會又ハ多集運動ノ場合故ラニ喧擾シ警察官ヨリ退去ヲ命セラルルモ之ヲ肯セスシテ騷擾ヲ繼續スルカ如キ場合(治安警察法第十二條第二十六條)ニテモ可ナリ、又暴行ハ物ニ對スル場合ヲモ包含スヘシ。其ノ他生命身體又ハ財產ニ害ヲ加フヘキ犯罪トハ、之等ノ法益ニ直接害惡ヲ加フヘキ犯罪ヲ意味シ所謂刑法犯(自然犯)ニ當ルヘキモノト解ス。從ツテ所謂行政犯(禁制犯)ニ當ルヘキモノハ間接ニ之等ノ法益ヲ害スルコトアルモ本條ニ所謂害ヲ加フヘキ犯罪ニ非サルナリ。

一、刑

十年以下ノ懲役又ハ禁錮ニ處ス。　刑期ヲ十年以下ト爲スカ故ニ例ヘハ本條ハ煽動ニ基キテ暴行罪ヲ犯シタル者アル場合ニ於テ、尙當該實行者ノ科刑ハ懲役一年ヲ超ユヘカラサルニ拘ラス、煽動者ハ仍懲役十年以下ノ刑ニ該當スルハ甚シク權衡ヲ失スル感アリト雖、本條ハ不定又ハ多數人ニ對スル煽動行爲ナルカ故ニ、其ノ結果ハ實行者幾何ニ至ルヘキカヲ豫測スヘカラサルモノナルヲ以テ、本條煽動者ヲ實行者ニ對スル法定制ヨリモ重刑ニ處スルモ不當ニ非スト謂フコトヲ得ヘシ。實際適用ニ際シテハ實行者ノ刑ト調和ヲ取ルヘキヲ以テ必スシモ不權衡ナリト難スヘカラス。

第五條 第一條第一項及前三條ノ罪ヲ犯サシムルコトヲ目的トシテ金品其ノ他ノ財産上ノ利益ヲ供與シ又ハ其ノ申込若ハ約束ヲ爲シタル者ハ五年以下ノ懲役又ハ禁錮ニ處ス情ヲ知リテ供與ヲ受ケ又ハ其ノ要求若ハ約束ヲ爲シタル者亦同シ。

本條ノ犯罪ハ本條掲記ノ特殊ノ目的ヲ以テ金品其ノ他ノ財産上ノ利益ヲ供與シ又ハ其ノ申込若ハ約束ヲ爲シタル者及情ヲ知リテ供與ヲ受ケ又ハ其ノ要求若ハ約束ヲ爲シタルモノナリ。未遂ヲ罰セス。

一、犯意

本條前段利益ノ供與其ノ申込及約束ノ罪ハ、目的罪ナルヲ以テ故意ノ外ニ一定ノ動機ヲ其ノ成立要件ト爲ス。即チ之等ノ行爲ニ付認識ヲ有スルノミナラス、第一條第一項及第三條ノ罪ヲ犯サシムルコトノ目的カ之等ノ行爲ヲ爲スノ動機タラサルヘカラス。後段情ヲ知リテトハ金品其ノ他ノ利益供與者(申込者、約束者)ニ本條掲記ノ特定ノ目的アルコトヲ知リテノ意味ニ解スヘキモノトス。然ラハ當該供與ヲ受クル者ハ相手方ニ於テ特定ノ目的ノ存在スルコトヲ知ルトキハ、縱令自己ニ其ノ目的ヲ存セサルニ於テモ亦本條ニ依リテ處罰セラルルニ至ルヘシ。

一、行爲

本條犯罪ノ實行行爲ハ金品其ノ他ノ財產上ノ利益ノ授受申込、要求、及約束トス。行爲自體ニ付別ニ疑ヲ存セサレハ說明ヲ省略スヘシ。

二、刑

五年以下ノ懲役又ハ禁錮ニ處ス。

第六條 前五條ノ罪ヲ犯シタル者自首シタルトキハ其ノ刑ヲ減輕又ハ免除ス。

刑法總則ニ於テハ自首者ニ對シテハ刑ヲ減輕シ得ルノミ(刑法四二)、本條ニ於テハ常ニ必ス減輕シ又ハ免除スヘキモノト爲シ、以テ治安ノ紊亂ヲ未然ニ防止シ且自己ノ行爲ノ罪ヲ覺ル者ニ對シテ十分ニ寛恕ノ途ヲ開キタルモノトス。

第七條　本法ハ何人ヲ問ハス本法施行區域外ニ於テ罪ヲ犯シタル者ニ亦之ヲ適用ス。

本條ニ於テ本法ノ人及場所ニ關スル效力ヲ定メタリ。

（一）本法ハ日本人タルト外國人タルト又無國籍人タルトヲ問ハス本法ニ違反スル者ハ之ヲ處罰スルコトトナセリ。

（二）本法ハ內地及其ノ他ノ帝國領土及附屬地（租借地委任統治地）並ニ外國ニ於テ、本法ノ罪ヲ犯シタル者ニ之ヲ適用スルコトトナセリ。

本條ニ於テ「本法施行區域外」トナシタルハ、內地ト法域ヲ異ニスル朝鮮臺灣等ノ犯罪ニ對シテモ本法ヲ適用スルコトヲ明カニシタルモノニシテ他ノ法規ノ用例タル「帝國外」トナストキハ朝鮮臺灣等ハ帝國外ト云フヲ得ストノ疑アリ、從テ之等ノ法域ヲ異ニスル地域ニ於テ爲サレタル犯罪ニ對シテハ、或ハ本法ヲ適用シ難シトノ見解無キヲ保シ難キヲ以テ、此ノ疑ヲ明瞭ナラシメタルモノナリ。

（三）內地ニ於テ本法ノ罪ヲ犯シタル者ハ朝鮮其ノ他ノ地域ニ於テ之ヲ處罰スルコトヲ得ヘク（共通法第十三條）此ノ場合ハ本法ニ於テ處斷ス（同法第十四條）。

（四）朝鮮其ノ他ノ地域ニ於テ本法ノ罪ヲ犯シタル者ヲ其ノ地域ニ於テ處罰スルニハ、他ノ特別ノ規定ヲ要スヘク即朝鮮其ノ他ノ地域ニ本法ヲ施行スル旨ノ規定ヲ俟テ之ヲ爲スコトヲ得ヘシ。

此ノ場合ニ於テハ前項(三)ニ掲ケタル如ク、內地、樺太ヲ除ク他ノ地域相互ノ間ニ於テ共通法ニ依リ互ニ處罰シ得ルノ結果ヲ生スヘシ。

大正十四年十二月十二日印刷
大正十四年十二月十六日第一版發行
大正十五年二月二十五日增訂第二版發行
大正十五年三月十五日第三版發行
昭和二年一月十九日改訂增補第四版發行

實費參圓
小包送料金拾貳錢

著作者　千葉縣中山町中山五十二番地　小中公毅
著作者　東京市麻布區山元町三十二番地　潮道佐
發行者　東京市芝區白金今里町七十七番地　福井馨
印刷者　東京市芝區南佐久間町二丁目十四番地　渡邊素一
印刷所　東京市芝區南佐久間町二丁目十四番地　內外印刷合資會社

發行所　東京市芝區白金今里町七十七番地　法令審議會
電話高輪一七六〇番
振替口座東京壹參四壹四番

改正衆議院議員選擧法正解　日本立法資料全集　別巻 1185

平成30年3月20日　　復刻版第1刷発行

著　者　小　中　公　毅
　　　　潮　　　道　佐

発行者　今　井　　　貴
　　　　渡　辺　左　近

発行所　信　山　社　出　版
〒113-0033　東京都文京区本郷6-2-9-102
モンテベルデ第2東大正門前
電　話　03（3818）1019
FAX　03（3818）0344
郵便振替　00140-2-367777（信山社販売）

Printed in Japan.

制作／㈱信山社，印刷・製本／松澤印刷・日進堂

ISBN 978-4-7972-7360-7 C3332

巻数	書　名	編・著者	ISBN	本体価格
950	実地応用町村制質疑録	野田藤吉郎、國吉拓郎	ISBN978-4-7972-6656-6	22,000 円
951	市町村議員必携	川瀬周次、田中迪三	ISBN978-4-7972-6657-3	40,000 円
952	増補 町村制執務備考 全	増澤鐵、飯島篤雄	ISBN978-4-7972-6658-0	46,000 円
953	郡区町村編制法 府県会規則 地方税規則 三法綱論	小笠原美治	ISBN978-4-7972-6659-7	28,000 円
954	郡区町村編制 府県会規則 地方税規則 新法例纂 追加地方諸要則	柳澤武運三	ISBN978-4-7972-6660-3	21,000 円
955	地方革新講話	西内天行	ISBN978-4-7972-6921-5	40,000 円
956	市町村名辞典	杉野耕三郎	ISBN978-4-7972-6922-2	38,000 円
957	市町村吏員提要〔第三版〕	田邊好一	ISBN978-4-7972-6923-9	60,000 円
958	帝国市町村便覧	大西林五郎	ISBN978-4-7972-6924-6	57,000 円
959	最近検定 市町村名鑑 附 官国幣社 及 諸学校所在地一覧	藤澤衛彦、伊東順彦、増田穆、関惣右衛門	ISBN978-4-7972-6925-3	64,000 円
960	鼇頭対照 市町村制解釈 附 理由書 及 参考諸布達	伊藤寿	ISBN978-4-7972-6926-0	40,000 円
961	市町村制釈義 完　附 市町村制理由	水越成章	ISBN978-4-7972-6927-7	36,000 円
962	府県郡市町村 模範治績　附 耕地整理法 産業組合法 附属法令	荻野千之助	ISBN978-4-7972-6928-4	74,000 円
963	市町村大字読方名彙〔大正十四年度版〕	小川琢治	ISBN978-4-7972-6929-1	60,000 円
964	町村会議員選挙要覧	津田東璋	ISBN978-4-7972-6930-7	34,000 円
965	市制町村制 及 府県制　附 普通選挙法	法律研究会	ISBN978-4-7972-6931-4	30,000 円
966	市制町村制註釈 完　附 市制町村制理由〔明治21年初版〕	角田真平、山田正賢	ISBN978-4-7972-6932-1	46,000 円
967	市町村制詳解 全　附 市町村制理由	元田肇、加藤政之助、日鼻豊作	ISBN978-4-7972-6933-8	47,000 円
968	区町村会議要覧 全	阪田辨之助	ISBN978-4-7972-6934-5	28,000 円
969	実用 町村制市制事務提要	河邨貞山、島村文耕	ISBN978-4-7972-6935-2	46,000 円
970	新旧対照 市制町村制正文〔第三版〕	自治館編輯局	ISBN978-4-7972-6936-9	28,000 円
971	細密調査 市町村便覧（三府 四十三県 北海道 樺太 台湾 朝鮮 関東州）附 分類官公衙公私学校銀行所在地一覧表	白山榮一郎、森田公美	ISBN978-4-7972-6937-6	88,000 円
972	正文 市制町村制 並 附属法規	法曹閣	ISBN978-4-7972-6938-3	21,000 円
973	台湾朝鮮関東州 全国市町村便覧 各学校所在地〔第一分冊〕	長谷川好太郎	ISBN978-4-7972-6939-0	58,000 円
974	台湾朝鮮関東州 全国市町村便覧 各学校所在地〔第二分冊〕	長谷川好太郎	ISBN978-4-7972-6940-6	58,000 円
975	合巻 佛蘭西邑法・和蘭邑法・皇国郡区町村編成法	箕作麟祥、大井憲太郎、神田孝平	ISBN978-4-7972-6941-3	28,000 円
976	自治之模範	江木翼	ISBN978-4-7972-6942-0	60,000 円
977	地方制度実例総覧〔明治36年初版〕	金田謙	ISBN978-4-7972-6943-7	48,000 円
978	市町村民 自治読本	武藤榮治郎	ISBN978-4-7972-6944-4	22,000 円
979	町村制詳解　附 市制及町村制理由	相澤富蔵	ISBN978-4-7972-6945-1	28,000 円
980	改正 市町村制 並 附属法規	楠綾雄	ISBN978-4-7972-6946-8	28,000 円
981	改正 市制 及 町村制〔訂正10版〕	山野金蔵	ISBN978-4-7972-6947-5	28,000 円

巻数	書　名	編・著者	ISBN	本体価格
915	改正 新旧対照市町村一覧	鍾美堂	ISBN978-4-7972-6621-4	78,000 円
916	東京市会先例彙輯	後藤新平、桐島像一、八田五三	ISBN978-4-7972-6622-1	65,000 円
917	改正 地方制度解説〔第六版〕	狭間茂	ISBN978-4-7972-6623-8	67,000 円
918	改正 地方制度通義	荒川五郎	ISBN978-4-7972-6624-5	75,000 円
919	町村制市制全書 完	中嶋廣蔵	ISBN978-4-7972-6625-2	80,000 円
920	自治新制 市町村会法要談 全	田中重策	ISBN978-4-7972-6626-9	22,000 円
921	郡市町村吏員 収税実務要書	荻野千之助	ISBN978-4-7972-6627-6	21,000 円
922	町村至宝	桂虎次郎	ISBN978-4-7972-6628-3	36,000 円
923	地方制度通 全	上山満之進	ISBN978-4-7972-6629-0	60,000 円
924	帝国議会府県会郡会市町村会議員必携 附関係法規 第1分冊	太田峯三郎、林田亀太郎、小原新三	ISBN978-4-7972-6630-6	46,000 円
925	帝国議会府県会郡会市町村会議員必携 附関係法規 第2分冊	太田峯三郎、林田亀太郎、小原新三	ISBN978-4-7972-6631-3	62,000 円
926	市町村是	野田千太郎	ISBN978-4-7972-6632-0	21,000 円
927	市町村執務要覧 全 第1分冊	大成館編輯局	ISBN978-4-7972-6633-7	60,000 円
928	市町村執務要覧 全 第2分冊	大成館編輯局	ISBN978-4-7972-6634-4	58,000 円
929	府県会規則大全　附 裁定録	朝倉達三、若林友之	ISBN978-4-7972-6635-1	28,000 円
930	地方自治の手引	前田宇治郎	ISBN978-4-7972-6636-8	28,000 円
931	改正 市制町村制と衆議院議員選挙法	服部喜太郎	ISBN978-4-7972-6637-5	28,000 円
932	市町村国税事務取扱手続	広島財務研究会	ISBN978-4-7972-6638-2	34,000 円
933	地方自治制要義 全	末松偕一郎	ISBN978-4-7972-6639-9	57,000 円
934	市町村特別税之栞	三邊長治、水谷平吉	ISBN978-4-7972-6640-5	24,000 円
935	英国地方制度 及 税法	良保両氏、水野遵	ISBN978-4-7972-6641-2	34,000 円
936	英国地方制度 及 税法	髙橋達	ISBN978-4-7972-6642-9	20,000 円
937	日本法典全書 第一編 府県制郡制註釈	上條慎蔵、坪谷善四郎	ISBN978-4-7972-6643-6	58,000 円
938	判例挿入 自治法規全集 全	池田繁太郎	ISBN978-4-7972-6644-3	82,000 円
939	比較研究 自治之精髄	水野錬太郎	ISBN978-4-7972-6645-0	22,000 円
940	傍訓註釈 市制町村制 並ニ 理由書〔第三版〕	筒井時治	ISBN978-4-7972-6646-7	46,000 円
941	以呂波引町村便覧	田山宗堯	ISBN978-4-7972-6647-4	37,000 円
942	町村制執務要録 全	鷹巣清二郎	ISBN978-4-7972-6648-1	46,000 円
943	地方自治 及 振興策	床次竹二郎	ISBN978-4-7972-6649-8	30,000 円
944	地方自治講話	田中四郎左衛門	ISBN978-4-7972-6650-4	36,000 円
945	地方施設改良 訓諭演説集〔第六版〕	鹽川玉江	ISBN978-4-7972-6651-1	40,000 円
946	帝国地方自治団体発達史〔第三版〕	佐藤亀齢	ISBN978-4-7972-6652-8	48,000 円
947	農村自治	小橋一太	ISBN978-4-7972-6653-5	34,000 円
948	国税 地方税 市町村税 滞納処分法問答	竹尾高堅	ISBN978-4-7972-6654-2	28,000 円
949	市町村役場実用 完	福井淳	ISBN978-4-7972-6655-9	40,000 円

別巻　巻数順一覧【878 ～ 914 巻】

巻数	書　名	編・著者	ISBN	本体価格
878	明治史第六編 政黨史	博文館編輯局	ISBN978-4-7972-7180-5	42,000 円
879	日本政黨發達史 全〔第一分冊〕	上野熊藏	ISBN978-4-7972-7181-2	50,000 円
880	日本政黨發達史 全〔第二分冊〕	上野熊藏	ISBN978-4-7972-7182-9	50,000 円
881	政党論	梶原保人	ISBN978-4-7972-7184-3	30,000 円
882	獨逸新民法商法正文	古川五郎、山口弘一	ISBN978-4-7972-7185-0	90,000 円
883	日本民法鼇頭對比獨逸民法	荒波正隆	ISBN978-4-7972-7186-7	40,000 円
884	泰西立憲國政治攬要	荒井泰治	ISBN978-4-7972-7187-4	30,000 円
885	改正衆議院議員選擧法釋義 全	福岡伯、横田左仲	ISBN978-4-7972-7188-1	42,000 円
886	改正衆議院議員選擧法釋義 附 改正貴族院令,治安維持法	犀川長作、犀川久平	ISBN978-4-7972-7189-8	33,000 円
887	公民必携 選擧法規ト判決例	大浦兼武、平沼騏一郎、木下友三郎、清水澄、三浦數平	ISBN978-4-7972-7190-4	96,000 円
888	衆議院議員選擧法輯覽	司法省刑事局	ISBN978-4-7972-7191-1	53,000 円
889	行政司法選擧判例總覽―行政救濟と其手續―	澤田竹治郎・川崎秀男	ISBN978-4-7972-7192-8	72,000 円
890	日本親族相續法義解 全	髙橋捨六・堀田馬三	ISBN978-4-7972-7193-5	45,000 円
891	普通選擧文書集成	山中秀男・岩本溫良	ISBN978-4-7972-7194-2	85,000 円
892	普選の勝者 代議士月旦	大石末吉	ISBN978-4-7972-7195-9	60,000 円
893	刑法註釋 卷一～卷四(上卷)	村田保	ISBN978-4-7972-7196-6	58,000 円
894	刑法註釋 卷五～卷八(下卷)	村田保	ISBN978-4-7972-7197-3	50,000 円
895	治罪法註釋 卷一～卷四(上卷)	村田保	ISBN978-4-7972-7198-0	50,000 円
896	治罪法註釋 卷五～卷八(下卷)	村田保	ISBN978-4-7972-7198-0	50,000 円
897	議會選擧法	カール・ブラウニアス、國政研究科會	ISBN978-4-7972-7201-7	42,000 円
901	鼇頭註釈 町村制　附 理由 全	八乙女盛次、片野続	ISBN978-4-7972-6607-8	28,000 円
902	改正 市制町村制　附 改正要義	田山宗堯	ISBN978-4-7972-6608-5	28,000 円
903	増補訂正 町村制詳解〔第十五版〕	長峰安三郎、三浦通太、野田千太郎	ISBN978-4-7972-6609-2	52,000 円
904	市制町村制 並 理由書　附 直接間接税類別及実施手続	高崎修助	ISBN978-4-7972-6610-8	20,000 円
905	町村制要義	河野正義	ISBN978-4-7972-6611-5	28,000 円
906	改正 市制町村制義解〔帝國地方行政学会〕	川村芳次	ISBN978-4-7972-6612-2	60,000 円
907	市制町村制 及 関係法令〔第三版〕	野田千太郎	ISBN978-4-7972-6613-9	35,000 円
908	市町村新旧対照一覧	中村芳松	ISBN978-4-7972-6614-6	38,000 円
909	改正 府県郡制問答講義	木内英雄	ISBN978-4-7972-6615-3	28,000 円
910	地方自治提要 全　附 諸届願書式 日用規則抄録	木村時義、吉武則久	ISBN978-4-7972-6616-0	56,000 円
911	訂正増補 市町村制問答詳解　附 理由及追輯	福井淳	ISBN978-4-7972-6617-7	70,000 円
912	改正 府県制郡制註釈〔第三版〕	福井淳	ISBN978-4-7972-6618-4	34,000 円
913	地方制度実例総覧〔第七版〕	自治館編輯局	ISBN978-4-7972-6619-1	78,000 円
914	英国地方政治論	ジョージ・チャールズ・ブロドリック、久米金彌	ISBN978-4-7972-6620-7	30,000 円

巻数	書　名	編・著者	ISBN	本体価格
843	法律汎論	熊谷直太	ISBN978-4-7972-7141-6	40,000円
844	英國國會選擧訴願判決例 全	オマリー、ハードカッスル、サンタース	ISBN978-4-7972-7142-3	80,000円
845	衆議院議員選擧法改正理由書 完	内務省	ISBN978-4-7972-7143-0	40,000円
846	贖齋法律論文集	森作太郎	ISBN978-4-7972-7144-7	45,000円
847	雨山遺稾	渡邉輝之助	ISBN978-4-7972-7145-4	70,000円
848	法曹紙屑籠	鷺城逸史	ISBN978-4-7972-7146-1	54,000円
849	法例彙纂 民法之部 第一篇	史官	ISBN978-4-7972-7147-8	66,000円
850	法例彙纂 民法之部 第二篇〔第一分冊〕	史官	ISBN978-4-7972-7148-5	55,000円
851	法例彙纂 民法之部 第二篇〔第二分冊〕	史官	ISBN978-4-7972-7149-2	75,000円
852	法例彙纂 商法之部〔第一分冊〕	史官	ISBN978-4-7972-7150-8	70,000円
853	法例彙纂 商法之部〔第二分冊〕	史官	ISBN978-4-7972-7151-5	75,000円
854	法例彙纂 訴訟法之部〔第一分冊〕	史官	ISBN978-4-7972-7152-2	60,000円
855	法例彙纂 訴訟法之部〔第二分冊〕	史官	ISBN978-4-7972-7153-9	48,000円
856	法例彙纂 懲罰則之部	史官	ISBN978-4-7972-7154-6	58,000円
857	法例彙纂 第二版 民法之部〔第一分冊〕	史官	ISBN978-4-7972-7155-3	70,000円
858	法例彙纂 第二版 民法之部〔第二分冊〕	史官	ISBN978-4-7972-7156-0	70,000円
859	法例彙纂 第二版 商法之部・訴訟法之部〔第一分冊〕	太政官記録掛	ISBN978-4-7972-7157-7	72,000円
860	法例彙纂 第二版 商法之部・訴訟法之部〔第二分冊〕	太政官記録掛	ISBN978-4-7972-7158-4	40,000円
861	法令彙纂 第三版 民法之部〔第一分冊〕	太政官記録掛	ISBN978-4-7972-7159-1	54,000円
862	法令彙纂 第三版 民法之部〔第二分冊〕	太政官記録掛	ISBN978-4-7972-7160-7	54,000円
863	現行法律規則全書（上）	小笠原美治、井田鐘次郎	ISBN978-4-7972-7162-1	50,000円
864	現行法律規則全書（下）	小笠原美治、井田鐘次郎	ISBN978-4-7972-7163-8	53,000円
865	國民法制通論 上巻・下巻	仁保龜松	ISBN978-4-7972-7165-2	56,000円
866	刑法註釋	磯部四郎、小笠原美治	ISBN978-4-7972-7166-9	85,000円
867	治罪法註釋	磯部四郎、小笠原美治	ISBN978-4-7972-7167-6	70,000円
868	政法哲學 前編	ハーバート・スペンサー、濱野定四郎、渡邊治	ISBN978-4-7972-7168-3	45,000円
869	政法哲學 後編	ハーバート・スペンサー、濱野定四郎、渡邊治	ISBN978-4-7972-7169-0	45,000円
870	佛國商法復説 第壹篇自第壹巻至第七巻	リウヒエール、商法編纂局	ISBN978-4-7972-7171-3	75,000円
871	佛國商法復説 第壹篇第八巻	リウヒエール、商法編纂局	ISBN978-4-7972-7172-0	45,000円
872	佛國商法復説 自第二篇至第四篇	リウヒエール、商法編纂局	ISBN978-4-7972-7173-7	70,000円
873	佛國商法復説 書式之部	リウヒエール、商法編纂局	ISBN978-4-7972-7174-4	40,000円
874	代言試験問題擬判録 全 附録明治法律學校民刑問題及答案	熊野敏三、宮城浩蔵 河野和三郎、岡義男	ISBN978-4-7972-7176-8	35,000円
875	各國官吏試験法類集 上・下	内閣	ISBN978-4-7972-7177-5	54,000円
876	商業規篇	矢野亨	ISBN978-4-7972-7178-2	53,000円
877	民法実用法典 全	福田一覺	ISBN978-4-7972-7179-9	45,000円

別巻　巻数順一覧【810～842巻】

巻数	書　名	編・著者	ISBN	本体価格
810	訓點法國律例 民律 上巻	鄭永寧	ISBN978-4-7972-7105-8	50,000円
811	訓點法國律例 民律 中巻	鄭永寧	ISBN978-4-7972-7106-5	50,000円
812	訓點法國律例 民律 下巻	鄭永寧	ISBN978-4-7972-7107-2	60,000円
813	訓點法國律例 民律指掌	鄭永寧	ISBN978-4-7972-7108-9	58,000円
814	訓點法國律例 貿易定律・園林則律	鄭永寧	ISBN978-4-7972-7109-6	60,000円
815	民事訴訟法 完	本多康直	ISBN978-4-7972-7111-9	65,000円
816	物權法(第一部)完	西川一男	ISBN978-4-7972-7112-6	45,000円
817	物權法(第二部)完	馬場愿治	ISBN978-4-7972-7113-3	35,000円
818	商法五十課 全	アーサー・B・クラーク、本多孫四郎	ISBN978-4-7972-7115-7	38,000円
819	英米商法律原論 契約之部及流通券之部	岡山兼吉、淺井勝	ISBN978-4-7972-7116-4	38,000円
820	英國組合法 完	サー・フレデリック・ポロック、榊原幾久若	ISBN978-4-7972-7117-1	30,000円
821	自治論 一名人民ノ自由 巻之上・巻之下	リーバー、林董	ISBN978-4-7972-7118-8	55,000円
822	自治論纂 全一册	獨逸學協會	ISBN978-4-7972-7119-5	50,000円
823	憲法彙纂	古屋宗作、鹿島秀麿	ISBN978-4-7972-7120-1	35,000円
824	國會汎論	ブルンチュリー、石津可輔、讃井逸三	ISBN978-4-7972-7121-8	30,000円
825	威氏法學通論	エスクバック、渡邊輝之助、神山亨太郎	ISBN978-4-7972-7122-5	35,000円
826	萬國憲法 全	高田早苗、坪谷善四郎	ISBN978-4-7972-7123-2	50,000円
827	綱目代議政體	J・S・ミル、上田充	ISBN978-4-7972-7124-9	40,000円
828	法學通論	山田喜之助	ISBN978-4-7972-7125-6	30,000円
829	法學通論 完	島田俊雄、溝上與三郎	ISBN978-4-7972-7126-3	35,000円
830	自由之權利 一名自由之理 全	J・S・ミル、高橋正次郎	ISBN978-4-7972-7127-0	38,000円
831	歐洲代議政體起原史 第一册・第二册／代議政體原論 完	ギゾー、漆間眞學、藤田四郎、アンドリー、山口松五郎	ISBN978-4-7972-7128-7	100,000円
832	代議政體 全	J・S・ミル、前橋孝義	ISBN978-4-7972-7129-4	55,000円
833	民約論	J・J・ルソー、田中弘義、服部徳	ISBN978-4-7972-7130-0	40,000円
834	歐米政黨沿革史總論	藤田四郎	ISBN978-4-7972-7131-7	30,000円
835	内外政黨事情・日本政黨事情 完	中村義三、大久保常吉	ISBN978-4-7972-7132-4	35,000円
836	議會及政黨論	菊池學而	ISBN978-4-7972-7133-1	35,000円
837	各國之政黨 全〔第1分册〕	外務省政務局	ISBN978-4-7972-7134-8	70,000円
838	各國之政黨 全〔第2分册〕	外務省政務局	ISBN978-4-7972-7135-5	60,000円
839	大日本政黨史 全	若林清、尾崎行雄、箕浦勝人、加藤恒忠	ISBN978-4-7972-7137-9	63,000円
840	民約論	ルソー、藤田浪人	ISBN978-4-7972-7138-6	30,000円
841	人權宣告辯妄・政治眞論一名主權辯妄	ベンサム、草野宣隆、藤田四郎	ISBN978-4-7972-7139-3	40,000円
842	法制講義 全	赤司鷹一郎	ISBN978-4-7972-7140-9	30,000円